国家社科基金
后期资助项目
GUOJIA SHEKE JIJIN HOUQI ZIZHU XIANGMU

私而不立

变动时代中的光华大学

韩 戌 著

社会科学文献出版社
SOCIAL SCIENCES ACADEMIC PRESS (CHINA)

图书在版编目（CIP）数据

　私而不立：变动时代中的光华大学 / 韩戍著.
北京：社会科学文献出版社，2025.1. --ISBN 978-7-
5228-4738-2

　Ⅰ.G649.285.1

　中国国家版本馆 CIP 数据核字第 2024JJ9534 号

国家社科基金后期资助项目
私而不立：变动时代中的光华大学

著　　者 / 韩　戍

出 版 人 / 冀祥德
责任编辑 / 李丽丽
文稿编辑 / 徐　花
责任印制 / 王京美

出　　　版 / 社会科学文献出版社·历史学分社（010）59367256
　　　　　　地址：北京市北三环中路甲 29 号院华龙大厦　邮编：100029
　　　　　　网址：www.ssap.com.cn
发　　　行 / 社会科学文献出版社（010）59367028
印　　　装 / 三河市龙林印务有限公司

规　　　格 / 开　本：787mm×1092mm　1/16
　　　　　　印　张：19.75　字　数：315 千字
版　　　次 / 2025 年 1 月第 1 版　2025 年 1 月第 1 次印刷
书　　　号 / ISBN 978-7-5228-4738-2
定　　　价 / 118.00 元

读者服务电话：4008918866

国家社科基金后期资助项目
出版说明

后期资助项目是国家社科基金设立的一类重要项目，旨在鼓励广大社科研究者潜心治学，支持基础研究多出优秀成果。它是经过严格评审，从接近完成的科研成果中遴选立项的。为扩大后期资助项目的影响，更好地推动学术发展，促进成果转化，全国哲学社会科学工作办公室按照"统一设计、统一标识、统一版式、形成系列"的总体要求，组织出版国家社科基金后期资助项目成果。

全国哲学社会科学工作办公室

目　录

绪　论

一　选题缘起

在近代中国高等教育体系中，公立大学、教会大学和国人自办的私立大学呈现三足鼎立的态势。[①] 国人自办的私立大学创始于清末，在民族救亡图存、变法维新的浪潮中，民间有识之士纷纷投身兴学事业，希望通过创办私学来弥补国家教育的不足。20世纪初创办的复旦公学、中国公学便是国人自办私立大学并获得成功的典型案例。辛亥革命以后，北洋政府颁布各种教育法规，为国人自办私立大学大开方便之门。一时间涌现出南开大学、厦门大学、光华大学、大夏大学、大同大学、上海法政大学、上海法科大学、持志大学、中国大学、民国大学等诸多私立大学。[②] 北洋政府时期国内政局动荡，政府无力顾及教育，公立大学常因人事纷争和经费缺乏陷入风雨飘摇的境地。相反，私立大学则迅速发展，甚至一度占据半数。

南京国民政府时期，教育主管部门逐渐加强对高等教育的管理，一部分办理不良的私立大学被责令撤销，但整体上私立大学仍然保持一定数量。据1934年出版的《第一次中国教育年鉴》统计，当时国内专科以上学校性质为国立者18所，省立者22所，教会主办者18所，

---

① 南京国民政府时期，教育部为方便管理，将大学分为国立、私立、省立三种，其中的私立大学，既包括西人主办的教会大学，也包括国人自办的私立大学。不过，在学校性质、权力结构、社会基础、经济来源、教育风格等方面，教会大学与国人自办的私立大学都有明显不同。如果将两者放在一起考察，涉及概括、归纳时，常常会引起各种混乱。以往学术界通常将教会大学与国人自办的私立大学全部视为"私立大学"一并考察，近年来无论历史学界还是教育学界都倾向于将两者分而论之，私立大学一词专指国人自办的私立大学。本书所讨论的"私立大学"，专指国人自办的私立大学，下文不再一一注明。

② 南京国民政府时期，上海法政大学、上海法科大学、持志大学、中国大学、民国大学等分别被改为上海法政学院、上海法学院、持志学院、中国学院、民国学院。

国人自办者 20 所。① 抗战②前后，厦门大学、复旦大学、南开大学等私立大学改为国立，国人自办私立大学的阵容大大削弱。不过，从数量上看，私立大学仍有增加趋势。1948 年，经教育部批准立案、国人自办的私立大学有 50 余所，尽管其中独立学院和专科学校占绝大多数，但在近代中国的高等教育体系中仍不可忽视。③ 遗憾的是，这些国人自办的私立大学在 1949 年后皆被调整、改组、合并，学统断裂不复再生，档案资料流散亡佚，导致学界很少将目光投射于此，无论是概括性研究还是个案积累，都远远不够。可以想见，如果近代中国大学研究领域缺少私立大学，对近代中国高等教育的认知必定极不完整。

　　在民国的诸多私立大学中，光华大学是办学水平相对较高、存在时间较长、传承较为完整的一所学校。光华大学创办于 1925 年，脱胎于 20 世纪 20 年代中国教育质量最高的教会大学之一——圣约翰大学，系五卅运动后圣约翰大学师生激于民族义愤集体离校后创办。1951 年，光华大学和大夏大学主体合并，组建为华东师范大学。在光华大学存在的 26 年里，胡适、张君劢、张东荪、黄炎培、朱经农、颜任光、钱基博、吕思勉、罗隆基、王造时、章乃器、潘光旦、吴泽霖、田汉、徐志摩、萧公权、叶圣陶、钱锺书、廖世承、李石岑、刘湛恩、蒋维乔、余上沅、饶孟侃、吴梅、胡刚复、潘大逵、唐庆增、彭文应、温源宁、杨荫溥、耿淡如、杨宪益、龙榆生、童书业、王仲荦、唐长孺等都曾在光华大学执教，邓拓、储安平、穆时英、杨宽、周有光、朱有瓛、沈云龙、沈昌焕、汪道涵、张芝联、何炳棣、夏济安等都有就读光华大学的经历。以光华大学为研究对象，考察其长达 26 年的办学历史，对于深入了解近代中国的私立大学来说显然是一个合适的案例。

二　学术史回顾

　　关于近代中国私立大学的研究起步较晚，成果较少。最初主要是西方和港台地区学者有所关注。美国学者叶文心的《民国时期大学校园文

① 教育部编《第一次中国教育年鉴》，开明书店，1934，第 17—19 页。
② 按，本书所提及抗战、抗战时期等均指 1937 年七七事变后的全面抗战时期。为行文方便，下文不再注明。
③ 教育部教育年鉴编纂委员会编《第二次中国教育年鉴》，商务印书馆，1948，第 148 页。

化（1919—1937）》以相当大的篇幅讨论了 1919—1937 年上海私立大学
的校园文化，将中国公学、复旦大学、光华大学等私立大学视为一类，
探讨这些学校作为"中产阶级大学"如何从批判国民党当局转向顺应，
在政治和文化的变迁中逐渐抛弃最初的抗议精神，丧失了改变社会的动
力，最终走向异化的过程。① 与过去的校史研究相比，叶文心的视角非
常新颖，观点敏锐而有见地。不过，受限于篇幅和材料，其观点更多是
一种观念性的判断，并未建立在坚实的个案研究基础之上。她指出近代
中国私立大学受制于两个方面——政治压制以及日益沉重的经济压力。
但是，所谓政治压制或经济压力究竟如何表现，她只是点到为止，未做
深入考察。

　　中国台湾学者苏云峰的《近代中国高等教育研究：私立海南大学
（1947—1950）》对存在时间仅三年的海南大学办学历程进行了研究，
作者认为海南大学"应该也是一所有前景大学"，但由于近代中国政治
环境急剧变化，最终办学失败。②苏云峰对私立海南大学的研究，属于典
型的校史书写范畴。所谓校史，是关于一所大学创设与发展的全景式记
录，涉及大学的历史沿革、组织结构、院系设置、师资力量、人事变动、
教学活动、科学研究、学生生活等各个方面，主要目的在于展示学校的
发展与成就，宣传意义大于存史意义。另外，校史著作常停留于表面描
述而少做深入研究，缺乏问题意识，更不甚注意到大学自身的特性，以
及所处的社会与政治环境。正如苏云峰的研究主要意在通过海南大学讨
论近代海南教育的现代化问题，并未专门对海南大学的私立特质展开深
入探讨，对海南大学办学失败的原因归纳也流于简单化。

　　大陆学者开始关注私立大学史在 20 世纪 90 年代末。宋秋蓉的《近
代中国私立大学研究》是这一时期的代表性著作，该书对国人自办私立
大学的发展历程、外部环境、政府政策、办学特征等相关问题进行了全
面论述。该书认为，总体而言，政府支持私立大学，私立大学由此得以

---

① Wen-Hsin Yeh, *The Alienated Academy: Culture and Politics in Republican China, 1919-1937*, Cambridge: Harvard University Asia Center, 1990。中译本为：叶文心《民国时期大学校园文化（1919—1937）》，冯夏根、胡少诚等译，中国人民大学出版社，2012。
② 苏云峰：《近代中国高等教育研究：私立海南大学（1947—1950）》，台北，"中研院"近代史研究所，1990。

成长壮大。私立大学在事实上获得与国立大学大体平等的地位和待遇，这是社会迈向现代化的一个标志。该书将私立大学的结束，主要归因于中国长期的"封建专制"，社会力量薄弱，私人资本发展不足，私立大学缺乏强有力的组织和物质后盾。[①] 作为典型的早期教育史研究，该书的分析比较简单，结论略显笼统。在视角方面，该书注重高等教育的"共性"，忽视大学多元化的个性；注重对典章制度的研究，对政策、制度真正的落实情况关注不足。在资料方面，主要利用文集、汇编等资料，很少利用档案和报刊资料。这些问题都进一步影响了观点与结论的准确性。

　　进入 21 世纪以来，学术界开始提倡大学史研究。所谓"大学史"，与校史或教育史字面意义相近，但在视角和学术取向上不同。"大学史"并不只是将大学视为一个教育机构、学术组织，在顾及大学本身教育制度、教学活动和学术研究的同时，还把其看作近代中国社会的有机组成部分，将其放在近代中国政治变迁的大视野、大脉络中加以考察。[②] 换言之，相对于大学的"内史"或"类史"，大学史研究更注重从"外史"的角度考察大学。其原因在于，研究者普遍认为，近代中国的大学与政治之间存在紧密关系。从清末到北洋政府时期、国民政府时期再到新中国成立初期，每一次国家政治体制和意识形态的变动，无不影响到大学的教育体制、学术风气和校园生态，甚至对大学的成败兴衰和生死存亡产生决定性影响。国立大学的行政管理者由政府任命，教会大学和私立大学都由政府管理，校董和校长亦不乏政界人士，政府内部的权力、派系和意识形态之争常常波及大学，使大学和政治之间产生密切互动。大学史研究更注重挖掘大学与政治之间的复杂关系，展现这种"政学互动"的过程。

　　从"大学史"视角考察近代中国大学，首推王东杰对四川大学"国立化"的研究，他并不关注四川大学的"校史"，而是将四川大学放在一个更广泛的政治、社会和文化的背景之下，关注中国现代的国家统一运动在大学这一场域中的表现，从地方层面观察中国现代国家与大学这

---

① 宋秋蓉：《近代中国私立大学研究》，天津人民出版社，2003。
② 桑兵：《大学与近代中国——栏目解说》，《中山大学学报》2010 年第 1 期，第 59 页。

样一个学术机构的互动，注重研究外部政治、社会因素与大学校园内小社会之间的关系。① 其后，许小青、蒋宝麟、何方昱、王春林、刘超、牛力等学者对国立中央大学、国立浙江大学、国立东北大学、国立清华大学等校的研究论著，都注重"政府视角"，重视梳理近代中国政治变迁对国立大学的影响，从大学与国家、政府、政党关系的角度进行深入的个案考察，为大学史研究打下了深厚的前期基础。②

近年来，从"大学史"视角出发研究近代中国私立大学亦有诸多成果出现。

严海建以私立中国公学为个案，讨论了从清末到国民党统治时期，立宪派、革命派、研究系、自由主义学人等各方势力对中国公学学权的争夺与经营，将大学的小场域和国家政治变动的大场域结合在一起，做出了卓有见地的研究。严海建还通过中国公学展现了近代国人自办私立大学的艰难处境，对私立学校处于弱势地位的深层原因进行了分析。③ 不过，中国公学在抗战前便已经彻底停办，而同一时期上海其他私立大学尚处于发展阶段。从存在时间角度讲，中国公学作为个案，似不能完整展现私立大学在近代中国的发展历史。金国以私立南开大学为研究对象，从"资源获取"和"权力让渡"两个角度展现了南开大学校政当局与北洋政府、南京国民政府之间密切的互动和博弈，一方面指出学界派别、政学关系在事实上成为左右近代中国私立大学资源获取的重要因素，另一方面认为私立大学要获得生存发展，不得不向国家和政府让渡部分办学的自主权。④ 不过，"资源获取"是理解近代中国私立大学的重要切

---

①　王东杰：《国家与学术的地方互动：四川大学国立化进程（1925—1939）》，生活·读书·新知三联书店，2005。

②　许小青：《政局与学府：从东南大学到中央大学（1919—1937）》，中国社会科学出版社，2009；蒋宝麟：《民国时期中央大学的学术与政治（1927—1949）》，南京大学出版社，2016；何方昱：《训导与抗衡：党派、学人与浙江大学（1936—1949）》，上海书店出版社，2017；王春林：《地域与使命：民国时期东北大学的创办与流亡》，社会科学文献出版社，2019；刘超：《学府与政府——清华大学与国民政府的冲突及合作（1928—1935）》，天津人民出版社，2015；牛力：《罗家伦与国立中央大学》，南京大学出版社，2015。

③　严海建：《变动社会中的投入与疏离：中国公学的历史（1906—1936）》，南京大学出版社，2021。

④　金国：《权力让渡与资源获取：变革时代的南开大学、政府与社会（1919—1946）》，天津人民出版社，2021。

入点，"权力让渡"的概括则颇有商榷的余地。近代中国大学的出现与民族国家的建构同步，很多私立大学的创办，背后都受民族主义运动的驱动。因此，近代中国的私立大学和国家、政府之间，并非二元对立、非此即彼的关系。对私立大学而言，历届政府更多扮演一个管理者、规训者而未必是掠夺者的角色，究竟在多大程度上"侵犯"私立大学的办学主权，实际上仍有继续讨论的空间。

　　蒋宝麟以私立大同大学为例，讨论了私立大学以学人团体为里、校董会为表的校政治理结构。他认为，私立大学的校董会仅仅是从法律上应付国家立案的一种形式化机构，实际执掌校政权力的仍是核心学人团体。由此，他对一些学者津津乐道的私立大学校董会勤勉负责、治校者殚精竭虑、教授治校学术独立等一系列见解表示质疑。① 李在全以北平民国大学为个案，讨论了南京国民政府初期北平私立大学的发展处境，指出由于地域、军事、政治、经济等环境不同，处于国民党统治薄弱地区的北平民国大学，与处于国民党统治核心区域的上海私立大学呈现诸多不同之处。② 笔者以私立大夏大学为个案，讨论了在抗战时期私立大学"国立化"的潮流下，私立大夏大学如何利用强势校董资源，与国民政府教育部就"国立化"问题进行博弈，借此展现抗战时期教育部和私立大学之间的复杂关系，以及国民政府在教育管理上面临的制度和人事困境。③ 上述研究都以单篇论文的形式存在，相对于学术专著，未免不够系统。

　　本书亦是受"大学史"视角影响的产物，以私立光华大学为研究对象，在顾及光华大学作为一个教育机构自身的教学和学术发展情况的同时，重点讨论国家、政府和政党对光华大学的影响，展现这所私立大学从兴盛走向衰落的过程，并试图为近代国人自办私立大学为何失败提供进一步的解释。具体而言，本书关心的问题大致如下：近代中国的民族

---

① 蒋宝麟：《学人社团、校董会与近代中国私立大学的治理机制——以上海大同大学为中心（1912—1949）》，《华中师范大学学报》（人文社会科学版）2015 年第 1 期，第126—134 页。

② 李在全：《党国边缘的私立大学——黄尊三与北平民国大学（1928—1930）》，《中央研究院近代史研究所集刊》第 106 期，2019 年，第 47—86 页。

③ 韩戍：《抗战时期的部校之争与政学关系——以私立大夏大学改国立风波为中心的研究》，《近代史研究》2016 年第 1 期，第 124—137 页。

主义政治运动如何促成了光华大学的兴起？光华大学存在哪些先天劣势和后天不足？这些劣势和不足，哪些源于内部因素，哪些源于外部政治和社会因素？面对国民大革命的潮流冲击，光华大学如何自处？随着国民党统治的确立，国家权力如何对光华大学进行管控和规训？面对此种管控和规训，光华大学当局如何与国家权力相处，双方存在怎样的矛盾和斗争？在 20 世纪 30 年代办学资源逐渐集中于政府的情况下，光华大学从民间社会获取办学资源的情况如何？政府和民间社会势力的此消彼长，在何种程度上改变了光华大学的风格、精神底色乃至社会基础？抗战时期的光华大学在成都设立分校后，如何与中央、地方两级政府以及地方社会沟通？光华大学与地方当局的关系，可能对其命运造成哪些影响？抗战胜利后的光华大学为何未能如愿复兴反而急剧衰落？除了国共内战的大背景影响，光华大学作为私立大学，内部蕴含了怎样"衰落的种子"？在 20 世纪 50 年代的院系调整后，光华大学从此走入历史，如何从历史的角度，以延续性的视野重新审视此种改造和调整？本书希望通过对上述问题的解答，丰富学术界对近代中国私立大学发展史的认知。

三　研究风格与史料

本书采取个案研究的方式。个案研究具有一定风险，可能会造成篇幅上的单薄，且无法实现以小见大的目的。然而，个案研究的优点是细致、深入，适合对历史细节进行深描，深度介入研究对象的肌理，在档案和官样文章的字里行间洞悉历史人物的心态、立场与意图，对历史发生的过程进行全面展示。个案研究未必会完全反映全局，但了解全局必须建立在多个深入的个案研究基础之上。以往的研究多崇尚宏大叙事，但线条过粗，缺乏对历史细节的考察，最后可能造成种种认知上的偏差。由此，本书采取个案研究的方式，通过全面掌握各方史料，综合审视研究对象，得出独立的研究结论。当然，个案研究并不代表完全拘泥于个案本身。在讨论私立光华大学的个案之余，本书还会涉及国立大学以及复旦大学、大夏大学、大同大学等同类私立大学的相关情况，并将上述学校加以比较，以显示个案的普遍性或独特性。

本书严格遵循历史学的研究规范，注重对原始资料的运用。

首先是档案资料。目前"光华大学全宗"收藏在华东师范大学档案馆，笔者尽最大可能查阅了一些关于光华大学的纸质档案。不过，由于近代中国的私立大学普遍规模小，经费紧缺，缺乏档案管理的意识，所谓"全宗"亦不全面。"光华大学全宗"与北京大学、清华大学、中央大学等著名高校卷帙浩繁、保存完整的"全宗"不可相提并论。更为痛惜的是，光华大学校舍在抗战时期被日寇炸毁，"光华大学全宗"中抗战前的档案基本毁于战火，仅存完整的学籍档案，对本书的研究意义不大。本书所利用的华东师范大学档案馆收藏的光华大学档案，主要集中于从抗战胜利到新中国成立这个阶段。由此，笔者尽最大可能收集其他外围资料。其中最有价值的档案是台北"中研院"近代史研究所档案馆收藏的朱家骅档案，其中包含一卷"光华大学档案"。这份档案是当时的中央组织部部长朱家骅担任光华大学校董时期，与光华大学校方以及教育部的来往电文。此卷档案内容虽然不多，却清晰地展示了私立光华大学背后的政界背景，具有非常重要的资料价值。另一部分比较集中的档案是南京中国第二历史档案馆收藏的有关光华大学的零散资料，主要是光华大学校方与教育部的来往公文，对本书而言意义重大。除此之外，尚有台北"国史馆"收藏的"光华大学立案"卷宗和"蒋中正总统文物档案"中的相关材料，中国国民党党史馆收藏的相关材料，上海市档案馆收藏的新中国成立后光华大学与教育主管部门往来公文，重庆市档案馆收藏的抗战时期光华大学与川渝各银行的往来公文。实际上，档案资料的利用在精而不在多，如果档案资料繁复，极有可能存在大量无用的信息，反而会给研究工作带来负担。幸运的是，目前存留下来、收藏于以上档案机构的光华大学相关档案，都是史料价值较高、能够说明关键问题的档案，利用这些档案，恰好能够解决本书构思时存在的诸多疑难问题。

其次是民国报纸杂志、光华大学校报校刊，以及相关人物的日记、年谱等资料，还有少数实物材料。上海是近代中国的文化和出版中心，尽管光华大学并非当时的一流大学，仍然在各类报刊和图书上留下了数量极多的资料，包括《申报》《民国日报》《中央日报》等数十种民国报刊上关于光华大学的新闻报道，以及光华大学存在26年间编印发行的数十种报刊、资料集和宣传品。这些材料使笔者可以尽可能回到当时的历史场景，重构某些重要的历史片段。另有中华书局影印的30卷本《蒋维乔日记》，上海古籍出版社出版的《吕思勉先生年谱长编》等。蒋维乔担任光华大学文学院院长、教授长达 20 余年，留下了每日必录的日记。虽然其中涉及光华大学的内容很少，但常能从其中发现堂奥。著名历史学家吕思勉一生担任光华大学教授，在其年谱中保留的大量关于光华大学的信息，具有重要参考价值。

最后是华东师范大学编纂的校史资料。笔者从 2011 年起即关注近代中国私立大学问题，并开始对光华大学、大夏大学等具有代表性的私立大学进行初步研究。当时华东师范大学对其前身——光华大学校史资料的整理和编研工作尚未起步。时间匆匆而过，目前华东师范大学档案馆的资料编研工作已经成绩斐然。2015 年，出版了《光华大学：90 年 90 人》《光华大学编年事辑》；2016 年，出版了《张寿镛校长与光华大学》；2018 年，出版了《廖世承校长与光华大学》；2020 年，出版了《朱经农校长与光华大学》。这些档案汇编中涉及的相关档案资料，有些笔者阅读过原件，多数则由于时间和条件所限未能一睹真容，如今华东师范大学档案馆毫无保留地整理出版，弥补了笔者过去的遗憾。

由于历史久远，1949 年之前的光华大学校友大多已经辞世，所以本书并未大量利用口述采访资料。笔者曾在北京采访过 1927 届毕业生周有光，但收获不大。十多年前，笔者曾参加过一次华东师范大学组织的光华大学老校友聚会，也曾试图对他们进行采访，但发现大多数人思维已经不够清楚，难以回忆当时的情况。考虑到目前从已有的档案资料和公开出版物中已经能够了解大多数情况，笔者最终放弃了使用大量口述采访资料的努力。

第一章　收回教育权：从圣约翰大学到光华大学

北洋政府统治时期，教育经费严重匮乏，国立大学只有少数几所。相反，西方教会势力挟其物质上的优势，在中国大量兴办高等教育机构，到 20 世纪 20 年代，基督教大学已达 13 所之多，至于教会主办的中小学更是不计其数。一时间，有识之士颇有"教育权操纵于外人之手"之忧虑。五四运动以后民族主义情绪激昂，加之非基督教运动的推动，收回教育权的呼声甚嚣尘上，将教会学校收归国人自办成为一种时代的诉求。1925 年 6 月 3 日，江南第一教会学府圣约翰大学及附中 553 名学生为抗议美籍校长卜舫济（F. L. Hawks Pott）压制学生爱国运动并侮辱中华民国国旗，宣布永久脱离圣约翰大学。在上海政商学界名流的支持和帮助下，离校学生另立光华大学。所谓"六三离校运动"以及光华大学的成立，对拥有 40 余年在华办学历史的老牌名校圣约翰大学造成致命打击，并作为 20 世纪 20 年代轰轰烈烈的收回教育权运动最重要的成果而载入史册。近代中国的民族主义思潮，如何促成了圣约翰大学的离校运动？私立光华大学是怎样创办的？国人自办的私立大学背后的社会支撑和经济基础是什么？私立大学本身是否有足够的能力担负起替国家"收回教育权"的责任？本章将梳理光华大学创办的历史，对上述问题做出解答。

第一节　"六三"血泪：圣约翰大学离校运动

从"五卅"到"六三"

"学堂约翰最驰名，多出成材毕业生。咸慕西师精教育，领凭赴职可知程。"[①] 这首流传于 20 世纪初的上海竹枝词，道出了当时圣约翰大学

---

① 《万航渡约翰书院》，顾炳权编著《上海洋场竹枝词》，上海书店出版社，1996，第 103 页。

在江南民众心中的崇高地位。

圣约翰大学创建于 1879 年，原名圣约翰书院，由美国圣公会传教士在培雅书院、度恩书院以及神道学校的基础上创办，校址位于沪西梵王渡，校长为施约瑟主教。1888 年，美国人卜舫济出任校长，革新校政，全面开展英语教学，对圣约翰书院的发展壮大起到决定性作用。1891年，圣约翰书院成立大学部，正式开设大学课程，初步具备了以文理科为主，医学、神学、预科并设的现代大学雏形。1906 年，圣约翰书院以美国哥伦比亚大学为样板在美国注册，更名为圣约翰大学，毕业生可授"美国大学毕业同等之学位"。1913 年，圣约翰大学率先在中国开展研究生教育，可以授予文科硕士和医学博士学位。圣约翰大学"拥有当时上海乃至中国最现代化的教学设施，最先进的教学理念，最健全的大学管理制度……享有'东方的哈佛'、'外交人才的养成所'、'江南教会第一学府'等美誉"。[1]

然而，1925 年 6 月 3 日，553 名圣约翰大学及附中学生集体向社会宣布，永远脱离圣约翰大学，再不入外国人主办的学校。这场被称为"六三离校运动"的事件，是圣约翰大学建校以来经历的最大一次挫折。此后，圣约翰大学虽未一蹶不振，辉煌却也不复往日。

"六三离校运动"是民族主义激荡的产物，与五卅惨案有直接关系。1925 年 5 月 30 日，上海工人、学生在南京路抗议日本纱厂资本家枪杀中国工人顾正红一案，遭到英国巡捕干涉，射杀抗议民众数十人，酿成举世震惊的五卅惨案。案发当晚，曾在圣约翰大学就读的南洋大学学生聂光墀回到圣约翰，向同学们讲述惨案经过。校长卜舫济认为，聂生无权在学校宣讲，将其驱赶离校。当晚，圣约翰大学学生自治会组织了一个八人临时委员会，决定对五卅惨案做出表示。31 日上午，学生自治会召开全体学生大会，议决派代表慰问五卅惨案受伤者，并以圣约翰大学名义通电北洋政府要求严正交涉。下午，圣约翰学生三五成群到曹家渡一带演讲宣传，附中学生陆宗易被工部局巡捕房捕去。当晚，被捕学生由家长领回。[2]

---

①　熊月之、周武主编《圣约翰大学史》，上海人民出版社，2007，第 1 页。
②　郭昌文：《脱离约翰之经过》，《光华丙寅年刊》，光华大学，1926，第 55 页。

6月1日上午，学校本拟照常上课，工部局再度殴击抗议学生的消息传到校内。圣约翰学生闻讯悲愤异常，聚集召开第二次全体大会，决定从当日起全校罢课。学生自治会议决，罢课期间学生不准私自出校，每晨8时聚集于国旗之下唱国歌，并通电政府及各报表明立场。同时，学生自治会设置顾问、演讲、总务、纠察、干事、文牍、经济、新闻八部，以分工行动。① 当日下午，圣约翰大学国文部主任孟宪承亦在第13号宿舍召集中国籍教员开会，到者有钱基博、伍叔傥、何仲英、洪北平、顾荩丞、林轶西、张振镛、周子彦、金秋涛、蒋湘青、吴邦伟、薛迪靖、于星海等13人。此次会议，华人教员被学生的爱国热情所感染，一致表示将支持罢课学生。

6月1日晚，圣约翰大学校长卜舫济召开教授会议，商讨如何应对学生罢课。由于教授会议以往皆用英语讨论，华人教员概不出席，此次华人教员则一反常规，全体出席。在会上，美国教员发言认为，圣约翰大学在工部局保护管辖之下，不允许学生做反英的宣传。社会常年内乱，很多民众到租界寻求外国人的庇护，不应该反对外国人。中国籍教授钱基博听罢愤而起身用中文发言抗议："吾国人无拳无勇以就屠戮于英人，枪弹横飞，血流交衢，使此事而发生在美国，在世界任何之国家，其国人裂眦嚼齿之必思得当以报，恐不遽奔走哀号，如我国人今日所为已[已]也！卜先生及在校美籍诸教授，自称中国人之好友，乃目睹英人之肆[肆]戮，遏志于我而不一援手，又以我国人之号冤痛者为罪焉！"孟宪承为钱基博逐字翻译，呜咽泪下。然而，校长卜舫济不同意学生罢课，声明若罢课，学生应当离校。最后教授无记名投票，以31票对19票表决通过学生罢课案，并允许学生住校。而卜舫济认为，校长有自由处分权，不受教授会议的束缚，教授无记名投票无效。②

6月2日晨，校长卜舫济召集教员代表6人、学生代表6人召开联席会议，在教员与学生的压力下，正式决定罢课7天，若罢课结束后校外风波仍未平息，学校将提前放暑假。卜舫济又要求，学生可以罢课，但

① 潘序祖：《六三之前三日约翰大中学生会一点珍贵的记录》，《光华庚午年刊》，光华大学，1930，第268页。
② 钱基博：《校史·光华大学成立记》，《光华大学五期纪念册》，光华大学，1930，第5—6页。

不准出校活动，更不准在校内从事政治活动，必须保持中立的态度。但是，学生方面已经不满足于校内活动，认为既然罢课就不能无所作为，应该发出声音表示抗议，争中国国民之人格。有外籍教员代表认为，学生自治会没有权力，亦不能僭越学校当局的权威。教员孟宪承责问，是否准许学生表达爱国心，外籍教员再度强调允许，但必须谨守校规，安静不动，不准发表任何政治意见或采取革命行动。由于学校方面不准学生出校活动，午后学生会召开会议，讨论如何对付外籍教员事，并做好与学校方面决裂的准备。① 当晚，学生会再度集会，决定从 6 月 3 日开始，校内降半旗以哀悼死难同胞，此项要求获得卜舫济的允准。②

　　6 月 3 日晨，童子军在图书馆前将美国国旗旋至顶端，将中华民国的五色旗下半旗。然而，校长卜舫济趁学生在大礼堂开会之机，将中华民国国旗降下，携取而去。学生诘问卜舫济为何食言，卜以放假期间不升旗为由拒绝交还国旗。童子军将备用的国旗再度升起，又遭到卜舫济抢夺（另有回忆称卜舫济侮辱践踏国旗）。学生从卜舫济手中夺过国旗，迎入礼堂，对国旗三鞠躬。卜舫济尾随而至，第三次抢夺国旗，并宣布学校解散，要求学生立即离校，不准在校内从事政治活动。在场学生一直受校方压制，至此已经不能忍受，顿时悲愤痛哭。学生求助于华人教员，孟宪承等表示"不能有切实之表示"。学生又求助于校外的圣约翰校友组织——约翰同门会，但该会亦表示拥护卜舫济。③ 经过多方讨论，当天下午 4 时，学生自治会决定发动全体同学离校，与圣约翰永久脱离关系，今后再不进入外国人主办的学校。在纠察部的监视下，签名离校的学生达到 553 名。离校学生中，包括即将毕业的硕士生张沅长以及许崇富、徐可嘌、施复昌、浦作人、史乃康、潘序祖、胡昭望、陈训恕、郭淦生等 9 名即将毕业的四年级本科生。这些学生若在圣约翰大学再坚持半个月，便可以顺利获得毕业证，获得良好的职业和薪水。尤其是史乃康当时已经提前留校成为圣约翰大学的哲学讲师，学校当局承诺，将

---

① 潘序祖：《六三之前三日约翰大中学生会一点珍贵的记录》，《光华庚午年刊》，第 269 页。
② 钱基博：《校史：光华大学成立记》，《光华大学五期纪念册》，第 6 页。
③ 潘序祖编《约翰离校学生善后委员会大事记》，潘序祖、史乃康编《六三血泪录》，光华大学，1928，第 73 页。

资助他一切费用保送至美国留学深造。① 然而，在民族大义面前，他毅然选择牺牲个人的利益。傍晚 6 时，553 名学生收拾行装，三呼"中华民国万岁"，整队鱼贯而出。华人教员孟宪承、钱基博、蔡观明、伍叔傥、何仲英、洪北平、顾荩丞、林轶西、张振镛、周子彦、金秋涛、蒋湘青、吴邦伟、薛迪靖、于星海、陶士玮、朱荫璋等 17 人见事情无可挽回，亦向社会公开发表声明全体辞职。②

重审"六三离校运动"

一则由争夺国旗而起的冲突，为何会演变成轰动全国的全体离校事件？亲身参与离校运动的周有光事后回忆，在他的印象中，离校学生对圣约翰大学都深具感情，只是当时的矛盾无法解决，才有集体离校之举。他说，卜舫济并非不许学生在校内开会讲演，只是不准学生到马路上去。国旗事件发生时，他并不在场，但印象中这是一个突然发生的事件，离校同学对圣约翰大学多恋恋不舍。90 年后的回忆，难免有记忆偏差或有意无意地美化过去的倾向。如史料所述，校长卜舫济不允许学生在校从事任何政治活动，他仅仅是同意学生罢课而已，并不赞成在校内开会演讲，对在校降半旗也予以限制。而且，学生会在 6 月 2 日午后的会议中，已经将退出学校作为选项之一，对不久可能发生的冲突其实已有所准备。更重要的是，偶然之中存在着必然性。应该说，在 20 世纪 20 年代中期的政治环境和思想氛围之下，"六三离校运动"或许事出偶然，但实为一种必然的产物，绝非学生一时负气之举。

首先，从晚清到"五四"，知识界认为，基督教代表着西方侵略者对中国的"精神殖民"，反对基督教的呼声不绝于耳。与天主教不同，基督教在传教方式上十分激进。比如，1922 年，世界基督教学生同盟第十一届大会在北京召开，出版了调查报告《中华归主》，此种带有强烈征服意向的出版物名称，严重刺激了爱国知识分子的神经。由此，20 世纪 20 年代以后，非基督教运动逐渐兴起，知识界广泛建立反教团体，发表宣言对基督教与在华传教活动展开猛攻。当时在华基督教大学已达 13

---

① 邢鹏举：《哭乃康学长》，《光华大学同学会会刊》第 15、16 期合刊，1936 年 2 月，第 6 页。

② 《全国教育界公鉴》，《申报》1925 年 6 月 5 日，第 1 版。

所，包括金陵大学、燕京大学、岭南大学、东吴大学、沪江大学、圣约翰大学、华中大学、华西协合大学、齐鲁大学、福建协和大学、之江文理学院、金陵女子文理学院、华南女子文理学院等，总体规模十分庞大。教会主办的中小学更是不计其数。收回基督教学校由国人自办，自然成为非基督教运动的题中之义。1924 年，收回教育权运动兴起，抵制教会教育的思想转化为实际行动。当年，广州圣三一、公医、圣心等学校均发生严重的学潮或全体退学事件。同年，湖南雅礼、汉口博学、重庆广益、开封汴济、南京明德等教会学校也掀起了罢课、退学，反对"奴化教育"的浪潮。五卅惨案的爆发进一步推动了民族主义情绪的高涨。"六三离校运动"可谓收回教育权运动逐步激化的结果。正如杨天宏认为的那样，由于国内民族主义情绪的高涨，教会学校已经像是一堆干枯的柴火，即使最微小的突发事件，都有可能引发激烈效应，引发一场熊熊大火，对教会教育造成毁灭性的打击。①

其次，卜舫济抢夺国旗，在当时的学生看来，实为蔑视中国之举，让他们感受到一种奇耻大辱。据日本学者小野寺史郎的研究，晚清时期中国并无真正的国旗，清朝龙旗很大程度上只是一个海上航运中的辨别性符号，并无特殊含义。民国以后，尤其是五四运动以降，随着国难的日益深重，国旗作为国家的象征，开始成为一种神圣的图腾。在各种政治仪式中，国旗常常被放在典礼的中心讲台上，奏军乐、升国旗成为仪式的核心部分，参加仪式者将国旗当作宣誓的对象，将爱国情感寄托在国旗之上，认为国旗是不可侮辱的神圣之物。② 卜舫济抢夺国旗的行为，发生于中国人惨遭外国人杀戮的背景之下，在学生看来，实为对中国国格的轻蔑，对民族国家图腾的极度侮辱。由于 6 月 3 日早晨的升旗仪式并非全体同学参加，在奔走相告的过程中，卜舫济抢夺国旗的行为又逐渐被传为侮辱践踏国旗，更激化了双方的对立和矛盾。

最后，圣约翰大学宣称尊重学生自治，却长期对学生采取压制政策，学生受校方的压抑已久。从离校运动中圣约翰学生会的组织动员能力来

---

① 杨天宏：《基督教与民国知识分子——1922 年—1927 年中国非基督教运动研究》，人民出版社，2005，第 207 页。

② 小野寺史郎：《国旗·国歌·国庆——近代中国的国族主义与国家象征》，周俊宇译，社会科学文献出版社，2014，第 144 页。

看，可知以美国大学为蓝本的圣约翰大学，在制度设计上有意识地培养学生在校内进行自管自治，力图增强学生的团体合作意识，培养具有卓越领导能力的学生。然而，与之相悖的是，校方对学生精神生活的管制却异常严厉。圣约翰大学虽然不勉强全体学生入教，却要求教外学生必须参加圣经课程，遵守礼拜章程。① 如一名离校生回忆道："前时在约翰的生活，是太枯燥了，换一句话说，是完全机械的，被动的，每天自从早上敲起身钟之后，连忙盥洗，不一会儿，号角齐鸣，各宿舍的人，便如千军万马，奔腾过来，向思颜堂后面空地，集合起来，那时最可令人发噱的，有衣裳还没有穿好的，有的连裤子也没有穿好，还有睡眼朦胧，蓬首垢面的，这个光景，实在是好看咧……晨膳方完，铛！铛！的钟声，又催人到礼拜堂做祷告去……到了礼拜日，更加不得了！一连差不多要做两点钟的祷告功夫，这长时间的拘囚束缚，真令人难受呢！"② 学校管理制度对个人精神生活的严格限制，使多数不信教的学生都深感苦痛。同时，校方坚决反对学生参加任何校外政治运动，动辄开除，绝不手软。圣约翰大学爆发全体学生离校事件，正是学生受压抑已久的反抗之举。

当然，亲历者周有光认为，圣约翰大学离校运动是一个突然的事件，盖因双方僵持，矛盾无法解决，"离校的人对圣约翰都是很好的"，此种说法亦绝非毫无道理，只是当时在民族主义情绪的激荡下，这些为圣约翰大学辩护的声音都被不同程度湮没了。

实际上，并非所有人都支持收回教育权运动，很多圣约翰大学毕业生对母校颇有好感，选择维护圣约翰的立场。最典型的是校友组织——约翰同门会。学生离校后，曾求助于约翰同门会，希望能得到圣约翰毕业校友的支持。然而，约翰同门会并不支持这些学生，而是为卜舫济辩护，并呼吁退学学生家长重新送学生入学。约翰同门会负责人余日章、刘鸿生、萧智吉等人在领衔发布的调查报告中，认为离校运动之所以发生，系因为双方缺乏相互谅解。卜舫济校长尊重学生的思想自由，只是不希望学生参与政治活动牵涉学校，这也是出于保护学生、维护校规的考虑。至于不准学校降半旗，主要是真正掌握圣约翰实权的董事长郭斐

---

① 《圣约翰大学致学生及家长保证人书》，潘序祖、史乃康编《六三血泪录》，第 116 页。
② 钟益谦：《我对于光华的感想和希望》，《光华半月刊》第 1 卷第 3 期，1925 年 12 月，第 112 页。

蔚主教的意见。郭斐蔚主教认为，圣约翰作为一所在美国注册的学校，在美国当局没有表示政治态度之前，贸然降半旗，实为表明站在反英的立场，可能会造成外界对美国的误会。卜舫济夺旗，并非暴力夺取，而是从学生肩上取下，并无侮辱中国之意。卜舫济宣布闭校，也并非解散学校或开除全体学生，而是令学生暂时放假回家。至于学生，"视卜校长为中国之仇未免过甚"。[①]

由于约翰同门会在校方与学生家长中间往来沟通，不久便出现了圣约翰退学学生大批回校的现象。据统计，当时圣约翰离校学生签名者为553人，最后有98人返回圣约翰就读，占比达17.7%。最引人注意的现象是，许多学生都是离校运动后回乡宣传收回教育权的组织骨干，包括约翰离校学生善后委员会绍兴委员、湖州委员、湖南委员、宁波委员、浙江委员、河南委员、无锡委员等多人。[②] 这些学生本是离校运动的坚决支持者，被善后委员会派遣回乡宣传，原本希望赢得家乡父老的实质性支持，然而务实的学生家长显然不能同意子弟的"鲁莽"举动，强令他们回到圣约翰就读。而且，当时"考圣约翰大学比考状元还难"（按，周有光语，此说不无夸张之处）。圣约翰大学"先进"的教育制度、含金量颇高的文凭和广阔的就业前景，使一部分学生及家长做出了更务实的选择。[③]

吊诡的是，离校教员虽然同意学生罢课，并向卜舫济及外籍教员据理力争，甚至公开在报刊上发表离校宣言，对离校一事的态度却相当复杂。罗志田认为，从五四运动开始，"老师跟着学生跑"成为20世纪中国政治运动持续发展的一种趋向。[④] 从"六三离校运动"中可知此种论断颇有道理。在离校运动中，学生是主力，学生自治会是动员主体，组织酝酿罢课并领导学生离校，运作颇有效率。相比之下，华人教员则比较矛盾。他们同情学生的爱国之举，出于民族感情，他们不可能协助校方阻止学生运动。然而，圣约翰薪水优厚，贸然放弃教职将会马上造成

---

① 《致圣约翰大中两校学生家长书（一）》，潘序祖、史乃康编《六三血泪录》，第118页。
② 《离校返校诸人姓名一览表》，潘序祖、史乃康编《六三血泪录》，第47~72页。
③ 周有光口述《逝年如水——周有光百年口述》，浙江大学出版社，2015，第28页。
④ 罗志田：《课业与救国：从老师辈的即时观察认识"五四"的丰富性》，《近代史研究》2010年第3期，第29页。

严重的经济压力，他们不愿意主动与校方决裂。因此，华人教员实际处在校方和学生中间进退两难，很难有所表示，也无力左右形势，只能静待学生运动的发展。当学生与校长决裂时，孟宪承等华人教员受民族主义舆论推动，也跟随学生离校，宣布离开圣约翰大学。

从实际情况看，这些教员对圣约翰多有不舍。比如，孟宪承本身便毕业于圣约翰大学，回到母校任教并担任国文部主任，在任上进行了大量改革，改变了圣约翰素来轻视国文教育的状况，对圣约翰感情颇深。所以，他虽然是圣约翰华人教员的首席，为避免外界物议，却不愿在教员离校宣言中领衔，而是推一个无关紧要的蔡观明出来领衔。那么，蔡观明对圣约翰的态度如何？18 年后，蔡观明在自传中仍对圣约翰大学怀念不已："约翰大学是中国教会学校的首座，也可算中国境内大学的翘楚。——有外人评论：'中国之以大学称者，名实相符，除外国政府所设之香港大学外，只有约翰大学、北京大学而已。'……环境既佳，秩序井然，工作兴味，自然增进，又有规模很大的图书馆，虽中文书并不过多，但暇时每去浏览。又有弹子房的设备，供教员课余消遣。所以那时课务虽忙，反觉舒适。教员在课室内，负管理全责……约翰学生出校，在社会成名的，不下数十百人，决非侥幸。我恐怕北京大学，在精神方面，未必能够比得上。以前约翰的缺点，就是不注重中文；自'收回教育权'的声浪日高，便也顺应潮流，把中文抬高，所以聘孟宪承为国文部主任——宪承也是约翰毕业生——锐意改革，那时中文教授方法的完备，倒在我国各校之上了。平心而论，我对于教育权的收回，认为尚非其时。因中国所办学校，不如外人所办远甚；自己的学校既办的不好，又不许人家办，似乎徒争意气，不顾实际。但那时情势特殊，且我系孟、钱两君邀来，自应和他们同进退。"① 蔡观明如此，那么钱基博对圣约翰的真实态度如何？钱基博的民族主义立场当然要比蔡观明更加鲜明，而且日后他成为"六三离校运动"历史的主要书写者。但是，恐怕他的离校也有迫于时势的因素。钱基博于 1925 年 4 月 22 日至 26 日——离校的前一个多月——在《南通报》上连载《圣约翰大学校长卜先生传》，在文中

---

① 蔡观明：《孤桐馆诗文：蔡观明诗文选》，南通市文学艺术界联合会，2008，第 192—193 页。

盛赞卜舫济主持圣约翰 30 余年的功绩。[①] 钱基博从圣约翰大学辞职后，虽然挂名参加了新校的筹备工作，却并未任教于该校，而是北上投奔清华学校。另一位离校教员朱荫璋则直接返回圣约翰任教。以上种种，足以对收回教育权运动中最典型的历史事件进行重新审视。

第二节　光我中华：光华大学的肇建

光华大学的筹办

圣约翰学生离校后，受到复旦、南洋两校学生的欢迎，最终寄居于徐家汇复旦中学宿舍。圣约翰学生会改组为约翰离校学生善后委员会，用圣约翰退还的 2400 元膳宿费作为活动经费，在各大报馆登载离校宣言，并出版刊物《离校后》，以扩大宣传，争取同情。然而，他们的离校行为并未得到上海其他学校当局的同情。当善后委员会为离校生多方接洽接收学校时，南洋大学校长黎照寰直接表示拒绝接收，原因是担忧离校生将来再度"闹事"，不易管理。其后，离校学生颇有自办大学之意，但也并未得到离校华人教员的实际支持。教员们出于生计，多半星散各地，另谋出路。正如学生所言："与我们同离约翰，最有气节的教职员，大都因事太忙，只能在精神上帮助我们。所以组织大学筹备委员会，我们就从家长请起，其次就请社会上有信任的人。"[②] 这则材料提示，后来支持学生自办大学的主要是家长而非老师。此种情况决定了日后的新校本质上颇有家长学校的色彩，而非师生合办的学校。

实际上，圣约翰学生敢于集体离校，放弃众人羡慕的"洋文凭"，既受时代潮流驱动，也与他们的出身背景有关。裴宜理在研究上海工人罢工的著作中提到收入高的技术性工人因技术熟练，职业选择面广，更敢于向雇主发出挑战。相反，贫穷的非技术性工人反而因担心失业等因素，对罢工行动顾虑重重，参与维权不甚积极。[③] 圣约翰离校学生的反

---

① 傅宏星：《"另类"的亲历者——从圣约翰到光华大学》，《中国图书评论》2012 年第 9 期，第 89—90 页。

② 郭昌文：《脱离约翰之经过》，《光华丙寅年刊》，第 55 页。

③ 裴宜理：《上海罢工：中国工人政治研究》，刘平译，江苏人民出版社，2001，第 78 页。

抗运动，与之也有一定的相似性。圣约翰大学收费高昂，招收的大半是江浙大中资产阶级的子弟，组织离校的积极分子，以及离校后团结在离校委员会周围的，很多是江浙富家公子。比如，善后委员会正委员长许体钢，便是江苏省涉外事务负责人——江苏交涉使许秋帆之子；交际部骨干王华照、王恩照，其父名王丰镐（字省三），清末以来历任驻外公使、浙江交涉使，是上海地区家资巨万的大商人；交际部另一骨干赵铁章，是上海总商会董事、工部局华董赵晋卿之子；离校学生张悦联、张华联，其父是管理上海等十二县的沪海道尹张寿镛。① 至于其他学生骨干，也多非平民子弟。比如，编辑部部长陈训恕是主持《商报》笔政的陈布雷五弟，庶务部骨干汪英硕是上海洪帮龙头汪禹丞之子，蔡显敏是上海南京路著名的新雅酒家的少东家。这些生长于大中产家庭的贵公子，较之平民子弟有更多的资源和出路，放弃区区圣约翰的文凭并非大事。

　　因此，当善后委员会于 6 月 4 日召开大会时，王华照主动报告，其父王省三愿以沪西法华乡自家坟园 90 余亩作为基地，支持离校学生自办大学。离校学生代表李恩廉等随即拜谒王省三，商谈捐地事宜。② 6 月 8 日，王省三夫妇正式致函善后委员会称："闻诸同学开会，请家属筹款建设同等学校，当可举办，所难者上海寸金地，苦无合宜地点可用，鄙人闻之惨然，窃叹吾国系独立自主国家，教育之事，本不应仰人鼻息，受人奇辱，昔年洞察外交形势，早唱收回教育权，以增进国民国家观念之说，比闻湖南东省曾有同声，而吾江浙习与外人习染较深，转多视为纾缓不切之谈，深自感慨，今睹此情形，益证收回教育权之必要，鄙人一介寒儒，雅不敢矜奇立异，愿效古人毁家纾难之意……毅然愿拟以大西路私产先人坟墓余地约百亩，供献于建设大学暨附属中学永远之用。"王省三同时与学生商定，建议应趁离校热情尚在时迅速决定主持人物，向社会筹款募捐，克日破土动工建造校舍。在校舍建成之前，先租赁校舍，

----

① 1914 年，北洋政府确立府、道、县三级地方行政区划。江苏省被划分为金陵道、沪海道、苏常道、淮扬道、徐海道等五道，其中沪海道下辖上海、松江、南汇、青浦、奉贤、金山、川沙、太仓、嘉定、宝山、崇明、海门等十二县。

② 李恩廉：《六三忆语》，《光华大学同学会成都分会编庆祝母校廿周年纪念特刊》，光华大学，1945，第 16 页。

秋季正式开学，以免学生荒废学业。① 与此同时，王省三拜访沪海道尹张寿镛，希望能够一起帮助学生筹备新校。②

张寿镛受到王省三捐地感召，很快投入建设新校的筹备工作。数日后，筹备新校委员会成立，推举出委员25人，包括王省三、许秋帆、张寿镛、赵晋卿、荣宗敬、杨梅南、袁观澜、朱经农、赵正平、何葆仁、殷芝龄、钱基博、孟宪承、杨小堂、杨才清、丁桂农、江山寿、张君劢、汪禹丞、汪英宾、陆士寅等21位社会名流以及许体钢、张祖培、李恩廉、费毓洪等4名学生。③ 张寿镛被推举为筹备新校委员会会长，荣宗敬、杨梅南被推举为副会长，筹备新校的工作由此开始。

沪上名流决定在圣约翰之外另起炉灶，固然是为了防止子弟失学，其目的却也相当明确，那就是对当时的收回教育权运动做出回应，创办一所中国人自办、凌驾于圣约翰之上的优秀大学。如捐地的王省三对教育权掌握于西方人之手甚为忧虑："若谓中国之教育权自应承隶于外人，则似不可。"④ 离校同学在《离校后》发刊词中也认为，约翰离校运动是一个全国性的事件："约翰此次风潮，举国家与全社会之事也。……经此次退学风潮之教训，深知界教育青年之责于外人，为非常危险之事。"⑤ 因此，此次沪上名流普遍认为，支持圣约翰离校学生自办大学，实际是替国家主办教育事业，用私立大学以补国家教育之不足，并与势头强劲的教会大学系统竞争，担负起为国家培养青年的责任。

当时，创办私立大学的政策条件非常宽松。北洋政府时期政局动荡，国家财政空虚，无力兴办高等教育。1925年以前，综合性的国立大学仅有北京大学、东南大学等少数几所，其他则是西人主办的10余所教会大学，两者在数量上不成比例，在实力上亦有一定差距。因此，北洋政府鼓励私人办学，对私立大学的管理比较宽松。1912年，北洋政府颁布《大学令》，规定允许私人（可以是一人，也可以是团体）设立大学。

---

① 《王省三夫妇致委员会函》，《申报》1925年6月9日，第11版。1934年经上海市土地局丈量，王省三夫妇实际捐地65亩，折算市场价为银19.5万两，合法币27万余元。

② 张寿镛：《王省三先生诔并序》，《光华大学半月刊》第2卷第4期，1933年11月，第4页。

③ 《约翰离校生开始组织新大学》，《申报》1925年6月13日，第11版。

④ 《王省三致约翰同门会书》，潘序祖、史乃康编《六三血泪录》，第124—125页。

⑤ 陈训恩：《〈离校后〉发刊词》，潘序祖、史乃康编《六三血泪录》，第142—143页。

1913 年，政府颁布《私立大学规程》，仅规定私人设立大学时，需将办学目的、学校名称、位置、学则、学生定额、地基房舍平面图、经费及维持办法等情况上报，呈请教育总长批准认可。① 由于创办私立大学允许"先斩后奏"，可以既成事实后再报部申请，加之教育部对私立大学的开办标准并无明确规定，为建立私立大学大开方便之门。而且北洋政府教育部长期自顾不暇，其行政命令很难走出北京城，所谓私立大学申请和备案，也常常流于具文。

20 世纪 20 年代上海的经济和社会环境也比较适合私立大学的创办。上海历来是中外杂处、工商繁盛之地，民间工商资本雄厚。尤其是第一次世界大战以后，上海的资本主义发展进入"黄金时期"。很多商人趁着一战期间西方企业无暇东顾的时机完成了资本积累，出现了一大批家资高达千百万元的新型资本家。② 这些资本家对子女就学问题非常重视，对高级人才的需求也比较强烈。因此，那些私立大学的创办者，相信可以不必依靠政府，借助上海工商界的力量来创办高水平的私立大学，为中产阶级培养子女，为上海工商界订单式输送员工。1924年，上海至少有大夏大学、南方大学、持志大学、上海法政大学等 4 所新的私立大学诞生。1925 年，全国的私立大学总量从上一年的 12 所猛增到 24 所，增长了 1 倍，其中大多出现在上海。③

在这样的时代背景之下，筹备新校如火如荼地进行。不过，虽然成立了筹备新校委员会，实际上多数委员并未担负实际责任，真正起主导作用的仍是张寿镛、许秋帆、王省三、赵晋卿 4 位学生家长。④ 江苏交涉使许秋帆捐赠 5000 元作为建校的启动费。工部局华董赵晋卿利用关系，租赁法租界霞飞路的房屋作为大学临时校舍。⑤ 沪海道尹张寿镛捐赠启动费 3000 元，并在沪海道尹公署附近的枫林桥以半租半送的形式租下了

---

① 《教育部公布私立大学规程》，舒新城编《中国近代教育史资料》中册，人民教育出版社，1985，第 659—661 页。

② 白吉尔：《上海史：走向现代之路》，王菊、赵念国译，上海社会科学院出版社，2005，第 159—177 页。

③ 《我国最近二十年来国内高等教育之趋势》，《中国近代教育史料汇编·民国卷》第 16卷，全国图书馆文献缩微复制中心，2006，第 87—88 页。

④ 《光华大学章程（民国十五年九月）》，光华大学，1926，第 13 页。

⑤ 周英才：《光华六三创校杂记》，光华大学校友会编纂《光华的足迹——光华大学建校七十周年纪念集》，华东师范大学印刷厂，1995，第 21 页。

一栋洋房，作为附中的教室和宿舍。① 张寿镛还为新校组织了一个庞大的 120 人经济干事团，名单涵盖了上海工商界的大部分知名人士。② 张寿镛又印刷了募捐册百本，请经济干事团成员代为募捐。③ 学生也纷纷回到家乡募捐。据 1925 年 10 月统计，募捐最多的省份是湖北，其次是江苏、浙江两省。④ 经过多方筹措，新校开学有了第一笔资金。

学界人士支持新校建立则颇为积极。其中，江苏省教育会成为建校的主要支持方之一。在筹备委员中，袁观澜是江苏省教育会会长，朱经农是江苏省教育会学校教育部部长。⑤ 因此，筹备新校委员会前几次召开会议，都在江苏省教育会旗下的中华职业教育社。其中朱经农的响应最为积极。此时的朱经农身兼商务印书馆编译所编辑、沪江大学教授等数职，在圣约翰学生离校后首先站出来表示"允竭力帮助，俾该校早日成立"。⑥ 在赵晋卿为新校租赁房屋之前，朱经农便到复旦大学心理学院接洽，希望借校舍用于新校办学。⑦ 其后，朱经农被推举筹备教务部，全权负责新校章程制定与教员选聘事宜。⑧ 江苏省教育会之外，是任教于各大学的教授群体。其中陆士寅作为沪江大学教授兼附中主任，愿意出任新校附中主任；毕业于圣约翰大学的杨才清同意担任工科教授，并免费为新校园设计图纸；汪英宾作为南方大学报学系主任，同意担任新校未来的报学系主任。

在朱经农等人的规划之下，新校定名为"光华大学"，其校名包含"光我中华"之意，以声明这并非一所普通的私立大学，更非一所营利性高等教育机构，而是一所负有"收回教育权"使命的特殊大学。新成立的光华大学计划设置文、理、商、工四科，文科设置国学系、教育系、政治系、历史系、社会系、哲学心理系、英文系、法文系、德文系，理

① 俞莱山：《张寿镛与上海的渊源》，上海市政协文史资料委员会编《上海文史资料存稿汇编》(4)，上海古籍出版社，2001，第 13 页。
② 《光华大学章程（民国十五年九月）》，第 13—15 页。
③ 《光华大学募捐之进行 约翰离校生制就捐簿》，《申报》1925 年 7 月 19 日，第 15 版。
④ 《约翰离校生消息》，《申报》1925 年 10 月 2 日，第 14 版。
⑤ 《江苏省教育会现任职员录（十三年八月改选）》，《江苏省教育会年鉴》第 10 期，1925 年，第 1 页。
⑥ 《昨日学界方面之形势》，《申报》1925 年 6 月 7 日，第 15 版。
⑦ 《约翰离校生筹设新校委员会消息》，《申报》1925 年 6 月 16 日，第 15 版。
⑧ 《光华大学筹备委员会启事》，《申报》1925 年 6 月 25 日，第 2 版。

科设置物理系、化学系、生物系、数学系，商科设置银行系、会计系、商业管理系、经济系，工科设置测量系、绘图系、建筑系。[①] 校方聘请严恩椿担任文科主任，容启兆担任理科主任，何德奎担任商科主任，杨才清担任工科主任，首批教授包括郭任远、胡刚复、吴经熊、何炳松、汪英宾、李石岑等学界名流。[②]

光华大学由于是脱离圣约翰大学而设，获得了广泛的社会同情，投考者众多，首批学生达到 600 多人。其中，教会学校沪江大学学生有 60 余人转入光华。[③] 圣约翰大学的保送学校——扬州美汉、芜湖圣雅各、安庆圣保罗等教会中学的学生，纷纷报考光华大学或转入附中就读。另有拟送子弟入圣约翰大学的家长，闻知光华大学设立，毅然令子弟前来报考。圣约翰离校事件甚至影响到外埠。其中，教会学校武昌博文大学学生退学，申请全体加入光华大学。[④] 九江圣约翰中学受到离校事件影响，在教师陆名德、学生赵冶的带领下，百余名学生离校另立光华中学，作为上海光华大学九江附中，九江圣约翰中学由此倒闭。[⑤] 这说明，光华大学的筹办在社会上产生了一定影响。然而，此时出现一种吊诡的情况，那就是圣约翰离校者进入光华大学的反倒不足一半。当时一共有553 人离校，其中留在光华的只有 257 人，返回圣约翰的 98 人，离开他去的 198 人。[⑥] 这说明，光华大学作为一所新成立的大学，外界的影响虽然很大，在内部却未能获得全体离校学生的信任。

1925 年 9 月，光华大学在租赁的霞飞路校舍正式开学。开学后，学校继续组织了大规模的募捐活动，并派遣理科主任容启兆偕同学生费毓洪、陈炳煌等赴南洋动员华侨进行募捐。此次南洋之行，共募得白银2400 两，侨商林珠光允捐体育室一座，吴记霍允捐科学馆一座。[⑦] 然而，遗憾的是，华侨允捐两馆属于口惠而实不至，承诺之后再无音讯，并未

①　光华大学的系科称呼并不统一，系与学系并用，不同科系之间也有合并或拆分情况，为便于理解，下文统称为系，对科系名称的变动也不一一指出。

②　《光华大学章程（民国十五年九月）》，第 21—25 页。

③　《光华大学沪江同学会成立》，《申报》1925 年 11 月 1 日，本埠增刊第 1 版。

④　《武昌博文离校生将加入光华大学》，《申报》1925 年 8 月 10 日，第 7 版。

⑤　陆伟廉：《光华中学的来龙去脉》，中国人民政治协商会议九江市委员会文史资料研究委员会编印《九江文史资料选辑》第 6 辑，1992，第 82—84 页。

⑥　《离校返校诸人姓名一览表》，潘序祖、沈乃康编《六三血泪录》，第 47—72 页。

⑦　《光华海外募捐团返沪，捐到体育室科学馆各一座》，《时报》1926 年 5 月 8 日，第 2 版。

真正捐赠。据统计，光华大学建校初共收到约 19 万元的学杂费、4.5 万元的捐款、8.5 万元的借款，并发行了 1.3 万元的公债。① 利用这些陆续收到的款项，光华大学于 1926 年 1 月 5 日开始在王省三家坟园之上逐步建造大西路新校，校舍均是仿古宫殿式建筑。② 开学一周年时，大学部学生基本迁入新校舍。③

　　光华大学成立前后，正值段祺瑞执政府统治时期，教育部开始有意识地扩展统治权威，高等教育政策在执行上有严格化的趋势。尤其是 1925 年 4 月章士钊担任教育总长以后，秉承执政段祺瑞的意旨着力整顿专门以上教育。④ 当年 7 月，北洋政府教育部颁布《私立专门以上学校认可条例》，规定私人创办大学，应于开学后三个月内上报教育总长，经教育部派员视察后，认为各项指标并无不合时，准予试办三年。试办期满后，若经部派员考试学生成绩优良，且拥有自置之相当校舍和 5 万元以上基金，则由教育总长正式认可。⑤ 10 月，章士钊又发布通令取缔私立大学命令称："近年以来，京外私立学校林立，认真办理者固多，冒牌充数者亦复不少。本部为慎重高等教育起见，前曾颁布私立学校认可条例，通行在案。兹又经部务会议决定，嗣后凡京外创办私立专门以上学校者，应先设筹备处，遵章具报事项清册。所有校址宽阔，经费来源，均应分别填入表内，经部派员观察，批令准予试办后，方得悬牌招生，否则一概无效。"⑥ 在北洋政府的三令五申之下，1926 年春，光华大学校方准备了各种表格与学生名册，呈请北洋政府教育部立案。4 月 29 日，教育部派佥事谢冰、中法工业专门学校校长朱炎来校，就设备、资金、课程设置和管理等方面进行视察。⑦ 光华大学在霞飞路的临时校舍比较简陋，教室和宿舍分处两地，间隔两站距离，属于没有围墙的大学。⑧

---

① 《光华大学收支对照表（民国十四年度）》，《光华大学十周纪念册》，光华大学，1935，第 159 页。
② 《光华校舍兴工纪详》，《申报》1926 年 1 月 11 日，本埠增刊第 1 版。
③ 《光华大学已迁入新校舍》，《申报》1926 年 9 月 10 日，第 11 版。
④ 阎登科：《民国前期教育部研究（1912—1928）》，中国社会科学出版社，2020，第 123 页。
⑤ 《私立专门以上学校认可条例》，《政府公报》第 3327 号，1925 年 7 月，第 6 页。
⑥ 《教部对于私立大学之取缔》，《教育杂志》第 17 卷第 11 期，1925 年 11 月，第 5 页。
⑦ 《教育部令第九七号》，《政府公报》第 3616 号，1926 年 5 月，第 3 页。
⑧ 如是：《从霞飞路到大西路》，《光华周刊》第 4 卷第 3 期，1928 年 11 月，第 7 页。

学校图书、仪器设备等也并不完备，基本是临时购置，勉强应付。不过，政府视察大学的标准相当宽松。光华大学虽然条件简陋，却也足以应付。当年 8 月，教育部发文"应准试办"，仅指出诸如"第四条英文系、法文系、德文系字样须改为英文学系、法文学系、德文学系，第十六条全文应改为本校大学部学生修业完毕试验及格者授以毕业证书称某科学士"等颇为无聊的细节性问题，至于学校是否有能力设置法文系、德文系等，则不关心。①

总之，私立光华大学的建立，完全依靠民间力量。其中起到核心作用的是部分学生家长，他们联络工商界和学界人士创办这样一所学校。北洋政府教育部对此种私人创办大学，仅做事后追认，抱乐见其成的态度。从材料中也可以看到北洋政府教育部派高级官员后续视察光华大学的命令，② 但政府基本是一种象征性的存在，对该校办学的具体细节，皆取不干涉的态度。除了申请立案之外，私立大学的其他办学活动很少与政府产生交集。

光华对圣约翰的"背叛"与继承

光华大学将"光我中华"之意孕育于校名之中，并在章程中表明其宗旨是"振刷爱国精神"。③ 稍后，校方又将"光我中华"的定位写入校歌，从古朴的校歌中，可以窥见学校办学的雄心与当仁不让的态度：

鲲鱼久蛰北溟中，今已化为鹏。去以六月羊角风，重霄一奋冲。我有前圣羲与农，肇造文明启晦蒙。我有后圣周与孔，旁流教泽施无穷。观国之光远有耀，重任在吾躬。中华民气原俊伟，奋起自为雄。

平原宽广带长川，有基筵在田。风雨不动安若山，广厦列万千。科分教育冀薪传，更参文理究人天。复以商业扩其用，众才分道扬

---

① 《教育部批光华大学筹备主任兼校长张寿镛光华大学准予其试办应将学生入学凭证等件送验》（1926 年 9 月 1 日），台北，"国史馆"藏，《北洋政府教育部档案》，档案号：019/020100/0064。

② 《教育部令第一号：派专门教育司司长罗惠侨视察上海光华大学校》，《政府公报》第 3863 号，1927 年 1 月，第 6 页。

③ 《光华大学章程（民国十五年九月）》，第 25 页。

先鞭。父兄师保瘁心力，乃致美且全。光我中华万亿年，毋让他人前。①

由此，作为收回教育权运动最重要的成果之一，光华大学开办之初也普遍被社会寄予厚望。如复旦大学创办者马相伯在1926年1月光华大西路新校址奠基演讲时，痛斥了当下一干学生崇洋媚外，以留学海外、讲外文为荣，置五千年中华文明于不顾的现状，希望光华学生热爱自己的国家，弘扬中国的文化，切勿蹈圣约翰的覆辙，"将来给光华领到成功的路上，导中国到光明的世界"。② 学生周有光也曾概括："我们必须认清，建立光华大学的意义，并不是简单地增加我国教育的量的建设，而是要在我国教育史上划一个新时代——教育自主的时代，意识解放的时代。"③ 这说明，当初张寿镛、王省三、朱经农等筹建光华大学，并不希望简单地把学生从教会学校搬到自己的学校，而是对外国人主持的教育事业进行中国化的全新改造和建设。然而，此种改造的实际情况如何？光华究竟在哪些地方改造了圣约翰，在哪些地方继承了圣约翰？

在关系上，光华大学表示与圣约翰大学彻底决裂。尤其是离校学生，在脱离圣约翰时便持一种与外国人学校彻底决裂的破釜沉舟姿态。光华大学成立后，则进一步以瓦解圣约翰作为重要目标。1926年6月3日，约翰离校学生善后委员会宣布解散，改组为六三约翰离校同志会，其目的有三："（1）收回约翰大学归国人自办；（2）继续反教会教育运动；（3）促进光华大学之发展并拟建筑六三堂以垂永久纪念而为各同志来日交谊之所焉。"④ 1927年，六三约翰离校同志会出版了《六三血泪录》，登载了退出圣约翰的详细经过以及各方媒体的报道，揭露了圣约翰校方克扣离校教员薪酬的"卑鄙阴谋"，并刊登返回圣约翰就读的离校学生详细名单，称他们为"弃誓背约的不肖分子"。对圣约翰的学

---

① 杨荫溥制谱，童伯章歌词《光华校歌》，《光华大学廿二周六三纪念特刊》，光华大学，1947，第1页。
② 赵小延记录《马湘伯先生给光华学生的几句话》，《晨曦》第1卷第1期，1926年1月，第2—4页。
③ 周耀：《光华大学十周纪念的意义》，《光华大学十周纪念册》，第203页。
④ 《私立光华大学概况·学生组织》，《上海各大学联合会会刊》第1号，1933年12月，第226页。

生，光华学生亦视若仇敌。某次光华学生在校晚餐时，忽有某生高呼"约翰学生在此晚饭"，于是满座学生一起转身起立，目光转向被指认的圣约翰学生，随即呼骂之声铺天盖地，亦有学生将调羹掷向该学生。光华某生声明，圣约翰学生是他个人请来，希望各位原谅。圣约翰学生大惊，仓皇离校。①

光华大学学生希望瓦解圣约翰还表现于实际行动上。1927年3月25日，六三约翰离校同志会召开全体大会，讨论如何借助北伐军的势力摧毁圣约翰大学。当时社会谣传，北伐军到达上海后，将奉行民族主义外交，解散所有西方教会学校。由此，六三约翰离校同志会又选举成立了收回约翰教育权委员会，以总务长孟宪承、国文系教授洪北平、英文系讲师史乃康及学生洪绍统、伍纯武等12人为委员。北伐军占领上海后，该委员会与上海党政当局以及上海学生联合会接洽，要求解散圣约翰大学。在光华学生的恐吓之下，圣约翰校方宣布学校即日停办。② 1928年，圣约翰又有"复活"消息，六三约翰离校同志会为防止其重开，特意组织了"反对约翰复活委员会"，议决呈请大学院阻止圣约翰"复活"，并向国民政府请愿，将圣约翰收回自办。③ 从以上种种情节观之，颇有"痛打落水狗"之姿态。

在办学宗旨上，光华大学以"振刷爱国精神"为宗旨，以表明该校旨在培养具有一定民族国家观念的人才，与圣约翰恪守所谓的政治中立有明显不同。④ 在学科建制上，圣约翰大学设有文、理、工、医、道等科。圣约翰大学的道学科即神学科，光华大学不可能设置；圣约翰大学具有实力较强的医科，光华大学无力设置；圣约翰大学并无商科，光华大学为提高对学生的吸引力，像上海其他私立大学一样设置商科。

然而，光华大学从圣约翰大学中脱胎而出，不可避免地在某些方面仍然延续着过去的传统。正如周有光说，光华建校初期，学生多来自圣

---

① M：《约翰学生逐出光华记》，《时报》1926年3月28日，第3版。
② 《六三同志会收回约翰教育权运动》，《光华周报》第1卷第1期，1927年4月，第6—7页。
③ 《光华组织反对约翰复活委员会，定期招待新闻记者》，《中央日报》1928年4月15日，第3版。
④ 《光华大学章程（民国十五年九月）》，第25页。

约翰，规章制度多参考圣约翰，教学风格、教育内容等也倾向于继承圣约翰的传统。圣约翰大学有何特色传统？一般认为，圣约翰大学具有四种典型的办学传统。[①] 光华大学在以下四个方面与圣约翰大学颇为相似。

（1）小规模的办学模式

卜舫济认为，圣约翰大学不能发展过大，否则将可能影响学生个人的发展。圣约翰的目标是小规模教学，只重视质量，而不强求数量。因此，20 世纪 20 年代，圣约翰大学部的在校生一直保持在 500 人以内。圣约翰大学历年毕业生极少，据统计，1922—1924 年，圣约翰大学各科的毕业生总数分别为 49 人、52 人、64 人。[②] 圣约翰大学收费高昂，大规模扩招是增加财源的最好方式，但校方拒绝降低入学标准，以保证教学质量和校园生活质量。光华在这方面继承了圣约翰的办学传统，建校初期便量力而行，并未大量招收学生。在光华大学的 27 届毕业生中，毕业生总数仅 2541 人，平均每年毕业 94 人。[③] 下面将 1925—1927 年光华、复旦、大夏三所私立大学的毕业人数列表，以进行横向类比，可以清晰地看到其不同之处（见表 1-1）。

表 1-1 光华、复旦、大夏三校毕业人数情况（1925—1927）

单位：人

年份	光华大学	复旦大学	大夏大学
1925	9	88	0
1926	57	158	42
1927	48	171	104

说明：本表统计只包括本科、专科、预科生，不包括中学生。大夏大学 1925 年毕业生人数为 0，因该校建立于 1924 年，并无高年级学生，因此次年无毕业生。

资料来源：《光华大学历年各科系毕业生人数统计表》，《光华的足迹——光华大学建校七十周年纪念集》，第 316 页；《历届各学院暨师专科毕业人数比较表》，《私立大夏大学一览》，大夏大学，1931，第 259 页；复旦大学校史编写组编《复旦大学志》第 1 卷（1905—1949 年），复旦大学出版社，1985，第 306 页。

---

① 熊月之、周武：《"东方的哈佛"——圣约翰大学简论》，《社会科学》2007 年第 5 期，第 147—163 页。

② 熊月之、周武主编《圣约翰大学史》，第 464—466 页。

③ 《光华大学历年各科系毕业生人数统计表》，《光华的足迹——光华大学建校七十周年纪念集》，第 316 页。

从表 1-1 可知，光华大学 1926—1927 年大学部的毕业人数，基本
控制在 50 人左右的规模。1926 年毕业人数略高于刚建校两年的大夏大
学，1927 年毕业人数远低于复旦、大夏两校，接近圣约翰大学。当然，
各校办学历史长短不同，设置的系科数量不同，还需要引入每年在校
师生比，才能说明教育资源分配是否平衡。由于复旦建校时间较早，
不适合横向对比，在此仅将光华大学与先其一年成立的大夏大学的师
生比进行比较。从表 1-2 可以看出，1925—1927 年光华大学的教员规
模保持在 50 人左右，在校的学生呈递减趋势，保持在 350—470 人，
师生比则保持在 1：10 至 1：8。大夏大学的教员规模与光华大学相当，
学生则在 470—760 人，师生比为 1：16 至 1：10。显然，两所学校建
校初期走的路径不同，前者为保证质量，拒绝大幅度扩招，努力保持
小而精的标准；后者为考虑收支平衡，在短时间内大量招收学生，教
师队伍却并未随之扩大，这容易导致教育水平的低落。

表 1-2　光华、大夏两校师生数及师生比（1925—1927）

单位：人

年份	光华大学			大夏大学		
	教员	学生	师生比	教员	学生	师生比
1925	50	464	1：9	47	755	1：16
1926	47	448	1：10	52	732	1：14
1927	46	358	1：8	47	479	1：10

　　说明：按照当时的习惯，本表选取每年春季学期的数据进行统计。由于光华大学于 1925 年
9 月成立，1925 年的数据选取的是秋季学期。教员包括教授、副教授、讲师和助教等，职员、
图书馆主任、校医等不直接授课者不在统计之列。学生包括本科、专科、预科生，不包括中学
生。1927 年，光华、大夏两校学生数量骤然降低是因为北伐战争，战区学生无法前来注册，以
及很多学生弃学参加革命。
　　资料来源：《全国专门以上学校调查一览表》（1925 年 9 月），《北洋政府教育部档案》，档
案号：019/020100/0064；《教员》，《光华丙寅年刊》，第 35—45 页；《大学教职员》，《光华丁
卯年刊》，光华大学，1927，第 40—52 页；《大学教职员》，《光华戊辰年刊》，光华大学，
1928，第 22—36 页；《历年学生人数比较表》，《光华大学十周纪念册》，第 62 页；《本大学教
授一览》，《大夏周刊》第 22 期，1925 年 9 月，第 15—17 页；《上海著名大学调查录：（乙）私
立大学（一）大夏大学》，《寰球中国学生会特刊》，寰球中国学生会，1926，第 247—248 页；
《教职员名录》，《大夏大学一览》，大夏大学，1927，第 1—6 页；《教职员名录》，《大夏大学一
览》，大夏大学，1928，第 1—6 页；《历年学生人数比较表》，《私立大夏大学一览》，大夏大
学，1930，第 234 页。

（2）地道的英语教学

圣约翰大学使用英语授课，学生日常交往亦用英语，是上海学生英语普遍水准最高的高校之一。光华建校后直接继承了这一传统，将英语作为教学的准官方语言，学生的英语水平远超上海其他高校。正如 1926 年教育部对光华的调查报告称："外国教员有二人，系专教英语者。本科及高中二、三年科目除国学课程外，多用英文课本，讲解亦多用英语，并由教师口讲，学生笔记。"① 在出版物上亦然。建校初，光华便出版了《光华英文周刊》。② 每年一册的《光华年刊》上亦专门设有英语部分，发表学生的英语作品。从这些文章中可知，光华学生英语写作水平基本流畅自如。用英语表达的习惯，亦贯穿学生的日常生活。如一则短文中所言："每到上课前几分钟，只听见'密斯脱张替我留一个坐位'；'密斯脱王'给我'利沙夫'一个'西脱'……中文课堂内，却也有人答应'希尔'的，'泼勒生脱'的，中国教员也就不然而然的发了一笑。"③

当然，重视英语的另一面，便是无论校方还是学生都普遍重视西方文化，轻视本国文化。具体表现在，光华大学与圣约翰大学一样，重视留学归来的教授，轻视国学方面的教授。从光华大学初期的教员薪资表中可知，具有海外教育背景的教师，无论专任还是兼任，均支薪每小时 16 元，仅有的 4 位国文教师中，只有名望较高的伍叔傥支时薪 16 元，教员蔡观明仅支时薪 8 元，赵玉森仅支时薪 7 元。④ 正如蔡观明日后回忆道："我任大学各级范文讲读及作文，每周改本达一百五十余本，而待遇又和其他科学教授不同，理由是留学生花的本钱大，初订月薪八十元，后因伍叔傥——约翰旧同事——不到，课由我和何仲英分任，才增加至一百二十元。"⑤

在学生中也经常会听到口头讽刺国文教师的话："汉文真讨厌——什么'之乎者也'，'庄子老子'的确使人麻木！""不过是汉文教员，马马

---

① 《光华大学视察报告》（1926 年），《北洋政府教育部档案》，档案号：019/020100/0064。
② 《全国专门以上学校调查一览表》（1925 年 8 月），《北洋政府教育部档案》，档案号：019/020100/0064。
③ 华渭：《本校见闻录》，《光华丙寅年刊》，第 202 页。
④ 《教员一览表》（1926 年），《北洋政府教育部档案》，档案号：019/020100/0064。
⑤ 蔡观明：《孤桐馆诗文：蔡观明诗文选》，第 194 页。

虎虎就够了，何必大严特严；难道读《史记》《春秋》也有点用处吧？"①
从另一实例中也可以看到光华学生轻视国文教师。建校初，光华学生打
算出一本季刊，向教师征求意见。蔡观明认为，刊物应该叫《华风》。
此刊名系蔡观明自造之词，"风"指"国民性"，意为通过学术刊物以表
达中华民族的国民性。然而，学生将蔡观明的意见刊登在校刊之上，又
在其后发表了《推翻季刊定名意见书》一文，认为"华""风"两个字
在中国古代从来没有合用过，应该取现成的名词，而不必杜撰。学生认
为，中国学校以"华"为名的很多，如清华、文华、中华、东华等，取
名"华风"会让人搞不清到底是哪一校的校风。这个"华"字其实只能
代表中国，而不能代表光华。学生反问道："那么我们区区一校，学生仅
一千多人（按，包括附中。——引者注），就能够代表全国四万万人民
吗？我们何必要这样空廓的名字呢？有位先生说：我们范围，愈广愈好，
方将要推而大之，至于全世界，还不止于中华一国咧！那么，何不就叫
'世界风'，范围岂不更大吗？然而世界还小，不如叫'宇宙风'……"
最后，学生全体公决，以《光华季刊》作为名称，彻底否定蔡观明所取
的《华风》。②学生将蔡观明这一国文教师当成靶子，公开在校刊上批
评，其中自然不无轻视之意。由此，蔡观明"对光华兴趣不高，且觉得
光华一部分办事人，对约翰离校同人，有点敷衍意味"。③其后光华校方
通知蔡观明不予续聘，约翰离校的各位国文教师，亦先后脱离光华。由
此可见，光华大学虽然以"振刷爱国精神"为办学宗旨，但在实际的校
园文化中，却仍然不自觉地继承了圣约翰"崇洋"的态度。

（3）通识教育，文理交叉，重视体育

圣约翰大学在课程设置和管理方面采取文理贯通的模式，在承认文
理差别的同时，注意学生对其他学科的了解。因此，圣约翰在文科的学
程中设置理工科课程，在理工科的学程中设置文科课程，通识教育的色
彩非常明显，目的是帮助学生文理兼修，形成健全的知识结构。④在圣
约翰大学，要获得文学士，在150个总学分中，需要修读114个学分的

---

① 齐华：《恐怕不是无病的呻吟》，《光华半月刊》第3卷第1期，1926年11月，第3页。
② 《推翻季刊定名意见书》，《光华半月刊》第1卷第2期，1925年12月，第83—89页。
③ 蔡观明：《孤桐馆诗文：蔡观明诗文选》，第196页。
④ 熊月之、周武主编《圣约翰大学史》，第13页。

各类公共必修课，其中包括中文和第二外语等共 36 学分，英语 24 学分，数理科学和自然科学课程 18 学分；要获得理学士，在 150 个总学分中，需要修读 120 个学分的各类公共必修课；其中包括中文和第二外语等共 34 学分；英语 18 学分；社会科学课程 12 学分，其中经济学、历史学各 6 学分。至于专业教育，反而被放在次要地位。必修课之外的约 30 个学分，圣约翰大学要求学生任意选择一门学科为主科（相当于今天的专业），修满 18 学分课程即可。光华大学直接模仿并继承了这一制度，规定总学分为 154 学分，其中文科必修学分为 103 学分，包括国学和第二外语共 36 学分，英语 24 学分，自然科学 18 学分等。理科生必须修读 115 个学分的各类共同课程，包括国学和第二外语共 36 学分，英语 24 学分，社会科学 6 学分等。至于学生选定的主科，文科生修满 27 学分、理科生修满 24 学分即可毕业。① 光华大学与圣约翰大学的课程培养方案高度相似，都将公共课扩展到最大比例，将专业教育压缩到较小比例。可知光华大学基本全面借鉴了圣约翰大学的课程方案，只是在局部有所修订（见表 1-3）。

表 1-3　20 世纪 20 年代中前期光华大学与圣约翰大学文理科学分设置对比

单位：学分

		圣约翰大学	光华大学
总学分	文科	150	154
	理科	150	154
各类公共必修课	文科	114	103
	理科	120	115
主科	文科	18—36	27
	理科	18—36	24
其他任选课	文科	18—36	24
	理科	18—30	15

资料来源：《圣约翰大学章程汇录（1919.9—1920.7）》，圣约翰大学，1919，第 27—56 页；《光华大学章程（民国十五年九月）》，第 28—32 页。

圣约翰大学作为完全按照美国模式培养学生的大学，非常重视体育，

① 《光华大学章程（民国十五年九月）》，第 28—32 页。

是"上海体育学校的劲旅和中国现代体育的摇篮"。圣约翰的足球队是"华人足球队的鼻祖"。圣约翰的田径队在亚洲和国家级田径运动会上曾数次获得冠军。① 光华建校后，圣约翰的运动健将大半来校，"光华大学，多约翰离校学生，运动健将，大半仍在，并未星散，故开校后，对于体育一事，仍按约翰方针，积极进行，体育课程及课外运动，均照原定标准，切实提倡。对内则注重团体之普及，对外则注重球队及田径赛之训练，以期保存固有体育之声誉而光大之"。② 因此，光华大学很快成立了体育会以及足球队、篮球队、棒球队、网球队和越野队等，队员基本是圣约翰旧人。学校大事记中记录了光华成立后体育方面的战绩：1925 年 10 月 24 日，"本校足球队第一次与外界比赛，以五对〇胜持志大学"；1925 年 12 月 19 日，"本校大学足球队在南京，与夺得华东大学锦标之金陵大学足球队作友谊比赛，以四对一胜之"；1926 年 5 月 8 日，"本校与中国公学及华东大学体育会开联合运动会，以第一得优胜"。③

　　（4）丰富多彩的校园生活与校园文化

　　圣约翰大学校园设施堪称一流，校园文化丰富多彩，学生社团异常活跃，校报校刊繁多，校园风气洋化，远远超出上海其他高校。④ 光华虽然在校舍与设备上不如圣约翰，但在校园生活与校园文化方面却将圣约翰大学的传统发扬光大。

　　光华大学及附中皆设有自治会，各年级都有级会，下设各个部门，均以民主程序进行成员选举。自治会和级会是学生自治组织，负有纠察学生的作用，同时也负责监督学校当局。学生对校政的合理建议，都会拿到两级会议中去讨论，民主表决，最后以议案的形式反馈给学校。⑤ 圣约翰大学学生在离校运动中有条不紊，正是因为有一个成熟的学生自治会。光华的学生自治会继承自圣约翰，甚至很多骨干都是圣约翰的原班人马。相对于圣约翰，由于光华校政当局对学生的意见相对尊重，学生自治会获得了更多的事权，锻炼了学生的民主精神。

---

① 熊月之、周武主编《圣约翰大学史》，第 14—15 页。
② 《光华大学足球队成立大会纪》，《申报》1925 年 9 月 30 日，第 10 版。
③ 《光华大学大事系年录》，《光华大学十周纪念册》，第 21—22 页。
④ 熊月之、周武主编《圣约翰大学史》，第 16 页。
⑤ 《光华大学第一届学生自治会报告书》，《光华丙寅年刊》，第 57—58 页。

据统计，圣约翰校内先后产生过至少 73 个社团。光华大学亦然，从建校一年之后出版的《光华丙寅年刊》可知，成立的学生社团有美术研究会、武术研究会、教育学会、国乐会、政治学会、科学会、童子军团、白星体育会等，并有两广、闽南、福建、四川、湖南、湖北、江西、宁波、绍兴、湖州、宜兴等同乡会，以及来自南洋、沪江、美汉、民立等中学的校友会。许多团体的成员直接来自圣约翰。如国乐会集体签字离开圣约翰，到光华开学时，全体成员都来报到。因此，这些学生便按照原样成立光华大学国乐会，只是名称不同。①

同时，光华大学模仿圣约翰大学，保留了每年出版一册年刊的制度。年刊制度是圣约翰大学的首创，采用精美的纸张彩印，中英文双语印刷，主要登载当年的教职员和毕业生情况、校政校情、学生团体以及学生的文艺作品等。光华每年出版精美的年刊一册，坚持到 1939 年。其他如大夏、复旦等校均无连续的年刊出版。建校初期，光华又很快出版了《光华季刊》《光华半月刊》《光华英文周刊》《光华期刊》等，彼此分工不同，但都由学生自主编辑发行，教授仅起到名义上的指导和顾问作用，颇有圣约翰风格。

由于圣约翰的学生普遍家庭条件较好，生活比较洋化，离校学生入学光华后，并不局限于校内的小天地，其活动范围超出了校园。圣约翰离校生林泽苍、林泽民兄弟便是一例。林氏兄弟是福建人，进入光华后均就读于商科，林泽苍读大四，林泽民读大一。林泽苍是圣约翰大学摄影研究会会长，优越的家庭条件和精明的商业头脑，使其入学光华后便在上海领衔成立中国摄影学会，公开出版《中国摄影学会画报》。其弟林泽民担任《中国摄影学会画报》编辑。该画报比《良友画报》问世早一年，主要登载摄影作品，畅销 10 余年而不衰。作为一名在校生，有勇气成立以"中国"为名的协会，并创办商业报纸，按照企业的模式有条不紊地经营，如今似乎不可想象。无疑，在圣约翰大学读书的经历，开阔了林氏兄弟的视野，锻炼了林氏兄弟的能力，而进入光华之后，相对自由的体制和校园文化，使他们的特长得以发扬光大。

总之，光华大学对圣约翰大学表面上的"背叛"与实际上的传承，

①　洪启英：《光华大学国乐会》，《光华丙寅年刊》，第 77 页。

显得颇为吊诡。究其原因，在收回教育权的背景之下，民族主义成为一种时代潮流，受此影响，光华校方与学生对圣约翰常常表现出某种针锋相对的敌意，处处对圣约翰进行打击与排挤，以此彰显自身存在的"崇高意义"。然而，由于国人在自主办学方面尚不够成熟，圣约翰的一些制度、方法比较先进，圣约翰的很多学生又进入光华，光华实际上有意无意地对圣约翰的传统予以继承。甚至在毕业生的工资水平上，光华也继承了圣约翰。如周有光说，圣约翰的学生毕业后，在社会上每月能拿到80元，光华也能拿到80元，但上海其他学校的毕业生只有70元。[①] 此种实质的因袭与表面的"背叛"之间的矛盾，随着反帝话语的渐渐隐去而逐渐消失，乃至当年"背叛"母校的校友回忆圣约翰大学时，多数是表示好感而非批判。正如周有光所言，圣约翰的制度比较先进，学生离校不完全是因为圣约翰不好，而是因为矛盾不可化解。

第三节　收回教育权之后：光华大学的办理难局

校董会的表与里

私立光华大学成立后，北洋政府教育主管部门对其而言，只是一种象征性的存在，除了在形式上要满足北洋政府教育部要求的各种立案指标之外，一切校政完全由学校自身负责，学校当局在治校方面基本享有自主权。按照《光华大学章程》规定，学校的最高权力机构是校董会。

近代中国的私立大学普遍有校董会之设。校董会制度起源于美国殖民地时期的哈佛、耶鲁等校，清末民初随教会大学移植到中国。从理论上讲，校董会对大学负有绝对责任，并拥有至高无上的权力。正如近代教育行政专家常导之所言："美国以校董会为大学之最高权力机关。各州立大学（State University）每设有一特殊之校董会；私立大学之校董会以对学校物质方面有特殊贡献者为中坚。校董会之职权最广且大，而以在私立大学为尤甚，举凡推任校长、管理支配财务等等，均在其掌握。以

---

① 周有光口述《逝年如水——周有光百年口述》，第30页。

校外之人员所组成之机关主持校内事权，其大学所享有之自治，较诸欧洲大学颇见差别。"① 当代研究者亦称，美国私立大学的校董会主要由校外人士组成，是大学的法定代表机构和最高决策机关、权力机关，负责选拔和监督校长，确保大学的财务状况，以满足高质量的教学与研究持续进行。同时，校董会还致力于维护高校与外部利益相关者之间的关系。② 当时在华的教会大学，亦是由创校的各教派先在美国组建"托事部"即美国董事会，负责持有校产、筹措经费、任命校长等，对学校具有绝对主权并负有绝对责任。在国内亦有相应的"理事会"即国内校董会，作为海外"托事部"的执行机构。正因为教会大学具有比较健全的内外双重校董会机制，能够保证稳定的经费筹措，这些学校得以正常运行。③ 然而，中国的私立大学虽然引进了西方的校董会制度，却并未得其实质，校董会的表与里之间存在一定距离。

1924 年 4 月，北洋政府教育部颁布《国立大学校条例》，提出"国立大学校得设董事会"，"私立大学校应参照本条例办理"。④ 此条例遭到北大等国立大学的激烈反对，未能真正推行。1925 年 7 月，北洋政府颁布《私立专门以上学校认可条例》，再未涉及校董会问题。⑤ 因此，这一时期政府并无要求私立大学必须设置校董会的硬性规定，设立校董会主要是私立大学方面的主动行为。光华大学设立校董会，主要有两方面考虑：一是筹款，二是装点门面。

先说筹款。近代中国的私立大学多是政治运动的产物，开办时并无充足的准备金，更无固定的基金会和财团支持。如复旦大学前身复旦公学从教会学校震旦公学中独立而出，光华大学由圣约翰大学离校生的家长集体创办，大夏大学由厦门大学部分师生在学潮后出走上海创立，持志大学由上海大学部分离校师生创办。这些学校多半由部分师生凭一时激愤，奔走呼号而建立，虽然学校在筹建时一般能够获得社会热心人士

---

① 常导之编著《增订教育行政大纲》，中华书局，1935，第 178 页。
② 王绽蕊：《美国高校董事会制度：结构、功能与效率研究》，高等教育出版社，2010，第 33—34 页。
③ 蒋宝麟：《从"内外"到"中西"：金陵大学顶层治理结构的转变》，《史学集刊》2020 年第 3 期，第 61—74 页。
④ 《国立大学校条例》，《教育公报》第 11 卷第 3 期，1924 年 4 月，第 1—3 页。
⑤ 《私立专门以上学校认可条例》，《政府公报》第 3327 号，1925 年 7 月，第 6 页。

的同情，但终究不是长久之计。因此，北洋政府时期各私立大学设立校董会，也是希望能以一种制度化的规定，将热心慈善事业的工商银行界人士集中起来，请他们负起为私立大学筹款的责任。所以，上海工商银行界的名流，成为各私立大学争相拉拢的聘请对象。

1926 年 10 月，光华大学的首届校董会成立，王省三（退职绅商）、张寿镛（光华大学校长）、赵晋卿（上海总商会董事）、许秋帆（江苏交涉使）、虞洽卿（上海总商会会长）、朱吟江（上海总商会董事）、钱永铭（盐业金城大陆中南四行准备库协理）、吴蕴斋（金城银行副总经理）、林康侯（中华汇业银行总经理）、徐新六（兴业银行总经理）、陈光甫（上海商业储蓄银行总经理）、施肇曾（上海世界佛教居士林林长）、黄炎培（江苏省教育会副会长）、余日章（中华基督教青年会总干事）、朱经农（光华大学副校长）等 15 人被聘为校董。这届校董中，王省三等 4 人为学生家长，虞洽卿等 7 人为上海工商银行界巨头，黄炎培等 4 人为文化、宗教界人士，总体上工商界人士占多数。《光华大学章程》显示，学校选择校董的标准是：（1）国内德高望重者，国内有专门学识者；（2）有大勋劳于本校者；（3）捐助或募集本校巨额财产者。校董的职权是：（1）筹集本校基金及经费核定预算；（2）选聘本校校长；（3）决定本校行政方针；（4）审定本校校章；（5）筹划本校其他一切重要事务。校董任期 3 年。章程要求校董会每学期开会 5 次，月终举行常会。校董会开会，以 2/3 以上董事出席为法定人数，议决事项须 2/3 董事同意。其后，校方更为校董会增加了具体的责任，预算光华每年大约亏空 4.5 万元，由校董会筹措补足。① 从条文上看，其规定不可谓不健全。然而，制度规定是一回事，实际运作则是另一回事。

目前从各种资料中，基本看不到早期光华大学校董会开会的记录。所谓每学期开会 5 次、月终举行常会的规定，从常理来讲，几乎不可能实现。甚至，校方与校董会的沟通也并不畅通。其后光华大学向国民政府教育部申请立案时，15 名校董中有 4 名"远离沪渎，无从接洽盖章"，完全失去联系。② 这说明，光华大学的校董会，对学校而言只是一种形

---

① 《光华大学章程》（1926 年），《北洋政府教育部档案》，档案号：019/020100/0064。
② 《上海市教育局关于私立圣约翰大同光华大学立案问题》（1929 年 3 月 16 日），上海市档案馆藏，《上海市教育局档案》，档案号：Q235/1/631。

式化的存在，是一个相当疏离的群体。

表 1-4　1925—1927 年度光华大学收支情况

单位：元

年度	收入						支出	结存
	学生负担	公债	捐款	借款	其他	合计		
1925	190995	12940	44731	84992	6587	340245	335930	4315
1926	191280	23300	6233	63369	10978	295160	282423	12737
1927	209623	12350	85182	0	11691	318846	323449	-4603

资料来源：《光华大学收支对照表》，《光华大学十周纪念册》，第 154—159 页。

　　从光华大学办学前几年的收支对照表中可以看到，校董会确实在建校初期的筹款方面起到一些作用。1925 年度，光华获得捐款 4.5 万元，借款 8.5 万元，发行公债 1.3 万元。1926 年度，获得捐款 0.6 万元，发行公债 2.3 万元，借款 6.3 万元，其中主要借贷的金融机构有咏记钱庄 2.1 万元、金城银行 1.4 万元、汇业银行 0.7 万元、兴业银行 0.7 万元、上海银行 1.1 万元。1927 年，学校获得 8.5 万元捐款，其中的 5 万元来自大学院的建筑费补助，另发行公债 1.2 万元。这些款项帮助光华大学渡过了最初的难关。不过，目前能够查考的大宗捐款，主要是校董中学生家长张寿镛、王省三、许秋帆、赵晋卿等募集的资金。徐新六等银行界校董的作用一般是从所属银行为学校提供有息贷款。虞洽卿等工商界校董的作用一般是在光华大学发行的债券上钤印以担保信誉。[1] 一般校董与学校并无利益关系，对办学也不热心，只是由于学校主事者靠颜面邀请，无法推辞才允诺担任校董。至于一人担任数校校董的情况则十分常见，很多被聘请担任校董者，甚至都不太清楚自己究竟是哪校校董。因此，光华大学校董会中发挥作用者，主要是那些与学校利益相关的学生家长。具体而言，学校的经费除学费收入之外，主要依靠校长张寿镛、王省三等极少数人筹集。[2] 张寿镛曾经就筹款之难发出过这样的叹息："方其经营之时，狂奔疾走，呼号相及，借甲扛乙，补屋牵萝，托钵题

<hr>

① 《光华大学建筑公债票》，http://auction.artron.net/paimai-art23630766/，雅昌艺术网，最后访问日期：2015 年 10 月 21 日。
② 俞信芳：《张寿镛先生传》，北京图书馆出版社，2003，第 177 页。

缘，自忘愚痴，热诚者一呼便应，冷嘲者讥为多事。于是财无分于公私，事兼理于巨细，访求师范，登门鞠躬，考订章程，专家是赖，以知行合一相激励，昭然相示以肝胆，缔造之艰，非身历其境者不知也。"① 至于绝大多数的校董，发挥的实际作用比较有限。

校董会的另一个功能是"装点门面"。中国文化素来有重"公"轻"私"的传统，就大学而言，当然是国立大学地位最高，教会大学由于有西方背景，地位与国立大学不分伯仲。国人自办的私立大学地位最低。因此，私立大学要赢得社会的信任，吸引众多学生投考，不得不在一些门面上下功夫，除聘请工商界人士担任校董以"证明"财力之外，还聘请一些政界要人担任所谓名誉校董，以增加学校的分量。因此，当时的光华大学还有"名誉董事"之设，聘请王宠惠、王正廷、何丰林、李平书、范源濂、马相伯、袁观澜、孙宝琦、熊希龄、顾维钧等政界要人担任。② 这些政界要人尽管完全不负实际责任，但头像和名字印在学校的各种宣传册和纪念品上，无疑可以提升学校的知名度，向外界暗示学校"有政府背景"。

如前所述，近代中国私立大学是工商业发达的产物，也得益于相对于政府的"社会"之存在。私人工商业团体和文化学术团体在通商口岸的兴起，使他们有条件根据"教育救国""科学救国""学术救国"的理想创办并支撑这些私立大学。③ 然而，这个相对独立于政府的"社会"，又是不甚健全的，常常是仅有其形式却难有其实质。20 世纪 20 年代末期上海工商界的实力当然不及西方资本巨头九牛之一毛，但在本国横向对比则并不算弱，然而真正愿意资助教育、兴办文化事业者终究属于少数。所谓私立大学，常常是极少数与学校利益相关的热心人士，邀请学术文化界人士搭台，通过四处募捐来维持运作。如光华大学这样的私立大学，并未形成一种常态化的校董会制度，亦缺乏稳定的捐助渠道，始终未能储有固定的办学基金。因此，在北洋政府时期，上海私立大学的社会基础实际相当薄弱，表面上由江浙工商资本家支持，实际上并未找到真正的支撑。此种问题，在国民政府统治时期更为严重。

---

① 张寿镛：《光华大学五周纪念书序》，《光华大学五期纪念册》，第 1—2 页。
② 《本校名誉董事题名》，《光华丁卯年刊》，第 41 页。
③ 宋秋蓉：《近代中国私立大学研究》，第 87—88 页。

校长：在职而不在校

光华大学初建时，捐赠土地的王省三建议中华基督教青年会总干事余日章任校长。然而，出身于圣约翰大学的余日章不愿担任，只允担任校董。由此，张寿镛被推举为代理校长，全权对学校负责。其后，张寿镛成为正式校长。然而，作为校长的张寿镛主要的身份是政府官员。光华大学成立初期，他还在沪海道尹任上，忙于处理五卅惨案善后，难以兼顾学校。1925 年 10 月，孙传芳占领上海，重新任命地方官，张寿镛被迫去职，才回到学校，专任校长职务。在这段时间里，张寿镛"天天到校，筹筑校舍，整顿校务，不遗余力"。1926 年 10 月，张寿镛又应北洋政府奉系国务总理潘复征召，赴北京担任财政部总务厅厅长。由于身在北京，无法照顾学校，校长的职务由王省三暂代。然而，王省三并非教育家，不愿长期担此责任，于 1927 年春提出辞职，"一时校内人心动摇"。幸而此时北洋政府濒临崩溃，张寿镛才辞职回沪，返校视事，学校才得以安定。[1]

张寿镛回校后，由于勤恳治校，颇得学生赞誉。如这一时期的学生说道："我们知道我们张校长是最负责任的一个人了，借款是他，募债是他，行政也是他，什么人不愿意负的重责，他都一个人豪爽的负担去，他并不拿光华一文一钱，天天只是跑进跑出，替光华赔钱干事，二年来如一日，这样负责的校长，在今日人心不古的教育界里，实在是不可多得的。不但如此，我们的张校长又是极公正的一个人，素来不倚不偏，只以光华的前途为依归；凡是教职员同学中与光华前途有障碍者，他很不客气的驱逐之训斥之；反之，凡是教职员同学中与光华前途有利益者，他也就极力的信用之奖励之；他有他的坚强的自信力，什么人的谗言他都不爱听的。因为他有这样公正的态度，所以别个学校几乎天天有驱逐校长的举动，而我们光华大学的学生却梦也梦想不到这件事，这就因为别个学校的校长有偏私，因而拥护的人只限于一部份，而张校长是大公无私，不偏不倚的，所以全校一致拥护他。"[2] 这说明，此时张寿镛在学

---

[1]　《张校长回校主持校务》，《光华周报》第 1 卷第 1 期，1927 年 4 月，第 6 页。

[2]　洪绍统：《回忆与责任》，《光华周报》第 1 卷第 8 期，1927 年 6 月，第 5 页。

校尚有一定威望。

然而，好景不长。不久北伐军到达上海，南京国民政府成立，急需江浙大资本家的财政支持。张寿镛便应蒋介石征召，出任苏沪财政委员会委员，旋即担任江苏省财政厅厅长。1927 年 9 月，担任国民政府财政部次长。1932 年 7 月 26 日，张寿镛才彻底辞去财政部次长职务。① 由此可知，光华大学发展早期，张寿镛真正在校停留的时间极为短暂，任职断断续续，只有当一些重大事宜如开学、毕业典礼时才来校视察。名列光华校董的上海银行家陈光甫当时评价张寿镛："张咏霓立志做官，四面敷衍。"② 光华大学学生储安平曾评价张寿镛："当时我们的校长是做大官的，办学是他的副行，做官才是他的正业。"③ 由此可知，早期张寿镛对做官的兴趣远远大于办学。从侧面也说明，私立大学校长的吸引力，完全不能和做官相比。尽管当时的财政部次长负有沉重的筹款任务，是一个烫手的山芋，很多人避之唯恐不及，但张寿镛仍然愿意一试。此时的光华大学对他而言，只是一个退身之阶而已。

不过，对私立大学而言，有工商银行界的支持固然重要，具有政府背景亦非常重要。如前所述，张寿镛能够为光华组织起规模庞大的"经济干事团"并以半租半送方式租下校舍，正是得益于其沪海道尹的身份。1926 年 10 月，张寿镛担任北洋政府财政部总务厅厅长，正因为有这个身份，才能拉拢王正廷、王宠惠、熊希龄、孙宝琦、何丰林、顾维钧等北洋政府的军政要人担任名誉校董。国民政府时期亦然，张寿镛担任国民政府财政部次长兼江苏省财政厅厅长，对光华大学筹募资金多有帮助。当时国民政府并无补助私立大学的制度性规定，但大学院还是拨给光华大学 5 万元续江海关二五库券作为建设费，使该校在 1927 年度免于借款之虞。④ 此债券正是由张寿镛协助财政部部长孙科主持发行并与上海金融界接洽的，可知拨款之事有他的运作。⑤ 1928 年 1 月，宋子文继孙科

① 俞信芳：《张寿镛先生传》，第 131 页。
② 上海市档案馆编《陈光甫日记》，上海书店出版社，2002，第 85 页。
③ 安平：《行——给小读者的第十一封信》，《人言周刊》第 2 卷第 13 期，1935 年 8 月，第 251 页。
④ 《十年来之财政概况》，《光华大学十周纪念册》，第 155 页。
⑤ 蒋立场：《上海银行业与国民政府内债研究（1927—1937）》，上海远东出版社，2012，第 36 页。

担任财政部部长。宋子文有从广东带来的理财班底，另一新任次长李调生亦有个人势力"常州帮"，两者之间明争暗斗，都不愿张寿镛的"宁波帮"势力进入财政部。所以，宋子文和张寿镛之间有一个君子协定，宋子文不干涉江苏省财政厅的事务，张寿镛也不参与财政部的人事问题，其在中央财政部的主要职责局限于协助部长制定大政方针，并代表财政部与上海工商界接洽。1929 年 2 月，江苏省财政厅随省府迁移镇江，张寿镛只是偶尔到南京部里办公。由于张寿镛在江苏省财政界拥有绝对的权力，便利用职权将各县的财政局局长多委以光华大学的毕业生。[①] 如王省三之子、光华毕业生王华照，便曾担任上海县财政局局长。[②] 显然，张寿镛任官，在一定程度上解决了部分光华学生的毕业出路问题。

国人自办的私立大学由政界要人担任校长，光华大学并不是特例。大夏大学校长王伯群亦同时担任国民政府交通部部长。一方面，相对于做校长，做官能够掌握更大的权力，在"学而优则仕"的传统观念影响下，做官有着巨大的吸引力。另一方面，办大学与办中学不同，需要一个长袖善舞者利用多方资源为学校谋取利益。校长在中央政府中担任职务，作为政府要人，显然有能力调动各种力量，并将这些力量转化为办学资源，或多或少对大学有利。如果是纯粹的学人社团或学人治校，难以从各方尤其是政府中获取资源，反而不利于学校的发展。比如私立大同大学，主要由学人社团组成，每人集资若干作为学校的经费。这导致该校的收入和支出都非常少，对其发展构成限制。1928 年，大同大学已经建校 16 年，其岁出仅为 82621 元。而此时光华大学的岁出则可达 298221 元，高于大夏大学岁出 233060 元、复旦大学岁出 121844 元，且高于武汉大学、同济大学等规模较小的国立大学，为沪上私立大学岁出最高者。[③] 这说明，此时的私立大学虽然缺乏稳定的财源，但如果校长具有显赫的身份和地位，在政界和商界广结善缘，还是能从一定程度上弥补其财政短板。

当然，大学校长执校而不在校，仅将校长职务当成自己的副业，无疑会对大学的办学质量造成一定影响。因此，在建校的前几年，张寿镛

---

① 俞莱山：《张寿镛与上海的渊源》，《上海文史资料存稿汇编》（4），第 14—21 页。

② 《县财局长昨日接事》，《申报》1931 年 8 月 7 日，第 14 版。

③ 《各大学十七年度岁出经常费决算数统计表》，《教育杂志》第 22 卷第 5 期，1930 年 5 月，第 66 页。

都是委托学界的代理人担任副校长，负责实际的校务。

代理人治校与教授兼职

在建校后的三年里，先后由张寿镛聘请担任光华大学副校长并负主要责任的有朱经农（1926 年 9 月—1927 年 7 月）、张歆海（1927 年 9 月—1928 年 6 月）两人。这两人的任期都不算长，虽然也给光华大学带来一定的发展，却因为在校时间短暂，不愿投身教育事业，难以给学校打下良好的基础。

朱经农（1887—1951），江苏宝山（今属上海）人。1904 年留日，加入同盟会。1905 年冬，因日本政府排斥留学生，朱经农与同学愤而回国，在上海创办中国公学。辛亥革命后，在北洋政府担任低级行政职员。1916 年留美，获华盛顿大学文学学士、硕士学位，在哥伦比亚大学教育学院博士肄业。1920 年，受蔡元培之邀回国，任教于北京大学。1923 年，担任上海商务印书馆编译所国文部部长，主编新学制中小学教科书。其间，朱经农加入江苏省教育会，积极参与地方教育活动，成为上海教育界名流。1924 年，兼任沪江大学国文系主任、大夏大学教育系教授。[①] 1925 年，被聘任为光华大学教务长，参与光华大学筹建。

建校初期，张寿镛担任沪海道尹，朱经农作为教务长，主持章程制定与教授聘任工作，对光华建校有开创之功。1926 年 9 月 18 日，光华大学设立副校长，由朱经农担任。10 月 29 日，北洋政府奉系国务总理潘复任命张寿镛为财政部总务厅厅长，校务重任遂多由朱经农承担。然而，朱经农同时在中华职业教育社、商务印书馆、沪江大学、大夏大学等多处任职，社会活动异常频繁。而且朱经农与张寿镛一样，都对从政感兴趣。1927 年 1 月，朱经农南下广州，重新与国民党取得联系。北伐军到达上海后，朱经农作为江苏省教育会重要成员，本应在国民党通缉之列，却摇身一变成为国民党上海特别市党部上海教育研究委员会委员。1927 年 7 月，朱经农被任命为上海特别市首任教育局局长，辞去光华大学副校长职务。[②] 其后，张寿镛聘请张歆海担任光华大学副校长。

---

① 中国社会科学院近代史研究所中华民国史研究室编《中华民国史资料丛稿·译稿·民国名人传记辞典》第 4 分册，中华书局，1983，第 100—102 页。
② 《光华大学第二届毕业礼纪》，《申报》1927 年 7 月 4 日，第 7 版。

张歆海（1898—1972），浙江海盐人。1916 年入清华学堂。其后留美，在哈佛大学师从新人文主义巨擘白璧德，获得英国文学博士学位。归国后，张歆海历任北京大学英文系主任、清华学校西洋文学系教授、东南大学外文系主任。1927 年 9 月，担任光华大学副校长。相对于朱经农，张歆海的社会兼职较少，颇为专注校务。光华大学建校初设文、理、商、工四科，其中工科由于缺乏经费，办理不力，他果断裁撤工科，集中优势发展文、理、商三科。[①] 他认为，对一所大学而言，名教授数量和图书馆藏书是最重要的两项指标。张歆海遂组织起"图书委员会"，任命商科主任何德奎担任主席委员，负责采购图书。据记载，光华大学图书馆直接订阅来自美国的西文杂志便达 80 种之多，可谓丰富。[②] 另有资料详细记述，张歆海扩充图书室，并收购张君劢等名家的藏书："民国十六年，张欣〔歆〕海氏掌校务，氏以为图书馆乃学问之导源，智识之府库，在大学教育中，实占重要地位。故经营之，筹划之，扩充之，不遗余力。如捐募书籍，归并附中图书馆，增收图书费，选购中外名著，并另筹的款，收购张君劢及郭虞裳二先生之藏书。……本馆之得有今日者，张氏实有力焉。"[③] 张歆海在任期间，聘请胡适、徐志摩、余上沅、张尔田、廖世承、董任坚、陈逸凡、颜任光、金井羊等名家任教，"是年国内名教授麇至光华，人文之盛为全沪各大学冠"。[④]

不过，张歆海在任期内，颇受学生非议，主要是在使用经费问题上不够审慎。据报载，张歆海担任副校长，每月原定薪金 240 元，然其以副校长之权威，未经校董会及教职员会通过，每月多支取 160 元，月薪共 400 元。另有一外国女教员，学问平常，张歆海亦为其支 240 元月薪，学生颇为不满。有人计算，若张歆海在教职员薪金上节约使用，半年可省近万元。这对于私立大学而言，绝非小数目。因此，学生颇有鼓动暗潮，驱赶张歆海之意。[⑤] 而且，张歆海与张寿镛、朱经农一样，真正的兴趣并非办学，而是从政，一旦有更好的去处，便马上辞职离开学校。

---

① 《校史》，《光华日记：1930 Kwang Hua Diary》，上海光华大学大四级会，1930，无页码。
② 绍统：《少年光华》，《光华周刊》第 2 卷第 1 期，1927 年 10 月，第 1—4 页。
③ 《十年来之图书馆》，《光华大学十周纪念册》，第 79—80 页。
④ 《校史》，《光华日记：1930 Kwang Hua Diary》，无页码。
⑤ 六三生：《光华大学之校长问题》，《中国摄影学会画报》第 3 卷第 115 期，1927 年 11 月，第 114 页。

1927 年秋，张歆海调任国民政府外交部欧洲和美洲司参事，开始步入政坛，也就自然辞去副校长职务。张歆海执掌光华的时间不过一年，亦无从厘定制度，促进学校的进一步发展。

光华大学治校者频繁易人，导致制度的混乱与行政的不健全。1925 年 10 月，光华大学成立教职员代表会。1926 年 9 月 18 日，成立行政会。10 月 24 日，成立校务委员会。① 然而，三种会议功能类似，存在职责不清、互相冲突的情况。如一名学生评论道："光华的行政机关，在会议方面，有董事会、行政会、教职员会议种种；在人的方面，有校长、副校长、校长室秘书、教务长、事务长、注册长、各科教务长，新近又添一位总务长，名目繁多，职权不一，组织既不完备，负责又无专任，有些有其名而无其实，有些有其衔而无其权，有些虽有会议，而会议者与执行者风马牛不相涉，议案从未见诸事实，种种办事上的困难和同学的怨声，就因此化生。"② 甚至到 1927 年秋季以后，行政会议无形取消，校务会议不见议案公布，副校长、教务长的职权仍无明确规定。对于一所学校来说，这些并非大问题，却说明其建制不够健全，"行政手续尚未臻十分完备"。③

通过对光华大学建校初期治校者的考察，可知当时一般私立大学的主事者，真正的兴趣不完全在教育界，而在政界，一旦有更好的归宿，则会马上离开学校。这显然是缺乏为教育牺牲的精神。由此，学生对治校者的另谋高就非常不满，质问道："他们要的是名，否则为什么要去另外做官发财，反而把光华的职务看做副业呢？有的不是专在外面，连光华来也不常来吗？"④

如果说治校者一心从政，那么教员情况如何？从早期教员的履历表可知，除国学系主任童伯章有传统功名，其他科系负责人都有留学海外的经历，拥有英美著名大学的博士或硕士学位，说明师资力量颇为强大。然而，从实际情况来看，建校初期存在教授兼职严重以及流动异常频繁的问题。历年教职员名册统计建校初期担任各科系主任的兼职情况与任

① 《光华大学大事系年录》，《光华大学十周纪念册》，第 21—22 页。
② 绍统：《本校国立运动问题书后》，《光华周报》第 1 卷第 2 期，1927 年 4 月，第 3 页。
③ 绍统：《少年光华》，《光华周刊》第 2 卷第 1 期，1927 年 10 月，第 3—4 页。
④ 如是：《从霞飞路到大西路》，《光华周刊》第 4 卷第 3 期，1928 年 11 月，第 9 页。

期，可以更好地说明问题。从表1-5中可见，建校初期各科系主任共18人，其中专任者9人，兼任者9人。这些教授的任期亦普遍短暂。容启兆、胡其炳2位同时作为行政职员，任期超过10年。其余的16人中，有7位科系主任任期仅1年，其余9位科系主任的平均任期为2.9年。作为学校的骨干教授，任期尚且如此短暂，兼职情况如此严重，普通教授的情况可想而知。

表1-5 光华大学建校初期科系主任任期与兼职情况

姓名	履历	职务	任职年限	是否兼任
严恩椿	乔治华盛顿大学博士	文科主任	3年	否
容启兆	弗吉尼亚大学博士	理科主任	10年以上	否
何德奎	哈佛大学硕士	商科主任	3年	否
杨才清	圣约翰大学学士	工科主任	2年	否
童伯章	清朝举人	国学系主任	5年	否
朱经农	华盛顿大学硕士	历史系主任	2年	否
朱广儒	法国山泰田矿业大学肄业	法文系主任	1年	否
胡其炳	德国嘉而斯大学文学士	德文系主任	10年以上	否
张东民	弥尔顿大学学士	生物系主任	3年	否
李石岑	日本东京高等学校肄业	哲学心理系主任	3年	是
汪英宾	哥伦比亚大学硕士	英文系主任	3年	是
刘湛恩	哥伦比亚大学博士	教育系主任	1年	是
胡刚复	哈佛大学博士	物理系主任	2年	是
应成一	威斯康星大学硕士	社会系主任	1年	是
段育华	加利福尼亚大学硕士	数学系主任	1年	是
孙祖瑞	哥伦比亚大学硕士	工商管理系主任	1年	是
陈其鹿	哈佛大学硕士	银行系主任	1年	是
陈德恒	哥伦比亚大学硕士	会计系主任	1年	是

资料来源：《全国专门以上学校调查一览表·各科主任教员》（1925年8月），《北洋政府教育部档案》，档案号：019/020100/0064；《大学教职员》，《光华丙寅年刊》，第35—50页；《大学教职员》，《光华丁卯年刊》，第35—47页；《大学教职员》，《光华戊辰年刊》，第45—59页；《大学教职员》，《光华庚午年刊》，第39—53页；《大学教职员》，《光华癸酉年刊》，光华大学，1933，第111—128页；《大学教职员》，《光华甲戌年刊》，光华大学，1934，第87—105页；《大学教职员》，《光华乙亥年刊》，光华大学，1935，第81—86页；《大学教职员》，《光华丙子年刊》，光华大学，1936，第48—54页；《大学教职员》，《光华丁丑年刊》，光华大学，1937，第46—54页；《大学教职员》，《光华大学戊寅纪念册》，光华大学，1938，第35—43页；《大学教职员》，《光华己卯年刊》，光华大学，1939，第61—69页。

由于教授兼课严重，便不免出现一种吊诡的现象。教授与学校之间类似于一种雇佣关系，与学生仅是一种知识买卖的关系。如一名学生批评道："买卖，只此而已。论月薪的，几百元一月；论钟点的，几元一钟头。事办了，钱得了，一切也就完了。"[①] 还有学生愤怒形容："有几位教授谈到光华总说：'我不知你们光华怎样？'你想，光华的教授而不知光华目下的情形，已是少见，而还得加上'你们光华'，我真不懂他们与光华，究竟是什么一种关系，然而他们将来的履历上，至少是'光华大学教授'！"[②] 此种兼课严重、教授不知归属的情况，并非光华个案，在同时期的国立大学亦同样普遍存在。[③] 不过，私立大学的情况显然更为严重，尤其是近代上海私立高校众多，拥有海外学位的教授更成为各校普遍拉拢的对象，教师在各校之间疲于奔命，靠上课时间赚钱的情况比较常见。从某种意义上讲，教授兼职，避免了资源浪费，有利于更多的学生接受高水平的指导。然而，问题在于，教授频繁流动以及兼任多所大学，只能保证基本的教学和知识传授，无法形成师生之间的学术共同体，所谓奠定真正的学术基础，无异于天方夜谭。

小　结

1925 年，圣约翰大学学生集体离校另立光华大学，是 20 世纪 20 年代收回教育权运动最大的收获，也是近代中国高等教育史上的一件大事。光华大学的创办，代表了一种国人自办大学的理想主义精神和舍我其谁的态度："我们必须认清，建立光华大学的意义，并不是简单地增加我国教育的量的建设，而是要在我国教育史上划一个新时代——教育自主的时代。"[④] 国家的教育自主事业由私立大学来承担，实则从侧面说明，由于当时国家、政府软弱无能，此种责任不得不落在"社会"肩上。

不过，光华大学虽然有收回教育权之名，却未必有收回教育权之实。至少在 20 世纪 20 年代中期，中国人还并没有真正摸索出一套有中国特

①　如是：《从霞飞路到大西路》，《光华周刊》第 4 卷第 3 期，1928 年 11 月，第 9 页。
②　《三言两语》，《光华周刊》第 4 卷第 5 期，1928 年 12 月，第 28 页。
③　陈育红：《民国大学教授兼课现象考察》，《民国档案》2013 年第 1 期，第 88—97 页。
④　周耀：《光华大学十周纪念的意义》，《光华大学十周纪念册》，第 203 页。

色的私立大学办学模式。圣约翰大学的制度和校园文化，除了一些宗教色彩浓重的部分被废除之外，大部分被光华大学继承下来。显然，光华大学师生虽然反对教育主权控制于西人之手，却自觉或不自觉地承袭了西方教会大学的教育方式和教育理念。由于身处近代上海普遍崇洋的大环境，光华大学师生实际反对的只是教会势力，而非其背后的西方文化。总之，在建校初期，光华大学并没有成为一所研究本土学术、弘扬中国文化的堡垒，甚至如圣约翰一样轻视中国文化。

　　要"收回教育权"还需要坚实的物质基础。光华大学并非工商界人士精心筹备、热心捐资兴学的产物，而是政潮和学潮的遗产。不只是光华大学，上海其他高校如复旦大学、中国公学、大夏大学、持志大学、上海法科大学，这些私立大学无一不是政潮和学潮的产物，先天不足决定了这些私立大学的物质基础和校政基础都相当薄弱。就光华大学而言，由于建校初期获得了一定的社会支持，财政危机问题尚未充分显现，但在校政管理方面已经出现种种问题。光华大学虽然模仿教会大学创立校董会，但校董会的表面与实际存在颇为严重的差异，校董会中主要起作用的仍是与学校利益相关的家长，其余校董多是挂名，难以真正负起对学校的责任。光华大学校长长期做官，在职而不在校，副校长负责学校的实际职务，却任期短暂，变动不定。教师作为学校的教育主体，兼职严重，部分教师仅将教书看作一种知识买卖。由此可知，光华大学脱离圣约翰独立之后，虽然在精神上摆脱了神学教育的束缚，但一些教育主事者仅将办学视为一种谋生或获取名誉的渠道，这便导致学校仅能维持最基本的存在，很难获得进一步发展。

第二章　在国民革命中：北伐前后
光华大学的校园政治

　　光华大学建校时正值北洋政府统治末期，由于政府的孱弱，教育主管部门虽然将光华大学这类私立大学纳入国家立案管理的轨道之中，却无力干涉高等教育的发展。在这前后，对光华大学产生影响的政治因素，主要来自在野的各种党派势力。五四运动以降，民族主义潮流激荡，学生群体开始登上历史舞台，在一定程度上影响了近代中国政治文化的走向。因此，在北洋政府统治摇摇欲坠之际，国民党、共产党、青年党都认识到学生群体蕴藏着巨大潜能，纷纷动员学生，在学校中建立秘密党部和团体，希望学生能够成为革命的后备力量，更有甚者直接创办学校，以之作为培养党员子弟兵的后备基地。[1] 由此，政治势力进入校园。所谓"三党竞革"在私立大学校园中究竟是如何展开的？作为一所诞生于学生运动的私立大学，学校当局又如何看待和应对新的学生运动？本章主要讨论从北伐前后到"济南惨案"这一段历史时期光华大学的相关史事，以对上述问题进行解答。[2]

---

[1]　吕芳上：《从学生运动到运动学生（民国八年至十八年）》，台北，"中研院"近代史研究所，1994，第 26 页；王奇生：《革命与反革命：社会文化视野下的民国政治》，社会科学文献出版社，2010，第 67 页。

[2]　北洋政府时期，中国的高等教育尚未走上正轨，所谓国立大学与私立大学的差异并不显著。国民党执政以后，开始重点支持国立大学发展，国立大学与私立大学的差异逐渐增大，并逐步形成身份差距。以上海为例，1927 年以前，所谓国立大学仅有交通部南洋大学、东南大学分设上海商科大学等少数几所。北洋政府对这些学校的管辖能力有限，其办学经费亦主要来自省款或校董绅商群体。数量众多者是私立大学，包括光华大学、大夏大学、大同大学、中国公学、上海法政大学、文治大学、群治大学、上海大学、上海艺术大学、国民大学、南方大学、远东大学、持志大学等一系列高校，以及西方人主办的圣约翰大学、沪江大学、震旦大学、东吴大学法学院等教会大学。负责统一领导上海学生运动的组织上海学联，成员遍及绝大多数国立大学、私立大学和个别教会大学。与之对立的上海各大学同志会亦是各大学校方的联合组织。作为上海学联与各大学同志会的主要组成单位和领导成员之一，光华大学具有一定的代表性。

第一节　学生与政党：党派竞争之下的光华大学

青年党与光华大学

光华大学从圣约翰大学中独立，是五卅惨案以后民族主义激情澎湃的产物。建校伊始，很多师生都带有明显的民族主义情感。比如学生群体，在离开圣约翰时便采取一种彻底与教会大学决裂的破釜沉舟姿态。他们在公开的宣言中讲道："同人等自惭愚暗，早不应负笈外人之学校，徒以国内教育，不甚发达，故忍痛居此，今积数年相处之经验，经此次风潮之证实，乃知外人在华所办之教育事业，其残害我国民性者，诚无所不用其极。同人等业已觉悟而去矣，海枯石烂，此志不渝，若复有不顾颜面，违背良心，甘毁目前之矢誓，而自食其言者，当与国人共弃之。抑近来收回教育权运动，风被全国，同人不敏，窃愿追随诸君子之后，以促其成。中华民国，实利赖之。"①从这些言语中可见学生对过去在圣约翰所受的洋化教育痛心疾首，并对瓦解圣约翰，在上海建立一所完全由国人主持的优质大学寄予厚望。

因此，圣约翰离校学生退学时，便引起了主张收回教育权态度最激进的青年党人的极大关注。其中，青年党领袖之一陈启天在《醒狮》上发表文章，对圣约翰离校事件不吝赞扬，称其在中国教育史上具有大书特书的价值："何以我说这种反抗精神在教育史上有大书特书的价值呢？这个理由却也简单，只因这次风潮可以证明教会学校是中国的致命伤，约翰大学的学生和中国教员不能忍受，断然不顾一切的脱离约翰的关系。从此我们主张收回教育权的人得了一个强有力的证据，无人敢昧着良心公然拥护教会学校为外人张目了。"张寿镛、王省三等学生家长宣布捐钱捐地另立新校，陈启天对此种毁家办学的义举十分赞成，并提出两点希望：（1）不设宗教课程和仪式，不允许带有宗教色彩或以传教为业的人当校长、董事和教师；（2）不许媚外的"汉奸"充塞其间，以免将来演出"卖校"的惨祸。②随后，青年党另一领袖余家菊亦在《醒狮》上发

---

① 《约翰离校生进行组织大学》，《申报》1925年6月9日，第10版。
② 陈启天：《评约翰大学退学风潮》，《醒狮》第36期，1925年6月，第2版。

表文章，对陈启天的建议加以四点补充：（1）新学校须完全中国化，不要继承圣约翰大学重英文轻中文的洋派习气；（2）新学校当完全超越宗教，不要设置宗教课程，不要受宗教家或宗教团体的束缚；（3）新学校须去党化，董事会应聘请社会各党各派的人士组成，以免造成某一势力的专断；（4）社会上资助办学者当以发展国家教育为念，将校务托付给教育专家，不要自以为有功于学校，对学校事事干涉。①

陈启天、余家菊对圣约翰离校学生和家长组建新校的建议颇为耐人寻味。青年党人作为国家主义者，一直倡导国家主义的教育观念，也是鼓吹收回教育权的急先锋。对他们而言，光华这样一所从教会大学中脱离出来的学校，精神气质与他们的政治理念颇为契合。作为鼓吹国家主义教育的专家，他们虽然无钱资助办学，但如果能因势利导，主持这样一所学校的教育，担任这样一所学校的董事或骨干教授，显然可以宣传国家主义思想，扩张国家主义派的势力，贯彻国家主义的教育，并为青年党培育后备力量。由此，他们建议资助办学者，"董事会应聘请社会各党各派的人士"，"将校务托付给教育专家"，实际不无毛遂自荐、当仁不让之意。然而，不久以后，他们得知张寿镛、王省三等聘请大部分工商银行界人士担任校董，并礼聘曾任教于教会学校沪江大学的朱经农担任光华大学教务长，全权委托其规划校务，国家主义派势力并无希望进入光华时，则表现出极大的失望。

其中化名"施之"者在《醒狮》上发表文章，称收回教育权有两个含义：一是教育应由本国人自办，不隶属外国人；二是教育的主持者不应该是教会，光华大学的建校，美中不足之处在于以过去曾拥护教会学校的朱经农出掌教务。"至朱经农君之主教务，闻者震其虚名，或且引为得人，而吾人则以为大谬不然。何者？朱经农君者，以反对收回教育权见重于教会学校之耶教徒也。朱君之拥护教会教育，偏袒外国教徒，本报曾再三痛驳之，彼迄无以答。然彼任教会大学教授如故也，任基督教教育会季刊编辑亦如故也。以忠心从事教会教育之人，而托其收回教育权，是非天下至不可解之事乎？"② 又有署名"朱铁血"者在《醒狮》上

① 余家菊：《约翰大学退学事件感言》，《醒狮》第36期，1925年6月，第3版。
② 施之：《为光华大学告约翰大学退学学生》，《醒狮》第41期，1925年7月，第1版。

发表文章，对光华大学忽视国家主义派，聘请曾担任"杨树浦某大学预科圣经教员"缪某担任哲学教授一事极为愤慨，认为"光华际此初创之时，急宜聘海内知名之士，以'国家主义教育'为根本，不使含有宗教臭味之人材滥竽其间，庶我大中华教育前途，得有一线光明，而爱国诸君，勿再蹈以前之覆辙，吾国幸甚"。青年党领袖曾琦亦对光华大学未聘请国家主义派开展国家主义教育颇为不满，认为"惟创办'光华大学'而以反对收回教育权之人主持其事，未免使人失望。学校当局既为教徒，则拔茅连茹，以其类近，斯又无足怪矣"。①

青年党人集体反对朱经农，进而否定新生的光华大学，既因自己未能如愿"滥竽其间"以安插势力，也因国家主义派和朱经农之间存在严重的矛盾。1925年初，双方曾就国家主义教育问题进行激烈的辩论。关于"收回教育权"，国家主义者认为，必须无条件全面禁止教会教育和"殖民教育"，使用暴力手段则为最恰当的途径。作为基督徒的朱经农不赞成国家主义派用暴力收回教育权的行为，认为只能依据外交惯例进行正式交涉。对于教会学校，朱经农认为，那些具有明显侵略意味的学校，必须取缔收回，但对于一般仅以传道授业为目的的教会学校，应该允许其在政府注册后继续存在。大学应有自由容忍的态度，允许各种宗教学说进入校园，让学生自由选择。只要将教会学校严格纳入政府的管理之下，便可以保持其教育方向，而不必彻底予以取缔。朱经农还认为，目前国家的教育经费无法保障，如果彻底执行收回教育权，必将导致教育水准的进一步低落。收回教育权只能是待国家教育经费充裕后的远景目标，而绝非当务之急。② 两种观点针锋相对，由此国家主义派在《醒狮》上对朱经农进行抨击。③ 双方的宿怨，导致朱经农执掌光华教务工作之后，青年党人继续发表文章表示反对。

由于朱经农掌校，青年党诸君无从进入光华大学任职，更无法在光华大学从事政治活动，只能到距离大学部十余里外枫林桥的光华附中发

---

① 朱铁血：《对于光华大学之忠告》，《醒狮》第44期，1925年8月，第5版。

② 朱经农：《为国家主义的教育问题答复陈启天君》，《中华教育界》第14卷第11期，1925年5月，第141页。

③ 陈启天：《与朱经农君论国家主义的教育问题》，《醒狮》第23期，1925年3月，第2版；吴良斌：《为收回教育权问题敬和朱经农先生讨论》，《醒狮》第25期，1925年3月，第4版。

表演讲，鼓吹该派观点，吸引学生。1926 年 5 月 4 日，曾琦在光华附中以《五四运动与国家主义》为题进行演讲。他认为，五四运动是学生运动的发端、国民运动的开始，也是内除国贼、外抗强权的创举。五四以后国家观念形成，国家主义运动于是兴起。他声称，五四运动所取得的精神遗产被"窃取"，爱国运动变成"亡国运动"，由此"国贼愈横行，强权愈跋扈……全民合作，愈益困难。民气消沉，较前更甚"。如何恢复五四的旧精神？如何继续实现"外争国权，内惩国贼"的目的？曾琦提出，唯有继续提倡国家主义。① 1926 年 5 月 9 日，陈启天又来到光华附中宣讲《五九的意义与青年的责任》。陈启天认为，国家主义派与光华大学虽然没有直接的联系，但有间接的联系和精神上的共通。国家主义派提倡收回教育权已有数年，最初响应者寥寥，五卅之后，光华大学脱离教会大学而独立，响应了国家主义派的号召，引起了一场浩大的爱国运动。那么，接下来光华学生若要继续实现救国的目的，该如何走？陈启天认为，显然不能追随两种人，其中一种就是提倡"读书救国"，不准学生参加实际救国运动的"稳健派"（暗指朱经农），而应该将国家主义当作救中国的唯一主张，接受国家主义派的"革命"训练，日后切实干国家主义的"革命"工作，20 年后中国才能与世界各国立于平等地位。② 言下之意，当然是鼓动光华附中的学生加入国家主义派的阵营。不过，由于朱经农的存在，国家主义派终究无法真正打入光华大学本部，虽然在学生中不乏赞成者，但还谈不上动员学生，或在校内发展组织。

光华大学的国共两党势力

　　光华大学建校初期，学校领导层和骨干教授基本没有明显的政治倾向，也很少有人从事实际的政治行动。被聘为首任文科主任（相当于文学院院长）的严恩椿③是三民主义的支持者，在光华大学任教期间曾写

---

① 曾琦先生讲，诸祖荫、李仰苏合记《五四运动与国家主义》，《晨曦》第 1 卷第 4 期，1926 年 7 月，第 6—12 页。

② 陈启天先生讲，谢仁钊、李仰苏合记《五九的意义与青年的责任》，《晨曦》第 1 卷第 4 期，1926 年 7 月，第 13—16 页。

③ 严恩椿（1896—1937），上海人，早年毕业于沪江大学，1922 年获华盛顿大学政治学博士学位。严恩椿是光华大学建校后首批加盟的教员，教授政治学和英文方面的课程。1925 年 11 月 23 日，被聘为文科主任。

有《训政》一书，试图对孙中山的三民主义和训政理论做出解释，同时亦就国民党统一全国之后如何治理中央和地方提出系统建议。不过，严恩椿未必就是国民党党员，他的这种行为，也不一定有什么官方背景和功利性目的，大抵是由民族主义思想而自然生发的对三民主义的服膺。在该书中，他对党化教育也颇为推崇，曾深入阐释，但也不至于在光华大学推行党化教育。①

光华大学校内的国民党势力，主要存在于学生中间。早在 1925 年前后，光华校内便设有国民党的秘密区分部，其中包括曾克家、秦恩瑞、陈秉炎、陈秋镛、郑昌銮等 5 人。② 曾克家曾经作为上海学生联合会派出的长江线代表团三代表之一，前往长江沿线城市宣传报告五卅惨案，揭露帝国主义的暴行。③ 不过，由于光华大学建校初期的生源多来自圣约翰大学，读书传统颇为浓厚，校内国民党学生又不多，很难推动党组织的建设。正如有学生形容，"初出娘胎时的光华大学的同学们，都是久受帝国主义的腐化教育的熏陶，头脑里虽因五卅惨案的鼓励曾觉有点良知的表现，然而实际上已经根深蒂固的麻醉，决不能如许容易地猛醒，所以他们的大部分非特对于革命的价值一点没有认识，而且视之为洪水猛兽，每每为之谈虎色变，急思以远避之"。1926 年春季学期，少数同情国民革命的非党员学生发起名为"共进学会"的组织，该会以研究社会问题、共同进步为名展开活动。其后，因学校当局恐惧"共"字而更名社会学会。最初该会只有二三十人，其后扩展到八九十人。由于校内的一些国民党学生加入该会，改变了该会的性质，该会成为一个具有国民党背景的学生组织。1926 年 3 月 12 日孙中山逝世一周年之际，该会在国民党上海市党部的会场改组为三区六分部（大学）和三区十五分部（附中）。④ 由此，"同人无不举手庆幸，认为彼等主张与素志相投，遂连袂加入该党。斯时之社会学会，已无形易为一种革命团体，然尚迫于反动

① 严恩椿：《训政》，中国印刷厂，1928，第 108—113 页。
② 《光华大学区分部党员名单》（约 1925 年），台北，中国国民党党史馆藏，《环龙路档案》，档案号：10822。
③ 中共沙市市委党史研究室、党史办公室编印《中国共产党沙市地区革命斗争史大事记（1919—1949）》，1991，第 6 页。
④ 《中国国民党上海特别市法华乡独立区分部》，《光华丁卯年刊》，第 180 页。

势力，恐妨碍实际工作，故从权仍用旧名"。① 1926 年冬，光华大学社会学会做了一次涉及全校、规模较大的调查问卷，其中统计了学生对目前社会上哪种思潮最为同情，三民主义排在第一位，得 85 票。② 由此说明，共进学会是光华大学校内国民党组织发展的重要推手，此后国民党在光华大学拥有了一定的学生基础。

由于此时国共合作的背景，光华大学校内秘密的国民党党部中也包含了一些共产党员。不过，光华大学是一所脱胎于圣约翰大学、主要招收上海大中资产阶级子弟的学校。光华大学所在的第三区党部，也主要被国民党右派控制。③ 所以，校内的国民党员人数占绝对优势，共产党员和共青团员人数占少数，骨干只有六七人。由于国共之间矛盾频发，在校园里国共两党学生也存在一些细微的分歧和矛盾。据学生周煦良回忆："我入学时，宿舍里已经成立一个地下国民党支部，我的两个在一九二五年秋转学到光华的大同同学胡越和吴景新都已参加，我也参加了。当时国共合作，有些共产党同学并不隐瞒自己的身份，其中一个淮城人徐某，不久就动员我参加共青团，我一口答应了，但对胡越与吴景新都没有讲。有时老徐拉我出去开会，回来很晚，胡越问我是不是参加 CY，我不承认，因为我觉得他和老徐有时抬杠子，味道不对头。"从该学生的回忆中还可知，共产党员学生都是积极的社会活动分子，活动范围不只在校园，几乎很少来校。"一九二六年秋季开学……吴景新已经离校，去广州参加北伐。老徐和老王两个共产党员，都不来校。我到校不久，老王来找我，告诉我他们都不来了，叫我负责团支部工作，因为人数太少，把中学里的两个团员也并在一起，有什么事情，由他来找我。多年后我才知道，这叫作单线联系。"④

因此，北伐军到达上海前夕，光华校内已经基本没有共产党，也不存在"清党"的情况。北伐军抵达上海的时候，光华校园中原本隐藏的国民党学生全部活动公开化，逢人第一句话便是询问是否为党内同志，

① 《社会学会闭幕》，《光华周报》第 1 卷第 1 期，1927 年 4 月，第 7 页。
② 《社会学会本校调查特刊》，《光华周报》第 1 卷第 3 期，1927 年 4 月，第 9 页。
③ 中央档案馆、上海市档案馆编《上海革命历史文件汇集：中共上海区委文件（1925年—1926 年）》，1986，第 77 页。
④ 周煦良：《大革命前夕上海学联与大学同志会斗争片段》，中共上海市委统战部统战工作史料征集组编《统战工作史料选辑》第 3 辑，上海人民出版社，1983，第 130—132 页。

之后便谈邀请同学入党的事。① 1927 年 4 月 1 日，光华大学的国民党上海市党部三区六分部和附中十五分部向上海市党部申请合并为第五（法华乡）独立区分部。在成立大会上，上海市党部代表吴雨声报告政治及党务现状，光华校友、北伐军总司令部政治部谢仁钊演说孙中山"三大政策"，并选举光华学生王志圣、夏赓英、胡越为委员，史远明、王启汾为候补委员，新发展金延泽等 20 余人入党。② 一时间，光华大学校内的国民党势力达到鼎盛。

第二节　读书不忘救国：遏制学运的
努力与失败

朱经农与上海各大学同志会的组建

圣约翰大学由美国传教士主办，在美国注册，素来严厉禁止学生参加政治活动，如此既可以与美国政府步调一致表示"政治中立"，又可以维持校园的安宁，使学生免受不必要的伤害。五四运动爆发时，上海学生群起响应，圣约翰学生决定全体参加群众大会，遭到卜舫济干涉。学生冲破阻碍集体出门，带头者章益（后来成为复旦大学校长）被校方开除。圣约翰全体学生支持章益，要求学校收回成命而未果，数十人就此离校。③ 五卅惨案后，卜舫济为制止学生离开学校参加游行示威活动而宣布关闭学校，553 名圣约翰学生离校并另立光华大学，正是广大圣约翰学生对卜舫济长期以来压制学生参与政治运动的一种反抗。

然而，如前所述，新建立的光华大学虽然是五卅惨案以后民族主义激情澎湃的产物，主事者却吊诡地继承了圣约翰的精神与传统，在对待学生运动一事上同样持坚决制止的态度。建校初期，校方便规定"严禁学生干与［预］外事并参加任何政治运动"。④ 校长张寿镛亦曾多次告诫

① 《半生忧患：沈剑虹回忆录》，台北，联经出版事业公司，1989，第 23 页。
② 《法华乡独立区分部成立大会记》，《光华周报》第 1 卷第 1 期，1927 年 4 月，第 7 页。
③ 张星联：《青年梦痕——"六三运动"前的"五四运动"在圣约翰》，《光华的足迹——光华大学建校七十周年纪念集》，第 169 页。
④ 《光华大学视察报告》（1926 年），《北洋政府教育部档案》，档案号：019/020100/00649。

学生，学术研究亦是救国的光明大道，学生在校应潜心向学，研究现实问题并加以解决；光华大学的成立有一段悲壮的历史，学生应该在学术上努力争气，办好中国人自己的大学。负责实际校务的朱经农则认为，爱国运动应该与读书相辅相成，并以读书为前提："如'关税自主'，非口一说就完的，根本在于多读关税方面的书，得到一种教训；再如'打倒英日帝国主义'，非口一说，就能打倒，从前法国拿破仑（Napoleon），尚不能打倒英国帝国主义，我们现在要打倒他，必定要想法比拿破仑好一点才行！又如'打倒孙传芳'！果能到其门口敢说一声打倒么？现在有许多小军阀，都是从前之革命党，由革命党而为军阀！他自己当军官后，从前壮志销磨，不啻多一军阀！能读书，有学术，所以能革命，做爱国事业！不读书，无学术，就不能为真正革命！"① 当然，这些只是一部分理由，还有一些实际层面的原因，便是光华大学在建校后鉴于经济困难，曾经寄希望于向英国退还庚子赔款委员会申请补助。② 此种情况决定，朱经农在严防国家主义派势力进入光华大学的同时，绝不愿学生受国共两党的渗透和动员而加入政党或参与反对帝国主义的政治活动，以免影响学校的经济来源。

　　五卅惨案发生后，北京的段祺瑞执政府交涉不力，加之淞沪地区军政关系令出多头，导致沪案交涉最终告以失败。其后段祺瑞政府倒台，沪案交涉处于停滞状态。沪案一周年前夕，上海的国共两党组织积极策划工人、商人、学生等罢工、罢市、罢课，意欲举行大规模的五卅周年纪念活动，尤其计划在"五卅"一周年纪念日当天，在南京路召开大规模的市民大会和演讲。③ 在教育界指导学生罢课、组织学生进行反英活动者，系国共两党组织指导的上海学生联合会。该会成立于"五四"以后，原是上海各校学生运动骨干自发组建的跨校学生联合组织，其后由于国共两党对学生运动的介入和资助，逐渐成为深受政党影响和控制的学生组织。上海学生联合会对外代表上海学生界发表意见，对内指导各

---

① 朱经农：《今后我们办教育的方针》，《大夏周刊》第 25 期，1925 年 12 月 19 日，第 6 页。
② 《光华大学大事系年录》，《光华大学十周纪念册》，第 21 页。
③ 《上海区委通告　枢字第五十八号——关于举行大规模五卅纪念运动》，《上海革命历史文件汇集：中共上海区委文件（1925 年—1926 年）》，第 187—188 页。

校学生工作，通过对各校学生会的控制和管理，指挥各校学生宣传、集会、罢课、发表宣言等，动员学生参加政治活动。上海学生联合会的存在，引起各校当局的高度警觉与重视。

1926 年 5 月，复旦大学副校长郭任远（亦担任光华大学哲学心理学系教授）联合朱经农等领衔发起上海各大学同志会。据报载，该会主要成员单位包括复旦、光华、南洋、暨南、大夏、同济、大同、持志、中公、上商等大学，设置七人理事会，主要由各校当局的行政骨干组成，并设经济、政治、教育、总务四股，每股设委员若干人。大学同志会以"提倡读书运动，培养国民实力，增进国民精神，指导救国运动"为宗旨，① 实际成立目的是与国共指导的上海学生联合会对抗，指导学生"理性爱国"，制止各校学生走上街头参加纪念五卅惨案等政治活动。

上海各大学同志会诸君亦具有其民族主义立场，但不主张通过罢市、罢课、游行示威等途径，而是采取"甘地主义"，提倡全国民众不用英货，通过经济绝交的方式反对英国。② 在纪念五卅惨案的活动方式上，上海各大学同志会努力将纪念活动局限于校内。1926 年 5 月 20 日，在上海各大学同志会的组织下，光华大学及其附中等 50 余所学校师生在本校宣誓抵制英货，并要求参与宣誓者至少劝导亲友十人参加宣誓团，最后扩大到全国。大学同志会同时宣布，五卅惨案一周年纪念当天，各校下半旗并要求全体师生茹素，举行鸣钟致哀仪式。③ 其后，他们又公开在各校开展征文活动，征集如何抵制英货的具体办法，一时应征者相当踊跃。④ 1926 年 5 月 27 日，为防止光华学生于五卅纪念日当天前往南京路演讲，朱经农发布公告，当天学生必须全体出席校内召开的五卅纪念大会，不准出校，缺席者将给予记过处分。1926 年秋，有四年级周姓学生干部在全校学生大会上提出反映上海学联意旨的提案，亦被校方支持其他四年级学生将其开除出四年级会。⑤

---

① 《校闻·本校加入上海各大学同志会》，《夏声》第 4 期，1926 年 5 月，第 14—15 页。
② 《郭任远博士对于五卅案之谈话》，《申报》1926 年 5 月 12 日，第 13 版。
③ 《各界筹备五卅纪念汇志》，《申报》1926 年 5 月 29 日，第 13 版。
④ 史鹏展：《抵制英货具体办法》，《经济学报》第 2 卷第 1 期，1926 年 10 月，第 45 页。
⑤ 周煦良：《大革命前夕上海学联与大学同志会斗争片段》，《统战工作史料选辑》第 3 辑，第 130 页。

在上海各大学同志会的推动下，各校当局还要求全体同学填写不参与政治运动的誓约书，雇用军警监视学校，开除热心学生运动的分子。南洋大学当局以学生学习不专心为名，开除国民党左右派学生 16 人、共产党学生 17 人；复旦大学以学生考试不及格为名，开除参加党派的学生；"光华、暨南等校闻将同样有表示"。① 大学同志会还试图建立学生组织上海各大学学生同志会，大、中、小学学生都可以自由参加，以便更有针对性地与上海学生联合会争夺学生。② 上海各大学同志会对学生运动的压制，对国共两党及其控制的上海学生联合会造成重大打击。

上海学联对大学同志会的反击

上海学生联合会曾寄希望于和上海各大学同志会形成共识，达成和解。1926 年 8 月 30 日，上海学生联合会致书上海各大学同志会，希望各校当局能够理解学生爱国的热忱，给予学生组织团体、发表言论的自由。学生认为，师长和学生之间的矛盾只是意气之争，并非在爱国方面存在根本分歧，"深盼此后各校师生间意见消除，情同胶漆，一致结合对外"。③ 然而，大学同志会和学联之间终究无法达成共识，学联内部的激进势力也倾向于与大学同志会做针锋相对的斗争。尤其是学联将大学同志会视为"学阀组织"，认为大学同志会的产生，主要是军阀和帝国主义势力双重支配中国教育界的结果。在受帝国主义和军阀双重压迫的中国，一切教育机构的负责人都是军阀豢养的幸人，他们把持的学校都是军阀的附庸，学生要求"自由思想"，要求参与政治运动，与军阀的根本利益相抵触。由此，大学同志会便是军阀扶植的一个学阀组织，专门替军阀镇压学生运动。同时，这些学阀也是学术买办、西方帝国主义在中国的代言人。列强要继续殖民统治中华民族，就得勾结这些高等华人以获取更大的利益。大学同志会便是国内学阀用来逢迎帝国主义的机构，

---

① 《上海学生运动委员会关于两周来学生运动的报告》，中央档案馆、上海市档案馆编《上海革命历史文件汇集：上海各群众团体文件（1924 年—1927 年）》，1988，第 426 页。原材料标注日期 1925 年 7 月 15 日，有误。
② 《上海区委全体委员会会议记录（摘要）——关于小沙渡罢工问题、学生运动等》，李言璋编著《余泽鸿烈士》，长宁县天成印务有限公司，2002，第 267—269 页。
③ 《学生联合会致各大学同志会书》，《时报》1926 年 8 月 30 日，第 7 版。

以压迫学生运动为交换利益的条件。①

在中共上海区委的会议上，亦曾如此评论朱经农："各大学同志会产生，各学校当局同样提出禁止集会的压迫条件，如商大、国大、同济、南洋、光华、复旦等都发生学潮，大部失败。……'五卅'运动时各大学同志如朱经农尽量破坏，公然提出不参加市大讲演，各大学领导都如此，学联去接洽，都不接受。"② 由此，上海各大学同志会受到国共两党的共同敌视，尤其后者认为大学同志会提出"读书救国"，实际形同"反革命"。朱经农等曾被归为"反动派"，称："这次的反动派如孙文主义学会、教会派以及一部分国家主义派，都完全集中在上海各大学同志会旗帜之下做他们的和平纪念，以光华、东吴、沪江等校为主动，势力约有二十余校。"③ 该会还被当作主要敌人："至于今后上海学生运动内部的主要敌人当然是郭任远、朱经农等所主持之上海各大学同志会及上海各大学学生同志会。因为他们的思想与口号——读书救国、师生合作——适合于一般落后的及反动的智识分子的心理，他们应当是各派反动智识分子的总汇合。今后上海区须领导上海的学生群体与他们争上海学生运动的领导地位。"④

由此，上海学联组织针对大学同志会的主要斗争手段有以下几个方面：（1）造成反对上海各大学同志会的空气；（2）出小册子揭穿上海各大学同志会的"黑幕"，指出朱经农等人的"破坏事实"；⑤（3）从各校寻找左倾并不满于上海各大学同志会的学生，设法争取过来从内部反对大学同志会；⑥（4）聚集被大学同志会开除的学生及家长力量，批判大

---

① 《上海区委宣传部关于最近学生运动的宣传大纲》，中央档案馆、上海市档案馆编《上海革命历史文件汇集：中共上海区委宣传部组织部等文件（1925 年 8 月—1927 年 4 月）》，1986，第 347—348 页。
② 《上海区委主席团会议记录（摘要）——关于学生运动和上海地方要求宣言问题》，李言璋编著《余泽鸿烈士》，第 259 页。
③ 《五卅周年纪念工作概况》，中央档案馆、上海市档案馆编《上海革命历史文件汇集：青年团上海地委文件（1922 年 7 月—1927 年 1 月）》，1986，第 392 页。
④ 《中央扩大会议关于上海工作计划决议案》，《上海革命历史文件汇集：中共上海区委文件（1925 年—1926 年）》，第 307 页。
⑤ 《上海学生运动委员会关于两周来学生运动的报告》，《上海革命历史文件汇集：上海各群众团体文件（1924 年—1927 年）》，第 426—427 页。
⑥ 《上海区委召开知识分子会议记录——关于团结左派知识分子和加强有组织的文字宣传》，中央档案馆、上海市档案馆编《上海革命历史文件汇集：上海区委会议记录（1926 年 7 月—1926 年 9 月）》，1989，第 205 页。

学同志会；①（5）用匿名信警告大学同志会组织者。② 上海各大学同志会本来就是各校当局负责人联合的松散组织，内部意见并不统一。各大学同志会提倡"甘地主义"的纲领，对于热血沸腾的青年学生显然缺乏足够吸引力。大学同志会动员学生的能力相形逊色，"上海各大学同志会的本身就很弱（教员与学生联合组织的，师生间的地位根本不同，当然不会有强固的组织）"。③ 在上海学联等组织的瓦解打击之下，大学同志会在各校的势力很快衰落，到 1926 年 10 月，所控制的学校"由十三降为七校以至于六校，学生同志会已无形消灭"。④ 在光华大学的情况是，学生"一部分反对基督，一部分新生，前者都反对朱经农"。⑤

　　在种种压力之下，随着北伐军的节节胜利，朱经农也"颇识时务"，主动寻求与国共两党合作。据记载："各大学同志会——朱经农从武汉北伐军胜利后，常来找我们同志丁晓先谈话，表示该会愿与我们合作，说明该会组织之初旨，在打倒江苏省教育会派，做革新教育的运动。"⑥不过，朱经农之后逐步靠近国民党而疏远中共，"各大学同志会似已无形解体，领袖朱经农、姜琦等投机加入民校（国民党）"。⑦ 其后，朱经农与吴稚晖、杨杏佛等取得联络，秘密为国民党工作，受国民党上层信任。1927 年 3 月，北伐军占领上海后，朱经农被国民党任命为中央政治会议上海临时分会教育委员会委员。7 月，被任命为上海特别市

---

① 《法界部委关于部委改组后情况及当前工作状况报告》，中央档案馆、上海市档案馆编《上海革命历史文件汇集：上海区委各部委文件（1925 年—1927 年）》，1987，第 509 页。

② 《上海区委主席团会议记录（摘要）——关于学生运动和上海地方要求宣言问题》，李言璋编著《余泽鸿烈士》，第 260 页。

③ 《中国共产青年团的过去与现在》，中国共产主义青年团中央委员会办公厅编《中国青年运动历史资料（1928）》，1957，第 479 页。

④ 《上海区委召开各部委书记会议记录——各部委汇报工作和区委指示以及万县案追悼大会安排》，中央档案馆、上海市档案馆编《上海革命历史文件汇集：上海区委会议记录（1926 年 10 月—1926 年 11 月）》，1990，第 74 页。

⑤ 《上海区委主席团会议记录（摘要）——关于学生运动和上海地方要求宣言问题》，李言璋编著《余泽鸿烈士》，第 261 页。

⑥ 《江浙区委九月份工作报告——政治概况与群运工作情况》，中央档案馆、上海市档案馆编《上海革命历史文件汇集：中共江浙区第一次代表大会有关文件（1927 年 2 月）》，1990，第 377 页。

⑦ 《上海学生运动委员会关于最近四月来上海学生运动报告》，《上海革命历史文件汇集：上海各群众团体文件（1924 年—1927 年）》，第 470 页。

首任教育局局长，辞去光华大学副校长职务。①

不过，尽管朱经农获得了国民党上层的信任，但仍无法获得国民党基层党部和上海学联的信任。国民党"清党"以后，中共党团势力已经被"清出"上海学联，学联内的国民党学生仍然习惯性地将朱经农视为"反革命"。他们看到朱经农从一个江苏省教育会骨干和学生运动压制者摇身一变成为国民党党员并取得上海特别市教育局局长的高位，显然十分气愤。1927年8月2日，上海学联向上海特别市"清党"委员会控告朱经农"五卅时发起上海各大学同志会，压迫学生救国运动"，"清党"委员会为此登报质问朱经农。8月5日，朱经农回复称，加入各大学同志会系代表光华大学，是否有压迫国民党学生事，应当以在光华大学的行动为判断依据，自称在光华大学没有压迫国民党学生的事实。② 8月12日，上海学联发表宣言称，朱经农是"反动中坚，军阀走狗，投机取巧，无所不用其极"，其组织大学同志会无论是否代表光华，是否压迫光华学生，与江苏省教育会等学阀同流合污，为学阀张目，已经是人所共知、无法抵赖之事。③ 面对学生组织的攻击和侮辱，朱经农无法安于其位，最后辞去上海特别市教育局局长的职务。④

《光华周报》的政治讨论

朱经农限制打击上海学生联合会、压制光华学生参与政治活动的行为，随着北伐军占领上海而偃旗息鼓。在国民党"清党"、南京国民政府成立前后的历史关键节点，各种思想分歧参差多态，光华大学校园舆论中呈现出一种明显的鼓吹继续革命、激烈讨论国事的热潮。正如当时就读于商学院的学生张承宗⑤回忆，他在光华大学读书的两年，正值北伐和大革命时期，学校里的政治空气异常浓厚，无论文理科还是商科学生，都试图将读书与反帝救国结合起来，课外活动生动活泼，随处可以

---

① 《市教育局长定朱经农》，《申报》1927年7月1日，第11版。
② 《朱经农答清党委员会之质问》，《申报》1927年8月5日，第14版。
③ 《学联会反对朱经农宣言》，《时事新报》1927年8月11日，第7版。
④ 《朱经农辞教育局长正式令准》，《申报》1927年10月16日，第7版。
⑤ 张承宗（1910—1996），浙江宁波人。1926年入光华大学经济系，1927年辍学。1949年前曾任中共上海地下市委书记。1949年后曾任上海市副市长。

见到学生激烈地讨论国事。① 光华大学学生主办的校园刊物《光华周报》
上发表的大量文章，实为对张承宗回忆的最佳佐证。

《光华周报》（从第 2 卷起改名为《光华周刊》），创刊于 1927 年 4
月 8 日，由光华大学大中学生会编辑发行。《光华周报》卷首语称"在
欢迎国民革命军声中出世"，封面印有孙中山的遗嘱全文，表示该刊具有
鲜明的国民党色彩。当时的主编洪绍统是国民党学生，他在发刊词中将
《光华周报》的宗旨定为"砥砺学行、培养爱国精神"，设计的版块包括
时评、论著、书评、文艺和新闻通讯等，注重刊登"学术方面和爱国方
面的文字"。然而，从这份学生杂志的内容上看，几乎没有一篇关于研究
学术和文艺的文章，都是热烈讨论国事、激烈鼓吹学生参与政治活动的
文字。这些文章都出自学生之手，论述简单粗疏，有的甚至常常只是一
种情绪化的发泄，但这些文章能够反映北伐前后上海一般大学的校园思
潮与学生的政治意识，在此选取几个有代表性的学生关注的焦点予以
分析。

首先是讨论内政问题，主要围绕国共两党的关系展开。

在创刊号中，主编洪绍统将国民党内部的派系斗争以及相应的国共
斗争，视为国民党的内部分歧。他认为，北伐胜利以后，国民党左右派
的斗争问题日甚一日，实际上这不足为奇，是世界各国政党中的自然现
象，由于政治观点难以一致，一个团体内部必然有左派和右派之分。评
判国民党左右派的标准，并非看他是不是"共产派"，而是应该看他是
否支持孙中山的"联俄""联共""扶助农工"三大政策，支持者如廖仲
恺、汪精卫、蒋介石为左派，反对者如西山会议派为右派。左派赞助工
农运动、致力于唤起民众，应该属于国民党的正宗。此种观点不仅是对
事实的严重误读，而且仍然将蒋介石视为左派，可见其对国民党高层的
关系分歧并不了解。② 校园刊物主编是国民党学生，其对政坛动态的认
知尚且如此，一般学生党员更是摸不清方向。1927 年 4 月 15 日，《光华
周报》第 1 卷第 2 期出刊，此时已经是蒋介石发动四一二政变的第三天，
这篇文章还在大谈《国共两党合作与中国》，提出国共两党既然"根本

---

① 张承宗：《我爱光华》，《光华的足迹——光华大学建校七十周年纪念集》，第 164 页。
② 绍统：《所谓国民党左右派问题》，《光华周报》第 1 卷第 1 期，1927 年 4 月，第 1 页。

宗旨相同"，就不应该互相疑忌，要一致团结起来、合作起来，为彻底打倒北洋军阀、完成革命而努力奋斗。① 这说明，此时光华大学校园内的学生虽然热烈讨论政治，但实际在信息上非常滞后，与现实情况颇有距离。

其次是号召中日联合反对英美帝国主义。

许多学生的文章受革命、反帝话语的影响，认为"帝国主义亡我之心不死"，以英美为讨伐对象。主编洪绍统便将上海租界比喻为"帝国主义侵略中国之根据地""铁丝网统治下的恐怖世界"。他认为，国民党革命势力不应该受租界铁丝网的威胁而屈服，不应该因帝国主义者的挑战而畏缩不前，而是应该真正行动起来，"打倒帝国主义"。② 另一名同学段景潜说："近百年来中国受欧美帝国主义者的侵略和压迫，可算得到了极点。关税协定啦，领事裁判权啦，内河航运权啦等等，都是帝国主义者的一副一副的锁链，把中国人束缚得丝毫不能动弹！"然而，颇有意思的是，这名同学除了延续打倒帝国主义的传统流行话语之外，还认为对帝国主义者应该分而论之。英美帝国主义者侵略中国，主要目的是以白种人灭亡黄种人，这是一场种族战争而非民族战争。当下日本也充当压迫中国的急先锋，实际是一种极端错误。他道："现在白种人的势力已经差不多及到全地球了。亚细亚洲除了中国和日本外也差不多完全在白人的手掌之中了。假使中国再被白人所占据，那末你们日本还能孤另另［零零］的存在吗？尽管你们有巡洋舰、潜水艇，久经训练的海军，恐怕白人势力的包围之下也难逃灭亡之祸呀！"他还威胁日本称："你们的粮食和原料不是都要依赖我们么？假使我禁止一切粮食和原料输出，不到半年你们就要闹饥荒，就要工厂关门！假使中国在英美和其他白人势力之下，我们还有粮食来接济你们吗？还有原料来接济你们吗？"因此，他奉劝日本应该走中日亲善之路，共同联合起来对付英美帝国主义。③ 类似的论述颇为幼稚，却代表年轻学生反帝反侵略的强烈愿望。

---

① 段景潜：《国共两党合作与中国》，《光华周报》第 1 卷第 2 期，1927 年 4 月，第 4 页。

② 洪绍统：《铁丝网恐怖的意义及其对付方策》，《光华周报》第 1 卷第 2 期，1927 年 4 月，第 1—2 页。

③ 段景潜：《英美日合作和中日亲善》，《光华周报》第 1 卷第 1 期，1927 年 4 月，第 2—4 页。

　　最后是讨论学生个人的政治选择，主要是鼓吹学生加入政党。

　　在《光华周报》中，一篇《"读书求学不问政治"么》认为在青天白日旗帜下的青年学生，不能抱着一种"读书不问政治的态度"，而是要积极关心政治、参加政治活动。作者呼吁道："我们光华的同学呵！负了救中国、争自由、争教育权的使命，处于现今的时代，还挽是着这种'读书求学不问政治'的态度么？那么，一切问题，可以不问了，亡国也好，做亡国奴也好，在帝国主义的枪炮底下偷活也好，如其不然哩！就当即刻改变以前的思想，来加入联合的战线，作政治的运动，以求解决我们的一切问题！"① 学生如何关心政治？显然不仅仅是简单地关心政治，必须加入政党组织，在组织中实现价值，从事实际的政治活动。那么，在中共已经被宣布为"非法"之后，最好的途径便是加入国民党。当时，有学生名曦春者投书认为，青年应该超然于党派之外，自由地去批评和研究一切。尽管如今革命事业仍未完成，一部分青年有入党的必要，但多数人没有必要入党，尤其是性格不适合从事革命工作的同学不适合入党。他还认为，国民党内部派别很多，互相斗争，导致青年学生希望入党者不知道应该跟随哪一派，这必将导致入党后缺乏努力的目标，使入党成为盲从。另外，不入党也可以从事三民主义的宣传工作。而国民党学生赵英达迅速发来文章与之讨论，认为其想法极端错误。赵英达认为，首先，革命是为国家全体谋幸福，应该人人努力，不能容忍一部分人牺牲奋斗，另一部分人坐享其成。不愿入党，实际是希望坐享革命成果的表现。其次，青年入党之前，可以先认定党的主义，了解左右两派的政策之后再决定归属。如果因为不知道跟随哪一派便不愿入党，实属胆怯之举。如果不入党，绝不能从事三民主义的宣传工作，革命要有组织，个人行动绝对不可能成功。② 关于是否入党问题的讨论，看起来颇像学生自导自演的"双簧戏"，即通过来信讨论的形式，将不愿入党的同学当作虚拟的靶子加以批评。

---

① 焜：《"读书求学不问政治"么》，《光华周报》第 1 卷第 1 期，1927 年 4 月，第 4 页。
② 曦春、赵英达：《青年入党问题》，《光华周报》第 1 卷第 4 期，1927 年 5 月，第 9—11 页。

激进的学生领袖

当然，并非所有的光华学生都像洪绍统、段景潜、赵英达等国民党学生一样纸上谈兵，真正少数学生运动领袖的活动领域主要在社会，影响也远远超出学校。北伐前夕，上海学生联合会作为领导上海学生运动的组织，名义上被合作的国共两党控制，但国民党右派学生在其中的势力较弱。[①] 不过，光华大学的胡越、王志圣两名国民党右派学生此时已经担任上海学生联合会执行委员会委员，掌握着一定权力，在上海学生界亦颇有号召力。[②] 南京国民政府成立后，国民党当局成立"上海学生运动指导委员会"，负责指导上海学运，并在学联中进行"清党"，改组成立新的上海学联以取代中共党团和国民党左派控制的旧学联，胡越、王志圣等作为旧学联中的少数国民党右派学生领袖而得到重用。1927年5月19日，光华大学的王志圣与政治大学的王开基、南洋大学的吴其钰、南方大学的翟宗涛、复旦大学的陇体要五人受命于国民党中央，负责改组全国学生联合总会，这五人以全国学联为名，通电取代追随武汉国民政府的左派全国学联。1927年7月20日，由国民党完全控制的全国学联在南京召开第九届代表大会，光华代表胡越作为上海学联的三名学生代表之一受邀参会。[③] 其后，胡越一度当选为上海学生联合会主席，[④]光华学生在上海学生界的影响迅速扩大。

胡越、王志圣等国民党右派学生积极参与学生运动，成为上海学联著名领袖，在上海学生界获取了一定的资本，一时名望颇为显赫，甚至连光华大学校长张寿镛都要敬其三分。胡越津津乐道的是，张寿镛都要拍着他的肩膀说："胡越，我也革命了。"[⑤] 从这一细节中可以看到，当时名列国民党籍的光华学生，在校内具有显赫的地位，担任过北洋政府财政部总务厅厅长、沪海道尹的张寿镛，不惜屈尊向学生表明自己新的政治立场，以免在新政权之下成为被学生"革命"的对象。

① 《上海学生联合会之改组》，《五四后之上海学生》，上海学生联合会，1925，第1页。

② 《学联会执行委员会纪》，《申报》1927年3月24日，第9版。

③ 吕芳上：《从学生运动到运动学生（民国八年至十八年）》，第373—376页。

④ 《胡越君》，《中国学生》第1卷第2期，1929年2月，第8页。

⑤ 周煦良：《大革命前夕上海学联与大学同志会斗争片段》，《统战工作史料选辑》第3辑，第133页。

不过，无论校方在新政权之下如何表示赞同革命立场，都不可能真正跟随学生一起继续"革命"，更不愿任由学生主导"革命"活动，影响学校秩序。因此，南京国民政府成立后，光华大学的国民党学生在校内外发起的各种政治性活动，张寿镛、朱经农等虽然无力严厉制止，但基本采取消极应对的态度。

1927年5月，光华大学的国民党学生在校内举行"五九国耻"纪念会，出席的教职员仅有2人，国民党学生倪宝琛参加活动归来后，在《光华周报》上发表文章质问："教职员们，我不知道你们忙的什么？竟连这般大的国耻纪念会也无暇出席了。你们以为这些事情可让我们学生做的，单独的去进行，你们不必来指导，来同在一线上去反对'卖国契'，这样态度是大错而特错的，因为中国是我们的祖国，固〔同〕时也是你们的祖国。不幸中国亡了，大家都做亡国奴，并不是你们可以独超的，这纪念与别的不同，你们应当全体出席的。……教职员们呵！你们也是中国国民呵！以后关于这类的国耻（纪）念应该参预〔与〕，和来指导我们学生，方不负做个中国国民，做个光华的教职员。"① 然而，光华大学校方和教职员并未因学生的呼吁就转变态度，学生的失望情绪与日俱增。

1927年10月，光华大学当局按照国民党要求在国庆节前三日的晚上提前开了一个庆祝会，国庆当日则放假一天，允许学生自由活动，未举行任何集体仪式。有国民党学生颇为不满，在校刊上发表文章称："我真觉得奇怪，国庆日原来也可以随便另外找一天来代替庆祝的，可是为甚么社会上并没有听说某人的生日那天竟毫无表示，而忽然改在另外一天热烈地庆祝起来的呢？这或者是因为国祝〔庆〕并不如一个人的生日那样重要吧？"这位作者将校方和那些"不爱国"的学生一并谴责，认为他们当学校放假时便各有要务，学校提前几日举行庆祝活动，实际不过是为了顾全情面，敷衍爱国学生，做表面文章而已。因此其叹息道："唉！我们就这样庆祝了我们的国庆！"②

① 倪宝琛：《这次本校"五九"纪念会的感想》，《光华周报》第1卷第6期，1927年5月，第3页。
② 梓：《就这样庆祝了我们的国庆!》，《光华周刊》第2卷第1期，1927年10月，第18—19页。

　　1928 年 5 月 3 日，日军为阻挠北伐，蓄意在济南制造"五三惨案"。光华大学学生迅速组织反日运动委员会，要求与教职员召开联席会议商讨对策。在会上，教授钱基博主张对日经济绝交，并提出了"暂时"和"永久"两种办法，要求同学们"调查日货的种类"并制作出统计表，以便进一步分析。教授吕思勉亦提出了"暂时"和"永久"两种方案。所谓暂时方案，即学生对日宣传应该采取理性的方式，避免感情冲动，切勿提出高调的要求。若要暂时抵制日货，必须先行调查，国内是否有国货日用品可以代替。所谓永久方案，那就是做好备战备荒的准备。他建议，光华大学应该有意识地储存粮食，以防大战。光华大学还应该扩大学生军的规模，周边法华乡的群众亦得加入，接受统一的军事训练，以备不时之需。①

　　对于如何从事反日活动，一般教职员基本持学术调查、学理分析的稳健态度，不建议学生从事激烈的宣传，更不建议学生直接走上街头反日。尽管吕思勉曾提出，在必要时刻可以扩充学生军，但这也只是他的一种备选方案，并非建议学生全部参加"学生军"。不过，学生并不认同钱基博、吕思勉相对温和的主张。随后，受上海学生联合会指导的光华大学的学生会自行制订了详细的反日计划。他们首先要求学校当局停课三天，以哀悼济南惨案的死难者。在停课期间，学生会应取代学校当局掌握管理学生的全权，全体学生"须强迫的出外演讲"，并停止一切娱乐活动。若有同学缺席宣传工作，第一次记大过，第二次开除学籍。同时，全体同学必须加入学生军，接受军事训练，以代替体育课。② 此项决议并未停留在文件上，而是被学生们落到实处。1928 年 5 月 10 日，光华学生召开全体学生大会，到者 560 人，由上海学生联合会主席、国民党员、光华学生胡越主持会议。在会上，通过了对李祖赞、顾善昌两名同学"明知故犯无理由的不加入反日工作更从事于反宣传"的处罚决定，全体议决开除二人学籍，并责令二人在当日中午之前必须离校，还

---

① 《大中学教职员与学生反日运动委员会联席会议记录》，《光华周刊》第 3 卷第 10 期，1928 年 5 月，第 15—16 页。

② 《反日运动大事记：全体紧急大会议事录》，《光华周刊》第 3 卷第 9 期，1928 年 5 月，第 8—10 页。

通令其他各校不得接受其转学。① 从现有材料中，并未看到光华校方对学生会开除学生的僭越之举有任何的反对表示。次日夜，胡越等又召集学生开全体大会，将参加学生军的对象从大学生扩大到 16 岁以上的附中学生，要求他们必须于固定时间受训，永远不得逃避军事训练。② 然而，其后由于国民党中央执行委员会严格训令上海学生联合会禁止鼓动学生罢课游行、检查日货等，③ 加之国民政府通过外交手段解决济南惨案遗留问题，光华大学学生会的要求并未在校内真正实施。

小　结

私立光华大学由政潮和学潮催生，此种背景决定了这样一所学校本身不可能成为一片安静的学院净土。尤其在国民革命的背景之下，青年党、国民党和共产党都希望到大学中去发展党员、培育力量，通过不同方式对教育施加影响，光华大学更是难以超脱于时代纷争。只是在光华大学，"三党竞革"的现象并不明显。青年党希望渗入光华大学，但本身势力较弱，很难成功；由于上海一般大学的教育成本较高，多招收中产阶级子弟，中共党团组织力量在光华大学校内也同样不强。最主要的党派势力是国民党，国民党的党团组织很早便秘密渗透到学校之内。尤其在 1927 年 "清党" 后，国民党学生在校园内优势地位更为强化。

作为一所由政潮和学潮催生的学校，在校政管理走上正轨之后，如何处理自己学校的政潮和学潮？光华大学教务长、副校长朱经农等选择成立上海各大学同志会来抵抗党派动员学生，维持校园的安定秩序，让学校远离政治，回归 "学术救国" 的本位。朱经农的政治立场和态度，实际是一把双刃剑，一方面固然保障了学校的平稳运行，另一方面也在一定程度上损害了校政当局的合法性，造成了部分学生和学校当局的分

---

① 《全体大会议事录》（5 月 10 日上午九时），《光华周刊》第 3 卷第 10 期，1928 年 5 月，第 13—14 页。

② 《全体大会议事录》（5 月 11 日夜），《光华周刊》第 3 卷第 10 期，1928 年 5 月，第 14—16 页。

③ 《国民党中央执行委员会关于限制并取缔学生抗日爱国宣传活动的训令》，中国第二历史档案馆编《中华民国史档案资料汇编》第 5 辑第 1 编《政治》（2），江苏古籍出版社，1994，第 113 页。

裂。在学生眼中，所谓"学术救国"实属荒诞迂远之谈，远比不上直接参与政治行动有效。上海学联认为，朱经农无疑已经"背叛"了光华大学建校初期的民族主义立场和教育独立的理想，甘心充当帝国主义和军阀的"走狗"。光华大学作为学生运动催生的"革命学府"，在短短的时间内变成压制学生运动的"反动学校"，形象转变之快速，无疑是一种巨大的吊诡。

随着北伐的胜利，以及国民党的"清党"，上海各大学同志会烟消云散。从此以后，学校当局对学生运动不敢直接压制，多消极应对。一部分光华学生在校内要求学校继续维持鲜明的民族主义立场；另一部分学生则在校外积极投入学生运动洪流，并回过头来领导校内的学生运动。

第三章 介入政治：自由派知识分子与光华大学

20世纪20年代中期，由于北洋军阀战乱频繁，教育经费无法落实，国立大学欠薪严重，逐渐陷入朝不保夕的境地。北伐前后，北洋政府的统治摇摇欲坠，北京教育界的形势极度恶化。由此，大批知识分子南下寻觅机会。国民党定都南京后，接收并改组国立大学，积极推行党化教育。相比之下，上海的私立大学拥有一定的自由度，遂成为自由主义知识分子的聚集之地。光华大学在1928—1931年一度聚集了当时中国最具代表性的一批自由主义知识分子，在这批自由主义知识分子的影响下，光华校内的政治生态潜移默化地改变，这所大学超越教育，成为政治抗争的场域。

在国民党实行党化教育的情境下，私立光华大学如何一步步受到党派势力和自由主义知识分子的双重裹挟，逐渐成为政治斗争的舞台？面对党派势力对私立大学的控制和渗透，以及自由主义知识分子针锋相对的斗争，私立光华大学当局如何自处，最终如何抉择？其抉择反映了一种怎样的时代趋势，反映了论政和为学之间一种怎样的分合关系？本章以1928—1931年的光华大学校史为基础，对上述问题予以讨论。

第一节 松散的联盟：光华大学与自由派知识分子的结合

著名教授的云集

1928年冬，光华大学政治系一年级学生储安平在他担任副主编的校园杂志《光华周刊》上发文说道："以前中国的大学，以北大和东南最为有名……而在去年则北大、东南的名教授，群集光华（这是校史上的可纪念的一页，也是可自骄的一页）。"① 他还说："贤教授的云集，在近几年来中国的大学界里，给人的只是一种'使人吃惊，使人眼红'。……这是无庸讳言，尤其是我们的文科。人家知道的是，光华文科，有不少贤教授……"②

储安平所讲的并非虚言。由于北方军阀战乱频繁、荼毒教育，北京的国立大学逐渐陷入朝不保夕的境地。北伐前后，北洋政府摇摇欲坠，教育界的形势更是极度恶化。上海成为国内最安全、最适合谋生的城市之一，许多知识分子纷纷南下，在沪上各大学谋求教职。③ 国民党执政后，接管并改组国立大学，改变了大学自由放任的生态，很多与国民党政见不合的教授被解聘。比如，国民党将江苏省教育会控制的东南大学改组为国立第四中山大学（其后又改为国立江苏大学、国立中央大学），很多与江苏省教育会有关的教授从该校离职，来到上海寻求新的容身之地。④ 相比之下，国人自办的私立大学此时受国民党的干涉较少，学术氛围比较宽松自由，并且具有求贤若渴的心态。政权鼎革之际，国立大学衰败、空虚与动荡，私立大学却迎来难得的发展机会。

当时，光华大学校长张寿镛担任国民政府财政部次长兼江苏省财政厅厅长，实际校务由曾任北京大学英文系、东南大学外文系主任的副校长张歆海主持。张歆海在任期间，以购书和聘请名教授为己任。⑤ 于是，他积极利用北大、东南校政鼎革、人事动荡的机会，聘请两方的同事来光华任教。由于私立大学受政府的控制相对较少，此时这些著名教授也愿意接受私立大学的聘书。由此，光华大学一时出现了储安平所说的名师云集的现象。

最先接受张歆海邀请的是北大前同事胡适。1925 年 10 月，胡适曾来光华大学做了一场题为《思想之方法》的演讲，听者一千余人，场面极为热烈。⑥ 1927 年，他结束海外之旅在上海暂住，接受光华聘书，来校

---

① 储安平：《多方面的发展》，《光华周刊》第 4 卷第 1 期，1928 年 11 月，第 13 页。
② 安平：《灰雾之消散》，《光华周刊》第 4 卷第 4 期，1928 年 12 月，第 5—6 页。
③ 熊月之、周武主编《上海：一座现代化都市的编年史》，上海书店出版社，2007，第 349 页。
④ 叶文心：《民国时期大学校园文化（1919—1937）》，第 79 页。
⑤ 绍统：《少年光华》，《光华周刊》第 2 卷第 1 期，1927 年 10 月，第 2 页。
⑥ 《胡适在光华演讲》，《申报》1925 年 10 月 29 日，第 17 版。

教授"中国哲学史"课程，每周 3 小时，每小时薪水为大洋 20 元。张歆海与徐志摩既是北大同事，又有极好的个人关系。在张歆海的邀请下，徐志摩来到光华外文系①担任教授，教授"英国诗"和"英国散文"两门课程。② 同年，张歆海又力邀前东南大学教授廖世承、陈茹玄、余上沅、吴梅来校。陈茹玄到校后，担任文科主任。廖世承到校后，担任教育系主任兼附中主任。③

张歆海不但积极在北大、东南两校物色著名教授，其他沪上知名学人也在其延揽之列。1927 年秋，潘光旦受邀来校教授社会学。④ 1927 年秋，原神州大学教务长诸青来接受光华聘书，担任商科教授。1928 年春，田汉接替余上沅，来校教授戏剧学。⑤ 同年，原本受国民政府通缉的"研究系反动文人"张君劢、张东荪来校担任教授。⑥ 光华在朱经农治校期间，即拥有钱基博、吕思勉等教授，在张歆海的努力下，师资队伍更为壮大，"是年国内名教授麕至光华，人文之盛为全沪各大学冠"。⑦

1928 年 6 月，张歆海转任外交部参事，副校长职务由容启兆、廖世承两人分任，容启兆负责总务方面，廖世承负责教务方面。廖世承掌校时期萧规曹随，加大了邀请东南大学教授的力度。1928 年，东南大学教务部主任董任坚来到光华大学担任教务长。⑧ 1929 年，原江苏省教育厅厅长、东南大学代理校长蒋维乔亦受廖世承邀请来校，担任哲学系教授。1930 年 7 月，东南大学校董、"江苏省教育会反动学阀"黄炎培受聘担任讲师，教授中国教育史。⑨ 廖世承更注重对留学归国青年学者的延揽。1928—1930 年，哥伦比亚大学政治学博士罗隆基、俄亥俄州立大学社会学博士吴泽霖、斯坦福大学心理学博士沈有乾、威斯康星大学政治学博

---

① 此时的法文系、德文系被撤销，英文系改为外文系。

② 《大学教职员》，《光华丁卯年刊》，第 35—47 页。

③ 《光华大学新计划》，《中华教育界》第 16 卷第 12 期，1927 年 6 月，第 23 页。

④ 《潘光旦生平和著作年表》，潘乃穆、潘乃和编《潘光旦文集》第 11 卷，北京大学出版社，2000，第 689 页。

⑤ 《大学教职员》，《光华戊辰年刊》，第 54 页。

⑥ 《教员一览》，《私立光华大学教务年报（民国十八年度）》，光华大学，1929，第 10 页。

⑦ 《校史》，《光华日记：1930 Kwang Hua Diary》，无页码。

⑧ 《光华大学近况》，《时事新报》1929 年 9 月 1 日，第 8 版。

⑨ 中国社会科学院近代史研究所整理《黄炎培日记》第 3 卷，华文出版社，2008，第 244 页。

士王造时、哈佛大学哲学硕士全增嘏先后应聘。[1]

表3-1　光华大学著名文科教授一览（1928—1931）

姓名	学历	任教时间	是否专任	专长
钱基博	自学成才	1926 年 9 月—1937 年 6 月	是	国学
吕思勉	自学成才	1926 年 9 月—1941 年 6 月	是	国学与史学
胡适	哥伦比亚大学博士	1927 年 9 月—1928 年 6 月	否	哲学
余上沅	哥伦比亚大学硕士肄业	1927 年 9 月—1928 年 1 月	否	戏剧
诸青来	日本正则英语学校肄业	1927 年 9 月—1934 年 6 月	是	经济学
吴梅	自学成才	1927 年 9 月—1931 年 6 月	否	国学
张歆海	哈佛大学博士	1927 年 9 月—1928 年 6 月	是	英文
陈茹玄	哥伦比亚大学硕士	1927 年 9 月—1929 年 6 月	是	政治学
张尔田	清朝举人	1927 年 9 月—1930 年 6 月	是	国学
徐志摩	哥伦比亚大学博士肄业	1927 年 9 月—1931 年 1 月	是	英文
潘光旦	哥伦比亚大学硕士	1927 年 9 月—1931 年 1 月	是	社会学
廖世承	布朗大学博士	1927 年 9 月—1938 年 6 月	是	教育学
田汉	东京高等师范学校肄业	1928 年 1 月—1929 年 6 月	否	戏剧
罗隆基	哥伦比亚大学博士	1927 年 9 月—1931 年 1 月	是	政治学
张君劢	柏林大学博士肄业	1928 年 9 月—1929 年 6 月	否	政治学
张东荪	东京帝国大学肄业	1928 年 9 月—1930 年 6 月	是	哲学
吴泽霖	俄亥俄州立大学博士	1928 年 9 月—1937 年 6 月	是	社会学
董任坚	康奈尔大学硕士	1928 年 9 月—1931 年 1 月	是	教育学
蒋维乔	南菁书院	1929 年 9 月—1950 年 6 月	是	哲学
饶孟侃	芝加哥大学硕士肄业	1929 年 9 月—1930 年 6 月	否	英文
沈有乾	斯坦福大学博士	1929 年 9 月—1931 年 6 月	是	逻辑学
黄炎培	清朝举人	1930 年 9 月—1931 年 6 月	否	教育学
王造时	威斯康星大学博士	1930 年 9 月—1933 年 6 月	是	政治学
全增嘏	哈佛大学硕士	1930 年 6 月—1931 年 6 月	是	哲学

　　说明：由于上海高校众多，师资力量缺乏，大学教师一般至少在两所大学兼课。当时教育部规定，专任者才能授予教授、副教授头衔，兼任者只能作为讲师。本表所列的专任教授也可能存在兼课多校的状况，但如果在光华有教授、副教授头衔，便可视为光华的专任教师。

　　资料来源：根据历年《光华年刊》整理。

　　如此众多的国立大学教授、著名学者、社会活动家以及海外归国的

_____

① 《大学教职员》，《光华庚午年刊》，第 39—53 页。

年轻学者选择任教于私立光华大学，与其脱胎于圣约翰大学的背景、治校者的学术人脉以及相对自由的氛围不无关系。当然，这也从侧面说明国民党执政前后国立大学在经济上的恶化程度，即国立大学虽然名为国立，甚至在数量上有所增加，却由于政府军费支出庞大，难以从国库省款中获得足额的经费，而私立大学正处于上升期，在财政状况和薪水报酬方面，甚至在国立大学之上。

教学与研究的并进

光华大学副校长廖世承和教务长董任坚都是国内享有盛誉的教育学者，具有治理著名国立大学校务的资深经历，而且他们在社会上并无其他职务或经营事业，专门以从事教育工作为己任。在他们的主持下，以及众多著名教授的努力下，光华大学的教学和研究水平发生了脱胎换骨式的改变，开始突飞猛进。

光华建校初期，校方确立的办学宗旨是："研究高深学术，造就专门人材，培养高尚人格，振刷爱国精神，裨益国家社会人群。"[1] 此宗旨带有很强的国家指向，即大学的教育目的是通过研究高深学术，培养学生的民族精神，并成为国家的学术中心，为国家的进步服务。此种理念或来源于民初蔡元培对德国大学教育理念的引入和转借，[2] 不过诸如"振刷爱国精神"之类的宗旨虽然崇高，但容易流于空泛，很难真正落到实处。至于"研究高深学术"，一般的国立大学也仅能局限于本科教学，作为没有研究院的私立大学，更不易短期实现这一宗旨。正如教务长董任坚所言："现今一般大学的'宗旨'，是一种具文，没有'用'的；换一句话说，那些'宗旨'，不是一个功用性的 Functional 目的，所以普通大学章程中的宗旨，难免'有若无'，和教务的实施，有如风马牛之不相及。"所以，董任坚到任以后，将比较抽象的教育宗旨落到实处。他将新的教育宗旨归纳为："注重基本的训练，保持身心的健全，适应学校的环境，习得求知的工具，通晓现代的文化，促进专业的准备，醇化课外

---

[1]　《光华大学章程（民国十五年九月）》，第 25 页。
[2]　陈洪捷：《观念、知识和高等教育》，安徽教育出版社，2012，第 127—128 页。

的活动，顾及实际的情况。"①其进一步概括为："本校教育大部分是一种Liberal Training，所以预备在职业外之有效的社会与公民生活而已。"② 此种教育理念以培养具有自由观念、身心健全的现代社会公民为主要责任，无疑更接近于美式大学教育理念，带有一定的自由主义和实用主义色彩，在一定程度上塑造了这一时期的校园文化。

廖世承和董任坚还对学校的教学制度进行了大幅度的改革，推出"新生期""学期制""导师制"等举措。所谓"新生期"，即新生较旧生早入学一星期。在这一星期中，学校将为新生举办各种各样的演讲和联谊活动，以使新生能够了解学校的历史沿革、学术传统，获得课程和职业规划的提前指导，尽快融入新集体。所谓"学期制"，即将大学四年分成前后两期。前两年不分系科，主要修通识性课程，结束时根据学生的喜好，选择某一系科为主攻并兼选其他系科之课。所谓"导师制"，即仿照英美大学设立研讨室，使学生与专业教授定时定点接触，方便毕业论文和日常功课的指导。③

在具体的教学上，由于著名教授全部担任一线课程，从某种程度上保证了教学的水准。比如胡适在光华大学授课，许多旁系乃至附中的学生都纷纷逃课前往听讲，甚至在教室外听课者亦有之，后来成为中国著名考古学家的夏鼐就是其中之一。④ 据学生沈剑虹回忆，当时光华建立才两年，教室设施尚未完备，便搭建茅屋当作课堂。茅屋四处透风，极为寒冷，而胡适就在这样的茅屋里上课。⑤ 张东荪在学校开设"现代哲学"课程。⑥ 目前留存有一篇张东荪在光华的讲稿，从中可对当时光华名师授课的情况有更直观的认识。张东荪曾告诫光华学生，读书治学没有方法，唯一的方法是下苦功夫。他认为，语言是求学问的工具，今日的中国必须吸收外国文化，因此必须学好外文。不过，他对光华要求全

---

① 董任坚：《改造大学课程应有的几个目标》，光华大学学生会修改课程委员会编《修改课程特刊》，光华大学，1929，第 3 页。
② 《施教目标》，《光华大学教务年报（民国十八年度）》，第 14—17 页。
③ 秋子：《光华大学的"新生期"》，《申报》1929 年 9 月 18 日，本埠增刊第 3 版。
④ 《夏鼐日记》第 1 卷，华东师范大学出版社，2011，第 12—13 页。
⑤ 《半生忧患：沈剑虹回忆录》，第 23 页。
⑥ 张登寿：《八旬回首》，福建省政协文史资料委员会编《文史资料选编》第 1 卷《教育编》，福建人民出版社，2000，第 557—566 页。

体学生修读第二外国语不甚赞同，认为语言工具在于熟练，而不在多。
对大学生来说，修读第二外国语，会占用修读英语的时间，最后英语学
不好，其他语言也学不好。张东荪提倡经世之学，认为研究首要在于探
究真理，探究现实的政治和经济问题，不要墨守古人的学说，将古人的
学说当作研究对象。就读书而言，必须读经典原著，而不能读 ABC 之类
介绍性的小册子，因为学说和材料，越原始的越可靠，其后在流传中不
免会有各种错讹和演绎。① 从这份资料来看，张东荪在光华传授的学术
理念和研究方法非常先进。

　　据光华学生沈云龙回忆，"潘（光旦）先生圆圆面孔，架着金丝无
框眼镜，锯去一腿，以两根拐棍，两腋夹持而行。无论登楼走路，其快
慢均和常人一般。他教的一本厚厚的英文书，前面大部分全属古生物学，
一个单词，往往由十余至二十余字母构成，异常难念。他上课时依固定
座位（光华实行点名制度）指定同学轮流先读一段，以测验同学的了解
力，然后他开始讲授，则大多是他所擅长的优生学和家庭问题。他写过
一本《中国伶人血缘研究》的书，罗列许多名伶的世系和婚姻关系，证
明'伶之子恒为伶'，是有关遗传学的权威著作。他授课时，特别强调
旧式婚姻之重视男女双方的门当户对，从优生遗传的观点而言，极其合
理，不可忽略。他劝告青年男女讲恋爱的要件，第一应注重门户相当，
互把对方家世血缘先弄个清楚，然后才谈到容貌和教育程度。如果男女
任何一方的父母有不良嗜好或失德之处，则习染所及，受到环境影响，
失于教养，品德个性总会有缺陷。如果只重外在美，贸然婚配，必然后
悔莫及，不会美满"。②

　　廖世承和董任坚改变了光华大学"研究高深学术，造就专门人材"
的宗旨，但并不意味着忽视专深学术研究。相反，在这一时期内，由于
著名教授云集，光华的学术水平得到很大提升，典型表现为学术团体与
学术出版呈现出蓬勃的发展态势。1927 年，光华大学创办了学术刊物
《光华期刊》，由胡适题写刊名，胡适、徐志摩、张君劢、陈茹玄、钱基
博、吕思勉、董任坚等人的文章经常发表在这份学术刊物之上。其中，

---

① 张东荪先生演讲，夏蔍记录《修学方法的拉杂谭》，《光华大学附中周刊》第 2 期，
　　1930 年 1 月，第 9—14 页。
② 沈云龙：《光华大学杂忆》，《传记文学》第 39 卷第 3 期，1981 年，第 53—54 页。

胡适在该刊首发的《寒山拾得考》《人生有何意义？（答某君书）》两篇短文尤为引人注目。① 光华大学的主要科系都建立了师生合组的研究学会，并创办了会刊。其中，钱基博、吕思勉、蒋维乔、吴梅等教授与余大纲、马厚文、王家械等国文系学生组织了光华大学中国语文学会，创办学术刊物《小雅》。② 罗隆基与政治系学生组织建立了政治学社，指导学生研究政治学，创办学术刊物《政治学刊》。③ 廖世承、董任坚、沈有乾等教育系师生创办了教育学会，出版学术刊物《教育学报》。④ 蒋维乔、杨大膺等哲学系师生组织了光华大学哲学会，张东荪来校后参与其中，"哲学会之分子则不限于学生，乃系教授与学生共同讨论的所在"，以共同研究哲学并写作、探讨哲学论文为主要活动。⑤ 其后，哲学会在中华书局出版了纪念刊《哲学研究》。哲学会成员姚舜钦打算写一部介绍西洋哲学史的著作，向张东荪请教。张东荪为其划定纲目并多方指导，最后仔细校阅，以《近世西洋哲学史纲要》为名交中华书局出版。⑥ 诸青来等经济系师生创建了经济学会，发行学术刊物《经济杂志》。⑦ 光华大学社会学会亦于这一时期进行改组，推举吴泽霖担任会长，张东荪、吕思勉、诸青来等担任指导员，出版杂志《社会期刊》。⑧ 一时间，光华的学术研究呈现出一种多头并进、蒸蒸日上的景象。

为学还是论政

尽管此时光华大学名师云集，而且在教学和学术上取得了很大进步，但在表面的繁荣之下，实际也潜藏着某种危机。可以看到，光华的著名教授中，不乏廖世承这样终身以教育为业的职业教育家，亦不乏钱基博、

① 胡适：《寒山拾得考》，《光华期刊》第 2 期，1928 年 1 月，第 152—154 页；《人生有何意义？（答某君书）》，《光华期刊》第 3 期，1928 年 5 月，第 16 页。

② 《中国语文学会会员籍次录》，《小雅》第 5 期，1931 年 4 月，第 48 页。

③ 《本社社员录》，《政治学刊》第 1 期，1929 年 10 月 10 日，第 239 页。

④ 《光华大学教育学会章程、会员录》，《教育学报》第 1 期，1929 年 12 月，第 255—256 页。

⑤ 张东荪：《苏格拉地以前之希腊哲学》，光华大学哲学会：《哲学研究》，中华书局，1931，第 1 页。

⑥ 张东荪、姚璋编《近世西洋哲学史纲要》，中华书局，1935，第 1—2 页。

⑦ 张东荪：《苏格拉地以前之希腊哲学》，《哲学研究》，第 1 页。

⑧ 《光大社会学会改组》，《民国日报》1928 年 11 月 14 日，第 3 张第 4 版。

吕思勉、吴梅这类皓首穷经、终身以教学和研究为业的纯粹学者，但更多的教授是"政治中人"，背景和派别相当复杂，而且普遍疏离于当政的国民党，或完全是国民党的反对派。此时最主要的两拨势力分别是胡适、罗隆基、徐志摩、潘光旦、王造时等新月派人士，以及张君劢、张东荪、诸青来等日后组建国家社会党的重要人物。相比之下，前者在此时已经形成了一定力量，后者尚未形成气候，仍处在蛰伏待变的状态。

1927 年 7 月 1 日，胡适、徐志摩、张歆海等联名创办新月书店，胡适担任书店董事长，徐志摩总负其责。新月书店发行图书，并于 1928 年 3 月创办《新月》周刊。其后，罗隆基加盟，担任《新月》的编辑，主持《新月》笔政。稍后，回国后的王造时亦成为《新月》的主要撰稿人。张歆海、胡适、徐志摩、罗隆基、王造时等，这段时间都在光华大学担任教职。其中，胡适对新月派知识分子在光华的聚集起到某种穿针引线的作用，直接或间接吸引更多具有自由主义倾向的学者前来任教。当时有论者云："那时胡适博士在光华撑大旗，于是凡他这一类英美自由主义者，都被拉入光华讲学，罗隆基也是其中的一个。"[1] 又有论者云："罗隆基博士在《新月》上，拖胡适之博士的尾巴，因而得法，因而光华大学教授，这是谁都知道的。罗博士是王老表（王造时）的同乡，又因王老表在《新月》上拖他的尾巴，如是乎王老表光华教授矣。"[2] 上述论断虽是反对者对胡适等新月派文人的讽刺性文字，却也是实际情况的某种反映。

新月派与光华大学的另一关系，在于后者为前者提供了某种人脉平台，从而扩大了新月派的规模和影响。1928 年，胡适等新月派知识分子组织学术团体"平社"，定期聚会讨论政治和学术问题。1928—1930 年，参加平社集会的光华教授，主要有徐志摩、罗隆基、吴泽霖、潘光旦、沈有乾、全增嘏、王造时等。其中，吴泽霖、沈有乾、全增嘏等与新月派原本并无渊源，皆因新月派的主要骨干均任教于光华，此种同事关系使这些原本不属于新月派成员的学者参加新月派的活动。徐志摩在这一时期致胡适的信中，提及"光华方面平社诸友"，亦说明此时光华教授

---

① 武富：《罗隆基与光华大学》，《东南风》第 31 期，1946 年 11 月，第 7 页。

② 四一：《王造时在光华》，《社会新闻》第 1 卷第 19 期，1932 年 11 月，第 406 页。

在平社中占多数席位，双方具有紧密的联系。① 另外，光华大学的同事关系，也使诸青来、董任坚等不参与新月派文人集会的光华教授成为《新月》的投稿者，参与到新月派——平社知识分子的论政活动中去。

光华大学的一部分教授同时还深度参与知行学院的教学活动。1929年春，张君劢与青年党人合办知行学院。从知行学院的教师名单中可以看到不少光华教授。其中，光华大学文学院院长张东荪教授"哲学概论"，张君劢教授"欧洲政治思想史"，潘光旦教授"文化与优生学"，罗隆基教授"行政学"，诸青来教授"西洋史"。该学院并非一般的大学，更像是培养研究系和青年党后备分子的干部学校，学生很大一部分来源于青年党各省市党部保送。至于这些兼职教授，非但不拿薪水，反而要自贴车费，其办学带有强烈的政治目的，可谓不言自明。②

光华大学诸多教授名列新月派并参与知行学院的教学活动，说明他们主要的兴趣不只是教书育人，同样感兴趣于用舆论和行动影响政治。只是，如此时局之下，一部分人不能自由公开地参与政治，只能以学校为暂时蛰伏之处。王造时在日后的一段自述中表明了这一心态。他说："在什么地方教书？在国立大学还是私立大学教书？清华和北大是理想的教书地方，如果以教书为终身事业，那是不应该成为问题的。但是我要谈政治，发议论，北平离政治中心太远，不方便。到南京去教书吗？中央大学是 CC 系控制的，官气很重，压力很大；金陵大学是教会大学，我又不是基督教徒。所以想来想去，还是在上海私立大学教书比较好，观察实际政治比较有言论自由。"③ 身在学院而心在政治，是当时很多光华大学教授的典型心态。由此，他们在大学任教，每日对学生言传身教，不可避免地将他们的思想和立场带入学校，在某种程度上影响了学校的政治生态。

校外的言论抗争

1927 年，光华大学商科教授诸青来出版了《三民主义商榷》一书，

---

① 《徐志摩致胡适函》（1930 年 8 月 29 日），韩石山编《徐志摩全集》第 6 卷，天津人民出版社，2005，第 259 页。

② 王晓渔：《知识分子的"内战"——现代上海的文化场域（1927—1930）》，上海人民出版社，2007，第 105 页。

③ 叶永烈编《王造时：我的当场答复》，中国青年出版社，1999，第 81 页。

从学理上对三民主义思想进行了系统的批评。其序云："今国民党以三民主义号召全国，其内容何若，不特党外人未明真相，即其党中同志亦解释纷歧，盖以中山立说，自相抵牾，不能有一贯之主张也。以余谫陋，学殖荒落，加以久罹脑病，苦思力索，有所未逮，安敢妄参末议，惟念社会养我之恩，苦不得当以报，聊抒一得之愚，窃欲有所贡献，以云著述，则吾岂敢。"① 《三民主义商榷》共分五章，首章为绪论，中间三章详细批评民族、民权、民生三大主义，末章为结论。整本书先引中山学说，继而援引西方政治哲学原典、经济学知识和统计数据指出《三民主义》的错误，最后提出自己的商榷性意见。他指出，孙中山的联俄政策与其宣称的世界主义相矛盾；号召保护关税，实为缺乏经济学常识之见；② 孙中山妄解自由，且一意压制公民自由；五权构想架屋叠床，纯属多余设计；孙中山将民生主义混同为共产主义、社会主义等，实际上这些主义的实质并不相同；提倡国家资本主义实为对民众更严厉的剥削。他总结道："界说失诸肤廓，理论亦欠一贯，东牵西扯，杂凑其说，自相抵牾之处，不一而足。"他认为，三民主义实际并不是一种主义，即使作为主义，也不过是百家争鸣中的一种思想而已，绝无资格获得权威的地位。③

　　1928 年，诸青来以"无闷"为笔名，在《新路》杂志上发表了长文《建国大纲质疑》，从革命问题、对外问题、地方财政、土地问题、官营事业等十几个方面反驳孙中山在《建国大纲》中的构想。④ 其后，他又在《新路》上发表了《党国》《容共》《新偶像》等三则"党国闲评"。他认为，"党国"一词是"我国从来未有，亦为并世各国所未习闻"的新名词。一党专政这一时期从实质上讲不可能实现，非但国民党党外有青年党、共产党，党内亦四分五裂为汪派、蒋派、桂派、西山会议派等。国民党人尚无能力将自身统一，所谓党权根本无法指挥军权，最终只能是党权依赖军人，利用武力实行统治，双方互相倾轧并分享利益，根本谈不上治国。在《新偶像》中，他批评国民党将孙中山奉若神权时代的

---

① 诸青来：《三民主义商榷》，箴文书局，1930，第 1 页。
② 诸青来：《三民主义商榷》，第 15—17 页。
③ 诸青来：《三民主义商榷》，第 70 页。
④ 无闷：《建国大纲质疑》，《新路》第 1 卷第 5 期，1928 年 4 月，第 28—39 页。

教主，认为孙中山是中国推倒帝制后重新树立起的一种变相君主。①

　　1929 年 6 月，胡适（已从光华离职，但仍来学校活动）在《新月》上发表《人权与约法》，敦促国民政府尽快制定约法。诸青来立即予以回应。诸青来认为，当时是所谓"训政时期"，即使颁布约法，也不会是表现民意的约法，民主自由问题仍是幻想。实际上，国民党在第一次全国代表大会上提出的政纲中，已经规定人民享有各种自由。但是，国民党从未按此政纲执行。因此，即使再制定新的约法确定民众的自由权，亦是徒劳之举。胡适并未正面回答诸青来的问题，他仍然坚持认为，当下中国需要一部约法规定民众的权利、义务，约束政府的权力。党和政府都要接受约法的"制裁"，如果没有约法"制裁"，自由也没有保障，仍会受到武人军阀的摧残和支配。胡适又认为，国民党的政纲，仅仅代表一种主张，只有真正载入约法，主张才能算真正确定。② 诸青来对胡适的回答"不敢苟同"，他再度致函胡适进行申辩，坚持认为国民党的政纲与约法实际上并没有根本区别；国民政府内目前尚无独立的立法机关，也不能制定出民主的约法；党治与民治势如水火，如果不先取消党治，就不可能实现真正的民治。③

　　1930 年 2 月，诸青来将《三民主义商榷》再版，并写了一篇新序。他认为，必须打破国民党借所谓总理学说实行压迫自由之实的现状："我国改建共和，历十余稔，不图专制淫威，于今为烈，思想之受钳制，言论之被束缚，以较周厉监谤，中世教皇之禁异端，有过之而无不及。欲保持思想自由，则圣谕式之遗嘱不可不打破；欲恢复言论自由，则八股式之主义政纲不可不纠正；世有爱护自由逾于生命者乎？虽为执鞭所忻慕焉。"④ 此时与该书初版的 1927 年相比，孙中山作为"国父"的地位已经确定。然而，诸青来继续保留了书中对孙中山个人的极端评价，诸如"（孙中山）每年搜括粤民脂膏，奚啻万万，取尽锱铢，用若泥沙……政尚独裁，暴力恣睢，人民侧目"之类的评论，他并未做任何删

---

① 诸青来：《三民主义商榷》，第 174—181 页。
② 胡适、诸青来：《"人权与约法"的讨论》，《新月》第 2 卷第 4 期，1929 年 6 月，第 4—5 页。
③ 诸青来：《潜庐政论集》，均益利国联合印刷公司，1935，第 11—14 页。
④ 诸青来：《三民主义商榷》，第 2 页。

除。① 诸青来对国民党的激烈批判，在当时的言论界并不多见。

相对于诸青来，担任光华大学政治系主任的罗隆基，是《新月》周刊上批判国民政府的主要人物。罗隆基的言论主要集中在三个方面：第一，呼吁专家政治；第二，呼吁自由和人权；第三，呼吁制定宪法，实行民主。罗隆基最推崇的是专家政治，非常推崇美国的政治制度。他尖锐地将中国政治定位为"分赃政治"和"武人政治"，指出国家的几十万行政人员从未经过公务员考试和选举，完全由私人关系任命，亦受武人枪杆子左右。他认为，整个国家绝对不能由未受过系统学术训练的军阀、官僚和党务人员把持，只有专家治国，才能避免政客和武人的把持和横行。② 在人权和自由方面，他并不主张天赋人权，而是从实际层面认为人权是维持生命和享受生命的幸福以及使大多数人获得幸福的不可或缺之物；至于国家不过是一个组织，其有保障人权的作用，一旦不能保障人权，人民对国家的义务便告终结。③ 罗隆基还认为，国家不可能由一党或一人来独裁，没有哪个人或党派可以做到公正无私地为国家谋利益。而且，独裁要求思想统一，必将养成国民的懦弱性、消极性和奴隶性，终将对其统治不利。因此，目前根本没有训政的必要，民众完全可以在民主试验中不断获得进步。目前中国应该马上召集国民大会，制定由人民同意的宪法。④

罗隆基收到国民党颁布的《各级学校教职员研究党义暂行条例》以后，发表了《告压迫言论自由者：研究党义的心得》一文。他说："孙中山先生是拥护言论自由的，压迫言论自由的人，是不明了党义，是违背总理的教训。倘使违背总理教训的人是反动或反革命，那么，压迫言论自由的人，或者是反动或反革命。"⑤ 他列举了中外历史上压迫言论自由者最终都以身败名裂收场，奉劝国民党不要再步其后尘。

光华教务长董任坚，主要从教育家的角度谈论大学学术自由、教学

---

① 诸青来：《三民主义商榷》，第 71—74 页。
② 罗隆基：《专家政治》，《新月》第 2 卷第 2 期，1929 年 4 月，第 15—21 页。
③ 罗隆基：《论人权》，《新月》第 2 卷第 5 期，1929 年 7 月，第 7—31 页。
④ 罗隆基：《我们要什么样的政治制度》，《新月》第 2 卷第 12 期，1930 年 2 月，第 1—24 页。
⑤ 罗隆基：《告压迫言论自由者：研究党义的心得》，《新月》第 2 卷第 6、7 期，1929 年 9 月，第 2 页。

自由和党化教育问题。他在《新月》上发表文章认为，大学的目标是探求真理知识。只有在思想、言论和信仰绝对自由的教育环境中，才能获得真理和知识。同时，大学教授有自由发表学说的权利，不受任何宗教或政党约束。大学教授的职务虽然是大学任命，但其研究的成果与发表的言论，目的是为社会探求真理，直接对社会负责，学校当局在学识上无能力，在道德上亦无权力干涉。[①] 在公开的演讲中，董任坚则直接指斥，在政治干预教育的前提下，"中国大学教育之破产"，学生政治化便是教育破产的结果之一，只有保证学者治校、保障人权，才能改善教育破产的现状。[②] 到后来，他更直接批评党化教育："天下最滑稽的事情，莫过于我们的所谓党化教育。……现在的党化教育，从好的一方面看，不过是一个空的理想，所以说我们还没有党化教育；从坏的一方面，它只给了一般学蠹的一种护符。此而不去，中国教育将永沦为万劫不复之地。"[③] 从以上种种言论可以看出董任坚的立场与诸青来、罗隆基等人一致。

抵制党化教育

诸青来、罗隆基、董任坚等人对国民党进行抨击，实际亦因自己身在大学，对国民党推行党化教育之举颇有切肤之痛。1928 年 6 月，大学院（其后改为教育部）通告全国专科以上学校学生须统一参加大学院组织的三民主义考试。[④] 8 月，中央训练部制定《各级学校增加党义课程暂行通则》，以大学院名义下发，要求各大学设置"建国方略""三民主义之理论与实际""本党政纲及重要宣言决议案"等党义课程。[⑤] 1929 年初，中央训练部拟定《大学党义课程标准及训育方针》《考察各级学校党义实施情形、范围与方法》，规定每半年对各级学校党义实施情况进行总检查。其后，中央训练部和教育部更将学习、研究党义的要求扩大到

---

① 董任坚：《大学的学术自由》，《新月》第 3 卷第 1 期，1930 年 3 月，第 5—6 页。
② 《董任坚硕士之演讲》，《申报》1930 年 11 月 17 日，第 8 版。
③ 董任坚：《我们还没有党化教育》，《时代评论》第 2 期，1931 年 10 月，第 14—16 页。
④ 《通告举行国内专门以上学校三民主义考试之主旨及办法由》，《大学院公报》第 1 卷第 7 期，1928 年 7 月，第 2 页。
⑤ 《各级学校增加党义课程暂行通则》，《大学院公报》第 1 卷第 9 期，1928 年 9 月，第 8 页。

全体大学教授。1929年10月，中训部通过《各级学校教职员研究党义暂行条例》八条，通令全国各大学教授全部研究党义，此种研究当分为四期，从《孙文学说》《军人精神教育》《三民主义》开始，渐次研究《五权宪法》《建国大纲》《民权初步》《地方自治开始实行法》，最后研究《实业计划》，需历时两学年完成。中训部要求，大学教授每天至少要有半小时自修，每周集合讨论一次，将结果报告本地教育行政长官或党部，最后呈报中央训练部考察。[①]

　　同时，国民党将在党部和军队中举行的总理纪念周推行到全部学校。学校应在每周一上午举行总理纪念周，全体参加者应鞠躬并宣读"总理遗嘱"，默哀三分钟，然后演说政治报告。[②] 除此之外，国民党还在全国确立了一套复杂的纪念日体系并在各级学校推行。其中包括1月1日的中华民国成立纪念日，3月12日的总理逝世纪念日，5月9日的"二十一条"国耻纪念日，10月10日的国庆纪念日，11月12日的总理诞辰纪念日等。规定在这些纪念日中，各大学必须悬挂党旗、国旗，并召开纪念大会以志庆祝纪念。[③] 这些规定将国民党的党义奉为金科玉律，将孙中山奉为教宗，将国民党的仪式以类似于宗教的形式强加给师生，打破了北洋时期以来大学独立于政治之外的传统，自然引起了很多教授的不满。

　　更使一般大学教授不满的是，地方党部势力急于扮演某种意识形态的监督者和裁夺者的角色，对名望和资历均远在其上的教授学者发号施令。就如国民党上海市党部，聚集了潘公展、吴开先、童行白、陈德征、陶百川等一干年轻气盛的党棍。他们本身并无耀眼的出身和学历，亦无甚政治资历，大多是出身寒微的青年学生、中学教师或小报编辑，借国民党在北伐、"清党"时期急需用人的机会，摇身一变投靠国民党成为上海地方党部要员。这些党部要员多为极右的三民主义捍卫者，如上海市党部宣传部部长陈德征，便曾在国民党三全大会上提出"严厉处置反

① 《各级学校教职员研究党义暂行条例》，中央训练部编印《中央训练部部务汇刊》第4集，1930，第53页。
② 陈蕴茜：《时间、仪式维度中的"总理纪念周"》，《开放时代》2005年第4期，第63—81页。
③ 小野寺史郎：《国旗・国歌・国庆——近代中国的国族主义与国家象征》，第249页。

革命分子"的提案，将一切反对三民主义的人都视为应该惩治的对象，一度引起舆论大哗。这些职业办党的青年以党权压迫教育、干涉言论，自然会更加引发自由主义知识分子的抗议。

从资料来看，胡适、罗隆基、诸青来、董任坚等人，最初并未将太多批判带进光华大学，他们在校内的活动，主要是给学生传授理性精神和民主态度，而非鼓励学生从事政治抗争。比如，1928 年 5 月 4 日，胡适在光华大学发表演讲，认为五四运动带给中国的一个结果便是政党利用学生宣传和学生干政。学生干政，对学生而言牺牲太大。在常态的国家里，政治已上轨道，拥有正式的民意机关，学生不必干政，只是"享受少年一切应有的幸福"；在"变态"的国家里，才有学生干政的现象。由于中国政治不上轨道，很难禁止学生干政。所以他希望，当下中国的中年人把政治搞好，才能使学生安心读书，不再多事。① 罗隆基最初也很少在校内直接宣传政治观点，更多是对学生进行民主精神的训练。罗隆基曾与政治系学生组织政治学社，并亲自担任演讲组组长，训练学生的政治演说技能。② 在政治学社，罗隆基做过一场名为"学生政治"的演讲。罗隆基批评了大多数中国人对政治事务漠不关心，从事政治活动者多喜阴谋活动的现状，认为中国学生在校时应该多参与学生会的事务，将学生会的选举、表决当作从事实际政治活动的雏形，在读书期间养成最基本的民主训练，培育忍让包容的精神与习惯。他指出目前的政府不上轨道，不能在政治上做学生的模范，要求学生在读书时代把学生政治弄好，做出一个榜样给政府示范，进而改革中国政治的弊病。③

不过，随着校外抗争的激进化，以及国民党的意识形态日渐侵入大学，光华校内的政治言论也逐渐有升级之势。1929 年 10 月，光华大学的《政治学刊》转载了胡适的文章《无宪法的训政只是专制》，其中提到，政府诸公口称训政，自己的所言所行却不足为训。当政者必须先用宪法来训练自己，才有资格训练民众走上共和的大路。④ 1929 年 12 月 4 日，

---

① 胡适之讲，王中振记《"五四"运动之前因后果》，《光华周刊》第 3 卷第 9 期，1928 年 5 月，第 4—6 页。

② 吴希椿：《本学期本社大事记》，《政治学刊》第 1 期，1929 年 10 月，第 216 页。

③ 罗隆基：《学生政治：在光华大学政治学会演讲稿》，《中国学生》第 1 卷第 10 期，1929 年 10 月，第 15 页。

④ 胡适：《无宪法的训政只是专制》，《政治学刊》第 1 期，1929 年 10 月，第 4 页。

胡适在光华大学演讲《新文化运动与国民党》，批判国民党是新文化运动的敌人，一直逆时代的潮流而动。① 罗隆基"在光华礼堂兼饭厅上演说，极富煽惑性，学校当局对此素来放任，未予纠正"。② 教授优生学的潘光旦，经常在课上发表政治观点，几乎每节课上都要痛斥党义。国民党方面在档案中对其评语是"尤为可恶"。③ 教授逻辑学的沈有乾在《新月》上发表文章讽刺国民党说："现在叫我做起文章来，当然要引孙中山先生，并且千万务必称他先总理，虽然我并不是国民党党员。我自从发现了这些秘诀以后，文章做得一天好似一天。"④ 他显然也将类似的讽刺批评带入了课堂，以致国民党党部方面报告称，他"反对党义，批评政府凿凿有据"。⑤ 担任文学院院长的张东荪，对"党化教育"极为不满。某次光华大学召开教职员会议，有人提出应宣读"总理遗嘱"，张东荪夺门而出，宣称若再读遗嘱，必将不再参加会议。⑥

　　教授政治学的王造时也常常在校内发表政治言论。1930 年的光华大学国庆庆典，正副校长无一人出席，只有几位低级职员和演讲者王造时在场，参加的学生不足百人。王造时在演讲中严厉批评国民党，认为现在一般民众因国民党连年的内战，不能安居乐业，无法享受国民应有的福利，所以中国的国庆"实在没有什么可庆"。中国的国庆只是少数特权阶级的国庆，只有特权阶级才会庆祝，这种现状让人感到痛心。他呼吁，中国青年应该团结起来，负起拯救中国的重任，"不与军阀妥协，不与军阀合作"，将来才可能有真正属于全体民众的国庆。⑦ 王造时公开将国民党称为军阀，号召青年学生不与国民党合作，其言论有很大的杀伤力。

　　这些教授的抗争活动，间接影响了光华大学的政治生态，光华大学

---

① 《编年志第三》，《光华大学五期纪念册》，第 30 页。
② 沈云龙：《从回忆录来看布雷先生》，《传记文学》第 28 卷第 4 期，1976 年，第 30 页。
③ 《国民党中央训练部关于上海光华大学学潮起因经过及处理办法与教育部往来函件》，《中华民国史档案资料汇编》第 5 辑第 1 编《政治》(4)，第 74 页。
④ 沈有乾：《我的教育：何君自传的一章》，《新月》第 3 卷第 2 期，1930 年 4 月，第 7 页。
⑤ 《国民党中央训练部关于上海光华大学学潮起因经过及处理办法与教育部往来函件》，《中华民国史档案资料汇编》第 5 辑第 1 编《政治》(4)，第 74 页。
⑥ 沈云龙：《光华大学杂忆》，《传记文学》第 39 卷第 3 期，1981 年，第 54 页。
⑦ 蜀女：《革命的光华大学的国庆》，《硬的评论》第 1 卷第 7 期，1930 年 11 月，第 102—103 页。

非但不上党义课，亦不搞总理纪念周。以党义课程设置为例，光华曾按照教育部训令设置党义课，由本校毕业生潘树藩讲授。然而，潘树藩严重缺课，在开学三星期后才和学生见面。在课上，他讲的是"各派社会主义的评论"，整门课非但"没有一个字提到中国国民党所主张及提倡的三民主义"，反而"替反革命的中国社会党"大做宣传文章。① 潘树藩辞职后，并无教员接替，课程完全停顿。② 光华大学不上党义课，从学生的成绩单里也可证明。以1928年秋入学的政治系学生储安平为例，其大学四年的课程表显示，他从来没有修过党义课，反而修过"卢梭民约论""社会主义及运动""中国宪法史"之类思想完全与党化教育观念背道而驰的课程。③ 对于此种现状，教育主管部门不甚满意，但也仅仅止于督促责令。比如，1929年5月，教育部为光华大学申请立案事宜，派员视察光华后称："党义未专设课程，尤属不合。"④ 教育部虽然不满光华校方忽视党义课，却仍旧予以立案。台湾学者陈能治在统计抗战前各校党义课执行情况时亦指出，在1931年以前，绝大多数学校都无法确定是否真正开设党义课，复旦、南开、光华等几所私立大学则确定未设党义课。⑤ 这也证明，此时的国民党及教育主管部门很难渗透到私立大学的管理、教学和学术层面，在类似事情上，校方实际可以"阳奉阴违"。因此，国民党的官方文件称："纪念周之实行，见于中央之法令，下至小学，无不实施，而光华则从不举行"，此举属于"菲薄总理，蔑视党教精神"。⑥

总之，这一时期光华校园中洋溢着一种自由和抗争的空气，使学校带有一种抗争色彩。此种抗争色彩给学校带来一个很重要的影响，便是

---

① 《光华大学的党义教师，竟是江亢虎的宣传者？》，《民国日报》1930年3月16日，第4张第1版。

② 《国民党中央训练部关于上海光华大学学潮起因经过及处理办法与教育部往来函件》，《中华民国史档案资料汇编》第5辑第1编《政治》（4），第73页。

③ 《储安平的成绩单》（1928—1932年），华东师范大学档案馆藏，《光华大学档案》，档案号：B2/0892。

④ 《大夏光华准予立案部令已到》，《申报》1929年5月24日，第11版。

⑤ 陈能治：《战前十年中国的大学教育（1927—1937）》，台北，台湾商务印书馆，1990，第60页。

⑥ 《国民党中央训练部关于上海光华大学学潮起因经过及处理办法与教育部往来函件》，《中华民国史档案资料汇编》第5辑第1编《政治》（4），第73页。

学生群体的思想产生分化。

第二节　政治、文学与革命：学生群体之分化

自由主义的传承

胡适、罗隆基、王造时、董任坚等师长的政治抗争与自由主义精神，在一些学生身上产生了非常深远的影响，政治系学生储安平便是一个典型。1925 年，储安平进入光华大学附属中学读书，其间开始文学创作，并在思想上倾向于鲁迅。1928 年，储安平升入大学部政治系，受罗隆基、徐志摩等老师影响，思想逐渐倾向于自由主义。1928 年秋，储安平成为学生刊物《光华周刊》的副主编，全权负责周刊事宜。① 《光华周刊》原本是一份颇带有"革命化"色彩的校刊。② 在储安平的影响下，《光华周刊》转变成颇具批判精神和自由主义色彩的校园刊物。

首先，储安平在《光华周刊》上对校务进行批评。他在文章中说："老实说，我们要谋发展！应先从内改革起，我们在课程方面应该使 Course 要开得多，教授要请得好（然而这又是钱的问题）；在学校生活方面，要使他造成活泼的、富丰的，而不是死灰的、枯憔的；在管理方面，是要有系统的、严密的，而非散漫的、怠懈的；在全校精神方面，则需要造成热烈的、勇敢的，而非淡冷的、懦怯的。"③ 他在文章《灰雾之消散》中，亦详细指出了学校管理懈怠、教授授课随意、校园建设简陋、学生利益被严重忽视等问题。他呼吁学校切勿将学生的批评看作"反对"，而是要虚心听取学生的建议，理解学生爱护学校、建言献策的热忱。④

其次，储安平对年级长在年级学生会中违反民主程序、暗箱操作进行批评。当时担任大一年级长者名潘炳麟。潘炳麟在年级学生会议事投票时，常常在未满规定人数或多数不同意的情况下，违背投票规则，以

---

① 《编辑委员会启事》，《光华周刊》第 4 卷第 4 期，1928 年 12 月，第 1 页。
② 安平：《批评及骂与周刊及周刊之今后》，《光华周刊》第 4 卷第 6 期，1928 年 12 月，第 3 页。
③ 储安平：《多方面的发展》，《光华周刊》第 4 卷第 1 期，1928 年 11 月，第 13 页。
④ 安平：《灰雾之消散》，《光华周刊》第 4 卷第 4 期，1928 年 12 月，第 5 页。

年级长的身份施压，强行通过某些议案。潘炳麟亦时常在校外招摇，将本级事务置之脑后。储安平主动站出来，代表大学一年级 45 名同学在校刊上发表文章，揭露潘炳麟的劣行，指出潘炳麟品行不端、学识低劣，要求他辞去年级长的职务。① 储安平的文章刊出后，潘炳麟迅速做出回应。储安平将回应文章刊发在下一期的校刊上，显示其尊重不同声音的民主态度。② 经过一番辩论，潘炳麟声明，主动辞去年级长的职务。

最后，在校刊上，储安平还总结了自己的编辑理念。第一，他认为《光华周刊》应该成为一个不偏不倚的公众园地。"他必然地将属于同学之全体，而非仅为三五人所把持或包办。他所说的，乃是全体同学之所要说的；他所批评的，也是全体同学之所要批评的。"第二，他认为《光华周刊》应该"形成一种促助学校进步的武器"，具有批判的精神和独立的气质，敢于对不理想的现状发出自己的声音。他说："批评会促成建设……建设乃是想将要建设的对象建设到好。……有许多人会利用刊物，形成他们自己做走狗的一种工具，他们的方略是绝对妥协，他们的手腕乃是对当局予以一种歌颂般拍马，而他们的思想，则是落伍、落伍、落伍而已。他们会将刊物形成为一种学校里的点缀品、装饰品、消耗品，而毫无其所以需要它存在之意义。它们也许以为这算待学校好，而实际是大不然的。"他完全拒绝此种态度，他理想中的编者"应有着革命的精神，远大的志望，而决不是一个陈败的敷衍者，或趋炎的附势者"。③

在学生时代，储安平受胡适、罗隆基、徐志摩等师长影响，初步表现出批判精神和自由主义的办刊态度，日后他成为著名的《观察》周刊主编，提出"民主、自由、进步、理性"的办刊四原则，并成长为近代中国自由主义知识分子的代表人物，与求学光华大学时期所受的思想影响和办刊经历密不可分。

---

① 大一同学四十五人、安平拟稿《我们的级长——潘炳麟君!》，《光华周刊》第 4 卷第 4 期，1928 年 12 月，第 27—30 页。

② 潘炳麟：《对于大一四十五人的复函》，《光华周刊》第 4 卷第 5 期，1928 年 12 月，第 31—34 页。

③ 安平：《批评及骂与周刊及周刊之今后》，《光华周刊》第 4 卷第 6 期，1928 年 12 月，第 3—5 页。

文学热

20 世纪 20 年代末，光华大学校园文化中的另一个显著特征是文学热。文学热与当时上海的文化环境密不可分。由于海纳百川的包容心态，上海的文化与文学生产逐渐摆脱了地域性，到 30 年代初成为实至名归的全国文学中心。具体表现为，当时中国的大多数文人作家集中在上海，影响较大的文学团体均在上海活动，主要的出版机构也都在上海设立。由此，文学作品作为商品进入流通领域，文学阅读成为上海主流的文化消费，文学生产也成为一门繁盛的文化产业。广大青年学生无疑是这个庞大的文学生产链条上的重要一环，对他们而言，文学写作既是一种抒发性灵的方式，也是一种可能的谋生手段。尤其是随着国民革命的退潮，更多的青年学生从关心国家民族等宏大议题转向关切文学，在文学中寻求安身立命之道。

对光华学生而言，文学热的兴起与徐志摩等新月派师长也有直接关系。1927 年，徐志摩到光华任教，教授"英国诗"和"英国散文"两门课程。作为新月派的文学领袖、名满天下的浪漫派诗人，徐志摩在学生中的拥趸极多，其教学方法也比较自由灵活。学生邢鹏举回忆，光华的大西路校园初建时，学生局促于临时的茅草屋上课。某次，徐志摩讲授雪莱的《西风歌》，恰逢西风从茅屋的缝隙吹进，徐志摩便在教室内对着风用英文吟唱。[①] 学生赵家璧的回忆则更为浪漫："天气从严寒里脱身到初春，由于几位同学的请求和经过你满怀的同意，从局促昏黑的课室里，迁到广大的校园去上课。每天早上，我们在校门口候你的汽车来，看你从车上挟了一大堆西书行近我们时，我们一伙儿近十个人，慢步地走过了篱笆，爬越了小泥山，在一条溪流里排列着不规则的小石子上，你第一个小心地跨了过去。这里是一个大树林子，顶上有满天的绿叶，小鸟儿啁啾地唱着歌，一排长石凳上，我们便依次的坐下了……当这一个学期里，我们的灵魂真的像是每天跟了你，和一群大鹏般要日行十万八千里……飞渡万重的高山，去更阔大的湖海投射影子。"[②]

---

① 邢鹏举：《光华校史上最可纪念的几页》，《光华癸酉年刊》，第 11 页。
② 赵家璧：《书比人长寿：编辑忆旧集外集》，中华书局，2008，第 3—6 页。

徐志摩在提携学生方面也不遗余力，正如储安平所讲，"他对于后进，有的是一份提拔的心热"。①后来成为著名出版人的赵家璧当时只是附中学生，"写了几篇关于但丁、王尔德一类不像样的文章，发表在学校刊物上"，徐志摩看到后主动把他叫到教师休息室，指导其进入文学写作的门径。②由于徐志摩主持《新月》周刊，光华学生邢鹏举、沈祖牟、唐锡如、郭子雄、储安平、徐转蓬等人的文学作品自然被徐志摩刊登于《新月》之上，与胡适、罗隆基、梁实秋等师长的名字并列。很多学生便是从《新月》起步，走向文学界或报界，逐步开辟出一片属于自己的领域（见表3-2）。

表3-2 《新月》周刊发表的光华大学在校生文学作品一览（1929—1931）

姓名	在校时间	刊期	标题
邢鹏举	1925—1929年	第2卷第8—10期	勃莱克
		第3卷第3期	莎士比亚恋爱的面面观
郭子雄	1925—1929年	第3卷第3期	在波兰
沈祖牟	1927—1931年	第2卷第11期	在万国公墓、摆脱
		第3卷第11期	港口的黄昏
唐锡如	1928—1932年	第3卷第2期	矾石纪游
储安平	1928—1932年	第3卷第7期	墙
		第3卷第8期	自语
		第3卷第12期	一条河流般的忧郁
徐转蓬	1929—1932年	第3卷第9期	女店主
		第3卷第12期	打酒

另一个光华学生集中发表文章的刊物是《中国学生》杂志，这得益于外文系学生赵家璧。《中国学生》创刊于1929年，由良友公司主办，是一个展示当代大学校园生活的杂志，带有一定的商业色彩。当时，良友公司聘请就读于光华大学外文系一年级的学生赵家璧担任主编。赵家璧作为学生主编，首要的作者资源显然是自己的老师和同学。其中，陈

① 储安平：《悼志摩先生》，张新颖编《储安平文集》（上），东方出版中心，1998，第199页。
② 赵家璧：《书比人长寿：编辑忆旧集外集》，第3页。

炳煌擅长漫画，因此《中国学生》中的漫画主要出自其手。张沅恒作为学生摄影家，负责为赵家璧供应摄影稿件。其余同学如伍纯武、郭子雄、曹荆川、王家槭、储安平、阮笃成、马厚文、钱公侠、张承洪、柳升祺、张允和、穆时英等，都成为《中国学生》的作者（见表3-3）。这些光华学生充分发挥自己的写作才华，将《中国学生》当作他们走向文坛的创作试验场。

表3-3　《中国学生》发表光华大学在校生作品一览（1929—1931）

单位：篇

姓名	在校时间	篇数	标题
伍纯武	1925—1928年	1	纪律
郭子雄	1925—1929年	1	四年
曹荆川	1925—1928年		
张承洪	1925—1928年	1	今日中国之中等学校应实行男女同学制否
柳升祺	1926—1930年		
马厚文	1925—1929年	1	五月纪念学生运动
盛明若	1927—1931年	5	逃课习惯的养成与补救、幼儿的光华五周岁、壁报潮的恐怖、春来校地、死室
赵英达	1927—1931年	1	谭学生军
唐锡如	1928—1932年	5	一个寂寞的春宵、晨、南国情调、山歌、香港记游
储安平	1928—1932年	5	双十节在我们的心头；苏州；车轮、文化与学生；女宝贝；中秋
王家槭	1928—1932年	3	李君、林曼小姐的自画像、陆君这样失了一个爱人
阮笃成	1928—1932年	3	早稻田之鸟瞰、巴黎大学之中国学院、巴黎城外大学城
钱公侠	1928—1932年	2	大学生忆绛、追逐
董阳方	1928—1932年	1	妈妈的苦衷
于在春	1928—1932年	1	双毫
张允和	1929—1932年	1	今日女大学生的通病
穆时英	1929—1933年	3	女人、贩卖所、弱者怎样变成强者的故事

当然，对许多同学而言，报纸杂志已经不能满足他们写作和发表的热情，更常见的是自行翻译西方的经典名著。由于光华脱胎于圣约翰，学生具有相当的英文水平，多数可以从容翻译西方经典作品。因此，很

多学生都跃跃欲试，从事翻译工作。更多的人从事小说或散文创作，自行投交出版社或由老师推荐付梓。如徐志摩向出版社推荐学生郭子雄的书稿，其致信郭子雄称："散文集已交中华，按版税算。如卖稿亦可，但每千字至多亦不过三元许耳。"① 又称："尊著点字得三万一千零三十九字，换该大洋一百元，明后日得便来取。"② 据不完全统计，1928—1931年至少有 9 位光华学生出版了 12 部译著或小说。其中名声大噪的当数穆时英，他在光华就读时期便崭露头角，后成为"新感觉派"的代表人物，载入近代中国文学史册（见表 3-4）。

表 3-4　光华大学在校生出版文学作品及译著一览（1928—1931）

姓名	在校时间	书名	性质	出版信息
郭子雄	1925—1929 年	《春夏秋冬》	诗集	金屋书店 1929 年版
陈声和	1925—1929 年	《夫与妻》	译著	唯爱丛书社 1929 年版
盛明若	1927—1931 年	《爱底雾围》	译著	中华书局 1930 年版
		《卡尔与安娜》	译著	中华书局 1931 年版
俞大纲	1927—1931 年	《纪唐音统笺》	专著	深柳书屋 1927 年版
王家械	1928—1932 年	《银影》	小说	真美善书店 1929 年版
于在春	1928—1932 年	《翠环》	小说	真美善书店 1930 年版
		《灵肉的冲突》	译著	正午书局 1931 年版
钱公侠	1928—1932 年	《怅惘及其他》	小说	上海春潮书局 1928 年版
唐锡如	1928—1932 年	《真话》	译著	商务印书馆 1930 年版
穆时英	1929—1933 年	《交流》	小说	芳草书店 1930 年版
		《被当作消遣品的男子》	小说	良友图书印刷公司 1931 年版

校园摩登

当然，并非所有同学都热衷或擅长文学，在相对和平安逸的年代里，更多的学生将大学校园当作乐土，以一种摩登的方式享受校园生活。叶文心认为，20 世纪 30 年代以后，国民革命理想的幻灭使大学校园中气氛消沉，一些学生陷入沮丧、烦闷和幻灭，另一些学生则试图逃避，沉

---

① 《徐志摩致郭子雄》（1929 年 7 月 3 日），韩石山编《徐志摩全集》第 6 卷，第 393 页。
② 《徐志摩致郭子雄》（1929 年 7 月 8 日），韩石山编《徐志摩全集》第 6 卷，第 394 页。

迷于个人兴趣，变成享乐主义者。① 然而，与其说享乐主义是某种逃避现实的产物，倒不如说是革命落幕后的资产阶级学府的日常氛围。光华作为私立大学，收费高昂，学生多是出身较好的江浙富家子弟，革命退潮之后，一切恢复到平常状态，校园的日常生活相当浪漫。尤其是 1928 年光华大学开始招收女生，实现男女同校以后，更加深了这种浪漫。

光华大学的大西路校园当时距离市区较远，新校园刚刚建成，设施尚不算完备，但已经引进了摩登的生活方式。学校设有临时电影院，名"消遣社"，每周四放映电影一次，收费三角，以丰富学生的休闲生活。② 校园中还有咖啡馆，名 R. CAFÉ，是摩登的男女学生经常光顾之处。一份当时的画报登载了这样一幅照片，六名光华女生在校内咖啡馆用完点心之后，很满足地站在校门口留影。女生均身穿连衣裙，穿着打扮洋气，其中一人还戴着当时最时髦的墨镜，显得慵懒而又惬意。③ 当时，女生的时尚运动是打网球和骑自行车。如一则新闻称："女生入校后多三四并肩于大西路上，或打网球，其中有转自暨大之女运动健将某每于傍晚，练习自由车，仆而起，起而仆，然女士抱百折不挠之精神，继续练习，更不因男女同学之围观而退缩。"④

这些女学生，亦常是上海滩各种小报争捧的对象。各种摩登画报多喜欢将她们的照片刊登在杂志封面上，并在报纸杂志上评选所谓"皇后"。一则新闻称："从前有一部份同学，他们都承认密司杨是我们光华的皇后，后来她走了，他们就推举密司王承继了这个后位，替她在某报上大刊其照像，旁边还题着'光华大学皇后王某'字样。"⑤ 某名女同学被封为"皇后"之后，常常引来成群的追求者。因此，校园中男女追逐和恋爱成为一种风尚。其中一名叫潘姗姗的女同学，"有考仑玛亚之爱尔兰秋波，有陶乐孙特里奥之西班牙光发，姗姗莲步，风姿十足。惟小姐有特性，不愿以正眼看人。男生欲一见小姐之风姿，每紧随小姐之后，

---

① 叶文心：《民国时期大学校园文化（1919—1937）》，第 166—167 页。
② 《光华学生与电影》，《中国摄影学会画报》第 4 卷第 158 期，1928 年 9 月，第 59 页。
③ "They are standing by the gate of Kuang Hwa Univ,"《艺友》第 4 期，1930 年 6 月，第 9 页。
④ 水木氏：《光华男女同学之趣闻》，《中国摄影学会画报》第 5 卷第 207 期，1929 年 9 月，第 51 页。
⑤ 一鸣：《光华之皇后？》，《民众生活》第 1 卷第 11 号，1930 年 8 月，第 34 页。

而低声恳求，小姐不怒亦不喜，但报以斜眼，于是同学男生感相率不敢轻试，且互相以眼看手莫动为戒"。①

1930年秋季入学的端木露西亦是所谓"皇后"之一。她似乎很少将精力用于读书，如其成绩单显示，基本英文成绩是 C，基本国文是 C，体操和社会学概论都是 C-，卫生演讲是 D。② 她自述："我后来又过上海的一个大学去，那里的男女同学全是最聪敏的人，他们很清楚的知道怎样去把握住现实。一个愚蠢的人在这些疯狂的男女中间，也会勇敢的去尝试恋爱。"③ 数年后，她在《中央日报》上发表散文，以虚拟第三人称的方式回忆了当时和学长储安平恋爱的情景："'这样好的天气，能一起出去走走，多美。课后，你来看我吧。'我写了那样一张条子给他。他永远好似一只最柔顺的小鸟，听着我的话。他的两只眼睛热望着我，要我告诉他去什么地方。呵，这两只一直使我不能忘怀的眼睛对我注视的时候，正好似要在我身上夺取什么似的，使我不敢正面看他一眼。"④

如果说端木露西的回忆比较单纯，张允和对此时光华大学男女社交生活的回忆则让人颇为吃惊："他们每逢周末都开派对，男男女女成双成对在旅馆里过夜。上光华大学之前，他们多半念教会学校，像圣玛利亚女校和中西女塾。这些人过惯了养尊处优的生活，开口闭口讲英语。女生都穿高跟鞋，浓妆艳抹，每天都像是要去参加婚礼或赴宴似的，哪有心情读书呢？"⑤ 此种论断，在一则光华女生未婚先孕控告他人的新闻中可以得到证明。光华女生冯某与持志学院毕业生某君恋爱，某君向冯某求婚，为表示决心，将持志学院毕业文凭交给冯某保管。然而，当冯某"大腹忽渐膨胀，势将临盆"，催促某君结婚时，某君因经济未能自立而"仓皇出走"。冯某遂将某君告上法庭，希望得到法律保护。⑥ 这则材料

---

① 茉莉：《光华大学之 P 小姐》，《中国摄影学会画报》第 6 卷第 264 期，1930 年 11 月，第 107 页。
② 《端木新民的成绩单》（1930—1931 年），《光华大学档案》，档案号：B2/1771。
③ 露西：《我的大学生活》，《中央日报》1936 年 7 月 23 日，第 4 版。
④ 路茜：《薄暮泛思：一个初秋的向晚》，《中央日报》1935 年 2 月 26 日，第 3 版。
⑤ 金安平：《合肥四姊妹》，凌云岚、杨早译，生活·读书·新知三联书店，2007，第 191 页。
⑥ 阿梅：《光华大学女生控告持志大学毕业生》，《情的问题》第 32 期，1931 年 1 月，第 2 页。按，此时持志大学已被改为持志学院。

可谓当时光华男女社交混乱的一个证明。也有女生抛弃男同学的案例。穆时英的文学名作《被当作消遣品的男子》，便是失恋后写成的，当时光华实行男女同校，穆时英与一名女同学感情甚笃，但其后遭对方抛弃。穆时英将这段经历用独特的文学手法和技巧表现出来，便有了这篇带有意识流风格的先锋小说。①

总之，这一时期光华大学校园内的文学热和摩登的生活方式，使建校以来民族主义的政治遗产，以及关心国事的传统愈加微弱。尤其是校园摩登生活方式的兴起，增强了这样一所负有收回教育权使命的学校的世俗化色彩，对党化教育造成一种解构，革命传统日益式微，可谓理所当然之事。

革命传统的延续

当然，光华校内仍然保持着革命传统。光华大学系从教会学校圣约翰大学中独立出来，本身便是学潮的产物，在学运方面具有激进的传统。国民党兴起后，此种激进传统自然与党派主导的学生运动发生合流。尤其是国民党建政后，党派势力进入校园，在光华大学建立国民党的区分部，一大批学生选择加入国民党。②

对家境出身一般或从外地来沪的学生而言，入党也是获得生活费、提高个人地位和增加毕业出路的捷径。比如，湖北籍学生胡越因积极参加学运而成为上海学联重要领袖，毕业后成为国民党上海市党部常委、第九区党务指委，每月从市党部领取生活费。③ 其后，胡越由国民党资助至美国芝加哥大学留学，归国后进入军界，官至中将。④ 对胡越这样的学生而言，首要任务是投入政治活动。胡越认为，中国的政治要进步，唯一希望寄托在学生身上。青年应该怎样参与政治？第一，革命是一种长期的奋斗，要培养学生政治斗争的持久性；第二，政治活动中，需要全体学生共同努力，而不能仅靠一二领袖；第三，革命应当有一种决绝

---

① 赵家璧：《编辑忆旧》，中华书局，2008，第21页。
② 《国民党消息》，《申报》1927年4月5日，第14版。
③ 《市指委会第四十次常会》，《申报》1928年9月13日，第14版。
④ 林泉：《两湖南北吊忠魂：国民党中将胡正秋轶文》，政协黄冈市委员会文史资料委员会编印《黄冈文史资料》第6辑，2003，第260页。

的态度，一切可能阻碍革命力量的，都要彻底破坏，不能有丝毫疏忽。[①] 在光华的多数同学从事文学创作或享受校园生活的时候，胡越宣传鼓吹投入政治和继续革命，无疑是学生中的异数。

然而，时代的发展也不利于此种革命传统的延续。随着国民党执政地位的稳固，党内限制学生运动的声音日益显著。从 1927 年下半年起，戴季陶即倡导学生远离政治运动。1928 年 2 月，国民党二届四中全会的宣言中提出学生应回到学校，反对学生参加政治活动。8 月，大学院院长蔡元培在国民党二届五中全会上提出"取消青年运动"提案，反对学生干涉国家政治和校园行政。1930 年 1 月，国民党中央第 67 次中常会决议规定，校内学生团体不得侵犯学校行政。[②] 这一系列被称为"戴季陶—蔡元培"路线的政策，使大革命以来喧嚣的学生运动逐渐走向沉寂。落实到光华一校，这一政策直接导致建校初期"革命精神"的低落，国民党学生组织的各种活动，参加者日渐减少。与此同时，校园中自由主义知识分子获得了一批诸如储安平这样的学生追随者，导致国民党学生集体边缘化。面对此种情境，他们的心态相当复杂。一方面，他们颇为惋惜光华这种"革命精神"的衰落，怀念建校初期革命激荡的氛围；另一方面，他们从捍卫意识形态出发，对学校当局、自由主义知识分子以及那些享受奢靡生活的同学表示敌视。

1928 年 3 月 12 日，孙中山逝世纪念日。按照要求，该日应放假召开纪念会，然而光华教职员并无一人出席。学生传言该日将由校方请蔡元培前来演说，实际却是"无人负责，不见人来"。[③] 百余名学生到场鞠躬、宣读遗嘱、静默三分钟后便各自散去。由于"那一校负责的人，不要说他那天没有来参加这个会，就是学堂里也没有来，而那些教授们、职员们、先生们、同学们（大半）……也都没有前来"，有学生在校刊上抗议，认为学校负责人与教职员们的"革命性发生了疑问"。[④] 同时，亦有学生自嘲，将参加孙中山逝世纪念活动的同学称为违反大学院政策的"反革命"："三月十二日是孙总理逝世三周纪念，照例开

① 胡越：《中国学生与政治》，《中国学生》第 1 卷第 2 期，1929 年 2 月，第 3 页。
② 吕芳上：《从学生运动到运动学生（民国八年至十八年）》，第 407—417 页。
③ 宸：《很悲惨地过掉了》，《光华周刊》第 3 卷第 2 期，1928 年 3 月，第 27—28 页。
④ 涌：《的确十分凄凉》，《光华周刊》第 3 卷第 2 期，1928 年 3 月，第 25—26 页。

会追悼。本来这种会，也算一种民众运动，也不应该去参加的。偏有二十几位反革命的学生去追悼。教员的态度，毕竟比较的镇静些老练些，那天开追悼时，半个教员也不到。好爱国的光华教员！好爱国的光华学生！反革命的到会追悼者！"作者痛惜光华精神的冬眠，期待"有朝一日春雷动"。①

国民党要求停止民众运动，其实不包括禁止孙中山追悼会之类的纪念活动。光华校方不予组织，教员无人参加，实际也是借教育部禁止学生运动之名来排斥此类活动。此种巧妙利用国民党内部政策矛盾、阳奉阴违的态度，致使很多国民党学生一时精神上无处寄托，彷徨失措。正如日后成为 CC 系特务的学生夏赓英在校刊上叹息道："沉闷！沉闷的空气，现在占领了一切。我们总得设法打破这沉闷，方有出头的日子。我们得拼命，得拼命的破坏，拼命的建设。破坏罢！"②

1930 年国庆，有光华大学的学生听了王造时在校抨击国民党的演讲之后，表现得极为愤怒。在他看来，光华这样一所从圣约翰大学脱胎出来，以反对帝国主义为宗旨的大学，竟然没有一位校长、副校长参加国庆纪念，也没有在会场上听到慷慨激昂地反对帝国主义的口号，只听到王造时批评国民党的消极言论。这位学生本来想在会场上喊出"中华民国万岁"，却如鲠在喉，没有机会喊出。下午他跑到日本人创办的东亚同文院，看到学校里张贴着"打倒帝国主义"的标语口号，学生在开大会、发表宣言，热烈地庆祝。他想到光华是"革命的光华大学"，便"说不出受的什么样的耻辱"。这位学生评价道："希望革命的光华活跃起来，不要忘了你的母亲（五卅惨案），要继续着你降生时的热烈与勇敢——革命到底！"③

光华学生期待"有朝一日春雷动"，实际是希望能够得到校外党部的支持和指导。同时，光华校内不设党义课、不搞总理纪念周的自由化风气，也不能为地方党部所容。实际上，戴季陶、蔡元培等停止学生运动的政策，一直被国民党中央训练部、中央民众训练委

---

① 世周：《快发动的春雷》，《光华周刊》第 3 卷第 3 期，1928 年 3 月，第 16 页。
② 赓英：《我们的将来》，《光华周刊》第 3 卷第 4 期，1928 年 4 月，第 1 页。
③ 蜀女：《革命的光华大学的国庆》，《硬的评论》第 1 卷第 7 期，1930 年 11 月，第 103 页。

员会和学生组织反对。如中央民众训练委员会委员陈果夫便呼吁学生严密组织起来，认为只有通过积极的国民党青年运动和有系统地组织学生，才能抵御试图煽动颠覆大学的活动。[①] 所以，中央训练部一直在或明或暗地指导各级党部，组织学生参加党务工作，鼓励学生捍卫意识形态。就地方党部而言，组织学生亦有另外一个目的，即夺取大学的领导权。就如上海市党部，在试图干涉上海市政府受阻之后，转而将目标投向教育界，将争夺教育权作为重点，以教育为基地，再向社会其他方面渗透权力。[②] 相对于国立大学，私立大学无疑比较容易染指。

1927 年 5 月 17 日，上海市党部宣传部部长陈德征受光华三民主义讲演班邀请，来校演讲民权主义。[③] 1927 年 9 月 29 日，上海市党部法华乡第五独立区分部在光华大学饭厅召开党员大会，主要讨论宣传三民主义的方法。陈德征再度到会，演讲《如何才算努力于三民主义的国民革命》，参加学生达 300 多人。[④] 1928 年夏，上海市党部将法华乡第五独立区分部改组为上海市第九区党部，直接指导该部党员活动。[⑤] 当时，中央训练部有资助“失学革命青年”入学的政策。[⑥] 上海市党部遂与各私立大学接洽，派遣读书甚少的青年党员骨干免试入学，甚至插入高年级读书。[⑦]“奔走革命，于兹五载”的杨树春出生于镇江大桥镇王家庄村，[⑧]原在上海大陆大学肄业，经“某重要机关切实函保”而进入光华，副校长廖世承虽拒绝收留，却无济于事。[⑨] 入校后，杨树春担任第九区党部第五分部主任，以“学校的上司”自居，在校主要的活动便是捍卫党化教育。据称，光华常有“包庇反动壁报，摧毁本党言论，发散传单，粘

① 黄坚立：《难展的双翼：中国国民党面对学生运动的困境与决策：1927—1949 年》，商务印书馆，2010，第 60 页。
② 白华山：《上海政商互动研究（1927—1937）》，上海辞书出版社，2009，第 38、104—105 页。
③ 《光华大学请陈德征讲民权主义》，《申报》1927 年 5 月 19 日，第 7 版。
④ 《三民主义的国民革命宣传运动周之第七日·第五独立区分部》，《申报》1927 年 9 月 30 日，第 10 版。
⑤ 《独立第五区分部改组》，《光华周刊》第 3 卷第 8 期，1928 年 5 月，第 21 页。
⑥ 《失学革命青年救济规程施行细则》，《中央训练部部务汇刊》第 4 集，第 46 页。
⑦ 陶百川：《困勉强狷八十年》，台北，东大图书股份有限公司，1986，第 41 页。
⑧ 《学生通信录》，《光华日记：1930 Kwang Hua Diary》，无页码。
⑨ 《上海光华大学风潮》，《教育杂志》第 23 卷第 1 号，1931 年 1 月，第 181 页。

贴标语，狂呼口号"之类的过格举动，而杨树春则针锋相对，"严防反动传单之发散，促学校举行纪念周，自动领导附近各界举行纪念节，宣传党义"。胡适在光华大学演讲民权，罗隆基批判党治、训政等，都曾被杨树春反驳。[①] 在学校，杨树春还扮演着监督教授和同学的角色。他曾以请教为借口进入潘光旦等光华教授家中，在他们的书架上搜寻"反动的书籍"。[②] 国民党学生范兆琮不参加区分部会议，杨树春便援引中央训练部的惩戒条例，对其进行殴打。杨树春因此行为被廖世承记大过，而杨树春认为廖在"干涉党务"。[③]

　　光华校内的各种逾矩情况，都被杨树春等国民党学生记录在案并汇报给上级党部。所谓"欲加之罪，何患无辞"，国民党学生又想到在校训上做起文章。由于张寿镛推崇阳明学，建校时将"知行合一"定为校训。然而，孙中山在《三民主义》中提倡"知易行难"，光华的校训显然与"总理学说"不无差异。其实，所谓"知行合一"指的是知与行二者不可或缺，"知难行易"则是旨在阐明难和易的先后逻辑，两者并不冲突。但在奉"总理学说"为"圣谕"的情境下，即使只是字面上的不同，都可被用来作为打击对方的武器。1930 年夏，第九区第五分部呈文上海市党部和中央训练部，称"光华大学校训知行合一与总理学说知难行易大相抵触，请予令饬修正"。对此，中央训练部命令教育部转饬上海市教育局要求光华大学予以改正："查知行合一与总理学说知难行易学说不能相容，总理已于学说辞而辟之，此种讯条高悬学府，贻误青年思想，良非浅少，亟应加以纠正，惟此事关教育行政，函请贵部改正为荷。"[④] 然而，此训令并未引起廖世承的重视，而是"一笑置之，视若无睹"。[⑤] 此种拒绝，无疑会进一步开罪于地方党部。

① 杨树春：《光华学潮之自白》，《时代青年》第 23 期，1931 年 1 月，第 3 页。
② 潘光旦：《自由之路》，商务印书馆，1946，第 168 页；《学生与党籍》，《华年》第 1 卷第 16 期，1932 年 7 月，第 1 页。
③ 《九区党部为光华大学风潮宣言》，《申报》1930 年 12 月 24 日，第 10 版。
④ 《教育部训令字第 756 号：令上海市教育局》（1930 年 7 月），《上海市教育局档案》，档案号：Q235/1/631。
⑤ 《光华大学学生呈请实施党化教育撤去副校长廖世承职务的文书》（1931 年 1 月 6 日），中国第二历史档案馆藏，《教育部档案》，档案号：五/14157/3—7。

第三节　"驱廖"运动：党部、教育部
与光华大学的博弈

学潮的酝酿与发动

1930 年 11 月 4 日，上海市公安局警察在当面验证罗隆基"光华大学教授"的身份后，将其逮捕，原因是上海市第八区党部向警备司令部控告他"侮辱总理"，有"共产嫌疑"。由于张寿镛担任财政部次长，他利用蔡元培和宋子文的关系，当晚便将罗隆基保释。罗隆基被保释后，非但没有低调行事，反而将警察抓捕他的前因后果在《新月》上揭露出来。他还批评道："大学是百般学说汇集的机关，是百般学说交换比较的机关……军警干涉学校，拘捕学生和教员，这不是被拘捕者某私人的耻辱，是全国教育的末路。利用军警，解决学潮的人，姑无论为政府，为校长，为教授，为学生，都是引狼入室，都是文人自掘坟墓。"[1] 罗隆基被保释后继续批评国民党，无疑会激起党部方面更大的愤恨。

光华大学学生对此事的强烈反应，使矛盾更为激化。光华大学政治学社学生为此专门召集大会，邀请罗隆基讲述被捕的情况。[2] 400 多名学生参加了大会，对国民党军警随意捕人的做法有"严正之表示"。其后文学院院长潘光旦亦发表演讲，严厉谴责国民党军警抓捕罗隆基的行为。[3] 次日晚，光华学生集体拜访胡适，意图在校内发动一场声援罗隆基的人权运动。[4] 光华学生与上海市警察、党部的公然对垒，无疑会引起党部的极度反感。国民党学生由此秘密谋划，寻找其他机会。

1930 年 12 月 3 日，光华与复旦两校赛球。光华足球队的主体名"南锋社"，是校内的广东校友会，助威者名"兰陵社"，是校内的江苏武进校友会。光华足球队队员奚巧生负伤，队员丁绩成冲入场内抗议裁

---

① 罗隆基：《我的被捕的经过与反感》，《新月》第 3 卷第 3 期，1930 年 11 月，第 16 页。
② 《中公光华教授罗隆基被捕即释》，《申报》1930 年 11 月 6 日，第 10 版。
③ 《光华大学讨论人权问题，被捕释出之罗隆基演说》，《申报》1930 年 11 月 7 日，第 9 版。
④ 曹伯言整理《胡适日记全编》第 5 册，安徽教育出版社，2001，第 846 页。

判不公上演全武行。① 归校后，光华与复旦的赛球争端，不意演变成光华校内社团之争。兰陵社社员遭到南锋社社员的殴打。副校长廖世承调解此事，将责任归于南锋社一方，要求涉事学生签字保证不再寻衅。南锋社社员不服处理。当夜，南锋社社员在饭厅开会。国民党学生杨树春亦参加，双方决定以廖世承侮辱广东人为名，动员全校的广东学生发动风潮。②

4 日，光华校内出现反对廖世承的标语。5 日，杨树春以区分部常务委员的名义，联合区分部组织部部长许继英、宣传部部长江鹏等签署宣言，张贴于校长室前。学校职员将宣言取下，杨树春遂大闹校长室，拍桌谩骂。杨树春认为，他奉上级党部的命令张贴宣言，廖世承无权阻止。吕思勉等教授将杨树春强行架出，事情暂时平息。8 日，光华召开行政会议，校政委员一致主张开除杨树春等闹事学生。此时，校长张寿镛回校，介入学潮事务处理。他考虑到杨树春等人的党派背景，提出"宽相绳于既往，严执法于将来"，希望闹事学生能改过自新。张寿镛委托副校长容启兆与潘光旦、颜任光、金井羊等文、理、商三院院长出面调解，令南锋社与兰陵社和解。然而，杨树春等学生以有党部可以凭借，已在幕后酝酿更大的组织——"反廖大同盟"。③

12 月 9 日，所谓"反廖大同盟"分数十路张贴驱廖标语，其中历数廖世承十二条罪状，将廖定性为"东大学阀、孙传芳走狗、五色国旗大同盟拥护者、著名国家主义派"，并列举廖世承不设党义课、不搞总理纪念周等事例。"反廖大同盟"代表梁天啸向校方要求，24 小时之内必须给予答复，并宣布罢课，一时附和者达 200 余人。另一副校长容启兆带领校工撕毁标语，遭到杨树春等学生的殴打。校中大部分学生同情廖世承，组成了维持学校秩序委员会，与"反廖大同盟"对垒。④ 10 日中午12 时，光华教职员开会，议决对待学潮应取严肃态度，维持学校稳定局

---

① 《江大足球赛，光华胜复旦，二与一之比，大学生赛球动武，可叹!》，《申报》1930年 12 月 4 日，第 8 版。

② 王晦成：《光华大学最近大风浪》，《民众评论》第 1 卷第 4 期，1930 年 12 月，第 70 页。

③ 《光华风潮详情，全体教职员发表宣言》，《申报》1930 年 12 月 15 日，第 8 版。

④ 王晦成：《光华大学最近之大风浪》，《民众评论》第 1 卷第 4 期，1930 年 12 月，第71 页。

面，开除带头捣乱的学生，并建议学校当局发表明确意见使多数同学知晓。① 杨树春等得知校方意欲开除闹事学生，又知维持学校秩序委员会组建，遂以抓捕共产党为名打击对手。10 日晚，据闹事学生称，校内出现共产党传单，维持学校秩序委员会的主要学生都被列为共产党。事件当晚，杨树春等学生又意欲放火烧校，光华成为"恐怖世界"。11 日，张寿镛宣布提前放假。②

　　杨树春等称光华大学有共产党出现，使校外国民党党部名正言顺地介入。11 日，市党部派四人前来调查共产党传单事件，从此此事由幕后走向台前。正如亲历者沈云龙所言："风潮之发生，是有其背景的。……在贯彻'党治'者眼中，（光华）是被目为集'反动派'之大成的。"③ 显然，国民党学生发动学潮，背后有党部支持，"驱廖"只是一个掩人耳目的口号，实际要驱逐被廖世承保护的自由派教授。如意欲上课未成的黄炎培所言："今日应至光华上课，不料为少数学生挟党捣乱，提前放假。"④ 学生赵家璧的回忆则更为明确："国民党反动派潘公展之流，蓄意把它纳入国民党的势力范围，指使特务学生杨树春带头掀起学潮。"⑤

　　12 月 13 日，面对压力，廖世承向张寿镛提出辞职。14 日，张寿镛组织光华教授齐聚四马路一枝香饭店开会，议决由校长张寿镛派代表向教育部和上级党部说明真相。同时，由本校教授组织一个处理学潮的委员会，其中包括副校长廖世承、文学院院长潘光旦、理学院院长颜任光、商学院院长金井羊，以及罗隆基、王造时、诸青来、徐志摩、沈有乾、吴泽霖、全增嘏等七位教授。⑥ 次日，光华大学发布公告，杨树春等 14 名闹事学生在委员会教授们的支持下被开除。⑦

　　开除这些学生后，张寿镛于 12 月 15 日复书廖世承，解释此次纠纷不过是少数学生的感情冲动，廖世承在校三年，任劳任怨有目共睹，不

---

① 《蒋维乔日记》第 14 册，中华书局，2014，第 501—502 页。
② 王晦成：《光华大学最近之大风浪》，《民众评论》第 1 卷第 4 期，1930 年 12 月，第 72 页。
③ 沈云龙：《光华大学杂忆》，《传记文学》第 39 卷第 3 期，1981 年，第 54 页。
④ 《黄炎培日记》第 3 卷，第 278 页。
⑤ 赵家璧：《编辑忆旧》，第 247 页。
⑥ 《光华风潮详情，全体教职员发表宣言》，《申报》1930 年 12 月 15 日，第 8 版。
⑦ 《光华大学开除学生》，《申报》1930 年 12 月 16 日，第 9 版。

容学生随意污蔑，请廖世承切勿隐退，照旧担任大中两部的职务。12 月 16 日，张寿镛又组织光华校董开会，到者有王省三、徐新六、余日章、赵晋卿、朱吟江、虞洽卿、吴蕴斋、林康侯、钱永铭等，张寿镛报告了少数学生发动风潮以及廖世承辞职的情形，校董会一致决定由张寿镛全权处理，并再度致书挽留廖世承。① 由于光华校方的一再坚持，廖世承才未辞职。

然而，国民党学生已经先行一步，向教育部控告廖世承。学生黎兢以光华大学 251 人的名义上书教育部控诉廖世承称："对于党义教育尤为蔑视。党义教育之推行，见于三全大会之决议，党政机关之通令，下至小学无不实施，乃堂堂具有革命历史之光华党义教师之聘请也，必迟迟其行。党义功课形同虚设，纪念周则从不举行，革命纪念日自可意料。知行合一为王阳明之旧说，与知难行易背道而驰，早经总理驳斥，稍明党义者类能言之，乃廖世承非但师承不渝，且额为校训，化及生徒，前经本地党政机关查明属实，呈经钧部下令申斥勒令改正，而廖氏不特不稍加诚悔，且竟一笑置之，视若无睹，其背叛党义教育之精神，即此可概其余。"黎兢等尤其为杨树春等被开除者鸣不平，称廖世承竭力怂恿私党教员，以非法结合行动悖谬之名开除无辜之同学。他们希望教育部能勒令光华大学实行党化教育，惩办廖世承，恢复被开除学生学籍。②

党部与教育部的分歧

1930 年 12 月 18 日，上海市党部常委童行白发表谈话，认定"廖世承原系东南大学阀郭秉文之走狗，献媚军阀孙传芳，当总理卧病北平时，在东大高呼打倒党化教育，向军阀告密，污本党同志为赤化而戮杀，当革命军苦战鄂赣时，号称国家主义派，在校举行拥护五色国旗大同盟，为孙逆呐喊"。在清算历史之后，童行白又历数廖世承在光华的言行，认为其故意笼络罗隆基等"国家主义反动派分子"，煽动学生，鼓吹自由，意图排挤校内的"本党同志"，以达其制造整个反动后备军之目的。③ 显

---

① 《廖茂如对于光华学潮之声明》，《申报》1930 年 12 月 30 日，第 10 版。
② 《光华大学学生呈请实施党化教育撤去副校长廖世承职务的文书》（1931 年 1 月 6 日），《教育部档案》，档案号：五/14157/3—7。
③ 《光华大学风潮之远因》，《申报》1930 年 12 月 18 日，第 10 版。

然，上海市党部将意图煽动学生的罪名安到廖世承、罗隆基等人头上，以证明杨树春等学生发动学潮并非无视教育部训令干涉校政，而是消弭自由派教授煽动学生的"阴谋"之举。

12 月 24 日，上海市第九区党部发表宣言，将廖世承定性为"国家主义派之重要走狗"，称"讵意自国家主义派之重要走狗廖世承长校以来，呼朋引类，盘踞要津，城狐社鼠，视为窟穴。凡非国家主义派之支系，则视之为蛇蝎，目之为封豕。凡反对政府，讥视当道，而可为之目指手挥，或狼狈其行之肖小，目之为父子，视之为家人。此平时高唱人权，反对本党之罗隆基辈，得以因缘时会而入选。迭犯党纪及帮凶捣乱之范兆琼、胡祖荫等，得以嚣张跳梁于一时"。宣言又偷换概念，将光华大学"收回教育权"的"革命传统"与国民党的"革命传统"联系在一起。其认为，国民党的党义教育，在三全大会上即已议决，已经作为教育法案推行，光华大学是脱离帝国主义奴化教育的革命学府，竟然背叛"革命"，置党义课与总理纪念周于不顾，甚至传播"知行合一"之类早已被孙中山驳斥的"谬说"，实属"流害青年、流毒社会"。由此，区党部声称，必须"铲除此危害学校危害社会之反动势力"。①

各级党部公布的所谓廖世承罪状，多为不实之语。正如青年党党员沈云龙所言："给廖世承先生加上一项国家主义派的帽子，真是天大的冤枉，他决不是青年党党员，倒是出身于东南大学及其前身南京高等师范和附属中学的青年党党员并不在少，也许是他的朋友和学生，若因此而受到株连，那就'欲加之罪，何患无词'了！"② 将罗隆基认作"国家主义派"，亦无根据。罗隆基虽然在国外曾参加宣传国家主义的团体"大江会"，但此时已改变观念。正如时人言："其实，罗隆基并没有什么党不党。……国家主义也不对，青年党则更无根据。实在，新月派里面的人，都有一个主义，那就是'好政府主义'。"③ 然而党部必须将罗隆基等指认为"国家主义分子"，才有足够的杀伤力。

在将廖世承等定性为"国家主义走狗"的同时，上海市党部开始请

---

① 《九区党部为光华大学风潮宣言》，《申报》1930 年 12 月 24 日，第 10 版。
② 沈云龙：《光华大学杂忆》，《传记文学》第 39 卷第 3 期，1981 年，第 54 页。
③ 白荼：《罗隆基被捕与"新月派"》，《民众评论》第 1 卷第 1 期，1930 年 11 月，第 11 页。

求中央机关介入。12月末，童行白致函中央训练部，提出五项办法请中央核办，要求：张寿镛允许廖世承辞职；马上撤销罗隆基职务；徐志摩、王造时、诸青来等教授待聘期结束后立即解约，聘期内由学校发声明保证，不准再有反对党义的言论。市党部亦要求光华设党课，举行纪念周，改校训，准许开除的学生回校，每人写一悔过书，承诺不再发动风潮，否则将立即开除。①

与此同时，光华方面亦呈文教育部，提出解决问题的六项办法。张寿镛承诺，光华从此设党义课，举行纪念周，改校训为"格致诚正"，以后将整饬教员思想，严肃学风。对于已开除之学生，不准恢复学籍，由校方斟酌情节轻重给予转学证明。不过，呈文并未提及解聘教授事，仅证明廖世承与国家主义派并无关系，准许其辞去副校长而专任中学主任。② 其后，徐志摩致函教育部职员郭有守询问教育部将如何处理，称："此事以党绝对干涉教育，关系甚大。弟等个人饭碗事不成问题。如有内定情形，可否请先漏一二？俾穷教授等有所遵从。"③ 1月10日，上海市党部将上呈中央训练部的五项办法抄送光华大学。为抵制上海市党部将"反动教员"马上撤职或立即解约的要求，1月11日，光华校方提前在校内贴出布告，称教育部早已同意张寿镛提交的处理意见。④ 1月13日，教育部的公文正式下发，次长陈布雷表示，同意张寿镛的处理办法，不加罪于廖世承、诸青来、徐志摩、王造时等教授，"唯该校教员罗隆基言论谬妄，迭次公然诋毁本党，自未便听其继续任职，仰该校立即撤换"。⑤

显然，教育部对待此事的态度，不如党部方面强硬。1930年是一个学潮频仍的年份，据统计，该年清华、中央、中山、四川、青岛、安徽、

---

① 《市执委会呈报光华学潮，并陈办法五项，请求中央核办》，《申报》1930年12月28日，第10版。
② 《教育部指令第74号：令上海市教育局为呈报光华大学发生风潮派员调查情形及抄送光华大学风潮通告宣言谈话等件请核示由》，《教育部公报》第3卷第2期，1931年1月，第21—23页。
③ 《徐志摩致郭有守函》（1930年冬），韩石山编《徐志摩全集》第6卷，第401页。
④ 《国民党中央训练部关于上海光华大学学潮起因经过及处理办法与教育部往来函件》，《中华民国史档案资料汇编》第5辑第1编《政治》（4），第75页。
⑤ 《教育部公函第21号：为函复光华大学解决学潮办法请转呈鉴核由》，《教育部公报》第3卷第2期，1931年1月，第73—74页。

暨南、劳动、中公等校都爆发了颇为严重的学潮。① 大学秩序混乱如此，教育部门禁止学生运动的政策一以贯之。1930 年 12 月 11 日，国民政府主席兼行政院院长、教育部部长蒋介石发布了《整顿学风令》，要求学生"思不出位"，严厉禁止学生干涉教育行政，否则解散学校亦在所不惜。② 所以，对于光华学潮中学生要求撤换副校长，教育部从维护学风的角度并不赞同。

另外，光华校长张寿镛担任国民政府财政部次长，与蒋介石保持着较好的私人关系，这决定了实际负责处理部务的教育部次长陈布雷必须顾及张寿镛。尽管张寿镛在中央政府根基不深，但与蒋介石个人保持着一种良好的关系。张寿镛受蒋介石起用，在政治上与蒋介石共进退。他在协助蒋介石筹款方面非常积极，对蒋个人也十分忠诚。国民政府成立初期财政困窘，急需沪上银行界的支持，每次代表政府前往沟通认购债券者，基本是张寿镛。北伐支出军费浩大，蒋介石向张寿镛催款常常急如星火。比如，1928 年 3 月 27 日，北伐军 75 万人伙食无着，蒋介石要求宋子文、张寿镛等无论如何必须筹齐 300 万元军费，刻不容缓。③ 1928 年 6 月 17 日，蒋介石电宋子文、张寿镛、钱永铭请迅速筹足军费 500 万元。④ 1928 年 7 月 7 日，蒋知悉军费不能筹足十分之一，各军索要难以应付，请张寿镛迅速想办法救济。⑤ 对蒋介石的要求，宋子文未必事事都依，张寿镛则基本是有求必应。比如，对于蒋介石 1928 年 3 月 27 日的电令，张寿镛次日便回复"颐以筹足"。⑥ 此种忠诚和恪尽职守，提高了张寿镛的政治地位，也获得了蒋的肯定。1930 年 4 月 14 日，张寿镛之

---

①　徐士鉴：《民国十九年大学学潮之研究》，《中华教育界》第 19 卷第 1 期，1931 年 7 月，第 27—29 页。

②　《整顿学风令：教育部第 1304 号训令》，教育部编《教育法令汇编》第 1 辑，商务印书馆，1936，第 31—32 页。

③　周美华编注《蒋中正总统档案：事略稿本》第 2 册，台北，"国史馆"，2006，第 569 页。

④　周美华编注《蒋中正总统档案：事略稿本》第 3 册，台北，"国史馆"，2006，第 526 页。

⑤　《蒋中正电示张寿镛设法速付第一集团军军费》（1928 年 7 月 7 日），台北，"国史馆"藏，《蒋中正总统文物档案》，档案号：002/010100/00014/041。

⑥　《张寿镛电蒋中正已筹足三百万除付朱孔阳三十万外余交缪斌》（1928 年 3 月 28 日），《蒋中正总统文物档案》，档案号：002/010200/00019/005。

子、光华大学政治学教员张星联、学生张华联在去学校的途中，被假装测量马路的匪徒绑架。① 蒋介石获悉后，当即电令淞沪司令熊式辉，要求特别注意设法剿灭绑架张寿镛二子的匪徒。② 从这个角度讲，蒋介石在处理光华学潮时也需要顾及张寿镛。

另外，陈布雷与廖世承也有旧交，他担任浙江省教育厅厅长时，多次有书信召廖世承前来任职。③ 所以，教育部的处理意见，颇有大事化小、小事化了的意思。唯独罗隆基批评国民党一事，陈布雷认为罗隆基被保释后仍批评国民党，已经引起公愤，必须撤换才能平息愤怒。

上海市党部认为，教育部网开一面，属于袒护光华之举。1931 年 1 月 14 日，上海市党部训练部部长童行白致函中央训练部，重申立场并将前次要求聘约期满后解聘徐志摩、王造时、诸青来、沈有乾等改为马上撤职，请求中央训练部致函教育部，饬令张寿镛照办。④ 不久，上海市党部继续要求光华方面必须恢复杨树春学籍。张寿镛仍函复"未能照办，应给转学证"。上海市党部遂直接致函中央训练部，要求查办张寿镛。⑤ 1 月 24 日，国民党中央训练部部长马超俊、副部长苗培成致函教育部，要求教育部酌核办理。⑥ 教育部虽仍坚持必须撤换罗隆基的要求，但仅将前日与光华来往电文抄复，并未再惩治光华其他教授，更未敢查办张寿镛。

批判精神的自我瓦解

此时的张寿镛，面对这场学潮异常焦急。徐志摩在给梁实秋的一封信中透露了张寿镛的悲观情绪："你们闹风潮，我们（光华）也闹风潮。

---

① 《张寿镛两子昨晨赴校时被绑》，《中央日报》1930 年 4 月 15 日，第 4 版。
② 《蒋中正电熊式辉闻周凤岐团营附逆设法剿灭严办绑架张寿镛二子绑匪》（1930 年 4 月 17 日），《蒋中正总统文物档案》，档案号：002/010200/00026/051。
③ 《廖茂如对于光华学潮之声明》，《申报》1930 年 12 月 30 日，第 10 版。
④ 《国民党中央训练部关于上海光华大学学潮起因经过及处理办法与教育部往来函件》，《中华民国史档案资料汇编》第 5 辑第 1 编《政治》（4），第 76 页。
⑤ 《市执委会请查办光大校长张寿镛》，《申报》1931 年 1 月 24 日，第 10 版。
⑥ 《国民党中央训练部关于上海光华大学学潮起因经过及处理办法与教育部往来函件》，《中华民国史档案资料汇编》第 5 辑第 1 编《政治》（4），第 76 页。

你们的校长脸气白，我们的成天哭，真的哭，如丧考妣的哭。"① 从此语可知，张寿镛亟盼风波平息，希望学校尽快恢复往日的安宁。因此，尽管张寿镛坚决抵制上海市党部的干涉，却也愿意遵从教育部令，以辞退罗隆基一人换取学校的安宁。所以，教育部坚持要求辞退罗隆基的文字虽未直接出现在 1931 年 1 月 11 日的布告之上，张寿镛却私下令人劝罗隆基不要来光华上课，每月仍奉送薪水 240 元。然而，诸青来、徐志摩、董任坚、潘光旦、全增嘏、沈有乾等都认为，此事开教育部直接训令私立大学开除教授的先河，涉及原则问题，日后若教育部援引此例，大学的学术自由和言论自由必将无法保障。1 月 11 日晚，光华教授在聚会上讨论非常激烈，众人一致愤慨于国民党压迫教育事业，表示如果教育部不能收回逼迫罗隆基辞职的成命，他们必定会集体辞职，以示抗议。②

与此同时，光华大学的自由派教授开始迁怒于张寿镛，认为张寿镛不敢违抗教育部令，实为软弱之举。在教授们看来，他们的言论与所任职的学校无关，党派势力如欲干涉，可以撰文批判，而不能利用权势压迫学校。张寿镛作为私立大学校长，应该成为教授们的后盾，坚决抵制教育部的训令。然而，张寿镛作为官僚体制内的一分子，虽然能接纳政治异议者在自己的大学任职，却并不愿为异议者开罪于国民党当局。在他看来，私立大学要维持生存，必须懂得妥协之道，只有与政府维持良好的关系，才能保持学校的稳定与发展。

在罗隆基是否应当撤职一事上，已经离职的胡适因为与光华的特殊关系参与进去。1 月 13 日，胡适托光华大学商学院院长金井羊去教育部与陈布雷沟通此事，说明罗隆基不应由学校辞退，更不能由教育部辞退。然而，金井羊与陈布雷交涉后，陈布雷称，罗隆基经保释后仍大肆批评政府，引起党内极大公愤，若不处理，恐怕日后还会有人效仿。党部方面要求撤换八位教授，教育部仅撤罗隆基一人，已经是息事宁人，不愿使范围扩大，无法撤回命令。胡适则致信陈布雷解释，说明若不撤回命令，光华大学将会有八九位著名教授辞职，学校将无法安宁。③ 对于胡

---

① 《徐志摩致梁实秋函》（1930 年 12 月 19 日），韩石山编《徐志摩全集》第 6 卷，第 416 页。
② 曹伯言整理《胡适日记全编》第 6 册，第 9 页。
③ 曹伯言整理《胡适日记全编》第 6 册，第 24—27 页。

适的要求，陈布雷未能同意。

胡适与光华教授商讨其他办法，认为即使辞职，亦应该由罗自己辞职，而不是教育部命令，以免开教育部开除教授之先河。张寿镛虽然一度妥协，但唯恐罗隆基离职引发著名教授的集体离职潮，也改变态度，到蒋介石处转圜。1月19日，张寿镛携带亲自起草、经胡适修改后的致蒋介石函，前往南京关说。张寿镛在信中称："罗隆基在《新月》杂志发表言论，意在主张人权，间有批评党治之语，其措词容有未当。惟其言论均由个人负责署名，纯粹以公民资格发抒意见，并非以光华教员资格教授学生。今自奉部电遵照公布后，教员群起恐慌，以为学术自由将从此打破，议论稍有不合，必将蹈此覆辙，人人自危，此非国家福也。钧座宽容为怀，提议赦免政治犯，本为咸予维新起见，夫因政治而著于行为者，尚且可以赦免，今罗隆基仅以文字发表意见，其事均在十九年十二月卅一日以前，略迹原心，意在匡救阙失，言者无罪，闻者足戒。揆诸钧座爱惜士类之盛怀，似可稍予矜全，拟请免予撤换处分。"[1] 然而，张寿镛的努力最终告以失败。

面对如此形势，罗隆基只有辞职一途。徐志摩、沈有乾、全增嘏、潘光旦、董任坚等教授亦根据之前的约定，全部跟随罗隆基辞职。其中，徐志摩前往北平，董任坚接任中国公学教务长。[2] 用潘光旦的话描述便是："终于教副校长，文学院院长，和一部分文学院的教授，一起八个人，洁身引退。这大学到今日还在一蹶不振之中。"[3] 所幸的是，王造时由于生计问题，并被张寿镛许以新任文学院院长之职，遂"临时倒戈"，未随其他教授离职。学生储安平亦不满于张寿镛，认为"只要一切大小势力不与他的官途捣扰，至于小小地方对于学校的要求，他是无不可答应的"。[4] 激于气愤，他亦于学潮后暂时离开光华，前往北平，成为燕京大学的旁听生。

学潮彻底平息后，光华大学开始举行总理纪念周。张寿镛正式宣布

---

① 曹伯言整理《胡适日记全编》第6册，第33—35页。

② 《中公学新任教务长董任坚就职》，《申报》1931年1月31日，第10版。

③ 潘光旦：《自由之路》，第168页。

④ 安平：《行——给小读者的第十一封信》，《人言周刊》第2卷第13期，1935年6月，第251页。

将校训由"知行合一"改为"格致诚正"，进而痛批过去自己推崇的阳明学说："我光华以此为校训，取曾子传道之言，自较从前阳明之学说，更为博大精深。"他还明确要求教授统一思想，禁止妄议时政："至于教员思想，立于党治之下，自当以不违反党义为原则，至于将来由训政时期，进为宪政时期，自然另有一种根本法律，谈政治学者处于何种政体之下，自应以何种政体为依据，至于比较的理论，可自发挥，若一抵触，则所不许。"① 从此光华大学成为一所遵守党化教育逻辑的大学，元气大伤，著名教授大半流失，可谓成于政治、毁于政治。从此之后，私立大学亦不再成为自由主义知识分子汪洋恣肆抨击时政的场所，中国教育界开启了一个"政学分途"的新时代。

小　结

国民党执政后，接收各国立大学，推行党化教育，并积极将光华这类私立大学纳入国家政权的规训与管控之下。此种管控包括，要求大学设置总理纪念周，开设党义课，扶持国民党学生成立党部，甚至对教授的学术问题、思想问题加以干涉。这一时期的上海特别市党部聚集了一批年轻气盛、思想右倾、权力欲极大的激进党派分子，更希望插手私立大学事务，将党化教育落到实处，并谋求这些大学的控制权。

此时的私立光华大学聚集了当时中国最著名的一批自由主义知识分子，他们在校外参与《新月》论政，发起人权运动，在校内潜移默化地改变了光华大学的"革命"氛围和舆论生态。《新月》的政治批判与光华大学校内反对国民党党化教育的言行相配合，使光华大学成为与《新月》遥相呼应的政治场域。因此，国民党地方党部通过组织校内的国民党学生，发动名为反对副校长廖世承，实为反对罗隆基、徐志摩、王造时、潘光旦、沈有乾等自由主义知识分子的学潮，最后一举两得，既从"饭碗"上断绝这批自由主义知识分子的后路以消弭人权运动，又达到在教育领域贯彻党化教育的目的。当然，国民党并非铁板一块，至少在执行党化教育方面便存在教育部和中央训练部两个系统。相对于激进的

---

① 《光华大学举行纪念周》，《申报》1931 年 1 月 13 日，第 11 版。

中央训练部及其附属的上海市党部，教育部的步伐相对稳健，一方面由于教育主管部门的行政色彩较为浓厚，意识形态色彩偏淡；另一方面由于光华大学校长张寿镛同时也是国民政府的高官，受蒋介石器重，与教育部次长陈布雷是同僚，对学校起到保护作用。党政之间的折冲，稀释了政党渗透私立大学的程度。

不过，尽管党部势力最终并未达到目的，但由于占领意识形态高地，也对光华大学起到了震慑作用。光华大学校长张寿镛身处国民党势力与自由主义教授之间，只能二者选择其一。光华大学作为私立大学，要发展壮大，实现教育理想，必须依靠这一批声名显赫的知识分子。然而，在国民党政权之下，这些知识分子对私立光华大学而言已成为一种"危险因素"，甚至可能导致学校的倾覆。面对党政方面的双重压力，张寿镛不得不以牺牲优势的师资，损害学校的声誉为代价，遵从党化教育的新逻辑。从此之后，以光华大学为代表的私立大学很难再容纳那些身在学院、心怀天下的知识分子，开始重新调整与国家、政党的相处模式，逐步转向顺从和依附。

第四章 从疏离到依附：抗战前光华大学与政府关系的转变

九一八事变以后，上海成为全国抗日救亡运动的中心。其中最引人注目的是上海学生发起三次进京请愿运动，要求国民政府出兵抗日。在这些学生抗议运动中，光华大学学生扮演着急先锋式的角色，发挥了重要的作用。其后，文学院院长王造时在校外主办《主张与批评》《自由言论》，继续抨击国民党。不过，1932年张寿镛辞官专任光华大学校长后进一步消弭光华大学的政治色彩，专门致力于教育建设，逐步引导学校向学术回归，学校从此进入一个为期五年的稳定发展时期。为什么经历了1930年底学潮打击的光华大学，在九一八事变后的学生抗议运动中仍然有积极表现？消除了政治色彩的私立光华大学，是否有希望成为20世纪30年代中国大学的学术中心？此种教育建设的努力面临着哪些内在局限和外部限制因素？这一时期国民政府还加强了对上海金融和工商界的统制，作为依靠社会办学的私立大学可能受到哪些影响？处于稳定发展时期的光华大学，筹募办学经费的努力是否顺利？光华大学校政当局选择从哪些方面开拓财源？此种努力可能对学校造成什么影响？本章将详细考察1931—1937年光华大学的史事，对上述问题进行解答。

第一节 民族主义回潮：光华大学与九一八抗日救亡运动

光华学生的救亡行动

1931年初，光华大学学潮以一批自由主义知识分子集体辞职，校方更改校训并切实举行总理纪念周活动，校长承诺禁止教员妄议国民党当局而获得解决。从现存的学校大事记中可以看到，校政当局的态度发生了种种前所未有的微妙变化。

1931 年 3 月 2 日，光华大学举行总理纪念周活动，请国民党重要人物褚民谊等来校演讲。3 月 10 日，学校停课一天，召开纪念蒋冯阎中原大战死难将士"追悼大会"，由副校长颜任光主持"祭奠"，吕思勉等"陪祭"，教授钱基博发表演说。3 月 12 日，孙中山逝世纪念日，学校停课一天，由校长张寿镛主持开会"悼念"，吕思勉发表演说。4 月 15 日，学校承办上海四大学国语演说比赛，上海市党部常委潘公展受邀来校担任评委。4 月 27 日，学校举行总理纪念周活动，由金通尹演讲"知难行易"。5 月 5 日，学校为庆祝国民政府召开国民会议，放假一天。5 月 11日，总理纪念周上褚辅成演讲"国民会议与训政"。6 月 1 日，学校因纪念"总理奉安"而放假一天。6 月 8 日，总理纪念周上郑洪年演讲"知难行易"。① 从这些细节来看，光华大学已经成为一所对国民党训令亦步亦趋的学校。

当然，此时国民党对私立大学的规训仍停留在表面，光华大学服从党化教育的逻辑，无非为了减轻政治压力。而且，国民党上海市党部也未能如愿染指光华大学校政，无法控制学校内部。此种光华大学与党政方面表面"和谐"、相安无事的局面，很快就被九一八事变打破。

1931 年 9 月 18 日夜，日本关东军炸毁柳条湖附近南满铁路，炮轰奉天北大营，震惊中外的九一八事变爆发。九一八事变引起举国震动，沪上各界纷纷组织各种团体，发表通电要求国民政府对日开战。如果说大革命以后的学生运动，只是少数具有党派背景的学生参与，九一八事变引发的学生运动则呈现出一种"全民化"的特征。突如其来的国难点燃了民族怒火，激发了学生的参政热情，绝大多数学生都参与到罢课请愿的时代潮流之中。

9 月 21 日晨，光华学生得知九一八事变的消息，当即组织全体学生开会，宣布成立光华大学抗日救国会，全权负责全校的抗日宣传活动。该会设常务、宣传、交际、调查、庶务、会计、文书及纠察等八部，学生储安平、穆时英分别被推举为常务部部长、文书部部长。② 光华大学抗日救国会决定，将联合上海各大学共同发表宣言，呼吁全国民众奋勇

① 《光华大学大事系年录》，《光华大学十周纪念册》，第 35—36 页。
② 陈建军：《〈光华文人志〉附识》，《现代中文学刊》2011 年第 5 期，第 114 页。

抵抗日本之侵略，同时搜集涉及中日关系的文献材料以资参考，并定期出版期刊，分发各团体以动员抗战。① 23 日，光华大学抗日救国会宣布全校罢课，议决今后每日上午组织军事训练，下午邀请名人来校演讲，以使学生了解时事。当天下午，文学院院长王造时受邀演讲《日本侵略东三省问题》，对学生的爱国行动表示支持。其后，清华大学教授徐敦璋演讲《国际联盟与日本出兵》，商务印书馆编译所所长何炳松演讲《看看国际——求人乎，求己乎?》，东北大学教授张恪惟演讲《日本占领东北之经过及其感想》，著名经济学家王亚南演讲《东三省事件之解剖与列强对日之态度》，光华大学前教授罗隆基演讲《国人今后应走的路》，光华大学教授李石岑、戴霭庐、吕思勉分别演讲《如何抗日》《日本财政的危机及经济的恐慌》《所谓铁路附属地者》。

9 月 24 日，光华大学抗日救国会再度开会。此次会议得到了党政方面的支持，上海市党部、市教育局均派代表参加会议。会上决定：即日起停课三天；一切救国活动，均听从上海各大学学生抗日救国联合会命令；节约三分之二的体育费和 1932 年年刊经费，支援抗战宣传。② 会后，擅长体育的光华学生杨人伟、杨人偁兄弟鉴于"日兵侵我辽吉，杀我同胞，奇耻大辱，痛不欲生"，决定去前线杀敌报国，遂留下遗书离校，将皮鞋、洋装、帽子等日用物品函寄到报馆，请求报社托人变卖以资助赈。③

上海各大学学生抗日救国联合会成立于 9 月 23 日，是领导上海各大学从事抗日救国运动的上级组织，由 11 所大学代表组成干事会，背后有国民党上海市党部的指导和支持。光华大学代表储安平当选为干事会委员。24 日，上海各大学学生抗日救国联合会召开第一次干事会，决定各大学从 26 日开始全体罢课，27 日每所学校推举两名代表进京请愿，要求政府出兵收复东北。④ 24 日下午 2 时，上海各大学学生抗日救国联合会再度开会，议决各校代表于 25 日提前赴京请愿，并派遣两名代表先行

---

① 《光华抗日救国会成立》，《申报》1931 年 9 月 22 日，第 10 版。
② 《各校开会情形》，《申报》1931 年 9 月 25 日，第 10 版。
③ 《两学生遗书从军》，《申报》1931 年 9 月 25 日，第 14 版。
④ 《各大学学生救国联会昨举行首次执委会》，《民国日报》1931 年 9 月 24 日，第 3 张第 3 版。

赴京，与南京学生组织接洽联络。①

1931 年 9 月 24 日晚 10 时，光华大学代表储安平、法政学院代表李椿森先行赴京。② 次日，储安平出席了中央大学、金陵大学等学生组织的救国联合会，双方达成一致，决定共同开展抗日救国工作。9 月 26 日，上海各大学学生抗日救国联合会的学生代表抵达南京。请愿学生与蒋介石会见，提出了集中兵力驱逐日军、惩办不力外交官、饬令张学良迅速出兵、武装大学生军队、拒签卖国条约等五点要求。③ 蒋介石承诺不签订丧权辱国条约，但表示目前政府仍寄希望于和平解决，若无挽回余地必对日作战。

在留守上海的学生看来，第一批进京请愿学生并未达到目的。由此，28 日，上海各大学学生抗日救国联合会再度开会，光华大学教育系学生曹沛滋代表光华大学参加会议。联合会决定再次发动大规模的进京请愿活动。④ 各大学学生抗日救国联合会训令光华大学抗日救国会，学生可以自由参加第二次进京请愿，但要按照军队编制集体行动。随后，光华大学抗日救国会将报名参加的 200 余人编制成团，设置总指挥、总纠察作为指导机关，下设文书、会计、庶务、宣传、交际等部和指挥干事、纠察干事，并将参加者编为五个大队，每一大队下设十个小队，女同学编入特别大队。28 日晚，光华全体同学在大礼堂集合，光华大学抗日救国会常委沈鄂主持授旗礼，对学生给予勉励，学生总指挥江鹏致答词。晚 9 点，200 余名光华学生从大西路出发，抵达上海北站，与大队人马会合。⑤

在此次进京请愿中，光华大学学生的行动和表现异常引人注目。此次请愿学生包括上海各校学生 3000 余人，金陵大学、中央大学学生 2000 余人，在中央陆军军官学校受到蒋介石接见。蒋介石严厉斥责请愿学生，5000 余名学生只一人敢讲话。据资料记载："只有光华大学代表储安平发表了一次表示不满意的反驳言论。"⑥ 台北"国史馆"中收藏的储安平

① 《大学抗日救国会干事会》，《申报》1931 年 9 月 25 日，第 10 版。
② 《各大学抗日会请愿代表赴京》，《申报》1931 年 9 月 25 日，第 13 版。
③ 《沪大学代表请愿国府五点》，《申报》1931 年 9 月 27 日，第 8 版。
④ 《各大学生请愿出兵》，《民国日报》1931 年 9 月 28 日，第 3 张第 1 版。
⑤ 江鹏：《赴京请愿经过简略报告》，《抗日旬刊》第 2 期，1931 年 10 月，第 31—34 页。
⑥ 黄力：《首都请愿行》，《时代评论》第 1 期，1931 年 10 月，第 15 页。

档案材料证明了这个事实："临散会时，突然有一个人站起来讲话，态度很从容，声调很高亢，博得全场学生的注意，连到军校职员和跟随蒋委员长的随从都很欣赏这个人，这个人就是储安平。"① 一同参加请愿的学生认为，储安平的举动为上海学生赢得光彩："那种反抗精神才能表现出我们上海学生的光彩，才能给上海学生争一个脸子。"② 然而，政府用专车遣送学生回校，此次请愿又以失败告终。

光华大学学生在参与上海学生进京请愿的同时，亦积极从事抗日宣传和募捐工作。光华大学抗日救国会的抗日宣传活动，分本埠和外埠进行。10月10日国庆节，光华学生组成数个宣讲队，在老西门和闸北一带化装演讲，期待唤起民众。③ 外埠宣传主要集中于上海周边地区，宣传对象是中小学生，兼及地方民众。10月24日，光华大学抗日救国会宣传部派遣学生赴嘉善进行第四次外埠宣传，参加者15人。宣传情况如学生许正直所记："抵嘉埠后，至县立中学，由该校校长接见，言谈颇欢，旋召集大会，由张子修、林祖余、黄先超及余分任演讲，末由章树钦君致谢辞。……下午一时正式出发宣传，由该校代表三人及教员一人向导，首至启东小学，亦召集大会，由章树钦、张子修两君轮流演讲，此校学生年龄较幼且言语不通，故盘桓少许，即行离别。继至第五区小学，此系一女学，其校政当局，又多与队员方禾华女士识，以是议及抗日工作颇详，继乃集会于大操场，由方禾华女士介绍杨君及余担任演讲，此次演说方女士议论丰富，述及事变经过及抗日方针颇透澈，极受小学生之欢迎，为在嘉工作之最有成绩者。末至文庙小学，时该校正举行周会，乃就周会演讲，章树钦、何文彬、黄先超、林祖余等君分任之，此校学生之精神最佳，演讲时间最久，诚难能可贵者，出校后为时已不早，将五时矣，乃整队作归计，途中于教育局及民众教育馆前皆演讲，林祖余君与余分任之，听众颇多，态度亦愤慨，时至此宣传品已全部发尽而同学精神亦现疲状，乃决定返校，乘五时半车，八时一刻抵校。"④

---

① 《附"匪"份子储逆安平弄巧反拙大祸临头，其人其事内幕》（1957年），台北，"国史馆"藏，《军事委员会侍从室档案》，档案号：129000046134A。
② 黄力：《首都请愿行》，《时代评论》第1期，1931年10月，第15页。
③ 《各校抗日救国继续前进》，《申报》1931年10月13日，第10版。
④ 许正直：《嘉善归来》，《抗日旬刊》第3期，1931年10月，第21—22页。

　　光华大学抗日救国会的募捐活动，主要针对本埠富人居住区。10 月
19—20 日，光华学生赴愚园路别墅区一带募捐，然而效果并不理想，富
人阶层普遍对国难冷漠："讵料竟大失所望，每至一家，主人都避不见
面，而一般无知仆役，不知就哀，非报曰主人不在家，即享之闭门羹，
甚有口出恶言者。"相对于富人阶层，工人、农民等下层民众反而给予学
生更多支持，踊跃捐款捐物。"极贫寒者犹慨捐小洋二角，或数人合捐一
元，甚有独捐一元者。"光华学生感慨道："两日中所遇爱国者固多，而
麻木不仁者亦不少，尚望我知识阶级，有以教化之，使人各抱牺牲之精
神，铁血之主义，卧薪尝胆，誓雪国耻，国家前途不胜幸甚。"① 据统
计，至 1932 年 1 月 20 日，上海各大学学生抗日救国联合会共为援助东
北马占山抗日募集经费 38151.72 元，其中光华学生捐款 5116.22 元，仅
次于交通大学（8582.32 元），居第二位，高于复旦大学（3446.55 元）、
大夏大学（1751.44 元）、暨南大学（1725.79 元）、同济大学（1157.8
元）、大同大学（1049.8 元）。② 由此可见，在九一八事变后上海学界的
抗日救亡运动中，光华学生积极参与，作为起领导作用的学校之一，做
出了颇多贡献。

抗日宣传中批判意识的凸显

　　在进京请愿与宣传、募捐之外，通过报纸杂志图书宣传抗战，也是
光华抗日救国会的重要抗日救亡活动之一。九一八事变爆发后，光华学
生中最早意识到通过出版物进行宣传以唤起民众救亡意识的是赵家璧。
1931 年 9 月 20 日，赵家璧得知九一八事变的消息后，便约老师罗隆基请
其为自己在良友公司编辑的"一角丛书"撰稿。次日晨，罗隆基即写成
题为《沈阳事件》的重磅文章。由于该文篇幅不足以独立成书，赵家璧
另选两篇资料作为附录，经过加班加点的印制，罗隆基所著《沈阳事
件》于 26 日便摆到沪上各大书店和摊头。这本书销量极佳，十天内便销
售了 9000 册。③

　　其后，光华大学抗日救国会多方筹集资金，并在校内出版了学生抗

---

① 许志藩：《募捐志感》，《抗日旬刊》第 4 期，1931 年 11 月，第 21—24 页。

② 《各大学抗日会援马捐款全部公布》，《申报》1932 年 1 月 23 日，第 10 版。

③ 赵家璧：《编辑忆旧》，第 17 页。

日刊物《抗日旬刊》。该刊由光华学生钱公侠主编，撰稿人多为政治系师生，主要刊登各位学者在光华的抗日演讲稿、学生的抗日宣传文章并记录光华抗日救国会的救亡工作。该刊的一个显著特征是，在抗日救亡之外，带有强烈的政治批判意识，将矛头指向国民党。

《抗日旬刊》创刊号便刊登了文学院院长兼政治系主任王造时的演讲。在演讲中，王造时提出，目前唯一的出路是对日作战，集中全国人才，组织贤能政府，取消一党专政。王造时进一步认为，首先，取消一党专政可以伸张民气："今日中国民气销沉已极，回顾五四、五三，相差不知千万倍。推其原因，一党专制，是为厉阶。人民没有言论的自由，不能自由的组织，只许官办民众运动，不能民办民众运动。党部监视，名曰'指导'；政府钳制，名曰'镇静'。国民慑于威力，人心完全麻木。"其次，取消一党专政才能团结全国民众："在一党专政之下，党高于国，国属于党，党员构成统治阶级，国民形成被治奴隶。一班国民平常既无参加国事的权利，今遇这次紧急外交，若仍拒其于千里之外，则欲其与国民党忠实合作团结到底，以听政府的指挥，在理论上讲不过去，在事实上也万不可能。"再次，取消一党专政，可以集中全国人才："今日党内人才的缺乏，政府当局公言不讳。以之对付内政，还不能令人满意；以之单独对付这次日本侵略当然只有失败。"最后，取消一党专政，可以减轻国民党的亡国责任："若国民党仍不让国民共参国政，仍是包办下去，那么万一外交失败则'以党亡国'之罪，万无逃于全国国民之口。"[1]

罗隆基也被学生请回学校发表演讲，《抗日旬刊》第 2 期刊登了演讲全文。罗隆基说："我们希望十年后要有良好的政府，则现在非取消党治不可。……把实利派看得太重，人民思想的集合看得太轻，这是给我们以蔑视党治的根据。我们不希望实利派分赃的联络高于民众思想结合的联络，所以我们要主张取消党治。……党治取消的一天，就是人民待着自由的一天！……我们要有说话的地方，要有申说理由的机会，所以，我们要主张取消党治。"[2]

---

[1]　王造时：《中国存亡在此两举》，《抗日旬刊》第 1 期，1931 年 9 月，第 15—16 页。

[2]　罗隆基：《国人今后应走的路》，《抗日旬刊》第 2 期，1931 年 10 月，第 12—13 页。

　　无独有偶，政治系学生沈云龙（时用名沈奎龙）① 在发表于《抗日旬刊》的文章中提出"电请政府取消一党专政"的要求，认为这是集中全国人才抗战的上上之策。② 同时，沈云龙用"卑劣"一词来形容不敢抵抗且盲目依赖国联的政府："可是我们的政府，在这种严重局势之下，依然装作不慌不忙地，努力于党的内部团结，和京粤同志的合作。对付暴日所决定的方策，只是对内主'镇静'，对外主'无抵抗'，一切的一切，都等待着国际联盟来做最后的公平判断，此外尤其希冀的是凯洛非战公约的任何签字国家能够出来干涉。姑不论此种倚赖第三者出而仲裁的心理，是何等的卑劣！姑不论此种'以夷制夷'的传统外交政策，是何等的错误！"因此，他呼吁国民起来，不要再苟安于自命万能的政府之下，不要依赖政府解决一切，对于这种"代表少数人利益而不为群众福利着想的政府……必得要'不畏刀锯前仆后起'的督促政府去改善"。③其后，沈云龙积极投身于上海各大学学生抗日救国联合会的工作，突破当局禁令，代表光华参加了 11 月的上海学生进京请愿运动。④

　　政治系学生陈遵源则直接将国民政府定位为"卖国政府"，表示不愿做政府的顺民。面对国民党上海市党部从最初支持学生运动转向禁止，要求学生镇静，效仿越王勾践十年卧薪尝胆的通告，陈遵源批评道："所谓公理正义，早已烟没，我国当局，犹复倚赖国联，听其支配，秘密外交，无所不为，近又倡议划锦州为中立区，要求国际共管天津，这种卖国的行为，试问是不是文公勾践所取为……所以，现在我们以悲壮哀痛牺牲义勇的精神来救中国，我们也以悲壮哀痛牺牲义勇的态度来罢课，反对丧权辱国的秘密外交。如果说，我们罢课是反动，那末，我们宁愿做不顾舆论卖国政府的反动。谁愿做这种政府的顺民呢？"⑤

---

① 沈云龙（1910—1987），江苏东台人，光华大学肄业，日本明治大学法学士。中国青年党中央委员兼宣传部副部长、国大代表。1949 年后去台湾，历任"台湾省政府参议""总统府参议"。从 1959 年开始，主持"中研院"近代史研究所的口述历史访问工作，主编有 1181 册《近代中国史料丛刊》。

② 沈奎龙：《如何是抗日怒潮中的光华学生？》，《抗日旬刊》第 1 期，1931 年 9 月，第 37 页。

③ 沈奎龙：《我们应有的觉悟》，《抗日旬刊》第 2 期，1931 年 10 月，第 25—28 页。

④ 《昨日沪市大中学生晋京请愿》，《申报》1931 年 11 月 25 日，第 10 版。

⑤ 陈遵源：《抗日杂谈》，《抗日旬刊》第 5 期，1931 年 12 月，第 30—31 页。

另一名政治系学生佘贻谦①作诗"哀求政府"，实际是"讽刺政府"。他在诗中说："我们都愿意去拼命，我们实在不能够再镇静，求你不要再下一道又一道的劝诫书！求你不要再发一批又一批的训令！求你不要忙坏你们的秘书！求你不要闲死了三百万荷枪实弹的大兵！……整本的议决案，遍墙的标语纸、通电、誓词，这些玩意儿，减不了日本人的野心，抵不住日本人的枪子。我们去当兵！我们去冲锋！我们不当兵，谁去当兵？我们不冲锋，谁去冲锋？"②

此时，原本积极参加赴京请愿运动的政治系学生储安平，努力着手中日关系资料的编辑工作。11月，由储安平编的《中日问题与各家论见》在新月书店出版。该书收录了左舜生、胡愈之、俞颂华、陈独秀、罗隆基、张东荪、陶希圣、萨孟武、张其昀、梁漱溟等20位学者研究日本问题的文章。储安平在序言中谴责了在国民党统治之下言论、集会、民众运动受压迫的现状。他说："在中国，有若干现象，使你知道了伤心……言论不自由如故，集会不自由如故，民众运动之被压迫也如故。"他编这本小书意在使民众知晓目前主流知识界对日问题的主张，以监督政府能否尊重民意。③ 相对于在光华大学校内发行的《抗日旬刊》，储安平编的这本小书在新月书店出版，在社会上引起的反响更为强烈。

九一八事变后的学生运动中，学生骨干的政治派别比较复杂，有CC系、改组派、青年党，也有少数中共学生。不过，以上海各大学学生抗日救国联合会为代表的学生团体，一般只是抨击国民政府软弱无能，大体在政治立场上仍然认同国民党统治的合法性，即使在12月9日发生了捣毁上海市党部、围困市政府的事件，学生仍试图向国民党中央控告上海市党部诸君劣行。④ 而光华学生通过报纸杂志和图书来鼓吹抗日，称国民政府为"卖国政府"，将国土沦亡的责任归于国民党，借国难的危机来抨击党治，要求政府开放党禁，实行宪政，较之一般的大学生更为

---

① 孙运松搜集，朱桂荣整理《"死灰犹可活，百折莫吞声"——记革命知识分子佘贻谦同志的一生》，中国人民政治协商会议铜陵县委员会编印《铜陵文史资料选编》第2辑，1985，第40页。
② 贻谦：《哀求政府》，《抗日旬刊》第3期，1931年10月，第23—27页。
③ 储安平编《中日问题与各家论见》，新月书店，1931，第1页。
④ 韩成：《从合作走向对抗：九一八事变后的上海学生团体与国民党党部》，《社会科学辑刊》2021年第2期，第187—196页。

激进。比如，同样是私立性质的大夏大学也发行了《大夏抗日周刊》，最极端的言论限于极个别同学提出"蒋介石一干人等的血……是冰淇淋做的""民众还要求取消党治"之类，① 其他言论一般在国民党能接受的范围之内。至于一些教会大学则基本没有卷入学生运动。如光华大学教授蒋维乔同时兼课沪江大学，便发现沪江的情形和光华迥异，授课基本未受到影响。如九一八事变发生后，蒋维乔评论沪江大学："彼校学生虽参加救国工作，而照旧上课，并不若光华之纷扰，此见两校之校风矣。"② 11月，蒋维乔到沪江上课，学生非但没有罢课，反而对学习极有兴趣，要求蒋维乔课后增加一小时的静坐讲座。③ 甚至当上海各中学都卷入罢课风潮时，沪江一直未受影响。12月，蒋维乔记录："目前连中学亦罢课，惟沪江大学部尚照常上课。"④

相比之下，光华大学的表现便比较突出。1930年末的光华大学风潮只是让该校当局被迫屈从于党化教育的逻辑，但并未真正触及学生群体。九一八事变后国民党四分五裂、南京国民政府权威严重失堕的现状，使该校在抗日救亡运动中，仍能同时扮演一种政治批评者的角色，并且将矛头直接指向党治。另外，政治批判的主体集中于政治系师生，并非偶然现象。可知罗隆基、王造时等政治系教授批判国民党、争取自由的言行，已经在学生中间开花结果，并植根于学生的头脑之中。尽管1931年初光华大学以辞退罗隆基为代价而向党部、政府妥协，私立大学很难再成为知识分子畅所欲言的平台，但在救亡图存的时代背景之下，老师们的政治思想和批判意识仍被学生继承下来，作为一种自由言论的回光返照，在校园内得以继续存在。

在反对与默许之间

在国难之际，受时代潮流影响，最先动员起来的往往是学生。从资料来看，对光华大学抗日救国会的救亡举动，校方最初颇为赞成。抗日

---

① 缪迪生：《政府的体温怎样了？》，《大夏抗日周刊》第2期，1931年12月，第4—5页。
② 《蒋维乔日记》第15册，第241页。
③ 《蒋维乔日记》第15册，第305页。
④ 《蒋维乔日记》第15册，第314页。

救国会成立时，校长张寿镛曾亲临现场，发表演说并痛哭流涕。[①] 其后，光华全体教职员与学生联席讨论学生抗日问题，说明校方希望与学生取得一致立场以解决问题。[②] 其中文学院院长王造时对学生演讲时，更直接鼓励学生参加救国工作："我们处此患难之中，有课就上课，无课便应从事宣传抗日工作，切不可罢了课便出去看戏跳舞，这时正是卧薪尝胆努力复仇的时期，加紧军事训练，研究对日方针，这些都是应做的。"[③] 由于光华校方的积极支持，学生在校园内召开抗日大会，颇有秩序，可以做到读书与救国两不误。

正如光华大学哲学系教授蒋维乔在 9 月 21 日记录道："余到校时正在开大会，共议救国之策，十时半始散会上课，授哲学史，十一时授周易。"[④] 此时，光华学生在开完救国大会之后仍能照常上课，说明教学秩序尚可维持正常的状态。然而，此种和谐的局面不久被打破，学生与校方开始就上课与否的问题产生争执。9 月 24 日，蒋维乔记录："学生正因抗日救国事停课。九时半学校教职员学生全体开大会，学生方面颇多激烈言论，秩序不甚佳，卒议决停课。"学生要求停课，不仅出现在光华一校，且是上海各校的普遍要求，各校负责人必须采取积极对策。[⑤] 25日，光华大学副校长容启兆、注册主任胡其炳等代表光华参加上海各大学联合会议，参会者一致表示，若在相当时期内，政府无具体解决时局的办法，教员将和学生一致行动。会议决议，同意学生从这星期开始停课的要求，允许学生参加市民大会，但从下星期一起，必须照常上课。[⑥] 然而，9 月 28 日，各校当局要求学生正式上课，学生仍坚持罢课，并拟继续赴京请愿。当日蒋维乔记录："校中虽通知教员上课，而学生则依旧罢课……今晚光华学生亦有百余人签名赴京请愿。"[⑦]

---

① 《光华抗日救国会成立》，《申报》1931 年 9 月 22 日，第 10 版。
② 《光华大学大事系年录》，《光华大学十周纪念册》，第 37 页。
③ 王造时先生讲，史济盛笔记《青年应有的态度》，《抗日旬刊》第 2 期，1931 年 10 月，第 16 页。
④ 《蒋维乔日记》第 15 册，第 237 页。
⑤ 《蒋维乔日记》第 15 册，第 240 页。
⑥ 《各大学请政府公布方针，否则将与学生一致行动》，《申报》1931 年 9 月 26 日，第 10 版。
⑦ 《蒋维乔日记》第 15 册，第 243—244 页。

　　由于上海学生进京请愿以失败告终，各校当局普遍希望重新恢复教学秩序。1931 年 9 月 30 日，上海各大学联合会议再度召开，到会者有中法国立工学院褚民谊、上海法学院褚辅成、大夏大学欧元怀、暨南大学谢循初、沪江大学刘湛恩、中国公学潘公展、复旦大学金通尹、光华大学胡其炳、交通大学黎照寰、大同大学曹梁厦等。各校负责人认为，数日以来学生举行的各种宣传活动，使抗日救国思想家喻户晓，已经达到了预期的效果。学生请愿，也在一定程度上获得政府要人的同情，使南京方面积极寻求对策。青年学子不能只求形式上的爱国表示，不能以荒废学业的方式救国，而应以实际的持久方式救国。因此，各校学生必须上课。①

　　对于学生参加爱国运动，上海市党部原本持支持态度。由于市党部负有指导民众运动之责，上海各大学学生抗日救国联合会在成立之初还积极向党部备案并接受党部的领导和资助。② 上海学生代表第一次赴南京国民政府请愿时，市党部为学生开具致胡汉民、戴季陶、陈果夫、陈立夫等党政要人的介绍信。然而，由于蒋介石在接见上海请愿学生时，主张和平解决东北问题，给市党部指导民众运动定了基调，市党部的态度马上从支持学生转向限制学生。9 月 27 日，市党部常委潘公展就在电台演讲称，青年学生"志气纯洁，精神饱满，血气方刚，往往容易走入歧途"，故要做救国的正当工作，即"学生必须严密组织，加紧军事训练，努力学业修养，不要作无为［谓］的牺牲，如罢课等办法，实属自杀政策"。③ 1931 年 10 月 1 日，各大学学生抗日救国联合会召开第四次代表大会，参加者共 29 校，储安平、朱有瓛代表光华大学参加，市党部代表陶百川、教育局代表王晋琦亦列席监督。在党部代表的命令和督促之下，会议议决，从下星期一起各校一律复课。不过，一部分学生据理力争，坚持上课与抗日工作并行的方针。会议又通过决议："（甲）因抗日工作可以不上课；（乙）抗日工作在课期间应加紧工作。"④ 如此规定，便给了各校学生自行决定是否上课的机会，学生可以因时局的变动、抗

────────────

① 《上海各大学联合宣言》，《民国日报》1931 年 10 月 1 日，第 2 张第 1 版。
② 《各大学抗日救国会将召集大中学联合会议》，《申报》1931 年 9 月 29 日，第 13 版。
③ 《潘陈王三氏意见》，《申报》1931 年 9 月 28 日，第 9 版。
④ 《各大学生代表议决大学今日复课》，《申报》1931 年 10 月 2 日，第 11 版。

日的需要自行停课。此种情况在光华得到印证。

10月6日，蒋维乔在日记中记载，当日党部人员来到光华大学，与校政当局和学生召开联席会议沟通上课事宜，但并未见成效，当天他只上了一节课。① 10月9日，蒋维乔到校准备上课，学生正在开大会，推迟了课程。② 不久，学生又向校方提出要求，贯彻各大学学生抗日救国联合会关于半日上课、半日停课的决议。10月11日，光华教职员开会，讨论如何回应学生停课的要求，决定派教员代表5人与学生代表接洽，劝告学生上课，引导学校恢复正常的教学秩序。若学生不从，再开全体大会由教授对学生恳切训话。若学生再不从，再商议最后办法。③ 恰在此时，出现了光华爱国学生驱逐教员离校的事件。10月15日，学生在《申报》上发表《光华大学全体同学驱逐王复旦启事》，启事将王复旦称为"体育界败类"，决定将其驱逐出校，其文称："查王复旦自任本校体育主任以来，平日玩忽职务不负责任，久为我同学所痛恨，近值暴日入寇国难方殷之际，王氏竟敢阻挠本校抗日救国工作，侵占体育会费，业经查明证据确凿，爰于日昨全体大会议决，除限期追还其所侵占之款项外，并自即日起一致驱逐该王复旦出校，为体育界除此败类，尚望全国体育界共弃之，特此登报声明。"④ 王复旦是否真正存在贪污行为，学生并未拿出实际证据，其罪名在于"阻挠本校抗日救国工作"，意即王复旦被驱逐的原因很可能是不同意将体育经费挪用作抗日救国经费。

显然，此时无论是南京国民政府教育部，还是上海市党部、市教育局，均无法有力阻止光华大学等校的学生罢课行为。反而从材料上经常可以看到学生对政府和学校当局要求上课的呼吁给予严厉斥责。如1930级学生洪为溥⑤批评光华校方："上至国府要人，下至学校当局，不在高的唱镇静的高调，虽然在语辞上有所谓姑待公道批评，静候'国际裁判'和'读书不忘救国，救国不忘读书'一类好听的鬼话。其实，总而言之，统而言之，他们惟一的只希望这一班热血青年，勇敢学子，保持

---

① 《蒋维乔日记》第15册，第250—251页。
② 《蒋维乔日记》第15册，第254页。
③ 《蒋维乔日记》第15册，第256—257页。
④ 《光华大学全体同学驱逐王复旦启事》，《申报》1931年10月15日，第5版。
⑤ 洪为溥（1910—?），安徽歙县人，光华大学1930级学生，曾任教育部督学、中山大学副教授。1949年后去台湾，历任"国立编译馆"编纂、世界新闻专科学校校长。

那'我不诛之天诛之'的坐在那里守死的'镇静'而已！咄咄！'镇静''镇静'，镇静什么？消残民气，冷却热血，这是守死！这是亡国！……最可笑的，现在我们耳边还听到什么'读书不忘救国，救国不忘读书'的老话，老话固然不尽然是屁话，然而，凭诸良心，中国却不知有多少热血青年为这条铁链锁死了！这条铁链的厉害不仅能使人成为读死书的书蛀，且养成一班'国事天下事，与我无关系'的观念！这种观念便造成一个'老大'的名辞，'病夫'的绰号！"① 从类似话语中，可以看出学生与政府以及学校当局之间的分歧之严重。

10月15日，学生朱有瓛代表光华参加上海各大学学生抗日救国联合会第十五次干事会，会议再度议决，致电国联要求制裁日本，同时筹组全国学生抗日救国总会。由此，上海学生方面推举光华、中公两校代表进京接洽。② 10月20日，光华又陷入停课的混乱状态。如蒋维乔记录："八时一刻赴光华，学生于十时开全体大会，故十时、十一时两节功课均未上。"③ 11月5日，蒋维乔上课时，"学生只到一人，遂随意谈话，未开讲"。④ 11月7日，光华学生540人作为所谓上海各大学青年义勇军成员，与暨南、江南、东南等三校参加了上海各大学青年义勇军第三次大检阅。⑤ 17日，蒋维乔记录："十时学生开大会，未上课即回家。"⑥ 18日记录："适学生又在开大会，未上课，后闻议决罢课。"⑦ 23日记录："九时赴光华，至则学生正罢课……未授课。"⑧ 当日，上海市市长张群又向蒋介石、中央党部密报："今日光华大学学生发生游行示威喊口号，未生事故。"⑨ 24日，上海各大学、中学抗日救国联合会共8000余人前往南京请愿，要求蒋介石即日亲自出兵北上抗日。光华大学更无法上课。⑩

---

① 洪为溥：《救国的青年应该镇静吗》，《抗日旬刊》第1期，1931年9月，第31—33页。

② 《各大学抗日会电施反对直接交涉》，《时事新报》1931年10月16日，第7版。

③ 《蒋维乔日记》第15册，第270页。

④ 《蒋维乔日记》第15册，第288页。

⑤ 《青年义勇军昨举行第三次大检阅》，《申报》1931年11月8日，第12版。

⑥ 《蒋维乔日记》第15册，第297页。

⑦ 《蒋维乔日记》第15册，第298页。

⑧ 《蒋维乔日记》第15册，第302页。

⑨ 《张群电蒋中正戴传贤光华大学游行示威未生事故及大学干事会决议事项》（1931年11月23日），《蒋中正总统文物档案》，档案号：002/090200/00006/020。

⑩ 《昨日沪市大中学生晋京请愿》，《申报》1931年11月25日，第10版。

12月1日，蒋维乔记录："赴光华，至则校中仍未上课。"① 12月3日，上海市市长张群特意向蒋介石密报称："光华大学今日开学生大会，议决继续罢课，闻其他学校亦同样酝酿。"② 联系这些零散的记录可知，九一八事变之后，几乎一个学期内，光华学生都处在自由活动的状态，极少上课。

12月5日，上海市党部特意训令光华大学抗日救国会，要求全体同学即日复课。其文称："仰即劝告全体同学，即日复课。如有捣乱份子，从中劫持，破坏大局，仰即密报前来，俾便究办。"③ 不过，此种威胁式的训令似乎收效不大。12月9日，上海市党部蓄意破坏上海各大学学生抗日救国联合会工作，绑架来沪报告南京学运形势的北大代表许秀岑，引发学生捣毁市党部、包围市政府，也引发市党部要员全体辞职，市长张群辞职，上海党政机关此后多日陷于瘫痪状态，无力对学生进行监管。12月14—15日，包括光华学生在内的上海各大学学生分两批进京示威。17日和军警发生冲突，上海学生杨桐恒落水身亡。18日，上海学生被京沪卫戍司令部的军队礼送回沪。

此次学生进京改请愿为示威，受到刀枪棍棒的恐吓，学生运动暂时进入低潮。一些学校虽然在学生运动前期表现激进，但在后期有所退缩。如国立暨南大学的抗日会竟然流产三次，据说原因是学生领袖被政府收买。④ 复旦大学的抗日会为摆脱"国家主义派"嫌疑，也有偃旗息鼓之意。⑤ 其他各校都不愿为上海各大学学生抗日救国联合会提供开会场所，光华大学遂成为该会的专用开会地点，由此地位愈加重要。1932年1月16日，上海各大学学生抗日救国联合会第三十五次会议召开，会议决定以光华大学为固定开会地点。⑥ 1月19日，第三十七次会议在光华召开，公推光华学生燕金为主席，决定通电全国，声讨东吴大学校方压迫学生

① 《蒋维乔日记》第15册，第308页。
② 《张群电蒋中正等谓光华大学暨各校议决继续罢课及报载政府承认划定中立区与国际共管之说促使民气又趋激昂等情》（1931年12月3日），《蒋中正总统文物档案》，档案号：002/090200/00005/018。
③ 陈遵源：《抗日杂谈》，《抗日旬刊》第5期，1931年，第30页。
④ 《暨南抗日会硬开不成会》，《新大陆报》1931年12月26日，第3版。
⑤ 古月：《复大抗日会是国家主义派吗?》，《福尔摩斯》1931年12月17日，第1版。
⑥ 《各大学生抗日会代表会》，《申报》1932年1月16日，第10版。

爱国运动案，并敬告全国士兵觉悟起来，武装起来，收复东北失地。会议还决议，在寒假时期，该会照常运作，各校当局不得干涉学生代表出席会议。① 20日，第四十四次会议在光华召开，议决通电工农商各界，并致电马占山，警告其勿与卖国贼往来。22日，在光华大学召开上海各大学学生抗日救国联合会经济委员会审查委员会第一次会议。24日，第四十五次会议在光华召开，会议发表宣言，忠告上海士兵维持治安并抵抗已经逼近上海的日本侵略者，呼吁市民向兵工厂要枪直接抵抗日军。同时，该会致函上海市总商会通告各商店，不得供给日本人食粮，并令各房东不得租屋给日本人。② 26日，各大学学生抗日救国联合会在光华召开紧急会议，议决联络上海各界，通电全国一致誓死抵抗日本帝国主义。③ 27日，在光华大学召开募捐会议，议决向全国大商店、大娱乐场所募捐。本次会议还决定，1月28日下午举行下一次会议。④ 然而，1月28日晨，上海爆发一·二八事变，日军侵占淞沪，学生抗日救国联合会基本土崩瓦解。光华大学暂时停课，避入租界，校内持续半年之久的学生运动就此落幕。

　　光华大学积极参与了九一八事变之后的学生抗日请愿风潮，并在运动后期成为上海各大学学生抗日救国联合会集会的据点，可谓上海学生救亡运动的后期中心。对于此种行动，教育部和上海党政方面虽三令五申禁止学生运动，却告以无效。光华大学校政当局面对校内的学生运动，也处于弱势地位。不过，学校当局毕竟仍具有一定权威，其无法制止学生运动是一回事，是否有意愿彻底制止学生运动则是另外一回事。目前并无证据表明，光华校方有意默许学生运动的发展，从蒋维乔的日记中可知，校方主要的努力是对学生进行劝阻、告诫，一直没有采取极端手段压制学生。当1932年以后，上海各校拒绝为学生抗日救国联合会提供集会场所时，光华大学却成为上海各大学学生抗日救国联合会指定的集会场所，成为指挥上海学运的中心。这如果没有校方默许或妥协，绝难实现。光华大学作为一所从国难中诞生的学校，系为反对帝国主义的

① 《大学生抗日联合会代表会》，《申报》1932年1月20日，第8版。
② 《各大学抗日联会干事会》，《申报》1932年1月25日，第12版。
③ 《各大学生联会开紧急代表大会》，《申报》1932年1月27日，第10版。
④ 《大学联会下月开始募捐》，《申报》1932年1月28日，第10版。

"教育侵略"而立，遭遇国难时学校应该承担起相应责任，这可能是校方和学生之间的共识。因此，虽然学生常常以校方为批判对象，但在学生和党政当局中间，校方的立场可能更接近于学生而非党政当局。在这一点上，校长张寿镛应该承受了一定的压力。

不过，随着国难的纾解，加之 1932 年以后党政当局逐渐重建威权，社会逐渐恢复秩序，光华大学校方也加强了对学生的管理，学校的政治色彩逐渐淡化，开始回归学术本位。1932—1937 年是光华大学历史上为数不多的安定时期，也是学术上有所发展的时期。不过，也正是在这一时期，如光华这类私立大学与政府之间的关系，也进一步发生了微妙的转变。

第二节　学术建设的困境：国学研究及其内在局限

张寿镛专任校长

1932 年 6 月，张寿镛以年老体衰为名，向国民政府请辞财政部次长职务，专心办理光华大学。张寿镛辞职时，蒋介石从南昌致电前任上海市市长、时任湖北省政府主席张群，要求"张寿镛须挽留，必须助益，否则诸多不便也"。[①] 然而，张寿镛去意坚决，拒绝了蒋介石的挽留。1932 年 11 月 25 日，身在湖北的蒋介石又致电张群，请其劝张寿镛到武汉担任湖北省财政厅厅长。[②] 张寿镛又以"身体脑力不堪再膺繁剧"为由再次谢绝。[③] 以往的观点认为，张寿镛辞职，因为他崇尚"王道"，而蒋介石行的是"霸道"，他任官数年对蒋介石彻底失望。[④] 此种说法不够全面。实际上，张寿镛辞职，主要有两点原因。

首先是理财的压力。南京国民政府成立后，面临非常沉重的经济压

---

① 《蒋中正电示张群挽留张寿镛为财政部次长另一次长则自保》（1932 年 6 月 12 日），《蒋中正总统文物档案》，档案号：002/010200/00067/031。

② 《蒋中正电示张群请张寿镛担任湖北财政厅长》（1932 年 11 月 25 日），《蒋中正总统文物档案》，档案号：002/010200/000673/057。

③ 《张寿镛电蒋中正因身体脑力不堪再膺繁剧请准予辞职》（1932 年 12 月 3 日），《蒋中正总统文物档案》，档案号：002/080200/00064/122。

④ 张钦楠、朱宗正编著《张寿镛与光华大学》，华东师范大学出版社，2010，第 83 页。

力。"军费筹措急如星火，政府开支浩大无边，财政部次长这个职位自然是一个烫手山芋，明白事理者谁也不肯轻易接任。"① 然而，在陈光甫、虞洽卿都拒绝接任财政部次长的情况下，张寿镛却欣然担任，而且兼中央和江苏两级财政官于一身长达数年。张寿镛担任两级财政官虽然获得了政治权力，却同时承受着巨大的压力。每次蒋介石需要向上海工商界筹款时，都要由张寿镛前往接洽。南京国民政府能够有效控制的财源，不出江浙皖赣几省，其中江苏省是大宗，需要供给中央财政的经费近乎半数。由于"聚敛"太重，张寿镛一直承受着来自民间的激烈反对。上海八十余商业团体便骂其为"满清下吏，军阀陪臣……贪戾苛虐"，甚至"争欲掘其祖墓"。② 1928年，财政部拟废除厘金改征特种税，商人负担增加，引起全国商业联合会的激烈反抗，穆藕初亦致信张寿镛表示不满。③ 由此，1929年2月，上海市总商会通电国民政府，请求查办张寿镛。5月，江苏省党部向中央执行委员会提案，以"首鼠两端、滥用私人、贪渎无厌"为由拟弹劾张寿镛。④ 只是张寿镛背后有蒋介石，很难撼动。显然，在政府与民间，张寿镛受到双重挤压，可谓不堪重负。

其次是退隐的愿望。此时的张寿镛已经56岁，宦海沉浮多年，不免身心俱疲，他更希望将余生的精力用于教育和学术方面。张寿镛任官时，便一直在策划出版宁波乡邦文献"四明丛书"。此时的光华大学，经过1930年末学潮的激荡、九一八后的抗日请愿和一·二八的创伤，情况实不容乐观。张寿镛多年身兼数职，东奔西走，疲于应命，非但处理不好财政难题，治理校政更是分身乏术。另外，当时的客观环境也越来越不利于张寿镛一身数任。北洋政府时期，并不限制大学校长充当政治官僚。国民政府时期，行政院开始限制实职官员兼任大学校长。1929年颁布的《大学组织法》便规定大学校长"除国民政府特准外，均不得兼任其他官职"。⑤ 此种规定的目的在于，防止具有高级行政职务的大学校长凭借

---

① 冯筱才：《政商中国：虞洽卿与他的时代》，社会科学文献出版社，2013，第181页。
② 陈善颐：《浙江省裁厘经过和厘金局内幕》，中国人民政治协商会议浙江省委员会文史资料研究委员会编《浙江文史资料选辑》第21辑，浙江人民出版社，1982，第231页。
③ 俞信芳：《张寿镛先生传》，第117页。
④ 《呈请依照本省省代表大会决议撤惩缪斌张寿镛张乃燕由》，《江苏党务》第5期，1929年5月，第4—5页。
⑤ 《大学组织法》，《教育部公报》第1卷第8期，1929年8月，第114页。

其权势来干涉教育部的行政。然而，由于国民政府的人事机制并不健全，用人标准多以领导人物的意志为转移，这一规定在短时间内并未被认真执行。尤其是像张寿镛这种受蒋介石倚重而担任官职的大学校长，无人敢强迫他们辞职。不过，贯彻这一政令仍然是大趋势。1930 年，教育部部长蒋梦麟辞去兼任的浙江大学校长，中政会委员戴季陶辞去兼任的中山大学校长。① 显然，从长远来看，张寿镛最终应在大学校长与政治官僚之间做出取舍。相对于被驱使如牛马、集怨怼和诽谤于一身的理财官僚，张寿镛最终选择了回归大学。他逐渐认识到，百年大计，根在树人，遂选择以学校作为终老之地。后来的事实也证明，正是张寿镛的急流勇退、专心投身教育，才逐步改变了其在时人心目中贪污腐败的"老官僚"形象，作为一位教育家而名载史册。

张寿镛专任光华大学校长之后，首先将整顿学风提上日程，严禁学生干预政治，开始清除学生运动中的积极分子。九一八事变后积极参与请愿活动、一·二八事变后又参与殴打外交部部长郭泰祺的沈云龙，被张寿镛查出中学学历造假而借机开除。② 学运积极分子余贻谦亦被开除，但其后该生请求重新入学，张寿镛以不准参加任何政治活动作为复学条件，并派其他学生与其同居一室进行监视。③

至于如何对待文学院院长王造时，远比处理学生问题更为棘手。1930 年末的光华大学学潮，以罗隆基、潘光旦、徐志摩、董任坚等教授的辞职而平息。王造时原本约定和罗隆基等一起辞职，却临时变卦，选择留下，在一定程度上挽回了学校的损失。作为回报，张寿镛任命其为文学院院长兼政治系主任。④ 然而，张寿镛没有预料到的是，九一八事变之后，王造时积极宣传抗日，担任国难会议会员，当面驳斥汪精卫，先后创办《主张与批评》《自由言论》激烈抨击国民党，又参加民权保障同盟，一时间声名大噪，成为上海著名的政治活动家，更是国民党的眼中钉、肉中刺。尽管王造时的言论活动和政治行动主要都是在校外进

① 陈能治：《战前十年中国的大学教育（1927—1937）》，第 152 页。
② 沈云龙：《光华大学杂忆》，《传记文学》第 39 卷第 3 期，1981 年，第 54 页。
③ 孙运松搜集，朱桂荣整理《"死灰犹可活，百折莫吞声"——记革命知识分子余贻谦同志的一生》，《铜陵文史资料选编》第 2 辑，第 40 页。
④ 四一：《王造时在光华》，《社会新闻》第 1 卷第 19 期，1932 年 11 月，第 406 页。

行，但毕竟是光华大学文学院院长，容易引起国民党对学校的干涉。尤其是他引进到光华大学政治系任教的三位教员彭文应、潘大逵、金通艺，也都是在《主张与批评》《自由言论》上抨击国民党的健将，与王造时同声相应、同气相求，不免给外界一种光华大学政治系教员集体反对国民党的印象。罗隆基事件的前车之鉴，不免让张寿镛有芒刺在背之感。1933 年夏，王造时从光华大学辞职。彭文应、潘大逵、金通艺等亦随之辞职。其后，王造时称，国民党密令全国各大学不准聘请自己教书，光华大学遂收回聘约。① 然而，此种结果也正是张寿镛所希望的，正如小报所言，张寿镛"见其……利用学校作政治活动，教课又受学生之反对，大为不满，欲除去之，以安定学府之基础也"。② 随着王造时、彭文应等人的辞职，光华大学的政治批判色彩彻底消失。

张寿镛在安定学校政治局面的同时，致力于提升学校的物质基础。光华作为私立大学，经费常年捉襟见肘，加之张寿镛长期不在学校，自然疏于校园建设。张寿镛回任以后，首先发动校董和师生募捐，广泛向社会筹募资金，启动校园建设。在张寿镛的筹划下，1933 年春，理学院化学实验室落成。③ 1933 年末，由教师陈伯权捐建的商学院大楼动工，并开办心理实验室。④ 1934 年 6 月 3 日，"外观壮丽、内部宏大"的大礼堂"丰寿堂"动工。⑤ 大礼堂落成后，召开大会不必再局促于饭厅，重大考试亦有了正规、统一的场所。1935 年 4 月，中山路新建三拱校门动工，该门"纯粹为中式，柱脚用钢骨凝合土，上盖用琉璃瓦，金碧辉煌，壮丽殊甚"，于 6 月 3 日十周年校庆前落成。⑥ 5 月，校董虞洽卿联合宋子文、孔祥熙、邱汉平等以张寿镛六十寿诞为名发起社会募捐，拟为光华大学集资建图书馆一座（遗憾的是并未建成）。⑦ 6 月，光华大学建校

① 叶永烈编《王造时：我的当场答复》，第 81 页。
② 狮祖：《王造时不能造时势》，《微言》第 1 卷第 8 期，1933 年 7 月，第 122 页。
③ 《校闻·化学实验室将次开工》，《光华大学半月刊》第 1 卷第 4 期，1932 年 12 月，第 27 页。
④ 《校闻·建筑商学院·开办心理实验室》，《光华大学半月刊》第 2 卷第 2 期，1933 年 10 月，第 57 页。
⑤ 《校闻·大礼堂举行动工礼》，《光华大学半月刊》第 2 卷第 9 期，1934 年 6 月，第 95 页。
⑥ 《校闻·新校门开始动工》，《光华大学半月刊》第 3 卷第 8 期，1935 年 4 月，第 121 页。
⑦ 《张寿镛氏六十寿辰，虞洽卿邱汉平等发起庆祝》，《申报》1935 年 5 月 24 日，第 13 版。

十周年校庆时，同学会捐资为学校建疗养院。① 随着物质条件的提升，光华大学的办学条件逐步改善。

研究风气的形成与发展

张寿镛在安定学校政治局面、提升物质基础的同时，努力扮演起教育家和"教化者"的角色，引导学校向学术方面发展。张寿镛是清朝举人，并未接受过新式教育，对传统的经史子集有一定涉猎，对阳明学研究较深，思想观念也比较传统。在他看来，大学教育最主要的目标是立人格、扬国性。

所谓立人格，就是大学应该重视道德教育和人格教育。他引用并发挥王阳明的话说："为学如不从心髓入微处用力，致其良知，则记诵之广，适以长其傲，智识之多，适以行其恶，闻见之博，适以肆其辩，辞章之富，适以饰其伪。"② 意即大学不能单纯给学生灌输知识，更重要的是帮助学生树立良好品行，若品行不良，将来知识越多，对社会的危害可能越大。如何才能立人格？他认为，中国传统的国学典籍中存在修身大道，应该在校内大力开展国学教学和研究。他在南京任官之时，便赠送全体同学每人一部《明本释》，鼓励学生阅读。"该书为宋东平刘荀所作，对于'本'之一义，发挥尽至，诚吾人修身养德治政理事之法门也。"③ 1932 年回任后，他在校内的《光华大学半月刊》上连载《王学发挥》，希望学生按照古代圣贤修身的方式，确立四年的道德自修工程，并通过写日记的方式记录心得，检讨身心。④ 1934 年的新生活运动中，张寿镛率先在光华大学成立了新生活运动促进会，以学生宿舍为单位将学生编入"复礼队、喻义队、养廉队、知耻队"四个组织中，每队设导师三人领导，在体育运动、内务整理、上课秩序等方面对学生严格要

① 《校闻·同学会兴建疗养院》，《光华大学半月刊》第 3 卷第 9、10 期合刊，1935 年 6 月，第 257 页。

② 朱公谨：《光华大学之精神》，汤涛主编《光华文萃》，华东师范大学出版社，2015，第 303 页。

③ 《校闻·校长赠书》，《光华周刊》第 3 卷第 8 期，1928 年 5 月，第 20 页。

④ 张寿镛：《发刊词》，《光华大学半月刊》第 1 卷第 1 期，1932 年 10 月，第 1 页。

求。① 张寿镛对阳明学说的提倡，体现在每一处校园文化当中。比如，1935 年光华大学十周年校庆典礼上，讲台上便挂着这样一副对联："王姚江'致良知'，数言所以格物；刘东平《明本释》，一部足以修身。"② 此种话语，在当时传授现代文化知识的新式大学中并不多见。后来张寿镛在回忆中概括："光华之精神，首重心理建设，毕业学生，大都于人格上尚能完全无缺，老夫是要居些功。至于学业上，全在教师，亦在学生自己。"③ 张寿镛重视道德教育甚于知识灌输，其意不言自明。

所谓扬国性，就是大学教育要弘扬传统文化。他认为，目前中国大学教育最大的问题在于盲目崇拜西洋文化，对本国的文化和学术却一无所知。他说："自清之季，始有大学堂之设，醉心于西政西艺，以为彼乘其船坚炮利之威，挟其声光化电之艺，来相夸耀。我宜慑其威而法其艺。昔日之鄙之轻之者，变而为畏之亲之，亦步亦趋；而国内之大学教育，遂不问其适合国情与否，为盲之从瞽之效焉。"④ 所以，他的思想不出中体西用的范畴，把"维持中华固有文化"视为大学的重要责任。如何才能"维持中华固有文化"？当然是要在大学中大力发展国学教育，开展国学研究。

张寿镛的教育理念，在国文系主任钱基博处获得高度认同。钱基博当时在给其子钱锺书（时任光华大学外文系讲师）的信中提到："我见时贤声名愈大，设心愈坏，地位愈高，做人愈错。……做一仁人君子，比做一名士尤其切要！……不然，以汝之记丑而博笔舌犀利，而或操之以逆险之心，出之为僻坚之行，则汝之学力愈进，社会之危险愈大！……淡泊明志，凝静致远，我望汝为诸葛公、陶渊明，不喜汝为胡适之、徐志摩！如以犀利之笔，发激宕之论，而迎合社会浮动浅薄之心理，倾动一世；今之名流硕彦，皆自此出，得名最易，造孽实大。"⑤ 道

---

① 《校闻·新生活运动促进会》，《光华大学半月刊》第 2 卷第 7 期，1934 年 4 月，第 78 页。
② 俞信芳：《张寿镛先生传》，第 193 页。
③ 张寿镛：《六十年之回忆》，《良友》第 107 期，1935 年 7 月，第 15 页。
④ 张寿镛：《上海各大学联合会会刊序》，《上海各大学联合会会刊》第 1 号，1933 年 12 月，第 1 页。
⑤ 钱基博：《愉儿锺书札两通》，《光华大学半月刊》第 1 卷第 4 期，1932 年 12 月，第 26 页。

德比知识重要，此种思想显然与张寿镛高度一致。钱基博作为著名的国学家，早在任教于清华学校时便认为，国学的意义就是"国性的自觉"，"我们学了国学，我们可以觉到，这个国家和我们的关系……他的历史，他的文化，也很够惹我们的系恋，发生一种固结不解的爱"。[①] 钱基博与张寿镛的学术观念高度契合，遂进一步获得重用。王造时辞职后，钱基博被任命为文学院院长兼国文系主任。[②]

所谓国学教育，在现代大学中主要由中文系、历史系、哲学系来分任。不过，光华大学作为私立大学，虽然文学院实力最强，但文史哲三系亦无法均衡发展。其中哲学系最弱，全部师资只有 1 位系主任即蒋维乔。[③] 1935 年，唯一的学生毕业后，该系自然停办。[④] 历史系长期只有吕思勉等 2 位教员分别担任中西历史教学，学生人数亦极少。[⑤] 而且，历史系主任吕思勉、哲学系主任蒋维乔同时也是国文系的教员，在国文系担任多门重要课程，是参与国文系建设的重要力量。所以，张寿镛发扬和研究国学的希望，主要由国文系承担。在张寿镛和钱基博的联合主持以及吕思勉、蒋维乔的辅助之下，20 世纪 30 年代的光华大学国文系逐渐崭露头角，并形成了一种非常独特的学风。总结起来，主要有五点。

（1）注重旧文学，轻视甚至忽视新文学

五四前后，陈独秀、胡适等以北京大学为中心，高举"文学革命"旗帜，利用《新青年》等杂志积极鼓吹，中国现代文学异军突起。到 20 世纪 20 年代末，南北各大学绝大多数中文系都有新文学家执教，开设了大量新文学课程。[⑥] 光华大学国文系则直到抗战前仍然拒绝开设任何新文学课程。正如国文系学生刘龙光说："光华国文系历年所开之学程，率偏于旧文学方面，此实光华国文系之唯一特色，而与海上各大学之偏于新文学者，异其旨趣。"光华大学国文系为何拒绝新文学？钱基博等国文系师生认为，新文学虽然有其价值，但在中国学术史上的时间甚短，其

---

① 钱基博：《国学之意义及治国学之方法评判》，《清华周刊》第 25 卷第 7 号，1926 年，第 375 页。
② 《钱基博任光华院长》，《时报》1934 年 1 月 23 日，第 3 版。
③ 《各系男女生比较图（二十二年度）》，《光华甲戌年刊》，第 46 页。
④ 《二十四年秋学期各院系年级各省注册男女学生统计表》，《光华丙子年刊》，第 83 页。
⑤ 《各系教员人数比较图（民国二十一年秋学期）》，《光华癸酉年刊》，第 28 页。
⑥ 王彬彬主编《中国现代大学与中国现代文学》，上海人民出版社，2011，第 2—16 页。

源头在西方而非中国。因此，研究所谓"中国新文学"，实际便是研究
"西洋文学"。所以，"中国新文学"不能成为一门独立的学科，只能置
于"西洋文学系"之中。在光华大学国文系师生看来，中国新文学不过
是一种流行时髦的"时贤之学"，很多学者只看西洋文学的中译本，不
看原著，做学问不过是投机附会，暴得大名而已。至于其著作也不可能
流传长久，旋起旋灭，不如中国古典文学、传统学术具有长久的生命
力。① 因此，光华大学国文系涉及新文学者，只有"英美散文"一门课
程，仅希望通过对所谓中国新文学的源头——西方英美文学的通识性介
绍，使学生对相关问题有一种最基本的了解。此种看法固然失之偏颇，
甚至可以说对新文学的误解较深，但毫无疑问在上海各大学中文系中独
树一帜。

此种整体偏旧的教学风格曾引起中央教育主管部门的质疑。1932
年，南京国民政府教育部部长朱家骅致书钱基博称，经审阅后发现，光
华大学全校通用的国文教科书内容过于古典，完全不包含新文学方面的
内容，应该顺应时代潮流加以改变。钱基博立即回信拒绝，声明无法照
办。钱基博认为，三民主义中有民族主义，其中包含恢复中国传统文化
的取向。光华大学的国文教科书内容古典，正是延续传统文化、坚固民
族主义思想的重要手段。他认为，其他大学的新文学教科书采用西方的
翻译作品，只会灌输给青年暴力革命、骄傲自满的思想，使青年堕落。
中国的传统文学却可以"陶淑民性""明诚正之论"，实在不可改换。②
由此可见钱基博的自负与自信。

（2）以经史子集为中心的国学教育

实际上，光华大学国文系在人才培养上偏于旧文学，只是一种在文
学领域中的表现，但这种特征并不能概括该校国文系的全部。如前所述，
张寿镛和钱基博所青睐的是"国学"，所谓"国学"至少包含经史子集
等诸多内容，旧文学只是"国学"的一部分。因此，光华大学国文系的
教学内容，实际并非完全拘泥于文学，而是以经史子集的相关内容为主。
其主干课程主要由钱基博、吕思勉和蒋维乔三人担纲，钱基博擅长经学

---

① 刘龙光：《光华国文系之特色》，《光华丙子年刊》，第 225 页。

② 钱基博：《复教育部朱部长书》，《光华大学半月刊》第 1 卷第 1 期，1932 年 10 月，第
25—26 页。

和集部（文学），吕思勉擅长史学，蒋维乔擅长子学（哲学），三位教授互相配合，形成一套完整的经史子集传统四部之学的教育体系，学生在四年的学习过程中，能够接受系统的国学训练（见表4-1）。

表4-1 光华大学国文系课程表（1936年）

年级		课程
一年级		国文、国文作文、中国文化史
二年级		国文、说文、中国文学史、中国近世史
三、四年级	必修	文学鸟瞰、散文专集、骈文、诗、古籍鸟瞰、英美散文
	选修	周易、尚书、毛诗、礼记、经学史、老庄、荀子、墨子、韩非子、史记、汉书、文献通考、中国哲学史、先秦学术史、理学纲要、中国史学史、史学研究法、目录学、金石学、词、曲、中英互译、中学国文教学法

资料来源：《文学院学程一览》，《私立光华大学章程》，光华大学，1936，第43—49页。

从光华大学国文系的课程表中可见，低年级注重基础教育，高年级注重专门训练。首先，一、二年级须修读国文、国文作文、中国文化史、中国文学史、中国近世史等基础课程，旨在使学生对文史之学有初步的认知。同时，使学生初步涉猎文字学，作为国学研究的入门之学，为日后的专门研究做准备。到三、四年级，开始对学生进行细致而系统的训练，此种训练不再集中于文学，而是明显按照传统的经史子集四部分类，并且非常注重中国古典哲学的训练。其中钱基博擅长的集部作为必修课，如文学鸟瞰、散文专集、骈文、诗等。经史子三部作为选修课，其典型特征在于读专书、读哲学和史学原著，包括"周易""尚书""毛诗""礼记""经学史""老庄""荀子""墨子""韩非子""史记""汉书""文献通考"等课程。当然，其课程表也不无现代学术建制的色彩，包括颇具现代意义的"中国哲学史""中国史学史""史学研究法"等，但整体特征仍属偏旧，不出四部之学的范畴。

（3）传统的教学和学术训练方法

光华大学国文系的"旧"，不仅体现在课程的分类设置和教科书的选用上，还体现在教学和学术训练的方法上。钱基博担任文学院院长之后，又按照教学方法将国文系的课程性质划分为诵读、整理、训练三大类。其中最有特色的是诵读学程，他要求学生以大声朗诵的方式，背诵《四书》《周易》《老子》《庄子》《荀子》《墨子》《韩非子》《说文》

《毛诗》《文选》，并对《尚书》《左传》《礼记》《资治通鉴》中的掌故
予以熟读。在钱基博的认知中，学习国学的第一步是读，读通之后自然
能知晓其意。只有通过对经典的反复诵读，在起承转合的高低吟咏中，
才能体会到国文的佳妙。此种方法更近似于传统书院的做法，在现代大
学的课堂中不太常见。所谓整理学程，即训练学生对古文进行校勘整理。
所谓训练学程，则是训练应用技能，教授基本国文、应用文以及诗词等
各项作文，让学生毕业后可以从事中学国文教学与研究。① 对于训练学
程，钱基博亦有特殊要求，他规定国文系学生凡是作文训练，需用"中
国作文簿"，用毛笔楷书誊写清楚，如果不用"中国笔"和"中国作文
簿"，他将拒绝批阅。对于考试卷，一个重要的评价标准是书法，如果作
文簿的书法特别工整俊秀，将酌情加分，以示奖励。② 如此特殊的规定
和要求，在现代大学中也不多见。

其中颇有成绩的是校勘学程中的整理古籍。光华大学国文系非常注
重古籍的整理。1932 年入学的杨宽，高中时期便发表过高水平的研究墨
子的论文，具有非常好的国学基础。蒋维乔对杨宽的评价极高，称："余
初不识君，先获睹其说于刊物中，喜其考证周详，立论精审，通条连贯，
而纲举目张，意其必为老成之考据学者，不谓其为在校肄业之学子也。
余执教光华大学有年，岁戊辰，讲授《墨子》学程，君就听焉，余审君
名，初不知其即昔日见于刊物者，继视君聪颖博辨，复异侪辈，始而疑
焉，逮君以实告，于是恍然而悟，惊叹久之！君虽从余游实余所畏
也！"③ 在蒋维乔的指导下，杨宽和同学沈延国、赵善诒重新校注集解
《吕氏春秋》。蒋维乔认为，《吕氏春秋》流传千年，各种注疏并不少见，
但多为粗浅讹误百出之作，亟须重新校注。由此，蒋维乔为杨宽等联系
江浙各大藏书家，收集历代珍本、善本，供他们进行集注工作。草稿完
成后，由蒋维乔进行突击式终审，定名为《吕氏春秋汇校》。应光华校
方之请，于 1935 年 6 月光华大学建校十周年之前完成，作为"光华大学

---

① 钱基博：《改订中国文学系学程》，《光华癸酉年刊》，第 58—63 页。
② 《校闻·国文系教授举行谈话会》，《光华大学半月刊》第 5 卷第 6 期，1937 年 3 月，
第 75 页。
③ 贾鹏涛：《蒋维乔、杨宽的师生情谊》，《文汇报》2020 年 1 月 17 日，第 9 版。

丛书”的一种，由章太炎题写书名，交中华书局印行。① 这三位学生经过古籍整理的训练，进一步夯实了学术基础，日后都成为比较突出的文史学者。

　　古籍整理是基础性工作，学生由此进一步从事学术研究则是进阶工作。管道中毕业于东亚大学，原是私立扶雅中学堂校长，于 1935 年秋考入光华大学国文系。入学以后，管道中鉴于“素有整理宋学之志而苦无头绪”，决定从“二程”下手搜集材料加以剖析，凡十月著成《二程研究》，请蒋维乔批阅。② 蒋维乔批阅数日，为其作序。③ 蒋维乔认为，学生如管道中者，在一般的研究院中或可遇到，在大学则非常少见，此书“持论全凭客观态度，不蹈理学家之旧习”，具有颇高的学术价值。④ 1937 年，该书由中华书局出版，被学者认为是民国以来用新方法研究“二程”的第一本专书。⑤ 宋明理学研究本应是中国哲学史领域的作品，由国文系的学生来完成，也颇能说明光华大学国文系的“国学”特色。

　　（4）师生之间密切交流

　　杨宽、沈延国、赵善诒、管道中等学生能取得如此成绩，还与光华大学国文系师生合作紧密，教师积极提携后学有很大关系。光华大学在抗战前便自主实行导师制，每位导师负责指导学生 20 人。导师需要经常召集学生谈话，单独约见学生或至宿舍访问，校方希望通过此种制度促进师生关系，加强学生的学术训练，学生在与导师交往的潜移默化中，可以收言传身教之效。⑥ 钱基博、吕思勉、蒋维乔等教授都担任学生导师，亲自指导学生。尽管导师制在全校范围内实行，并不限于国文系，但在国文系产生的效果显然最好。因为导师制若不真正执行，容易流于虚化；若有效推行，必须和教授住校制度紧密配合，这样才能真正做到师生朝夕相处，学生随时有机会向老师请教，增进师生之间的交流，不致使此制度流于形式。当时一般大学的商科、法科甚至理科教授多在几

　　①　《蒋维乔日记》第 18 册，第 106 页。
　　②　管道中：《二程研究》，中华书局，1937，第 3 页。
　　③　《蒋维乔日记》第 19 册，第 173 页。
　　④　管道中：《二程研究》，第 1—2 页。
　　⑤　温伟耀：《成圣之道——北宋二程修养工夫论之研究》，河南大学出版社，2004，第 4—5 页。
　　⑥　《校闻·实行导师制》，《光华大学半月刊》第 5 卷第 1 期，1936 年 10 月，第 78 页。

所大学兼课，经济条件较好，在上海多有独立的房产，与学校的关系比较疏离，二者关系类似一种按钟头付费的雇佣关系，仅限于上课时间与学生发生联系。钱基博、吕思勉等文史教授毕生专治文史，兼课甚少，经济并不宽裕，虽然任教于上海，却基本无力在上海置业，仍在无锡、常州等原籍安家。因此，他们在上海唯一的寓所便是光华大学校内的宿舍。由此，经常有学生上门拜访，国文系师生之间的课外交流愈加便利。现代大学与传统书院相比，最大的问题是师生疏离，老师授课完毕即走，师生关系常被视为知识买卖关系。显然，光华大学国文系不似教员授课完毕即走的现代大学科系，更类似于传统的书院。此种书院氛围的构建，对光华大学国文系学生的熏陶和发展具有重要的作用。

（5）注重学术期刊与著作出版

学术研究需要以刊物为载体，发布课堂内外讨论之所得，刊登师生研究的成果。因此，1932 年 10 月 10 日，光华大学正式发行学术期刊《光华大学半月刊》。该刊一般每半月出版一期，每学期出版五期，每期刊载约 7 万字。该刊主要刊登学术论文，"发表教师之研究及在校学生与毕业学生之心得"。① 当时各大学发行的学术出版物往往出版一两期便夭折，《光华大学半月刊》则是固定、连续的出版物，从 1932 年开始，至抗战爆发前共出版 50 余期，是当时国内大学中影响力比较大的学报。从表面上看，《光华大学半月刊》文理兼顾，发表了一些文理和社会科学相关的文章，但最有特色的还是国学方面的文章。其作者包括张寿镛、钱基博、吕思勉、蒋维乔、张东荪、杨宽、吕翼仁、陈柱尊、傅统先、杨大膺、姚璋、沈延国、管道中、姚步康、俞振基、郭斌佳、何炳松、万云骏等光华师生，《光华大学半月刊》可谓当时国内大学中水平颇高的学报。

1935 年，光华大学国文系中国语文学会师生在中华书局出版了《中国语文学研究》，该书以章炳麟的《音论》作为开篇，登载了钱基博的《读子卷头解题记两种》、蒋维乔的《宋明理学家的本体论》、吕思勉的《文学批评之标准》、杨宽的《墨经科学辨妄》、沈延国的《京氏易传证伪》等光华师生的文章。该书的出版，扩大了光华国文系的学术影响。

---

①   张耕华主编《光华大学编年事辑》，华东师范大学出版社，2015，第 117 页。

至抗战爆发前，"光华大学丛书"亦陆续在中华书局出版，除了蒋维乔、杨宽、沈延国、赵善诒的《吕氏春秋汇校》，还有钱基博的《经学通志》、吕思勉的《燕石札记》等书。可以说，在抗战前，光华大学国文系的国学研究树立了自己的品牌和研究特色，达到了高峰。

就钱基博、吕思勉、蒋维乔个人而言，这一时期他们产生的学术成果亦是斐然。1933—1937年，钱基博还出版了《明代文学》《版本通义》《周易解题及其读法》《四书解题及其读法》《韩愈文读》《韩愈志》《模范文选》《现代中国文学史》《骈文通义》《老子道德经解题及其读法》等著作，吕思勉出版了《先秦学术概论》《复兴高级中学教科书本国史》《中国民族史》《史通评》《中国民族演进史》《中国政治思想史十讲》等著作，蒋维乔则出版了《中国近三百年哲学史》《佛学纲要》等著作，在当时都产生了比较广泛的影响。

国学研究的内在限制

1933年以后，光华大学彻底摆脱政治上的喧嚣，在学术研究尤其是国学研究方面做出了一定成绩，并形成了比较明显的学术风格，在上海各大学同类科系中独树一帜。不过，其私立大学的身份，使其发展文史哲等基础学科具有先天劣势；其学风比较特别，在当时上海乃至全国大学的中文系中实为一种"非主流"的存在。这种身份和特色都对其进一步发展构成限制。

首先，光华大学无力设置研究院，很难培养国学研究的高深人才。

对一所大学而言，要培养学术人才，必须设置研究院，开展研究生教育。如蔡元培认为，研究院的作用有三："大学无研究院，则教员易陷于抄发讲义，不求进步之陋习"；"大学毕业生除留学外国外，无更求深造之机会"；"未毕业之高级生，无自由研究之机会"。① 吕思勉曾经认为，通过大学四年的学习只能略窥学术的门径，学生毕业后如果能留在学校继续进修，将基础的书目再次细读，并博览其他学科的相关著作，

---

① 蔡元培：《论大学应设备科研究所之理由》，《东方杂志》第32卷第1期，1935年1月，第13—14页。

经四五年方能卓然自立，然后才可以从事真正的研究。① 吕思勉所指的更多是光华大学历史系，但情况也同样适用于国文系。然而，光华大学作为私立大学，经济状况非常窘迫，无力设置研究院，无法进行制度化的知识传授、学位颁发。当然，设置研究院需要一定的门槛，作为私立学校的光华大学，即使有能力设置研究院，也未必能够获得国民政府教育部的批准。由于光华大学国文系的培养风格与其他高校有所不同，学生所学很难与其他名校的研究院接轨。学生要进一步深造，一般只能靠个别教授的私下指导。

其次，光华大学国文系与现代学术和学科发展的大趋势背道而驰。

钱基博拒绝开设新文学课程，否定新文学的价值，更多是一种门户之见，以及故步自封、盲目自信的表现。从其后的文学史发展来看，亦是一种"不合时宜"之举。然而，钱基博固执地认为，只有自己坚持的学术路径与所捍卫的价值，才是光明的正道，其余皆不足取。大学的本质是兼容并包，此种封闭固执的心态，实际与现代大学的理念相悖。但光华大学国文系尚不止于此，其在名义上相当于其他学校的中文系，但究其实际内容，称为"国学系"更为恰当，意即作为一个大学的中文系，实际承担的是文史哲三个学科的人才培养责任。这当然有利于厚植学生的文史哲基础，培养学术上的通才，但是民国以降，现代学科体系的发展趋势主要是"分"而非"合"，在 20 世纪 20 年代各校曾有短暂的"国学研究院"或"国学门"之设，最终都因无法与现代学科体系相对应而走向解体，其内容、功能分别被文史哲三系代替。② 到 20 世纪 30年代，各大学文史哲三系多是各自独立的学科，学科界限比较明显，各学科的研究人员不同，关注的问题、研究的范式也不同。而且，现代学术体系下的文史哲研究，主要强调在"整理国故"思想指导下对中国传统学术进行客观化研究。张寿镛、钱基博等一直注重道德气节，认为大学更重要的是培养人格和品质，希望从古代经典文献中寻求和保存国性。此种对古代经典毫无怀疑、毫无批判的态度，并非一种符合现代学术观念的客观态度，与现代学术要求将国故客观化、问题化、去神圣化，用

---

① 吕思勉：《改进史学系之一说》，《光华大学十六周纪念特刊》，光华大学，1941，第 5 页。

② 刘梦溪：《学术与传统》中卷，北京时代华文书局，2017，第 881 页。

现代的方式研究中国传统学术，参照考古成果来印证文献，都有一定的距离。而所谓强调道德精神气节，实际又比较空疏高蹈，很难在实际的教育中贯彻，不易产生效果，反而可能因带有道德说教的意味，使受教育者反感。

最后，光华大学国文系的特殊学风，导致该系的学术交往圈十分有限。

由于光华大学国文系的学风过于特殊，该系师生很少与其他高校相关科系交流，只和两个民间教育机构存在学术交往，即唐文治主办的无锡国学专修学校和章太炎主办的苏州章氏国学讲习会。光华大学国文系与这两个民间机构在学术交流上颇为密切，主要由于在师资上多有重合。

1927年北伐后，上海局势不稳，光华大学停课，钱基博回到无锡，为战事所阻，受邀在无锡国学专修馆（后改为无锡国学专修学校）讲学。其后，受聘为无锡国学专修学校教授兼教务主任。无锡和上海之间的交通恢复后，钱基博往返于两校，一般是周五下午回无锡，晚上到校讲课两时，星期六上午讲课两小时，星期日再返光华大学。[1] 此种情况一直持续到抗战爆发。钱基博担任无锡国学专修学校教务主任，主管该校教学，故援引光华大学国文系教员同时担任无锡国学专修学校的教员。其中，光华国文系教员周澂即长期担任无锡国学专修学校的教员。[2] 光华大学每次进行国文考试，试卷亦常由校长张寿镛寄往无锡国专，请该校校长唐文治批阅给分。[3] 光华师生参与苏州章氏国学讲习会的教学活动则更为深入。从苏州章氏国学讲习会的教员名单上看，钱基博、吕思勉、蒋维乔都曾在该处兼课。光华大学国文系学生沈延国是介绍老师前往章氏国学讲习会讲学的中介之一。沈延国作为光华大学国文系学生，被章太炎认作义子，甚为倚重。章太炎主办的《制言》，登载的也多是《光华大学半月刊》的广告。光华大学中国语文学会出版《中国语文学研究》，首篇文章便出自章太炎之手。因此，两者的交往非常紧密，在课程设置上高度相似。

然而，无锡国学专修学校是一所以国学教育为主的学校，并不像现

①　傅宏星编著《钱基博年谱》，华中师范大学出版社，2007，第90页。
②　《私立无锡国学专修学校十五周年纪念册》，无锡国学专修学校，1936，第146页。
③　《光华的足迹——光华大学建校七十周年纪念集》，第39页。

代大学。苏州章氏国学讲习会在抗战前并未立案，由一直提倡"学术在野"的章太炎创办，实际上根本不是大学，带有非常强烈的私塾色彩。光华大学国文系作为现代大学的国文系，与两所民间教育机构并称，人员高度重合，可以看到强烈的学术在野意味，实际却说明光华学人远离所谓主流学术界。他们与当时文史研究的中心机关——北京大学、中央大学、燕京大学、中央研究院历史语言研究所等，都无制度和人员上的联系。因此，他们的研究成果，也难以进入主流学人的视野。他们培养出来的学生，学术上升速度比较缓慢，基本难以在主流学术机构谋职，由此反向对他们的学术生涯构成限制。比如，杨宽毕业后，先任教于非常边缘的广东省立勷勤大学史学系，抗战期间受吕思勉邀请在光华大学兼课，其后进入苏北游击区从事文化工作，抗战胜利后任职于上海博物馆，并在光华大学兼课。① 沈延国毕业后在章氏国学讲习会、太炎文学院等民间教育机构任教，抗战胜利后从事商业工作，并曾在光华大学担任副训导长的职务。② 赵善诒、管道中毕业后长期担任中学教学工作。

光华大学国文系无法进入所谓主流学术界的视野，与钱基博、吕思勉、蒋维乔等教授的出身和学术成长路径也有重要关系。钱基博、吕思勉两位教授此时都已经年届五十，蒋维乔则已经年逾六十，这个年龄段的学者在清代便已经接受过非常完整的传统教育，没有读大学的机会，更没有西洋文凭，凭借自己的勤勉努力，从中学教员或出版社职员逐渐成为大学的文史教授。此种身份，决定了他们相对于当时的国立大学、以英美留学生为主的学术界，都相当边缘化。

当然，光华大学国文系同人亦不想进入所谓主流学术界的视野，因为他们普遍具有独特的个性。钱基博对自己的学术非常自信，对胡适等所谓主流学人不屑一顾，经常自负地发表各种文章对这类学者进行批评和贬斥。钱基博还拒绝将时间浪费于交际活动之上，自称："生平无营求，淡嗜欲而勤于所职；暇则读书，虽寝食不辍，怠以枕，餐以饴，讲评孜孜，以摩诸生，穷年累月，不肯自暇逸。而性畏与人接，寡交游，不赴集会，不与宴饮；有知名造访者，亦不答谢；曰：'我无暇也！'文

---

① 《历史激流中的动荡和曲折——杨宽自传》，台北，时报文化出版公司，1993，第115—149 页。
② 李峰主编《苏州通史·人物卷》（下），苏州大学出版社，2019，第 68 页。

章只以自娱，而匪以徇声气。学道蕲于自得，而不欲腾口说。不为名士，不赶热客，刚中狭肠，孤行己意，而不喜与人为争议。"① 吕思勉亦自称："予生平不喜访知名人士，人有愿下交者，亦多谢绝之，以泛泛访问，无益于顺学修为也。"② 蒋维乔早年长期担任教育行政官员，业余研究学术。对其而言，教书本就是一种糊口的职业。在光华任教期间，他以研究佛学或"因是子静坐法"自娱，交往者多是名不见经传之辈。从蒋维乔在20世纪30年代的日记中也可以看出，其生活非常单调机械，每天往返于学校和家中，日复一日。虽然他与中华书局、商务印书馆等主流学术出版机构渊源颇深，可以不断出版学术著作，但相对于所谓主流学界仍非常边缘化。

民国以降，学术研究已与中国传统社会不同，很难延续二三经师在野集中授徒的学术教育模式。现代大学体制与学科机制的建立，使学术研究和资源、权力结合在一起，任职机构、师承、学术派别等都成为影响学术发展的重要因素。疏离于主流学人群体，缺乏互相提携的机会，对钱基博、吕思勉、蒋维乔这些已经形成成熟研究路径的学者或许影响有限，但必然会使学术人才的培养受到限制。

第三节　从博弈到依附：限制文法科
对光华大学的影响

教育部对私立大学文法科的限制

在张寿镛、钱基博、吕思勉、蒋维乔等学者的主持下，光华大学国文系形成了一种非常独特的学风，并在国学教学和研究方面取得了比较丰硕的成果，在当时全国各大学的国文系中独树一帜。至于光华大学文学院其他科系，平均每系拥有四五人的师资阵容。如政治系有耿淡如、葛受元、钱九威、张似旭，教育系有廖世承、张耀翔、陶行知、江问渔、谢循初、章益、邰爽秋、朱有瓛，社会系有吴泽霖等（很多教授都是一人兼任多校教职）。尽管这些文科院系发展的特色不足，政治系不如复

---

① 钱基博：《自传》，《光华大学半月刊》第 3 卷第 8 期，1935 年 4 月，第 114 页。
② 《吕思勉自述》，《光华的足迹——光华大学建校七十周年纪念集》，第 56 页。

旦，教育系不如大夏，社会系不如沪江，但就师资阵容而言，在当时的上海也算领先。

相对于光华大学文学院师资的阵容强盛，理学院的发展可谓衰弱不振，两者形成强烈的对比。1932年秋季学期，光华大学设有文理商三院十五系，文学院有国文、英文、教育、政治、社会、历史、哲学等七系，教师共28人，理学院有数学、物理、生物、化学四系，教师共7人，商学院有银行、会计、工商、国贸四系，教师共10人。其中文学院平均每系4位教师，理学院师资最薄弱，平均每系不足2位教师，商学院平均每系教师2.5人，其中教授0人，副教授1人，讲师9人。① 该学期全校有学生680人，其中文学院学生391人，占总人数的58%，理学院仅有学生97人，占总人数的14%，商学院有学生192人，占总人数的28%。②

光华大学理学院不仅师资薄弱，硬件设施也相当之差，甚至难以满足基本的教学工作。理学院的数学系和物理系由于都比较弱小，不久合并为数理系，两系合并之后，教授和设备也仅仅是勉强足够使用。化学系发展遭遇困难，虽新建了实验室房舍，但无设备："本校化学系，自迁入自建之实验馆后，各实验课程之进行，已渐上正轨。然以缺乏煤气，供给实验，每感困难。本年度获教育部之补助，乃于寒假期中，以三千余金之代价，装置发气机一座。……该系现有教员四人，支配颇感困难。"生物系已经实际停办："本院原有生物学系之设备，嗣以经费关系，不得已暂时停止进行。然该系之基本课程，如普通生物学、动物学、天演论、进化论、遗传学等课程，对于教育学系及社会学系均有密切关系，故仍照常开班。"③

不过，虽然光华大学文学院相对强盛，但由于开设的基本都是侧重学术理论研究的科系，"毕业即失业"的现象严重。1929年毕业于教育系的张登寿，当年通过老师陈科美的介绍，得以在福州乌石山师范学校当兼职教师，不久后失业。④ 1932年毕业的政治系学生储安平，虽然读

---

① 《各系教员人数比较图（民国二十一年秋学期）》，《光华癸酉年刊》，第28页。此处只统计副教授、教授、助教和讲师四类教员。
② 《各系主修人数比较图（民国二十一年秋学期）》，《光华癸酉年刊》，第29页。
③ 容启兆：《一年来之理学院》，《光华乙亥年刊》，第105页。
④ 张登寿：《八旬回首》，《文史资料选编》第1卷《教育编》，第557—566页。

书时是同学中的佼佼者，毕业时却未寻到合适的工作，在宜兴老家待业一年。1933 年 7 月，经光华学长杨子英的介绍，利用中央日报社社长程沧波的关系，进入该报社工作。他的一位名叫"汶子"的同学却无此运气，毕业后只能到南京某军事训练处成为一名小兵。[①] 1936 年的政治系毕业生余贻谦，毕业后失业在家，靠翻译稿费为生。[②] 这些有案可稽、能够在历史上留下名字的学生尚且如此，其他无名的普通学生的失业情况当更严重。

光华大学文理科发展严重失衡，文科发展水平较高却失业严重，理工科发展水平则过于低下，此种情况并非个案，而是上海一般私立大学的典型状况。这些问题引起了国民政府教育部的极大关注。1933 年 4 月，王世杰担任教育部部长，开始进行一系列教育政策的兴革，积极整顿高等教育，严格执行巡视、督查私立大学的制度。私立大学的师资、课程、行政等，均是督查的重要指标。教育部根据巡视报告，对私立大学提出种种整改意见，要求私立大学必须认真对待巡视意见，努力提升办学水平。1933 年 4 月，教育部派国立编译馆主任陈可忠、高等教育司科长谢树英等到光华大学视察，其后发布报告，指出学校存在的种种问题："理学院物理系，设备太简，课程亦不足供主要学生修习。生物系设备足供一年生用，各种图书及基本学科之实验设备，均嫌未充。"[③]

1933 年 5 月，教育部颁布《二十二年度各大学及独立学院招生办法》，开始推行限制文法科的政策，规定从 1933 年秋季起，各大学的文、法、商、教育等学院各系所招新生及转学学生的平均数，不得超过理、工、农、医等学院各系所招新生及转学学生之平均数；专办文、法、商、教育诸学科的独立学院，每系或专修科招收新生及转学生的数额不得超过 50 名。[④] 光华大学原本文强理弱，限制文法科必将对原本相对强势的学科造成致命打击。而且，由于招生人数的多寡决定收到学费的多少，此种规定对依靠学费办学的上海各私立大学而言实为重大打击。比如，

① 储安平：《梦与地狱》，《自由言论》第 1 卷第 5 期，1933 年 4 月，第 19—22 页。
② 孙运松搜集，朱桂荣整理《"死灰犹可活，百折莫吞声"——记革命知识分子余贻谦同志的一生》，《铜陵文史资料选编》第 2 辑，第 41 页。
③ 《教部发表视察上海六大学报告》，《申报》1933 年 12 月 25 日，第 12 版。
④ 黄建中：《三年来之中国高等教育》，黄季陆主编《革命文献》第 55 辑，台北，中央文物供应社，1971，第 81 页。

1932 年秋季学期的私立光华大学，文学院六系平均每系招生人数为 19 人，理学院四系平均每系招生人数为 12 人。① 若严格按照理学院的标准压缩文科各系招生人数，文学院将减少招生 42 人，占现有文学院招生总数的 37%。由此，当面对教育部限制文法科的政策有损私立大学的利益时，张寿镛首先通过内部渠道向蒋介石申诉。

私立大学与政府的博弈及其失败

1933 年 6 月 12 日，张寿镛致电南昌行营的蒋介石，希望其命令教育部部长王世杰收回成命。张寿镛在电文中对社会上认为文法科人才已经过剩的说法进行辩驳："平心而论，人才缺乏，理科固宜重，文法两科亦何尝有过剩之才？此举似不妨暂时从缓，请电教育部王部长自动将文法招生限制一节暂不实行，以安主修文法者之心，即消弥无谓争执，务请采纳。"② 此时张寿镛已经辞官，并多次拒绝蒋介石的挽留，为何仍有底气向蒋介石求助？似乎张寿镛在辞职前与蒋介石之间有所约定，继续以私人身份帮助国民政府联络上海工商界筹款，因此仍在一定程度上保留某些沟通渠道。从台北"国史馆"收藏的"蒋档"可知，1933 年春，北平军分会黄郛部下王克敏电国民政府需要华北特饷，财政部次长邹琳当即赴沪，会见张寿镛和张嘉璈，请其向上海银行界接洽发行债券。1933 年 5 月 12 日，张寿镛复电蒋介石，请其"纾念"。③ 5 月 27 日，张寿镛又致电蒋介石，称华北特饷已经完全办妥，沪上银行界按照七五折价格认购债券，政府每月能得 300 万元，目前可以使用两个月。同时，张寿镛向蒋介石报告，沪上似乎有"不逞者"打算发动罢工罢学破坏秩序，希望蒋致电上海市市长吴铁城请其注意，但切不可透露是自己报告的。④ 1933 年冬，国民党在上海大兴党狱，上海各大学共被捕 200 余人。光华

---

① 《各系主修人数比较图（民国二十一年秋学期）》，《光华癸酉年刊》，第 29 页。

② 《张寿镛电蒋中正请王世杰一节暂不实行文法两科招生限制》（1933 年 6 月 12 日），《蒋中正总统文物档案》，档案号：002/080200/00096/100。

③ 《张寿镛电蒋中正北方军费已照王克敏所拟由镛与邹琳韦以黻张嘉璈赶速备妥》（1933 年 5 月 12 日），《蒋中正总统文物档案》，档案号：002/080200/00085/171。

④ 《张寿镛电蒋中正华北特饷已办妥及请电上海吴铁城市长注意有不逞者思以罢工罢学破坏秩序》（1933 年 5 月 27 日），《蒋中正总统文物档案》，档案号：002/080200/00091/093。

附中国文系教员张杰以及男女学生 15 人被捕。① 各大学校长与上海市市长吴铁城、上海市党部宣传部部长潘公展协商无果。最后由张寿镛前往奉化，面见回乡扫墓的蒋介石，获得蒋的手谕，由各大学向上海市警备司令部保释。从上述情况来看，张寿镛虽然辞职，但仍与蒋介石保持直接沟通的渠道，作为蒋介石在上海的耳目之一，张寿镛并未完全失去利用价值。不过，蒋介石对王世杰整顿大学院系的举措非常支持，加之这类呈文多由秘书长杨永泰代批，杨永泰遂以"中不便有所献识，为各校确有为难情形希径向教部请愿"为托词，拒绝了张寿镛的请求。② 由此，张寿镛开始联络上海各大学，集体向教育部请愿。

张寿镛辞官后，由于其政治资历以及与蒋介石的私人关系，被推举为上海各大学联合会主席。1933 年 6 月 17 日，上海各大学联合会召开第九次执行委员会会议，光华大学、交通大学、沪江大学、暨南大学、复旦大学、大夏大学、上海商学院等七校校长或代表到场，讨论如何应对教育部的限制招生令，议决由暨南、大夏两校起草致教育部的呈文。1933 年 7 月 4 日，上海各大学联合会呈文教育部称，政府重视理、工、农、医人才的培养，"立意甚美"，但如果按照全国人口和土地分配大学生，便不能认为目前的文法科人才已经过剩。就政策本身而言，也有两点难以实行之处。首先，上海很多学校新生入学后半年或一年内不分院系。其后一些学生还会要求转系，一些学生可能申请休学，加之频繁的天灾人祸，很多同学都不能完成四年的学业，最终毕业者比当初入学者一般会减少很多，似不宜对招生比例加以限制。其次，各校录取新生凭借的标准是考试成绩，一般投考大学者多是文科较优、理科较差，如果强行要求打算投考文法的学生学习理工，则可能会扼杀文法人才，如果降低标准，让擅长文法的学生修读理工，则无疑会降低理工教育的标准。因此，教育部若执意限制文法科，不能以简单粗暴的命令禁止了之，而是应该从根本改起。首先，教育部应该从中学教育阶段便增加相关课程、给学校配备实验仪器，培养学生的理工兴趣，使其投考时自然忽视文法

---

① 钱之俊：《匆匆那年：钱锺书光华大学日记里的当年人事及其他》，《太湖》2021 年第 5 期，第 134—147 页。

② 《张寿镛电蒋中正请王世杰一节暂不实行文法两科招生限制》（1933 年 6 月 12 日），《蒋中正总统文物档案》，档案号：002/080200/00096/100。

科；其次，目前中国的实业并不发达，政府应该认真筹集经费发展实业经济，增加农林工矿方面的就业岗位，否则理工科人才亦会存在失业或学非所用、报国无门的状况。[①] 然而，上海各大学的诉求并未被王世杰采纳。

光华大学在抗争无效后，完全服从了教育部的要求，减少了文法科学生的招生人数，文理科学生的比例差距逐渐缩小。以下数据颇能说明情况：1935 年春季学期，全校学生 519 人，文学院学生 253 人，占 49%。[②] 1936 年秋季学期，全校学生 876 人，文学院学生 322 人，理学院学生 212 人，文学院学生仅占 37%。此时非但文学院学生比例下降，文理科一年级新生招生也趋于平稳。1936 年秋季学期，光华大学一年级新生中，文学院招录新生 140 人，理学院招录新生 139 人，几乎相等。[③] 这一点亦反映在毕业人数上。从统计数据可知，限制文法科政策出台后，政治系的毕业生明显减少。比如，1933 年该系毕业人数为 42 人，1934 年为 59 人，1935 年为 35 人，1936 年迅速降为 17 人，1937 年下降为 13 人。[④] 从这个数据看，光华基本遵从部令，贯彻了限制文法科的政策。

由此可知，在面对中央教育部门的限制政策时，私立大学方面虽有一定博弈的空间，但由于如张寿镛这样的私立大学校长已不在官位，并无有效的筹码，也无法改变教育部既定的教育方针。此外，教育部在整顿私立大学、限制私立大学文法科发展的同时，制定了系统补助私立大学的政策，促使私立大学必须努力调整与教育部的关系，否则便很难获得来自政府的经济资助。

私立大学经济基础的改变

北洋政府时期，军阀混战导致军费占国家财政支出的比重过大，政府无力资助教育，国立大学常年严重欠薪，多次爆发教职员工索薪抗议，

①　《二十一年度第九次执行委员会会议记录》，《上海各大学联合会会刊》第 1 号，1933 年 12 月，第 85 页。
②　钱基博：《本年之文学院概况》，《光华乙亥年刊》，第 2 页。
③　《各院系各年级男女生人数统计表（廿五年度上学期）》，《光华丁丑年刊》，第 69—70 页。
④　《光华大学历年各系科毕业人数统计表》，《光华的足迹——光华大学建校七十周年纪念集》，第 316 页。

北京国立八校因此曾多次集体宣布破产，关门停办。私立大学由于依靠学生学费和工商界捐款，相对稳定，此时往往能趁机收获优良的师资，获得较好的发展。南京国民政府成立后，由于一时间政局未稳，对国立大学虽有一定资助，但拖欠经费之事仍是家常便饭。20 世纪 30 年代以后，由于国家财政逐步充裕，国民政府教育部承诺足额发放教育经费，国立大学的财源日益稳定，每年可获得多则百万元少则数十万元的经费，物质条件有所改善，很少再出现 20 年代末期国立大学教授因薪资问题转任私立大学教授的情况。[①] 相比之下，国人自办的私立大学却由于财政问题进一步陷入困境。光华大学便是典型例子，从 1930—1933 年光华大学所获得的捐助明细中可知，其办学资金主要依靠学费，只有很少一部分来自社会捐助，而且极不稳定。1930 年，学校仅收到 110 元捐款。1931 年获得捐款较多，达 2.59 万元。不过，其中包括"二十年度文化基金会五千元，本年度政府补助理学院设备费共一万五千元"，真正的民间捐助只有 0.59 万元。[②] 1932 年的一·二八事变中日军轰炸闸北、南市导致大量工厂被毁，给上海工商界造成巨大损失，这对光华大学这类一直寄希望于工商银行资本家捐资的私立大学造成致命打击，进一步导致其募款困难。1932 年，学校所获得的捐款为 0 便是明证。1933 年，学校获得的捐款亦仅有 7047 元，与初建时不可同日而语。至于收支，1930 年度借款 8.9 万元，应付未付款 3.3 万元；1932 年度借款 3.8 万元，应付未付款 1.4 万元；1933 年度借款 4.1 万元，应付未付款 1.6 万元。[③]

一度担任光华大学校长张寿镛秘书的朱有瓛对抗战前私立大学的经费困境有过论述。他认为，当下国内的私立大学普遍处于一种衰落的状态，其原因在于政治和经济两方面："过去二十多年，中国政治没有上轨道，国立、省立的大学因受政治的影响不能安定，私立大学却虎虎有生气，为国家造就人材，建设文化，在国家文化史上有不可磨灭的功绩。但最近七八年来，中国政治有显著的进步，国立大学的一切措施亦比较令人满意，增加经费，减轻学生担负，安定教职员生活，添置设备，一

---

①　陈能治：《战前十年中国的大学教育（1927—1937）》，第 293 页。
②　《十年来之财政概况》，《光华大学十周纪念册》，第 155 页。
③　《光华大学收支对照表》（十九年度—二十二年度），《光华大学十周纪念册》，第 162—166 页。

部份私立大学便相形见拙［绌］了。尤其是世界经济恐慌在次殖民地的中国为尖锐化以后，中国私立大学的发展便无形受到重大的打劫［击］。"① 因此，朱有瓛甚至认为，教育是国家的事业，不应由私人经营，政府应逐渐补助学校，辅助其发展，纠正其问题，最终将其收归国立。

然而，国内私立大学众多，政府毕竟无力也无义务将所有私校都改为国立，仅能对其加以补助。从 1934 年起，教育部每年固定补助办理优良的私立大学（其中包括教会大学）40 所，总额 72 万元。② 然而，同年度政府对国立大学的补助分别为：中山大学，177.6 万元；中央大学，172 万元；北平大学，145.7 万元；清华大学，113.6 万元；北京大学，90 万元；武汉大学，85.7 万元；浙江大学，76.9 万元；四川大学，72 万元；同济大学，67.6 万元；暨南大学，63.1 万元；山东大学，53.3 万元。甚至规模甚小的国立独立学院如上海医学院、上海商学院，亦分获 23 万元、11.6 万元。③ 40 所私立大学获得的补助，不如一所中等国立大学所获得的补助，国立与私立的差距，真可谓巨大。

而且，此种补助，并不根据私立大学的经济状况，而是以大学办理的优劣为标准。这项补助亦是配合限制文法科政策，主要资助各私立大学发展理工科。当年，经过激烈角逐，大夏、大同、光华、复旦分别获得 1.5 万元、3.5 万元、1.5 万元、1.5 万元补助，其中，大同、光华、复旦都指定补助理学院，大夏指定补助教育学院 0.2 万元，理学院 1.3 万元。④ 1935 年，教育部补助光华大学仅 1.08 万元，全部指定用于理科，其中聘请物理教席经费 0.4 万元，添设理学院设备经费 0.68 万元。⑤ 此种偏重性的补助，要求各私立大学必须重视理工科的发展，否则将无法获得资助。政府从金钱上资助私立大学，也要求私立大学必须配合政

---

① 朱有瓛：《中国私立大学的前途》，《政问周刊》第 61 号，1937 年 2 月，第 12—13 页。
② 行政院编印《行政院工作报告》，1938，第 1 页。
③ 《中央政治会议核定二十三年度国家普通岁出总概算分表》，《教育部公报》第 6 卷第 31、32 期合刊，1934 年 8 月，第 32—33 页。
④ 《教部本年度私校补助费核定经过》，《中华教育界》第 22 卷第 4 期，1934 年 8 月，第 185 页。
⑤ 《二十四年度私立专科以上各校补助费项目数额表》，《第四次申报年鉴》，申报年鉴社，1936，第 38 页。

府的教育行政，否则很难获得资助。

从 1934 年开始教育部补助私立大学的数额并不算多，却为何对私立大学而言如此重要？这又与 20 世纪 30 年代中期受世界经济大萧条影响，中国工商界进一步受到严重冲击有重要关系，私立大学从社会上汲取办学资源的能力进一步弱化，陷入困境。1935 年，复旦、光华、大夏、大同等上海私立大学校长联名致函国民党五全大会，要求政府进一步重视私立大学："最近教育部虽分别予以补助年一二万或二三万不等，然杯水车薪于事无济……而政府拨于公立大学之款动辄数十万数百万，学生数少而耗费大，与私立大学适成反比例。"[①] 不过，国民政府对私立大学的经费补贴不会因各校呼吁便大幅增加，各校只能各显神通，希望在有限的资源中分得高额补助。就当时的政治情况而言，若希望从中央政府中获得更多的资源，一个稳妥途径无疑是在政府中拥有一定的人脉关系。因此，就校长负责制的私立大学而言，校长的人脉如何，对私立大学的经济来源影响甚大。

如前所述，尽管张寿镛已经致仕，但仍保持一些与中央沟通的渠道。同时，张寿镛在财政部门也有一定地位。1934 年 5 月，第二次全国财政会议召开，张寿镛受财政部部长孔祥熙邀请，作为专家代表参会，任第二组主任委员，并在会议上致辞。这说明，张寿镛在政府财政系统中尚有一定的影响力。1935 年 1 月，张寿镛在上海汉口路创办国信银行，注册资金 100 万元，自任董事长。同年，张寿镛受聘兼任浙江地方监理捐税委员会主席，负责在浙江各地监督税收，裁减苛捐杂税。[②] 可见，财政部对张寿镛还是比较重视。1935 年 6 月 3 日，光华大学十周年校庆前夕，虞洽卿、宋子文、孔祥熙、邱汉平以庆祝张寿镛六十寿诞为名，联名发起社会募捐，拟为光华大学集资建图书馆一座。尽管宋子文、孔祥熙等可能属于挂名，最终这项募捐活动也没有成功，但足见张寿镛仍有一定的影响。

然而，此种渠道并不长久。1935 年是一个转折的年份。当年财政部对上海银行界进行改组，强行将中国、交通等大银行收归国有，并接管小的商业银行。由此，官方银行集团占全国华商银行总资产的 72.8%，

---

① 《上海私立各大学校长上五全大会呈》（1935 年 11 月 13 日），台北，中国国民党党史馆藏，《会议档案》，档案号：5.1/26.11。
② 《国信银行定期开业，经部批准立案资本百万》，《申报》1935 年 3 月 11 日，第 12 版。

国民政府逐步建立自己控制的银行体系，不必再如以前那样对上海工商界深度依赖。① 在此种情况下，张寿镛作为国民政府与上海工商界之间中介人的作用日益微小，也在政治上逐渐边缘化。从资料上看，1935 年以后，张寿镛基本失去与蒋介石直接联络的渠道，与孔祥熙等财政部官员的关系也不如以前密切。如果说 1935 年前的光华大学尚有一定的政治资源，1935 年以后则有所变化，必须寻找新的政治资源。

　　在这方面，张寿镛的动作略有迟缓。在此之前，上海各私立大学已经纷纷转变策略，开始抛弃校董会名单中工商界名不副实的挂名校董，积极聘请中央党政要人担任校董，努力维护与中央政府的关系，希望利用与党政要人的关系改变私立大学的经济困境。1934 年复旦大学校董名单中，政界人士增加了孙科、于右任、陈立夫、王正廷、张道藩、吴铁城、程天放、余井塘，1936 年又增加了叶楚伧、吴南轩。大夏大学的政界校董则包括何应钦、孙科、杨永泰、居正、褚民谊、吴铁城等党政要人。显然，两校清楚地认识到，私立大学必须依靠政府方能生存。光华大学在这方面颇显劣势。1935 年的光华校董名单中包括王费佩翠、朱经农、朱吟江、余日章、吴蕴斋、施肇曾、徐新六、徐寄顾、许秋帆、虞洽卿、张寿镛、赵晋卿、林康侯、陈光甫、钱永铭、杨秋荪。② 其中竟无一位真正意义上的政界要人，绝大多数是江浙工商银行界人士。出于这个原因，光华大学从教育部所获得的补助甚少，1934 年获得 1.5 万元，1935 年仅获得 1.08 万元，1936 年获得 2 万元，在上海四大私立大学中，光华大学所获得的补助数额较低。由此，张寿镛在发表于 1935 年的《六十年之回忆》中感慨道："私立大学真真不容易办，若一年能有政府帮贴四五万元，即可完全无缺，此一心愿也。"③ 因此，尽管他在政治上已经边缘化，仍积极努力在政府中扩展人脉网络。1936 年，翁文灏被任命为行政院秘书长，张寿镛遂于该年聘请其担任校董。④

---

① 小科布尔：《上海资本家与国民政府（1927—1937）》，杨希孟、武莲珍译，中国社会科学出版社，1988，第 238 页。
② 杨秋荪曾给光华大学捐地 8 亩。
③ 张寿镛：《六十年之回忆》，《良友》第 107 期，1935 年 7 月，第 15 页。
④ 《光华大学聘请翁文灏任校董》，《中央日报》1936 年 4 月 17 日，第 3 版。

表 4-2　1935 年光华、复旦、大夏三校校董及构成情况

单位：人

校名	校董名单	政界	商界	文教界
光华大学	王费佩翠、朱经农、余日章、吴蕴斋、施肇曾、徐新六、徐寄庼、陈光甫、许秋帆、虞洽卿、张寿镛、赵晋卿、朱吟江、林康侯、钱永铭、杨秋荪	0	13	3
复旦大学	钱永铭、李登辉、于右任、邵力子、朱仲华、周越然、金国宝、张廷灏、江一平、余井塘、程天放、方椒伯、王正廷、孙科、陈立夫、张道藩、吴铁城、赵晋卿、王伯元、杜月笙、郭仲良	9	5	7
大夏大学	王伯群、王志莘、江恒源、王毓祥、何应钦、吴铁城、杜月笙、居正、张竹平、杨永泰、傅式说、褚民谊、孙科、欧元怀	7	3	4

资料来源：《复旦大学志》第 1 卷（1905—1949 年），第 115—208 页；《校董题名》《名誉校董题名》，《私立大夏大学一览》，大夏大学，1935，第 21 页；《校董题名》，《光华乙亥年刊》，第 51—64 页。

　　张寿镛与翁文灏是浙江鄞县同乡，又是亲家关系，张寿镛次子张悦联与翁文灏的六女联姻。张翁两人的关系一直非常紧密。1934 年 2 月 17 日，翁文灏在上海武康路被撞成重伤。当时张寿镛尚有途径联络蒋介石，遂致电蒋介石，告知翁文灏危在旦夕，不便移动，急需施救，请蒋介石速遣身边的名医前来诊治。[①] 翁文灏也颇为依靠张寿镛。翁文灏同时兼任资源委员会秘书长，不免需要理财经验丰富的张寿镛为其出谋划策。如其在 1936年 4 月 27 日的日记中记载道："车中与张咏霓谈经济建设事。" 5 月 15 日记载道："函张咏霓，鄱乐矿事事先与英资本家一商。" 7 月 4 日记载道："又谈鄱乐煤矿向唐寿民、张咏霓等银团借款代办案。" 由此，翁文灏也颇关心光华大学，曾多次光顾学校，或者主动访问光华的副校长朱公谨。[②] 由此可见，张寿镛致仕后，翁文灏成为他与政府联络的新渠道。

　　尽管并无实际证据证明翁文灏在替光华大学向政府申请补助的努力中起到作用，但从结果来看，光华大学的待遇确实有了一定的变化。1937 年，光华大学所获得的补助达到 4 万元，是前一年的 2 倍。由于政府补助私立大学的总额有限，光华大学的补助增长，不免会侵占其他学

---

① 《张寿镛电蒋中正翁文灏在武康车撞重伤急需施救请钧处医生飞往医治及在武康具格外照料》（1934 年 2 月 17 日），《蒋中正总统文物档案》，档案号：002/080200/00148/031。

② 李学通、刘萍、翁心钧整理《翁文灏日记》（上），中华书局，2014，第 26、65 页。

校的补助。由此，该年复旦、大夏两校获得补助为 0 元（见表 4-3）。此种微妙的变化发生在翁文灏担任校董之后，可以看到，其中必然有一定的人脉因素。只是，私立大学存在的意义本来是补国家教育之不足，作为一种社会事业，应取之于社会、用之于社会，如果过度依赖政府，很大程度上会成为政治的附庸。而且，此种情势尤其不能为外界所谅解。抗战前的庐山会谈，傅斯年批评私立大学以政治要人为董事长，拼命向政府要钱。张寿镛则站出来为私立大学叫苦。[①] 傅斯年的批评并非毫无道理，但这对私立大学而言实属无奈之举。私立大学依附党政要人向政府索款的情况，到抗战时期则更加严重。

表 4-3　1934—1937 年教育部补助上海四大私立大学经费一览

单位：元

年份	光华	复旦	大夏	大同
1934	15000	15000	15000	35000
1935	10814	13369	13369	30402
1936	20000	15000	35000	35000
1937	40000	0	0	40000

资料来源：《教部本年度私校补助费核定经过》，《中华教育界》第 22 卷第 4 期，1934 年 8 月，第 185 页；《二十四年度私立专科以上各校补助费项目数额表》，《第四次申报年鉴》，申报年鉴社，1936，第 38 页（文页）；《二十五年度补助私立各大学七十二万元分给四十校》，《申报》1936 年 7 月 1 日，第 17 版；《私立专科以上学校本年度补助费共计八十六万元》，《中央日报》1937 年 7 月 7 日，第 4 版。

小　结

1930 年末爆发的光华大学学潮，最终导致该校的著名文科教授悉数辞职，学校受到致命打击。其后便是九一八事变后的学生抗日救国运动，相对于国立大学和教会大学，私立光华大学的学生运动十分积极，在上海的学生运动中扮演了重要角色。光华学生一方面参加上海学生进京请愿运动，要求政府出兵东北，一方面在校内主办的刊物上流露出非常明显的民主诉求，矛头直指国民党的训政与党治。此种情况，在国立大学

---

① 　《竺可桢全集》第 6 卷，上海科技教育出版社，2005，第 337 页。

和教会大学中均不易出现。当然，此种情况也导致光华大学在长达半年的时间里几乎无法开展正常的教学活动。

1932 年以后张寿镛专任光华大学校长，开始致力于学校的物质建设和学术建设。1933 年文学院院长王造时的去职，更代表着光华大学的政治批判面相彻底结束，学校逐步回归学术本位。然而，由于私立光华大学本身财政能力有限，基本没有工科，理科亦不发达，商科多属实用主义教育，无学术可言，所谓回归学术主要是发展国学。在张寿镛、钱基博等人的主导下，经过数年的建设，光华大学国文系在国学教学和研究方面取得一定成果。光华大学文学院其他科系也获得一定程度的发展。相比之下，理学院则一蹶不振，甚至难以为继。此种文理科畸形发展的现状，并不符合教育部的预期。20 世纪 30 年代中期，教育部开始限制私立大学文法科的发展，与之并行的是在物质上补助私立大学，通过经费资助引导私立大学大力发展理工科，以培养实用型人才。此种政策压抑了光华大学原本具有相对优势的文科，而原本缺乏优势的理科亦非政府杯水车薪的资助便能获得迅速提升，最后导致无论文科还是理科的发展，结果都非常平庸。

另外，20 世纪 30 年代世界性经济危机爆发导致工商业受挫，加之银行界的"国进民退"，私立大学从社会汲取资源的能力进一步降低，更加重视从政府方面开拓经费来源。由此，私立大学方面纷纷积极谋求与中央教育部门建立良好关系，开始务实地放弃校董会中那些名不副实的工商界校董，积极在政界开拓人脉资源，聘请党政要人担任校董，希望从政府获得更多的办学经费。此种转变，在相当程度上改变了北洋政府时期以及南京国民政府初期私立大学的独立性，私立大学对政府的依赖越来越强。抗战爆发后，此种依赖政府的倾向更加明显。

第五章 "孤岛"内的忠诚：抗战时期的
光华大学沪校

抗日战争爆发后，一般大学均迁移内地。然而，上海地区由于租界的存在，驻沪高校多迁入租界办学，被迫内迁大后方者，亦多保留一部分办学资源留守上海。据统计，抗战前在上海设立、抗战爆发后并未内迁或仅部分内迁的本科以上学校共21所，包括：国立交通大学、国立同济大学、国立暨南大学、国立上海商学院、国立上海医学院、中法国立工学院，私立大同大学、私立大夏大学、私立光华大学、私立复旦大学、私立持志学院、私立上海法学院、私立上海法政学院、私立同德医学院、私立东南医学院、私立正风文学院，以及教会主办的圣约翰大学、震旦大学、沪江大学、东吴大学法学院、上海女子医学院。光华大学主体即选择留守沪上，仅委托原商学院院长谢霖借助四川地方资源创办成都分部。

那么，光华大学作为留守"孤岛"的高校，在抗战时期如何自处？靠自身能否维持办学？国民政府教育部与这类留守高校的关系如何？教育部如何对留守高校行使管辖权？教育部的政令可以执行到何种程度？随着民族危机的加深，光华大学这种留守高校在政治忠诚和生存需要之间如何抉择？光华大学作为私立大学，相对于国立大学和教会大学，在抗战时期与教育部的关系有何特殊之处？本章将梳理 1937—1945 年光华大学沪校相关史事，对上述问题进行解答。

第一节 留守"孤岛"：光华大学沪校的建制与人事

拒绝部令与留守沪滨

卢沟桥事变爆发后，国民政府在战和之间举棋不定。行政院在高等教育方面亦缺乏全面的应对策略，仅要求"全国各地各级学校暨其他文化机关，务必镇静，以就地维持课务为原则"。① 平津全面沦陷后，教育部才着手命令平津各校联合向大后方迁移。② 在处理上海高校的去留问题上，教育部亦未积极决策。尽管八一三事变后，驻沪各校面临严重的战火威胁，教育部仍不同意各校内迁，仅规定各校"于其辖境内或辖境外比较安全之地区，择定若干原有学校，即速尽量扩充或布置简单临时校舍"，以筹备开学。③ 上海一定面积的公共租界和法租界，无疑是教育部眼中的"安全地区"。因此，八一三事变后，上海各校基本奉命迁入租界。

随着淞沪战事的延长和时局的恶化，迁入租界的各大学是否应再度迁移，又成为迫在眉睫的问题。1937 年 9 月 3 日，国立暨南大学校长何炳松上书教育部，要求学校迁往浙江或江西择地办学。④ 9 月 13 日，国立交通大学校长黎照寰致函教育部，要求将低年级学生迁往浙江兰溪上课。⑤ 国立同济大学吴淞校舍被毁后迁入租界，校长翁之龙未经教育部批准，即在浙江省主席朱家骅校友的帮助下，径自在浙江觅地，要求学生于 10 月上旬在金华集合上课。⑥ 私立大学亦积极申请迁校。1937 年 9 月 15 日，复旦、大夏、大同、光华四所私立大学联合呈请教育部，希望组成联合大学迁移腹地继续办学。9 月 20 日，复旦大学校长钱永铭、大夏大学校长王伯群、光华大学校董翁文灏联袂晋谒教育部部长王世杰，商谈联合事宜及迁校计划。⑦ 9 月 21 日，教育部复电同意呈请，准许四大学在江西萍乡、贵州贵阳两处觅地续办，校名定为"私立复旦大夏大同光华联合大学"。⑧

---

① 《行政院核发〈总动员时督导教育工作办法纲领〉的指令》，中国第二历史档案馆编《中华民国史档案资料汇编》第 5 辑第 2 编《教育》(1)，江苏古籍出版社，1994，第 1 页。

② 林美莉编辑校订《王世杰日记》上册，台北，"中研院"近代史研究所，2012，第 36 页。

③ 《教育部检发〈战区内学校处置办法〉的密令》，《中华民国史档案资料汇编》第 5 辑第 2 编《教育》(1)，第 3 页。

④ 张晓辉、夏泉主编《暨南大学史 (1906—2016)》，暨南大学出版社，2016，第 85 页。

⑤ 上海交通大学校史编纂委员会编《上海交通大学纪事 (1896—2005)》上卷，上海交通大学出版社，2006，第 282 页。

⑥ 《同济大学迁浙上课，在金华觅定校舍》，《立报》1937 年 9 月 15 日，第 3 版。

⑦ 《京中大金大将迁四川，沪四大学迁赣黔》，《申报》1937 年 9 月 21 日，第 2 版。

⑧ 《教育部指令私立复旦大学等四校据呈请准迁移腹地开办临时联合大学核实知照由》(1937 年 9 月 21 日)，《教育部档案》，档案号：五/2691/2。

　　然而，在内迁一事上，教育部对上海的私立大学颇为"歧视"。国立清华大学、国立北京大学、私立南开大学联合南迁，教育部议定由管理中英庚款董事会拨款 20 万元为开办费，经常费按三校原有经费七成之半拨发，计每月 7.17 万元。① 复旦、大夏、大同、光华四校联合内迁，教育部不予拨发开办费，令各校校董自行筹款，或使用四校 9—10 月从教育部领取的补助费迁校，待迁移后将经费报送教育部查核，教育部根据困难情形，在可能范围内予以补助。此种苛刻条件，与四大学最初希望"拨给开办费国币三十万元，常年补助费每月四万元"的要求，显然有天壤之别。② 而且，教育部部长王世杰在上海私立大学迁校一事上，有自己的计划。王世杰在日记中一度认为，"大同似可迁往广西，以充实广西大学"。③ 对教育部而言，沪上高校数量众多，尤其是私立大学的数量已严重超出社会需要，此次沪上四所最主要的私立大学内迁，实为绝佳机会，日后可以逐步引导其改组、合并，成为永久性的地方学校，以补偏远地区高等教育之不足。

　　没有证据表明王世杰的此种意图被大同大学校方洞悉，但素来依靠教育界同人团体支撑的大同大学显然极具警惕性，立即声明退出联大。随后，光华大学校长张寿镛也马上致信王世杰，在表面上声明"寿镛最为赞成"之后，以"大同退出，事实变更"为由，要求退出联合大学。④对张寿镛之举，王世杰极为不满，在日记中评论道："上海私立复旦、大夏、光华、大同原定联合办一二大学于内地，今日张寿镛（光华校长）来电，谓教师分配为难，又复要求退出，大同亦然。闻长沙临时大学，清华、南开、北大等校亦多龃龉。时局如斯严重，而教育界仍难合作，闻之喟然！"⑤ 显然，他认为张寿镛退出之举反映的是大学校长在国难中仍注重一己私利，不顾大局且缺乏合作精神。

① 《教育部关于长沙临大开办费的代电》，北京大学、清华大学、南开大学、云南师范大学编《国立西南联合大学史料》（6），云南教育出版社，1998，第 3—4 页。
② 《复旦大学大同大学等校呈为请准迁校腹地开办临时联合大学以继续维持高等教育由》（1937 年 9 月 20 日），《教育部档案》，档案号：五/2691/9。
③ 林美莉编辑校订《王世杰日记》上册，第 43 页。
④ 《私立光华大学为呈报暂在上海公共租界临时校舍筹备开学由》（1937 年 10 月 1 日），《教育部档案》，档案号：五/5355/17—18。
⑤ 林美莉编辑校订《王世杰日记》上册，第 48 页。

张寿镛拒绝按照教育部指令迁校，有其难言的苦衷。正如张寿镛对王世杰所言："开办经费倘有不敷，际此时局无从借贷，教材过剩支配为难，若学生过少，经常费复堪虞，唯有紧缩一法。"① 显然，他担忧的是，如果教育部拒拨开办费，迁到内地后日常经费不足，又招不到学生，情况将很难收场。张寿镛所言不无道理。私立大学与国立大学的情况不同。国立大学的主要经费由中央政府拨发，地方政府一般也有协款，与民间社会和工商界的关系不大。其生源来自全国各省，易地之后也不愁招生。私立大学由私人或团体创办，办学资源取自民间，对所在地民间社会和工商界的依赖性较大，一旦搬离，其赖以维持的办学基础便不复存在。尤其是上海的私立大学多招收江浙中产阶级子弟，学生的根基多在江浙，生活素来安逸，安土重迁之心颇重。正如张寿镛后来在给继任教育部部长陈立夫的信中说："东南学子向来安土重迁，且父兄均居江浙一带，子弟不能远离。"② 对这些家境富裕的学生而言，上海与平津不同，有日军不能染指的租界，他们宁可蛰居租界内，也不愿背井离乡，到条件艰苦的大后方去读书。

那么，复旦大学、大夏大学作为私立大学，与光华大学的情况类似，为何两校可以服从政府命令内迁？学校负责人与政府的亲疏远近，以及学校领导层的执行能力和主观意愿是重要因素。

首先，复旦大学与国民党素有渊源，民国初年时孙中山曾担任复旦大学的董事长，复旦大学培养出来的校友也有不少是政界精英，如邵力子、于右任、余井塘、黄季陆、胡健中、端木恺、程沧波等，他们都积极支持复旦大学的发展。③ 1936 年，复旦大学发生学潮，国民政府派立法院院长叶楚伧改组学校，校长李登辉被迫退休，由钱永铭担任代理校长，吴南轩被任命为副校长，主持实际日常工作。吴南轩长期在中央政治学校、中央党部等处任职，是忠实的 CC 系。从此，复旦大学基本被国民党控制。④ 因此，尽管复旦大学是私立大学，但与政府的关系异常

---

① 《张寿镛致王世杰电》（1937 年 9 月 24 日），《教育部档案》，档案号：五/2691/17。
② 《张寿镛致陈立夫函》（1938 年 3 月 21 日），《教育部档案》，档案号：五/5355/59。
③ 刘凤瀚访问，刘海若纪录《丁延楣先生访问纪录》，台北，"中研院"近代史研究所，1991，第 107 页。
④ 《复旦大学志》第 1 卷（1905—1949 年），第 253—254 页。

紧密，在行动上必定会听从教育部的安排，与政府保持绝对一致。大夏大学校长王伯群是同盟会元老级人物，曾经追随孙中山奔走革命，国民政府建立初期一度担任交通部部长，卸任后仍保留中央执行委员会委员、国民政府委员等职务，虽无实权但亦属国民党要员，而且在中央有妹夫何应钦的支持。此种背景决定了大夏大学也会与政府保持一致。另外，王伯群出身于贵州的世家大族，其舅父刘显世、弟弟王文华都担任过贵州最高军政长官，他亦一度被孙中山大元帅府任命为贵州省省长（未上任）。教育部令四大学联合内迁，办学地之一正是贵阳，这对在贵州地方颇有势力的王伯群来说可谓最佳选项。① 光华与复旦、大夏两校不同，张寿镛已经致仕 5 年，亦未保留政府的任何虚职，目前在政府中只有资历较浅的亲家翁文灏担任高级政务官，学校与政府的整体关系相对疏离。

　　其次，光华大学的行政班底与复旦、大夏两校相比相对薄弱，领导内迁的热情不高，能力也相对不足。复旦、大夏两校能够迅速内迁，也由于两校的实际负责人相对年轻，核心行政班底比较稳定，对内迁具有较高的积极性。抗战爆发时，复旦大学代理校长钱永铭 52 岁，副校长吴南轩 44 岁；大夏大学校长王伯群 52 岁，副校长欧元怀 44 岁；光华大学校长张寿镛已经 62 岁，副校长朱公谨却仅有 35 岁。复旦大学、大夏大学两校领导人年富力强，身边又聚集着一批比较稳定的行政骨干和常任教授，如复旦大学有章益、陈子展、伍蠡甫、余楠秋、沙学浚、言心哲、谢六逸、金通尹、张志让、孙寒冰等核心教授，大夏大学有王毓祥、吴浩然、吴泽霖、邰爽秋、王裕凯等一批自建校开始便追随王伯群、欧元怀左右的核心成员，这些人内迁的立场都比较坚定。相比之下，光华大学校长张寿镛的年龄过大，开始逐步退居幕后，主要负责筹款或外事联络。副校长朱公谨又过于年轻，资历和经验都稍嫌不足。光华大学原有职员胡其炳，从建校时便在校服务，担任注册主任兼训育主任，多年来忠心耿耿于学校事务，抗战爆发后不幸因传染病去世，行政班底又折损一臂。② 1933 年教育部视察时就批评光华大学"行政组织不甚健全，精

---

① 保志宁：《王伯群生平》，贵州省政协文史资料委员会、黔西南州政协文史资料委员会编《兴义刘、王、何三大家族》，中国文史出版社，1990，第 78—80 页。

② 《关于胡其炳欠薪支付办法的通知》，汤涛主编《张寿镛校长与光华大学》，上海人民出版社，2016，第 219 页。

神颇形涣散"。① 此种情况到抗战时亦未有明显改观；教育部派员视察时，临时特派员周尚对光华的印象仍然是"光华最紊乱，盖负责乏人也"，② 再次从侧面印证了光华大学的行政班底涣散、学校基础不稳的现状。这些都成为光华大学主体内迁的阻碍。另外，光华大学的办学规模也比复旦、大夏小，强弱合并后弱者生存尤难，遂决定暂时留守上海观望。

由于光华大学大西路校址位于战区，校方决定在愚园路岐山邨租赁房屋办学以避战火。1937年10月1日，光华大学正式开学。11月，大西路一带炮火隆隆，光华大学校舍不幸中炮起火，"十四年经营所得足容二千人之全部校舍"，一夜之间化为乌有。③ 其后统计损失，全毁者包括大礼堂一座、东西院教室两座、学生宿舍五座，教职员宿舍、科学馆、小工厂、化学实验室、体育馆、童子军团部大部分被毁，合计损失达90余万元。④ 此时，张寿镛忧心如焚，立即召集校董集会，经商议决定，在继续办理沪校的同时，委托原商学院院长谢霖在成都组建分校，在大后方延续光华血脉。

1937年末，光华大学沪校因愚园路临时校舍处于越界筑路地区必须迁移，又辗转迁至公共租界爱文义路卡德路路口国光中学校址办学。不久，因国光中学校舍仅能容纳600人，再迁至公共租界白克路660号校址。1938年9月21日，又租借公共租界三马路证券大楼八楼作为新校址。证券大楼八楼原是礼堂，层高较高，校方遂临时分隔为上下两层共19间，分作教室、教师寝室之用。不久，又租借三楼的一半空间隔为小间，以容纳日益增加的学生。⑤ 证券大楼地处商业区，鱼龙混杂，人声嘈杂，实在不适合办学，更不适合潜心读书，但因形势所迫，亦无可奈何。

光华沪校的师资与学术

1937年，光华大学拥有三院十二系，计文学院（政治系、教育系、

① 《上海暨南等六大学教部派员视察报告摘要》，《中央日报》1933年12月25日，第2版。
② 周尚：《上海专科以上学校视察报告书》（1940年4月2日），《教育部档案》，档案号：五/1974（1）/22。
③ 《告同学书》，《光华通信》第1期，1938年4月，第3页。
④ 姚璋：《八一三以来的光华大学》，《光华己卯年刊》，第6—7页。
⑤ 张耕华主编《光华大学编年事辑》，第231页。

国文系、英文系、社会系、历史系)①，理学院（数理系、化学系、土木工程系)②，商学院（经济系、会计系、银行系），有任课教师 65 人。③ 1939 年，撤销社会系，增加工商管理系，仍保持三院十二系的规模，任课教师有 69 人。④ 抗战初期光华大学沪校总体的院系数量没有变化，甚至任课教师数量还略有增长。然而，详细考察其内部，便会发现抗战爆发导致诸多骨干教授离校，光华大学面临严重的人才流失问题。

最显著的表现是，抗战前文、理、商三院院长和附中校长都已离开光华沪校。1937 年 7 月，文学院院长钱基博决定脱离光华大学，转入国立浙江大学国文系任教。商学院院长谢霖在校外开设正则会计师事务所，抗战前即已入川，抗战爆发后则选择留川，其后受张寿镛委托领衔筹建光华大学成都分部。教务长兼理学院院长容启兆被张寿镛派往成都协助谢霖建设光华大学成都分部。1938 年 8 月，任教于光华大学已经 10 年的教育系主任兼附中主任廖世承辞职，奉教育部之命前往湖南蓝田参与筹建国立师范学院。张寿镛希望廖世承保留原职，待完成筹备任务后即回任光华。⑤ 然而，廖世承不久受命正式担任国立师范学院院长，张寿镛的愿望至此落空。

1938 年 8 月，建校初期曾担任副校长的张歆海卸任驻波兰、捷克公使来校任教，张寿镛聘请其担任文学院院长，并特设学校秘书长一职，希望他能承担起一部分治校的责任。⑥ 1940 年初，张歆海请假离校前往重庆，再入政坛，未再返校，文学院院长由蒋维乔接任，直至抗战胜利。⑦ 文学院之下，蒋维乔兼国文系主任，吕思勉任历史系主任，周其勋代理英文系主任，耿淡如为政治系主任，孙贵定为教育系主任。⑧ 社

①　钱基博：《一年来之文学院》，《光华丁丑年刊》，第 65 页。
②　容启兆：《一年来之理学院》，《光华丁丑年刊》，第 66 页。
③　谢霖：《一年来之商学院》，《光华丁丑年刊》，第 67 页。
④　《教职员》，《光华己卯年刊》，第 59—69 页。
⑤　《关于希望廖世承继续担任附中主任的函》，汤涛主编《张寿镛校长与光华大学》，第 225 页。
⑥　《关于请张歆海兼任学校秘书长的函》，汤涛主编《张寿镛校长与光华大学》，第 224 页。
⑦　《关于 1940 年春教职员聘任及待遇的意见》，汤涛主编《张寿镛校长与光华大学》，第 246 页。
⑧　《关于二十八年度院长、系主任人选安排的通知》，汤涛主编《张寿镛校长与光华大学》，第 241 页。

会系因系主任吴泽霖随大夏大学内迁而撤销。教务长兼理学院院长容启兆前往成都支援分部建设，所遗职务由副校长朱公谨暂代。1939 年 7 月，容启兆因水土不服回沪，继续担任理学院院长，这才解决了理学院缺乏专人主持的问题。理学院之下，容启兆兼化学系主任，朱公谨兼数理系主任，赵志游为土木工程系主任。商学院院长并无固定人选，由银行系主任沈章甫代理，其后由工商管理系主任蔡正雅专任。[①] 总之，抗战爆发后，一流的师资多前往大后方的高校任职，留守"孤岛"的学校面临着一定程度的"教师荒"。如光华大学这样的私立大学，"教师荒"的情况更为严重。

然而，恰是在此种情形之下，一些受出身、学历所限无法进入大学任教的青年才俊，得以有机会成为大学教师。抗战前，光华大学历史系仅有吕思勉、谢澄平两位教师和两位助教。抗战爆发后，仅有吕思勉继续留任。1938 年，历史系主任吕思勉鉴于师资力量不足，招纳已毕业的学生杨宽来校授课，教授"先秦史"和"明清史"两门课程。杨宽原在上海博物馆工作，1937—1938 年有短暂任教于迁至广西梧州的广东省立勷勤大学的经历，担任光华大学教师属于正式进入沪上大学任教。经过杨宽的介绍，吕思勉又聘请担任顾颉刚助手的童书业来校任教。童书业无正规学历，曾为中学教师和图书馆文员，其后被顾颉刚赏识留在身边担任私人助手。1938 年寒假后，吕思勉聘童书业担任历史系讲师，讲授"中国历史地理"。[②] 此时在历史系兼课的还有年仅 26 岁的王仲荦，讲授"史籍研究"课程。王仲荦毕业于上海正风文学院，抗战爆发后协助章太炎夫人汤国梨创办太炎文学院（非正规教育机构），担任院长室秘书兼教师，其在光华大学历史系讲授课程，亦是第一份正规教职。不过，因为当时王仲荦比较年轻，教学经验不足，选课人数少，张寿镛未再续发聘书。[③] 1940 年 4 月，杨宽前往苏北游击区江苏文化社工作，所遗课程由国文系教授金松岑向吕思勉引介的唐长孺暂代。唐长孺毕业于大同大学，毕业后长期失业在家，其后担任浙江南浔中学、上海圣玛丽亚女子中学教师。唐长孺不愿担任代课教师，便由吕思勉请示张寿镛发给正

---

① 《关于聘任商业专修夜校教师的函》，汤涛主编《张寿镛校长与光华大学》，第 247 页。
② 《历史激流中的动荡和曲折——杨宽自传》，第 127 页。
③ 《关于 1939 年春教职员聘任的意见》，汤涛主编《张寿镛校长与光华大学》，第 232 页。

式聘书，成为历史系的正式讲师。吕思勉对唐长孺的评价是："唐君专治辽金史，亦系一专家，今虽不能增其课，姑仍旧贯，维系一专家。"① 童书业、王仲荦、唐长孺此时都在 25—30 岁，出身和学历都不显赫，在学界尚无名气，更无在大学任教的资历。按照民国时期正规大学等级森严的准入门槛，这些人可能终其一生都只能担任中学教员，无缘进入大学。但吕思勉却慧眼识人，爱才惜才，借抗战时期师资紧缺的机缘，将这些生活比较困难却立志以学术为业的青年学者提升为大学教师，为他们日后的学术起步乃至成名成家打下基础。

由于这些青年学者的存在，抗战时期光华大学历史系的学术氛围比较浓厚。当时杨宽和童书业约定，每个星期六晚上都到吕思勉宿舍会面，共同探讨学术上的问题以及战争形势。除此之外，吕思勉还经常在霞飞路的冠乐饭店和静安寺的荣康饭店约会茶叙，每次两三个小时，到会者多是光华大学师生，无所不谈。② 据杨宽称，这是吕思勉培养学生、奖掖后进的一种方法："吕先生对人们提出的各种学术问题，总是侃侃而谈，循循善诱，不少后辈常常从这里得到切实的教益。所谈的问题方面较广，或者探讨某个问题的研究方法和门径，或者追溯一条史料的来源及其价值，或者交流自己研究中的某些心得，或者评论某些著作的缺点错误，或者探讨一些有争论和疑难的问题。"③ 这一时期的童书业受顾颉刚之命正从事《古史辨》第七册的编辑工作，入职光华大学后，这项工作便由历史系同人接手进行。吕思勉在编辑校对上用力极多，最后该书于 1941 年由开明书店出版。

这一时期历史系师资力量雄厚，吸引了一批对文史感兴趣的国立大学、教会大学借读生来校就读。日后成为著名文史学家的学生柳存仁（北京大学借读生）回忆："这个时候光华文科学生课外活动颇多，少数学生有一个不成组织的组织，每人分摊出资编印一种学术刊物，名为《文哲》，出过好几期。这个小团体还时常举行演讲会，邀请校外知名学者或从外地路过上海的学者来校演讲，校内的老师更不用说。张校长也

① 李永圻、张耕华编撰《吕思勉先生年谱长编》（上），上海古籍出版社，2012，第561 页。
② 李永圻、张耕华编撰《吕思勉先生年谱长编》（上），第 550 页。
③ 《历史激流中的动荡和曲折——杨宽自传》，第 129—130 页。

很高兴地来讲过几次浙东学派的专题。记得一次钱宾四（穆）先生从内地回来，去苏州省亲，路过上海，我们特地请他来讲一次。讲的题目我已记不清了，只记得那一天吕先生也来了。钱先生清末曾在常州府中学堂读书，是吕先生的学生。于是阔别三十年的师生就在我们这批小门生的集会上重逢，欢叙旧情。这可算是中国史学界的一桩喜事：'孤岛'和大后方的史学界得以沟通了。"① 张芝联（燕京大学借读生）回忆："在光华两年，我有幸遇到了几位好老师……一位是中国历史教授吕思勉（诚之）先生，一位是中国古代史专家童书业（丕绳）先生。……我从吕先生那里学到的不只是某一段中国历史的具体知识，而是他的治学方法和观点……我对中国史学的粗浅知识主要得自诚师。"② 当然，并非每位同学都对光华大学历史系感到满意。学生何炳棣（清华大学借读生）就认为："光华的师资和图书其实相当不错……但是，由于环境和学风的不同，更由于个人感到前途茫茫，实在无法安心读书。"随后考入燕京大学读研究生。③

第二节　若即若离：战时脆弱的部校关系

教育部对留沪高校的监管

抗战爆发后，国民政府教育部先迁汉口，再迁重庆。原上海市社会局教育科科长蒋建白向教育部接洽，主动请缨留守上海，负责"救济并维系沪市教育界及文化界之使命"。教育部遂授予其"驻沪专员"名义，令其秘密成立办事处，拨给大量经费供其活动。不过，教育部驻沪专员办事处并未马上建立。蒋建白领得经费后即避走香港，经上海教育界人士一再追问，至1938年4月11日才首次到沪，逗留仅二十日，除分发补助费外并无任何工作指示。6月下旬，蒋建白再度莅沪，"更隐匿不见，刻下驻节何地，密不告人"，引发上海教育界人士的严重不满，向教

---

① 参见李永圻、张耕华编撰《吕思勉先生年谱长编》（上），第606页。
② 参见李永圻、张耕华编撰《吕思勉先生年谱长编》（上），第534页。
③ 何炳棣：《读史阅世六十年》，广西师范大学出版社，2005，第135页。

育部进行控告。① 直到 1938 年下半年，教育部驻沪专员办事处才在蒋建
白的主持下常规运行。从此，驻沪专员办事处成为代表教育部在"孤
岛"内行使权力的机关。1938 年 10 月 27 日，蒋建白到光华大学视察。②
因此，一般留沪大学当局"凡遇大事故皆与教部驻沪专员密切接触"，
尤其是私立大学，视之如上级机关，对其非常重视。③

　　不过，战前上海各大学与国民政府教育部之间一般直接联络，上海
市教育局的工作更多是联络和管理中小学。抗战时期亦然，各大学虽然
困守"孤岛"，但上海与重庆之间的邮政、汇兑与交通并未完全断绝。
"孤岛"时期留守大学众多、校务冗杂，驻沪专员办事处人手有限，由
其在中间大量传递公文既不保密又浪费时间，更不现实。所以，"孤岛"
内留守高校如光华大学沪校，一般仍由校方与教育部直接沟通。随着时
局的日渐紧张，光华大学沪校有时亦会将重要文件寄给成都分部，由分
部代为传递。④ 教育部颁发的法令或表格，也常由成都分部收到后，空
运寄往沪校。当然，由于时局不靖，交通与邮政时常受到影响，"报部文
件，每多延误"。因此，教育部要求留守各校的常规报部事项应当依照规
定日期提前办理。⑤ 出于保密考虑，教育部还发给留沪各大学"民族精
神密码本"，用于破译紧急电文。⑥ 留守上海的校长们在一些特殊的情况
下，也会利用个人关系，与教育部部长陈立夫或总务司司长章益、高教
司司长吴俊升直接沟通，以越过一般烦琐的行政程序。张寿镛就曾因学
校办学资金紧缺多次给陈立夫写信寻求援助。⑦

　　当然，在教育部与留守上海高校直接沟通不畅的情况下，驻沪专员

---

① 《为报告蒋建白专员措施荒悖玩忽公务请予彻查以申法纪》（1938 年 9 月 3 日），《教育
　部档案》，档案号：五/389/8—11。
② 《蒋维乔日记》第 21 册，第 115 页。
③ 《关于妥当处置"护校会"事件致沪校校务会议的复函》，汤涛主编《王伯群与大夏大
　学》，上海人民出版社，2015，第 136 页。
④ 《关于请求教育部准予诚正文学社和格致理商学社备案的报告》，汤涛主编《张寿镛校
　长与光华大学》，第 158 页。
⑤ 《吴俊升致樊正康函》（1938 年 2 月），上海市档案馆藏，《沪江大学档案》，档案号：
　Q242/1/125/28。
⑥ 《震旦大学电陈学校情况并请详解民本码表用法》（1938 年 1 月 26 日），《教育部档
　案》，档案号：五/1800（2）/28。
⑦ 《张寿镛致陈立夫函》（1938 年 3 月 21 日），《教育部档案》，档案号：五/5355/59。

办事处亦起到重要的中介作用。1940 年 4 月，驻沪办事人员张明德转发教育部命令，要求上海高校将上一年度校务行政计划及进度表呈报。[①] 1941 年 3 月，驻沪特派处向各校转达了教育部要求切实贯彻训导制不得敷衍的公文。[②] 由于时局越来越紧张，此种传递消息的工作相当冒险，驻沪特派处对教育部须用化名，对各校亦须使用化名和隐语。张明德曾告知上海各高校："本处兹定自廿九年七月一日起改用化名'余正'，发文改用'庆'字，号数衔接'汉'字。"[③] 双方联络沟通之困难可以想见。

驻沪专员之外，教育部还偶尔秘密派遣临时特派员到上海高校调查。1939 年 2 月，教育部派吕之渭前往上海，调查各校会计情况，要求各校准备账目表册，以供查验。[④] 1939 年 10 月，教育部派职员周尚秘密前往上海视察各校。此次，周尚视察了交通、震旦、大同、大夏、复旦、上医、光华、沪江、持志等大学，与国立大学校长面谈 10 余次，出席大学校长联席会 2 次。陈立夫要求周尚除视察各大学校务之外，应注重了解各大学的政治立场，以起到防止各校附逆的作用。在周尚呈递重庆教育部的报告中，涉及光华大学的部分非常负面。其中提到："职视察光华时，目睹国文课秩序紊乱，男女杂坐，手挽颈并生喧笑，教师亦嬉皮笑脸与学生空谈，见职不知为谁，依然笑谈自若，及陪职之职员至，始开讲，秩序渐渐恢复，后知该教师乃附中升级者。"[⑤] 此种观感，无疑会影响教育部对光华大学的看法。

由于局势恶化，重庆与上海之间的通信环境愈发恶劣，教育部只能从留守高校人员中挑选可靠者担任调查员。1940 年 6 月，教育部任命暨南大学教授周宪文为临时特派员，委托其视察上海专科以上学校。此次调查活动的消息比较隐秘，由教育部密电暨南大学校长何炳松，再由何

① 《张明德致沪江大学函》（1940 年 4 月 15 日），《沪江大学档案》，档案号：Q242/1/126/167。

② 《余正致沪江大学函》（日期不详），《沪江大学档案》，档案号：Q242/1/126/256。

③ 《张明德致沪江大学函》（1940 年 6 月 30 日），《沪江大学档案》，档案号：Q242/1/126/196。

④ 《上海商学院有关教育部派员视察的文件》（1939 年 2 月 17 日），上海市档案馆藏，《上海商学院档案》，档案号：Q246/1/146/1—2。

⑤ 周尚：《上海专科以上学校视察报告书》（1940 年 4 月 2 日），《教育部档案》，档案号：五/1974（1）/31。

炳松转发给各校，检查内容包括各校行政组织、行政计划、经费支配、事务管理、教学质量、学生精神、训导制推行和体育卫生情况等问题。不过，类似的检查形同具文。教育部要求周宪文应召集各校主要人员商讨并召集学生训话，还应征集各校校舍平面图、科目表和各种规则、同学录、出版物等。[①] 然而，实际上周宪文仅"制定调查表一种"，由各校自行填写，所谓调查的效果可想而知，难以起到监管的作用。[②]

总之，抗战爆发后，远在重庆的教育部仍然可以与如光华大学这类留守上海高校沟通，并辅以固定的驻沪专员和临时特派员制度，对光华大学等留守高校进行监管。尽管此种联络渠道随着战事的紧张而逐渐困难，国民政府教育部仍不厌其烦地通过这些渠道将各种教育政令推行到"孤岛"高校之内。

光华大学对部令的贯彻

抗战时期，国民政府教育部出台了一系列高等教育改革的措施，主要包括实行导师制和训导制、调整优化院系布局、统一课程标准、推动党团发展、审查教师资格等。这些政令，教育部亦同时要求留守上海高校一体遵行。

1938 年 3 月，教育部颁布《中等以上学校导师制纲要》，规定各校学生应分若干组，每组 5—15 人，设置导师 1 人，负责学生的思想、行为、学业和身心健康等问题。[③] 光华大学因此制定了《导师规程》，规定每一导师所领导之学生"平均以二十人为限"。[④] 然而，留守上海各校师资力量紧缺，远不能达到教育部规定的标准。光华大学的报部名单中，教授吕思勉、蒋维乔等名下的学生，都在 30 人左右。[⑤] 由于公教人员待遇低微，生活环境恶劣，各校担任导师者多态度冷淡，举行导师会议时

---

① 《二十九年度与部派视察员视察专科以上学校办法》（1940 年），《沪江大学档案》，档案号：Q242/1/145/29—31。

② 《上海商学院有关教部专员视察的文件》（1940 年 6 月 11 日），《上海商学院档案》，档案号：Q246/1/40/29—32。

③ 教育部编《教育法令特辑》，正中书局，1938，第 20—21 页。

④ 《关于光华大学训育委员会实施规程》，汤涛主编《张寿镛校长与光华大学》，第 117 页。

⑤ 《光华大学二十九年度导师及应导学生名册》（1940 年），《教育部档案》，档案号：五/14482（2）/119。

半数教师不予出席，导师和学生半年亦无一次见面机会，互相不知姓名者比比皆是。[1]

1939 年 5 月，教育部颁布《增订大学行政组织十二项》，要求各校设置训导处，添设专职训导长一人，地位与教务长、总务长相同，下设训导员、军事教官、医士、护士及体育指导员若干人，对学生进行管训。[2] 由此，各校应重新编写组织大纲送部报备。然而，抗战时期的留守上海高校尤其是私立大学普遍经费紧张，师资力量紧缺，总务长和教务长都由教授兼任，设置专门负责思想工作的训导长，显然会严重增加学校的财政负担。因此，对于此种要求，光华大学沪校迟迟未予答复。当年 9 月，高教司司长吴俊升亲笔致函张寿镛，催促其将新组织大纲报备。最后，学校方面只得重新制定组织大纲，并称目前中央未明确担任训导人员需要何种资格，因此训导长暂由校长兼领。训导处下设军事管理组，但因目前学校困守"孤岛"，环境恶劣，不敢公开设置，遂暂且变通，称"学生管理组"。[3] 实际上，整个抗战时期，光华大学受经费所限，一直未能设置专职的训导长。由于张寿镛校长年老体衰且常不来校，所以教育部所期待的所谓训导，实在无从谈起。

抗战时期，教育部认为，高校内迁加剧了院系重复的现象，必须予以调整。如时人所言："在同一地点，各校院系，重复甚多，其中亦有设备过简，或缺乏中心目标，不适于社会需要之院系。战事发生后，各校既多迁设内地，此种情形，较前益甚，教部因将重复者酌予归并，简陋者酌予裁撤，缺乏中心目标者，加以具体之规定。"[4] 因此，留守上海的复旦大学沪校生物系、新闻系，大夏大学沪校史地系、数理系，大同大学政治系、哲学系等系科，都因人数过少被教育部饬令取消。[5] 由于光华大学主体并未搬迁，战时来校求学者较多，此时不存在人数过少的院

① 周尚：《上海专科以上学校视察报告书》（1940 年 4 月 2 日），《教育部档案》，档案号：五/1974（1）/21。
② 《增订大学行政组织十二项》，罗廷光：《教育行政》（下），福建教育出版社，2010，第 377 页。
③ 《关于呈送光华大学组织大纲的报告》，汤涛主编《张寿镛校长与光华大学》，第 135 页。
④ 《全国高教院系调整设置概况，调整院系三十余校，统一训练中校师资》，《教育季刊》第 15 卷第 3 期，1939 年 9 月，第 85 页。
⑤ 《省私立大学院系调整办法》（1938 年 7 月 5 日），《教育部档案》，档案号：五/2347/79—80。

系，不在饬令取消之列。不过，稍后进行的师范学院系统的调整，则危及光华大学教育系的生存。1938 年秋，教育部为加强中等教育人才的培养，决定建立师范学院体制，要求主要国立大学的教育学院（系）均改为师范学院，并在各省设立独立的师范学院以培养师资，私立大学不能培养师范人才，原设的教育学院（系）必须停办。按此规定，光华大学的教育系理当停办。此消息经廖世承传达给谢霖、张寿镛，引起光华当局的忧虑。① 不过，教育部又考虑到部分私立大学的教育系具有一定历史，办学成绩尚可，允许光华大学、大夏大学、复旦大学的教育系继续招生。② 1940 年 7 月，教育部重新调整办法，命令大夏大学、复旦大学等校内迁部分的教育系停止招生，大夏大学、复旦大学、光华大学沪校的教育系由于地处"孤岛"，情况特殊，准继续招生，以满足上海社会的需要。③

　　1938 年 9 月，教育部鉴于各校课程缺乏共同标准，导致科目互异，程度不齐，遂对大学课程标准进行确定。教育部制定文理法商农工等学院共同必修科目表，以及各系必修和选修科目表，向各校征求意见后形成草案，要求留守上海各校一并实施。然而，由于上海私立大学和教会大学林立，科系与课程设置五花八门，加之师资力量严重短缺，很难按照教育部的要求进行改造。比如，就历史系而言，教育部要求历史系必修科目中应包含先秦史、秦汉史、魏晋南北朝史、隋唐五代史、宋辽元金史、明清史等断代史，从二年级至四年级每学期讲授一门。然而，光华大学前两年为通识教育，第三年才分系，很难按要求分配教学时间。上述课程只能都列入选修课中。④ 因此，实际情况正如临时特派员周尚所说："各校多以时间局促，不及遵行，有学校组织课程研究会，从事调整实践，时期恐又非一二年不能。"⑤

① 《谢霖致张寿镛函》，汤涛主编《张寿镛校长与光华大学》，第 183 页。
② 《教育部令知教育学系调整办法仰祈照办理由》（1938 年 8 月 10 日），《教育部档案》，档案号：五/2347/58—59。
③ 《教育部令知教育学系调整办法仰遵办具报由》（1940 年 7 月 12 日），《教育部档案》，档案号：五/2347/214。
④ 《关于编印新章程及史学系科目设置意见的请示》，汤涛主编《张寿镛校长与光华大学》，第 147 页。
⑤ 周尚：《上海专科以上学校视察报告书》（1940 年 4 月 2 日），《教育部档案》，档案号：五/1974（1）/23。

1939 年以后，教育部奉蒋介石命令要求各大学设置党部，积极推动教授入党、学生入团，并组织大学校长和骨干教授参加中央训练团受训。[①] 不过，由于潜伏在上海的党务人员投伪者较多，"孤岛"内党务工作一度停顿，发展党员实为难事。[②] 因此，周尚在 1940 年仍称，留守上海各校师生愿意入党者甚多，希望教育部联合中央党部训令上海市党部及驻沪专员，在师生中发展党员，以使其思想有所寄托。[③] 其后，由朱家骅派遣至"孤岛"主持三青团的吴绍澍兼办上海党务，情况略有好转。[④] 1941 年以后，张寿镛向教育部呈递了光华大学部分教授入党的申请书。[⑤]

总之，抗战时期远在重庆的国民政府教育部努力将留守上海高校纳入管理体系之中，可谓达到不厌其烦的程度，然而，从光华大学的情况来看，其政令的贯彻程度比较有限。此种有限并非完全出于主观的不配合，也由于事实条件有限，难以办到。此时的国民政府已经失去对上海乃至大部分国土的控制，教育部却仍努力对留守高校进行管理，其中有"捍卫主权"的考虑，但象征意义大于实际意义。因此，教育部的政令亦不得不有所通融。另外，教育部既然要求"孤岛"内各校履行忠于政府之义务，亦须本身尽到扶助支持的责任，即在办学经费方面为后者提供支持。然而，国民政府教育部在这方面的作为远远不足。

战时教育部的经济资助

淞沪抗战中，光华大学校舍毁于一旦，校产损失高达 90 余万元。受战争影响，上海的工商银行界亦受到极大冲击。光华大学校董中工商银行界人士居多，因此学校受到的冲击尤重。比如，光华校董朱吟江原系嘉定银行董事长，抗战爆发后嘉沪两地沦陷，往来押款多数在战区之内，无法收回，成为坏账。战时民众避难需要川资，又纷纷提款，导致银行

---

① 王奇生：《革命与反革命：社会文化视野下的民国政治》，第 242—243 页。
② 《黄造雄致陈立夫函》（1940 年 1 月 10 日），《教育部档案》，档案号：五/13805/117。
③ 周尚：《上海专科以上学校视察报告书》（1940 年 4 月 2 日），《教育部档案》，档案号：五/1974（1）/49。
④ 《黄造雄致陈立夫函》（1940 年 12 月 5 日），《教育部档案》，档案号：五/13805/122。
⑤ 吴锦旗：《抗战时期大学教授的政治参与研究》，南京大学出版社，2012，第 107 页。

无法周转，不久宣告停业，朱吟江个人财产遭到极大损失。① 1938 年 8 月，光华校董徐新六（兴业银行总经理）、胡笔江（中南银行总经理）从香港赴渝，被敌机拦截中弹身亡。尽管如前所述，对私立大学而言，商界的校董实际贡献有限，但若校董资源整体呈现凋零趋势或破产，更无暇顾及学校财政，对私立大学而言也并非幸事。不久，光华大学便陷入债务危机之中。

1938 年 10 月，上海商业储蓄银行致函光华大学，要求归还拖欠的 6.75 万元公债的两期本息。张寿镛回复称："乃自沪战爆发以还，致校舍全毁，近虽赁址上课，无如收入削减，支出增高，拨付公债基金亏绌甚巨，以致偿付发生问题。"因此，光华校方拟从学费收入中提取一部分偿还利息，至于本金部分目前暂时无力偿还。② 其后，光华校方又向上海商业储蓄银行提出减少利息、延期还本的要求，获得该行同意，经过"勉力筹措"才将第一期应付利息 1350 元奉上。③ 光华校方另与国华银行战前订有借款合同，至 1938 年 10 月亦无力支付利息，张寿镛不得不派员前去接洽解释。④ 1940 年 2 月，张寿镛在上海召开校董会，推举三北轮船公司董事长虞洽卿为光华大学董事长，希望其能对学校经济负责。⑤ 然而，次年虞洽卿便离开上海前往重庆，在西南从事商业贸易活动。⑥ 显然，抗战中工商银行界自顾不暇，更无余力捐款资助教育，私立大学商界校董资源的意义更加弱化。

抗战时期，国民政府为国立大学提供经常费和临时费，对教会大学和私立大学只有临时性的补助。当时私立光华大学与一般国立大学的经费差距有多大？1939 年 9 月，时任浙大校长的竺可桢在教育部抄到一份

---

① 《嘉定银行暂停营业，存户提款周转不灵，定期讨论善后方针》，《申报》1938 年 10 月 12 日，第 11 版。

② 《关于委派蔡莲苏前往商洽公债息金偿付问题的复函》，汤涛主编《张寿镛校长与光华大学》，第 188 页。

③ 《关于向上海商业储蓄银行缴付公债息金的通知》，汤涛主编《张寿镛校长与光华大学》，第 191 页。

④ 《关于委派薛迪符前往商洽借款利息筹付办法的函》，汤涛主编《张寿镛校长与光华大学》，第 190 页。

⑤ 《民国廿九年二月二十五日会议记录》（1940 年 2 月 25 日），《光华大学档案》，档案号：K82/1/47。

⑥ 冯筱才：《政商中国：虞洽卿与他的时代》，第 231 页。

教育部补助各国立大学经常费的表格,其中记录:当年中央大学获得补助 122 万元,翌年 144 万元;武汉大学获得补助 69 万元,翌年 72 万元;浙江大学获得补助 60 万元,翌年 71 万余元。[1] 而政府 1939 年、1940 年补助光华大学的数额分别是 4 万元和 4.5 万元。从这个数额来看,作为私立学校的光华大学获得的补助不及一般国立大学的零头,可谓天壤之别。那么,同是私立大学,光华与复旦、大夏的差距有多大?1939 年、1940 年,复旦大学获得补助分别为 13.8 万元、12.6 万元,大夏大学获得补助分别为 9.2 万元、8.4 万元。[2] 光华大学每年平均获得的补助,大约是复旦的 1/3,大夏的 1/2。

如果将三所私立大学的学生人数与所获补助的比例计算在内,便更能说明问题。抗战时期,光华、复旦、大夏三校六地每年大学部在校生人数差别不大。1938 年,三校六地大学部人数都保持在 1000—1400 人,1939—1940 年,三校六地在校生则保持在 1400—2200 人,基本持平。然而,1938 年度,光华、复旦、大夏三校学生人均获得的补助经费是 13.9 元、44.9 元、33.8 元;1939 年度,光华学生人均获得补助略有提升,为 27 元,复旦则涨到 82.1 元,大夏涨到 56.5 元。1940 年度,光华学生人均获得补助 24.8 元,复旦虽然大幅下降却仍有 59.8 元,大夏虽然下降到 53 元,人均仍高于光华 20 余元。每名学生拥有的教育经费,是衡量一所学校教育质量的重要标准。战时,光华与复旦、大夏两校差距如此之大,经费短缺情况可谓最为严重,经济压力最为沉重,教育水平相对落后亦可想而知(见表 5-1)。

表 5-1 1938—1940 年教育部核定补助私立光华、复旦、大夏三校六地简况

单位:元,人

年份	光华			复旦			大夏		
	金额	学生数	人均	金额	学生数	人均	金额	学生数	人均
1938	14000	1009	13.9	62000	1380	44.9	42000	1241	33.8
1939	40000	1484	27.0	138000	1681	82.1	92000	1629	56.5

[1] 《竺可桢全集》第 7 卷,第 171 页。
[2] 《省私立专科以上学校补助费分配表》(约 1940 年),《教育部档案》,档案号:五/4012(1)/69。

续表

年份	光华			复旦			大夏		
	金额	学生数	人均	金额	学生数	人均	金额	学生数	人均
1940	45000	1814	24.8	126000	2106	59.8	84000	1585	53.0

　　说明：本表仅统计教育部核定补助各校的金额，各校通过关系临时向教育部索要的补助不在统计之列。本表所谓的三校六地包括光华沪蓉两校、复旦沪渝两校、大夏沪黔两校，附中或附小学生不在统计之列。

　　资料来源：《私立光华大学分设四川第一次报告》（1940 年 2 月），《教育部档案》，档案号：五/4012（1）/22；《抗战以来之光华大学》（1940 年 11 月），《教育部档案》，档案号：五/4012（1）/121—122；朱时隽、姚璋《十五年来之光华大学》，光华大学编印《光华大学十五周纪念特刊》，1940，第 7—9 页。《上海大夏大学历年学生人数统计表》《本大学迁黔后各学期学生人数统计表》，贵阳大夏大学编印《私立大夏大学概况》，1941，第 105、107 页。《复旦大学百年纪事》编纂委员会编《复旦大学百年纪事（1905—2005）》，复旦大学出版社，2005，第 96—125 页。

　　因此，此时私立大学在政府的人脉资源，比抗战之前更加重要。1937 年度，教育部补助各校，光华获得 4 万元补助，复旦、大夏两校获得补助金额为 0。[1] 然而，情况在抗战爆发后发生逆转。1937 年 11 月，政府特拨 20 万元资助复旦大夏第二联大在贵阳建校。[2] 1938 年度，光华仅获得补助 1.4 万元，大夏获得补助 4.2 万元，复旦获得补助 6.2 万元，数额居 1938 年度各私立大学之首。[3] 复旦大学地位的变化，无疑与 1938 年初复旦大学教育系主任章益被教育部部长陈立夫提拔为教育部总务司司长有关。[4] 大夏大学获得补助的上涨，与遵从政府指令和复旦大学联合迁校也不无关系。复旦、大夏两校在抗战前后的变化说明，如果说抗战前一所私立大学能够获得教育部补助的多少，某种程度上尚取决于是否"办理优良"，抗战爆发后则更多取决于学校拥有何种人脉资源或是否"遵从部令"。光华大学拒绝教育部的迁校指令，在教育部眼中显然已经成为不配合的学校。因此，张寿镛在抗战爆发后"叠向教育部具文

[1]　《私立专科以上学校本年度补助费共计八十六万元》，《中央日报》1937 年 7 月 7 日，第 4 版。

[2]　娄岙菲主编《大夏大学编年事辑》（上），华东师范大学出版社，2014，第 410 页。

[3]　《省私立专科以上学校补助分配表》（1938—1940 年度），《教育部档案》，档案号：五/4012（1）/96—97。

[4]　《成败之鉴——陈立夫回忆录》，台北，正中书局，1994，第 238 页。

请求特别补助，俱以预算不敷分配未蒙允许"。① 于是，张寿镛开始动用各种力量期待挽回部校关系。

此时的光华校长张寿镛，将重新寻求中央政府的支持放在首要位置。他的策略是，继续依靠亲家翁文灏，并重新拼接旧日任官时代的关系网络，打通与政府沟通的渠道。1937 年，复旦、光华、大夏、大同大学四校筹划联合内迁，正是翁文灏代表张寿镛与王世杰接洽商谈内迁事宜。② 抗战爆发后，翁文灏担任经济部部长，在中央政府中的地位愈加重要，更成为张寿镛的主要依靠。翁文灏之外，张寿镛尚有两个渠道：一是中央党部秘书长、中央统计调查局局长、中央组织部部长朱家骅；二是行政院院长兼财政部部长孔祥熙。

张寿镛与朱家骅的关系，确立于其担任财政部次长时期。1930 年 12 月，朱家骅担任中央大学校长，财政部每月给予中大补助 5 万元。③ 1932 年 1 月，朱家骅担任教育部部长。④ 一度短暂辞职的张寿镛同时被重新起用，担任财政部次长（6 月辞职）。中大、教育部的运作全靠财政部拨款，朱家骅显然需要与张寿镛保持一种良好的关系。两人同是浙江人，乡谊也是维系关系的一个桥梁。朱家骅本人是学者从政，也愿意与文教界广结善缘，充当知识分子的保护伞，颇得知识界拥戴。⑤ 这是张寿镛虽然卸任官职，却仍能与其保持良好关系的重要原因之一。另外，张寿镛与朱家骅尚有另一个联系渠道，那便是圣约翰离校同学、光华特届生徐可熛。1928 年朱家骅担任浙江省民政厅厅长时，徐可熛是其厅内科长。朱家骅担任管理中英庚款董事会董事长后，又以徐可熛为秘书处副主任干事兼第一股主任，甚是倚重。⑥ 从某种程度上说，作为朱家骅秘书的徐可熛起到了桥梁作用，拉近了张寿镛与朱家骅的关系。

张寿镛与孔祥熙同属国民政府的财政官员，在宋子文主政财政部之时常一起理财。1933 年 10 月，孔祥熙接替宋子文担任财政部部长。当时

---

① 《关于请求行政院准予拨款补助的报告》，汤涛主编《张寿镛校长与光华大学》，第 203 页。
② 《翁文灏致王世杰函》（1937 年 9 月 15 日），《教育部档案》，档案号：五/5355/15—16。
③ 许小青：《政局与学府：从东南大学到中央大学（1919—1937）》，第 230 页。
④ 胡颂平：《朱家骅先生年谱》，台北，传记文学出版社，1969，第 25 页。
⑤ 黄丽安：《朱家骅与中央研究院》，台北，"国史馆"，2010，第 131—132 页。
⑥ 管理中英庚款董事会编印《管理中英庚款董事会职员录》，1936，第 5 页。

张寿镛已经卸任次长，但孔祥熙仍邀请其以财政专家的身份参加全国性的财政会议，帮助政府规划财政。而且，战前张寿镛曾以在野的身份替政府筹款，与财政部仍有交集。① 所以，张寿镛重新利用这个关系，请已经担任行政院院长的孔祥熙支持学校。

1939 年 8 月 20 日，张寿镛致函教育部，称"本校每年经常开支仅恃学费收入及钧部四万元补助作为挹注，收支已属不敷，加以教职员待遇较各私立大学为薄，不得不予增加，以致每年所短数目约在十万元之谱"，因此向教育部申请经常费及补充设备费 22 万元，用于沪校办学以及蓉校修建。翁文灏、朱家骅两人亦同时受张寿镛委托致信陈立夫请求对光华施加援助。② 8 月 23 日，张寿镛又致函孔祥熙，重申希望获得 22 万元补助，寄希望于孔祥熙以行政院院长的上级身份要求教育部同意拨款。③ 此事有翁文灏、朱家骅两人代为关说，加之孔祥熙的介入，最后以行政院名义决议，拨发光华大学临时补助费 8 万元。④

1940 年 2 月，张寿镛托人从香港寄信给教育部高等教育司司长吴俊升，请其将信转交给陈立夫以申请补助。张寿镛称："寿镛伏处孤岛，努力为国家稍留元气。一般学子尚能恪守规范，于精神学术双方兼进，各种课程遵照部定计划均已次第实施。惟是经济困难，百物昂贵，教职员之生活既不能求安定，一切教材尤不能不力使充实，而校舍既毁，租费巨大，不得不在租界另觅相当地点以免近市而嚣之虑。凡此计划，故非一蹴可几，而维系人心，建立基础，解除目下困难，俾寿镛耄老之年，得以措手，此惟有呼吁于明公之前者也。"⑤ 张寿镛的语气极其卑微，却未得陈立夫回复。1940 年 3 月，张寿镛、谢霖联合呈文教育部请求补助。同时，张寿镛致电朱家骅称，沪蓉两校每年亏空数额达 10 万元，每年另需垫付 24 万元以上的教材设备费用。成都物价猛涨，教职员生活困难，却已不能再多收学费增加学生的负担，特请求其致函孔祥熙、陈立

---

① 俞信芳：《张寿镛先生传》，第 133—135 页。
② 《关于请求教育部专案补助办学经费的报告》，汤涛主编《张寿镛校长与光华大学》，第 201 页。
③ 《关于请求行政院准予拨款补助的报告》，汤涛主编《张寿镛校长与光华大学》，第 203 页。
④ 李学通、刘萍、翁心钧整理《翁文灏日记》（上），第 374—398 页。
⑤ 《关于向陈立夫请求补助的请示》，汤涛主编《张寿镛校长与光华大学》，第 208 页。

夫，按照最近新增补助复旦大学 28 万元、大夏大学 17 万元的标准，每年补助光华大学经常费 24 万元以填补亏空。① 朱家骅将信函转给孔祥熙、陈立夫。陈立夫当即以"本年度省私立专科以上学校补助费总额未见增加"为由拒绝申请，但出于人道的考虑，允许每年加拨 0.5 万元作为光华大学的临时补助。②

为何张寿镛委托朱家骅向陈立夫关说仍不能奏效？一方面由于抗战时期军费开支庞大，通货膨胀严重，国家高等教育经费紧缺。③ 甚至陈立夫不无夸张地认为，抗战时期教育部每年提供给全国高校的教育经费，不及美国一所二流大学的全年经费。④ 因此，教育部一般不敢轻易同意各私立大学所请。另一方面由于陈立夫和朱家骅的关系逐渐微妙化。朱家骅与陈果夫、陈立夫最初颇有渊源，一直被视为 CC 系。但是，随着他在国民党内逐渐坐大，逐渐自成一系，与 CC 系开始分庭抗礼。⑤ 1938年 3 月，朱家骅出任中央党部秘书长。1939 年 12 月起担任三青团书记长、中央组织部部长、中统局局长，地位极其重要。朱家骅的势力不断扩大，深度触碰到 CC 系的利益范围，双方矛盾渐深，在中央与地方党部以及各大学展开激烈斗争，甚至达到水火不容的境地。⑥ 因此，抗战以后，朱家骅和陈立夫的关系实际有一个从亲到疏的过程。1940 年以后，即使朱家骅为自己领导的中央研究院向陈立夫索取经费，也极不顺利，陈立夫多以"中央财政困难"为由直接拒绝。⑦ 中央研究院尚且如此，区区一私立大学的待遇可想而知。从朱家骅、陈立夫就光华大学索款事宜的来往公文看，两人关系初期似乎颇为亲密，但之后陈立夫逐渐以种种借口敷衍朱家骅，最后朱家骅已不便出面向陈立夫关说。所以张

① 《张寿镛致朱家骅电》（1940 年 3 月 7 日），台北，"中研院"近代史研究所藏，《朱家骅档案》，档案号：301/01/09/198/3—4。
② 《陈立夫致朱家骅函》（1940 年 4 月 1 日），《朱家骅档案》，档案号：301/01/09/198/12。
③ 胡国台：《抗战时期教育经费与高等教育品质：1937—1945》，《中央研究院近代史研究所集刊》第 19 期，1990 年，第 452 页。
④ 《教育部为高等教育经费困难给蒋介石与行政院的呈文及蒋的复电》（1942 年 8 月 15日），《教育部档案》，档案号：五（2）/678/4。
⑤ 王奇生：《党员、党权与党争——1924—1949 年中国国民党的组织形态》，上海书店出版社，2009，第 317—355 页。
⑥ 桑兵：《国民党在大学校园的派系争斗》，《史学月刊》2010 年第 12 期，第 60 页。
⑦ 黄丽安：《朱家骅与中央研究院》，第 167—168 页。

寿镛选择朱家骅为靠山，最初并无太大问题，但最后将学校的派系立场定在朱家骅一方，可能会使光华在无形之中充当朱家骅与陈立夫内斗的牺牲品。从某种程度上讲，这未必是一种最佳的选择。此种情况或说明此时张寿镛地位的边缘化，对中央内部的权力斗争和派系之争不是特别了解，或说明除了求助朱家骅之外，张寿镛实在无路可走。

国民政府教育部不仅在经费上对光华大学这种私立学校极为苛刻，而且对"孤岛"内留守的国立大学亦并非有求必应，还经常拖欠经费。在此简要论述抗战时期国民政府教育部与留守上海的国立大学之间的经济关系，以资与光华比较。

"孤岛"时期，国立大学当中经费最支绌的是国立交通大学。该校原隶属于交通部，经费十分充足，抗战初期改隶教育部，经费只有原来的一半。而且，教育部的经费须由财政部拨付，财政部常常滞后 1—3 个月发放，常年拖欠。[1] 国立暨南大学的经济情况稍佳，教职工薪水也只能以八成发放，在物价飞涨的"孤岛"，教师难以维持生活。因此，各国立大学向教育部索要经费实为常事。交通大学便在 1938 年 10 月致函教育部称，目前仅领到 6 月经常费，7—10 月经费均未收到。[2] 教育部拖欠各校的经常费，一般均会补发。但是，对国立大学的额外要求，教育部往往不予应允。1940 年 1 月，上海商学院院长裴复恒致函陈立夫，要求提高该院教职员的待遇，从次年起增拨若干补助。然而，陈立夫以"增拨一节，未便转请"为由，予以拒绝。[3] 暨南大学校长何炳松和交通大学校长黎照寰曾上书陈立夫，建议至少给予上海各校一整年的经费，由上海银行或组织委员会保管支用，以防将来"租界地位动摇"，陈立夫仅批示"意见留供参考"，未予同意。[4]

尽管教育部无法按时供应留守上海各校经费，而且在数额上远不能满足各校需要，对各校经费的使用要求却异常严苛。交通大学虽然经费

---

① 周尚：《上海专科以上学校视察报告书》（1940 年 4 月 2 日），《教育部档案》，档案号：五/1974（1）/39。

② 《上海交通大学纪事（1896—2005）》上卷，第 291 页。

③ 《国立上海商学院裴复恒函请提高员工生活待遇》（1940 年 1 月 5 日），《教育部档案》，档案号：五/4412/5—7。

④ 《黎照寰、何炳松致陈立夫函》（1940 年 5 月 14 日），《教育部档案》，档案号：五（2）/726/19—24。

紧张，但教育部仍下达经费核减的命令，乃至交大"通盘筹划，削足适履，以求苟合，为事实所不许"。① 教育部为上海商学院增加下年经常费，但由于该校上年款项曾有余额拖欠未发，遂将上年结余款收归国库，不再补发。② 教育部要求各校每笔款项都要指定用途，不得挪作他用，乃至大夏大学校长王伯群诉苦道："部方补助款额又无不指定用途，每届详报开支情形，稍有移注，必受指斥。"③

　　由于各校面临严峻的经济压力，加之严苛的经费使用制度，国立大学和私立大学校长均不胜其苦。但是，各校校长的应对方式并不相同。国立大学校长由教育部任命，任期短暂，流动性大。国立大学亦引人注目，校长身处恶劣环境之中，常有"以防不测"之忧虑，压力更重。④因此，一旦经济上或其他方面的要求得不到满足，国立大学校长往往会要求辞职。交通大学校长黎照寰即多次以身体欠佳为由，呈请陈立夫要求辞职。对国立大学校长"罢工"的行为，教育部往往予以好言抚慰，但收效不大。陈立夫收到黎照寰要求辞职的函电后，密电请他到重庆教育部一谈，黎照寰却以"健康欠佳"为由拒绝前往。⑤ 上海商学院院长裴复恒虽然并未辞职，实际已无心于校务，将学校委托给亲信胡纪常掌管。⑥ 陈立夫推荐人选至上海商学院任职，被裴复恒直接拒绝。⑦ 教育部要求上海商学院四年级学生内迁后方，以充实后方会计人员队伍，裴复恒置若罔闻。⑧ 陈立夫写信要求裴复恒到重庆，但裴复恒拒不回复。⑨ 两人的上下级关系，实际已经荡然无存。至于中法国立工学院院长褚民谊，

---

① 《上海交通大学纪事（1896—2005）》上卷，第 201 页。

② 《国立上海商学院经费计划支出计算书及有关文书》（1940 年 12 月 4 日），《教育部档案》，档案号：五/4411/18。

③ 《关于黔校财政困窘以及沪校收支应列表详示以利呈报等致沪校校务会议的复函》，汤涛主编《王伯群与大夏大学》，第 141 页。

④ 周尚：《上海专科以上学校视察报告书》（1940 年 4 月 2 日），《教育部档案》，档案号：五/1974（1）/34。

⑤ 《上海交通大学纪事（1896—2005）》上卷，第 301 页。

⑥ 叶孝理主编《上海财经大学校史（1917—1949）》第 1 卷，中国财政经济出版社，1987，第 105 页。

⑦ 《陈立夫为推荐吴保鼎至国立上海商学院工作事给该院院长裴复恒函》（1939 年 1 月 30 日），《上海商学院档案》，档案号：Q246/1/302/30。

⑧ 《教育部致国立上海商学院电》（1940 年 11 月 29 日），《教育部档案》，档案号：五/5375/48。

⑨ 《陈立夫致裴复恒函》（1939 年 9 月 5 日），《教育部档案》，档案号：五/2752/45。

"每月薪金为二千元并（购买）大洋房一座……几去校费之半"，显然是无心办学，利用公款满足个人享受的典型。① 相比之下，私立大学的校长理论上由校董会任命，实际多是创校元老，与学校之间实为一种共生共存的关系。由于私立大学的校董会多为形式化存在，学校本身实际更近似于校长个人的事业，这些校长即使压力巨大，实际亦无从辞职，只能苦撑至最后一刻。虽然教育部对各私立大学"早存歧视"，在经济上百般苛刻，各校对待教育部仍谨小慎微，以免动辄得咎，授人以柄。比如，大夏大学创始人之一傅式说抗战初期即投靠日伪，导致教育部对该校印象恶劣，更借机给予不平等的待遇。由此，身在贵州的校长王伯群、副校长欧元怀多次要求沪校整体内迁，以"保存吾人半生心血所结成之大夏"。② 尽管大夏大学沪校负责人鲁继曾以各种理由拒绝迁校，但在政治上仍保持其立场。当时《申报》登载鲁继曾参与中日文化协会上海分会成立典礼并被推为理事的新闻，鲁继曾十分惶恐，转托欧元怀致函陈立夫予以否认，以免影响学校的前途。③ 私立正风文学院前院长王西神附逆，以该校名义组织"校友会"，从汪伪政府领取津贴，该院院长蒋维乔为避免校名被敌伪利用，呈请教育部更名为诚明文学院，与王西神划清界限。④ 如张寿镛这样的私立大学校长，更是希望积极表现，以获得国民政府教育部的认可，在政治立场和态度方面，在民族大义面前，严守界限，不越雷池一步。国民政府教育部与留守私立大学之间的关系表面脆弱，内部却比较稳定。

第三节　脆弱中的稳定：光华大学的政治态度

张寿镛与文献保存同志会

如光华大学这类留守"孤岛"办学的高校，经济压力只是一方面，

---

① 周尚：《上海专科以上学校视察报告书》（1940 年 4 月 2 日），《教育部档案》，档案号：五/1974（1）/42。

② 《关于建议大夏沪校整体内迁的函》，汤涛主编《王伯群与大夏大学》，第 128 页。

③ 《欧元怀致陈立夫函》（1943 年 11 月 27 日），《教育部档案》，档案号：五（2）/713/3—6。

④ 《第二次中国教育年鉴》，第 727 页。

更大的压力来自政治方面。租界当局虽然允许迁入高校存在，要求却异常严格。如迁入法租界的交通大学等校必须事先申报所授课程的内容由租界当局审查，学生和老师不准集会结社，否则将封闭学校。[①] 1939 年10 月，暨南大学学生因在校张贴抗日标语遭法租界当局驱赶，被迫迁入公共租界办学。[②] 张寿镛亦曾呈文法租界公董局及法国驻沪总领事，申请光华大学及附中迁入法租界办学，承诺"愿在本校内遵守一切公董局之章程，更愿担负一切规定之捐税及与公董局各机关以监察之便利，凡公董局各机关有所调查检问，自当尽量供给一切资料"。[③] 然而，呈文虽然恳切，却未被保守的法租界当局允准。

留守上海高校在政治方面的压力，亦来自伪政权方面。1938 年 3 月，伪中华民国维新政府在南京成立。伪政权千方百计拉拢留沪大学附逆。沪江大学校长刘湛恩担任上海各界人民救亡协会主席兼上海各大学抗日联合会主席，积极为抗日事业奔走，却遭日伪仇视不幸遇害。1939 年 9 月，汪精卫因拉拢私立持志学院院长何世桢做官不成，指使丁默邨派特务捣毁持志学院，不久学校即告以停办。[④] 经此二事，各大学校长逐渐深居简出，不敢参与公共活动。张寿镛亦是此时深居简出，不参与公共活动的留守大学校长之一。因此，教育部临时特派员周尚对光华大学才有"校长离沪，从不到校……光华最紊乱，盖负责乏人也"之类的论断。[⑤] 而此时的张寿镛实际并未离沪，虽然并不经常到校，但从《蒋维乔日记》中可知其经常在家中召开校务会议。另外，此时的张寿镛实际开始为政府从事一项非常秘密的活动，即参加文献保存同志会，进行沦陷区珍贵古籍的抢救性收购工作。

抗战时期由于经济困难，加之唯恐古籍毁于战火，江浙各大藏书家纷纷倾销多年家藏旧书，日本、美国方面则积极收购，大批珍贵古籍有流到国外之势。1939 年末，暨南大学校长何炳松、光华大学校长张寿

---

① 《上海交通大学纪事（1896—2005）》上卷，290 页。

② 刘寅生、房鑫亮编《何炳松文集》第 4 卷，商务印书馆，1996，第 785 页。

③ 《关于请求法租界允准办学的报告》，汤涛主编《张寿镛校长与光华大学》，第 112 页。

④ 陈正卿：《抗战时期何世桢的真实面目》，姜义华、黄克武主编《20 世纪中国人物传记与数据库建设研究》第 3 辑，上海书店出版社，2016，第 79 页。

⑤ 周尚：《上海专科以上学校视察报告书》（1940 年 4 月 2 日），《教育部档案》，档案号：五/1974（1）/34。

铺、商务印书馆董事长张元济、暨南大学教授郑振铎等人联名上书朱家骅、陈立夫，提议在上海秘密创建购书委员会，负责搜罗、收买散落于江浙民间的珍版古籍，以免国宝落于敌手、流于海外。① 朱家骅、陈立夫欣然同意，命何炳松、张寿镛、郑振铎等先行筹集资金搜罗，将来由中央政府偿还本利，收归国有。其后，决定由中英庚款董事会拨付款项支持收购。不久，文献保存同志会成立，本拟推举张元济主持其事，因张元济不够积极未获同意，改推张寿镛担任，张寿镛遂成为该会的领导人。② 文献保存同志会决定，以暨南大学、光华大学图书馆购书名义抢救珍稀古籍，由郑振铎主要负责具体的购买工作，张寿镛负责审定图书，张元济负责咨询顾问，何炳松负责与重庆方面联络并管理经费。③

目前留存于世的张寿镛与郑振铎关于购买珍稀古籍的往来书信，不下三百通。从这些书信可知，两人在文献保存同志会中负最主要的责任，也是参与最多者。一般而言，郑振铎拟购买的书，都会将书目或样书函寄张寿镛审定，经张寿镛盖章同意后再决定购买。张寿镛本身便是版本目录学的专家，个人酷爱藏书，在杭州弥陀山麓建有私人宅院"约园"，藏书多达 16 万册，对古籍有着极为专业的鉴别能力。因此，郑振铎称："咏霓先生的好事和好书之心也不下于我。我们往往是高高兴兴地披阅着奇书异本，不时的一同拍案惊喜起来！在整整两年的合作里，我们水乳交融，从来没有一句违言，甚至没有一点不同的意见。"④ 而且，郑振铎在购书上魄力不够，时常不敢花大价钱购买珍品。张寿镛则"对于古籍购置，鼎力支持，能见其大"，很多古籍得以顺利收入囊中，免于失之交臂。⑤ 张寿镛、郑振铎等人购书，一方面要与日本人、美国人竞争抢购。如郑振铎对张寿镛称："可怪在价虽高仍有人要。若燕京，若大同（代美国人购书者），如遇彼所欲得之物，几乎是不论价而购。"另一方面他

---

① 卢金、李华龙编《郑振铎日记》，山西教育出版社，1998，第 153 页。
② 郑振铎著，陈福康整理《为国家保存文化——郑振铎抢救珍稀文献书信日记辑录》，中华书局，2016，第 394 页。
③ 郑振铎著，陈福康整理《为国家保存文化——郑振铎抢救珍稀文献书信日记辑录》，第 398 页。
④ 郑振铎著，陈福康整理《为国家保存文化——郑振铎抢救珍稀文献书信日记辑录》，第 381 页。
⑤ 郑振铎著，陈福康整理《为国家保存文化——郑振铎抢救珍稀文献书信日记辑录》，第 179 页。

们要与商人博弈。又如郑振铎对张寿镛称："平贾有以外交部档案八十余册求售者；索价五十元一册，实属骇人听闻！闻此项档案系得自南京，谅为当时未及迁出之物。关于四川矿务一部分，尤为重要……类似之'文件'，我辈似应为国家保存也。"①

　　总之，张寿镛和郑振铎等在两年多的时间里，利用中英庚款董事会拨发的款项，秘密抢救善本书121368册，其中包括宋版书201部，元版书230部，明版书6219部，这些书均通过秘密渠道运往大后方，其后成为中央图书馆的主要善本馆藏。② 如此功绩，建立在张寿镛、郑振铎的爱国心和精诚合作之上。如郑振铎对张寿镛言："我辈之工作，完全为国家、民族之文化着想，无私嗜，无偏心，故可得好书不少，且眼光较为远大，亦不局促于一门一部，故所得能兼'广大'与'精微'。但望此宏愿能实现也。……此愿如能在炮火中实现，则保存民族文化之功力，较黎洲、子晋、遵王、荛圃更大矣！……大抵经我辈如此一收罗，重要之书，流落国外者可减至最低度……先生所费心于此者亦极多。但觉此事于国有利，故尚敢言'劳'也。"③ 尽管张寿镛所主持的光华大学遭到教育部的歧视，常常无法获得足额的经费，张寿镛仍然以国家利益为上。当然，张寿镛亦希望通过此种工作赢得陈立夫、朱家骅的好感，但目的并非为个人争取利益，而是为光华大学争取利益。比如，1940年12月他致朱家骅的信中交代职责说："得者多为精品，可以不负委任。运输一节，择最精者先行，其次则妥觅地点。"显然，张寿镛对此事尽职尽责，在一定程度上赢得了朱家骅的信赖与肯定。张寿镛在表功的同时，也不忘请其代为向陈立夫关说资助学校事宜。④

对汪伪政府的抵制

　　随着日本侵华加剧，留守高校所面临的危机日益加深。1940年3

---

① 郑振铎著，陈福康整理《为国家保存文化——郑振铎抢救珍稀文献书信日记辑录》，第115—123页。

② 陈福康：《郑振铎等人致旧中央图书馆的秘密报告》，《出版史料》2001年第1期，第87—100页。

③ 郑振铎著，陈福康整理《为国家保存文化——郑振铎抢救珍稀文献书信日记辑录》，第96页。

④ 《张寿镛致朱家骅函》（1940年12月），《朱家骅档案》，档案号：301/01/09/198/40。

月，汪伪政府成立，各大学教职员中"落水者"比比皆是，包括中法国立工学院前院长褚民谊、私立正风文学院前院长王西神、私立大夏大学教授傅式说、私立持志学院教授汪翰章等人。汪伪政府成立后，统辖权限虽未及租界，但已经开始向"孤岛"内的学校发号施令，要求"孤岛"内的各大学向其注册立案。1941 年 1 月，伪上海市教育局处长李应警告称："溯自新政府定鼎后，贵校对于部定章程未能悉行遵照，显见用意叵测，兹依据部令限于三月一日以前向本局申请登记并将所有章程文件等呈验，否则勒令停办。"① 当然，此时汪伪政府无权要求租界内学校停办，此种饬令更类似一种威胁和恐吓，实际上只能派遣特务暗中捣乱。

1941 年 12 月，太平洋战争爆发。日军进入公共租界并对法租界进行部分控制，"孤岛"时期结束，留守各校面临生死存亡的抉择。文学院院长蒋维乔在 12 月 8 日的日记中记录道："浦江日军舰向英美两小型兵舰开炮，炮声隆隆，约有数十响者，美舰被轰沉，死五十余人，美舰投降。日海陆军遂占领公共租界……法租界情形超常，至同孚路口则有日军站立，不能通过，遂绕道回家。"② 10 日，蒋维乔去光华上"庄子"课，"学生来者甚少，未讲"，其后上"中国文学史"，"到者不及半数，略讲半页而罢"。③ 显然，在此种大变局之下，学生已经无心学习，教师亦人心惶惶。16 日，蒋维乔与吕思勉同访张寿镛，询问光华大学前途。④

1941 年 12 月 20 日，张寿镛向校董会提出辞职，请朱公谨完全负责校务至学期结束。其称："本校自民国十四年成立，谬承董事会推寿镛为校长，于今忽忽十六年矣。其间艰难困苦，早在洞鉴。维是历年债负累累，处此紧缩之时，筹款更属不易。况数年以来，寿镛久以年老多病未能常川到校视事，来日大难，断不容再行尸位，即自本年十二月三十一日止为寿镛卸职之日，务恳照准。此后应如何推选贤能及如何办理之处，均祈董事会公决。"然而，被张寿镛委以继承重任的朱公谨称："猥以办理本学期结束事宜，见委此事，万非言钧才力所胜。"表示不能完全代张

---

① 《李应致胡文耀函》（1941 年 1 月），上海市档案馆藏，《震旦大学档案》，档案号：Q244/1/129/71。

② 《蒋维乔日记》第 23 册，第 36 页。

③ 《蒋维乔日记》第 23 册，第 38 页。

④ 《蒋维乔日记》第 23 册，第 42 页。

寿镛治校，希望张寿镛切勿辞职。其后，周其勋、储元西、陈楚善、朱时隽、蔡正雅、容启兆、薛迪符、陆寿长等一干教职员或提出辞职，或以辞职相威胁，挽留张寿镛。① 如前所述，私立大学的校董会实为虚设，张寿镛作为光华大学的创办者，属于实职校长，其地位和作用无可替代，若创校校长辞职，学校只有停办一途。1941 年 12 月 28 日，光华大学召开校董会，到会者施肇基、许秋帆、张慰如、吴蕴斋、张寿镛、朱吟江等，通过张寿镛辞职案，决定光华大学沪校暂时停办。② 光华大学沪校停办后，吕思勉准备离开学校回到家乡常州归隐，十余名学生于大年三十为其饯行，拍摄照片一张，并在右上角标明"一片冰心"，以表明爱国之意。③

由于公共租界沦陷，国民政府教育部为防止各校附逆，决定在浙江金华成立国立东南联合大学。1942 年 1 月 15 日，陈立夫任命暨南大学校长何炳松为东南联大筹备委员会主任，光华大学校长张寿镛、大同大学校长曹惠群、交通大学校长黎照寰、沪江大学校长樊正康、上海商学院院长裴复恒等人为筹备委员，要求上海各大专学校"除在内地已设有分校外，一律参加东南联合大学"。④ 国立东南联合大学之设立，未能得到各校的积极响应，仅有各校 200 余名学生到达金华。⑤ 随后金华告急，东南联大筹备处随暨南大学迁往福建建阳。由于交通阻隔，身处上海的师生更无法内撤，东南联大遂告瓦解，已招收的学生并入暨南大学。张寿镛未真正参与国立东南联合大学事务，既因个人年老体衰，无法真正带领学生前往金华，亦因深知所谓联合大学绝非长久之计，其对光华大学已经有新的安排。

其实，张寿镛宣布辞职，令光华大学沪校停办只是一种表面现象，他亲手创办光华大学，辛苦经营十余年，不忍葬送于此，决议以另一种方式使光华大学沪校获得重生。1942 年 1 月 25 日，张寿镛召蒋维乔前

① 《关于张寿镛向校董会辞职的报告》，汤涛主编《张寿镛校长与光华大学》，第 254—256 页。
② 张耕华主编《光华大学编年事辑》，第 265 页。
③ 李永圻、张耕华编撰《吕思勉先生年谱长编》（下），第 623 页。
④ 张晓辉、夏泉主编《暨南大学史（1906—2016）》，第 155 页。
⑤ 何炳松：《东南联合大学筹备委员会同学录序》，刘寅生、房鑫亮编《何炳松文集》第 2 卷，第 714—716 页。

来，称光华大学沪校已经停办，商学院、理学院已经由教员秘密组织补习班，希望蒋维乔组织文学院骨干教师成立补习班，改头换面继续办学。张寿镛称："我譬如公孙杵臼，为校死节；君为程婴，负责托孤。死节事易，抚孤事难，君其勉之。"[①] 蒋维乔认为，此种办法可以维持教职员的生活，并可以救济流亡学生，同意召集耿淡如、孙贵定、沈延国、姚舜钦等各系主任办理此事。[②]

1942 年 1 月 26 日，由光华大学理学院、商学院同人组建的格致理商学社召开第一次社务委员会会议，出席委员包括罗孝威、蔡濬、薛迪符、唐庆增、何仪朝、容启兆等人，举唐庆增为主席，以光华大学沪校教职员为社员，确定该社以补习理商学程为主旨，设立于光华实验中学内，凡光华大学理商两院学生均可以申请补习，原校承认其学籍。为方便起见，每半年分为三期，六周为一期，每学程有 15 人即可开班。[③] 不久，蒋维乔等组织的诚正文学社也在证券大楼原址开班，下设中文、外文、历史、政治、教育五种学程，另附设两年制商学专修科。张寿镛派人将两个学社的情况辗转传达到教育部，教育部承认两学社的毕业生等同于光华大学毕业。[④]

太平洋战争爆发以后，汪伪政府逐步确立对上海的全面控制。1942 年 4 月 27 日，教育部驻沪办事处被汪伪特务破获，督学顾兆麟以下 30 余名办事人员被捕。[⑤] 从此之后，留守上海高校与国民政府教育部的联系完全断绝，经费来源亦告断绝，陷入一种无人管理的境地。由于各校教职员需维持生计，1942 年春夏，租界内未迁高校除极少数停办之外，其他各校都试图以各种方式开学，交通大学、上海商学院、上海医学院宣告"复办"，复旦大学、大夏大学、大同大学、沪江大学、震旦大学、同德医学院、东南医学院、诚明文学院等校也以不同方式改换门头复办（见表 5-2）。

---

① 张耕华主编《光华大学编年事辑》，第 266 页。
② 《蒋维乔日记》第 23 册，第 68 页。
③ 张耕华主编《光华大学编年事辑》，第 268 页。
④ 光华大学成都分部结束办事处编印《私立光华大学成都十年记》，1947，第 2 页。
⑤ 《陈惠报告一年工作及请示》（1942 年 5 月 26 日），《教育部档案》，档案号：五/13804（1）/12。

表 5-2　太平洋战争爆发后留守上海高校简况

性质	校名	负责人	政治选择
国立	交通大学（沪校）	张廷金	向汪伪注册
	上海商学院	裴复恒	向汪伪注册
	上海医学院（留守）	乐文照	向汪伪注册
私立	大同大学	胡敦复	向汪伪注册
	复旦大学（沪校）	李登辉	改为补习学校，拒绝注册
	大夏大学（沪校）	鲁继曾	改为补习学校，拒绝注册
	光华大学（沪校）	张寿镛	改为补习学校，拒绝注册
	诚明文学院	蒋维乔	改为补习学校，1943 年在江西复校
	同德医学院	周邦俊	接受汪伪调查统计，未注册
	东南医学院	郭琦元	接受汪伪调查统计，未注册
教会	沪江书院	朱博泉	接受汪伪调查统计，未注册
	震旦大学	胡文耀	接受汪伪调查统计，未注册

资料来源：根据《第二次中国教育年鉴》相关资料整理。

　　国立大学是汪伪政府觊觎的重点对象，最初一些校方试图将校名改为"私立"，以声明学校系私人性质，在注册问题上留有回旋余地。由此，交通大学改为"私立南洋大学"，上海商学院改为"私立上海商学院"。[①] 不过，国立大学的经费来源于国家，与在重庆的教育部失去联络，加之校产庞大、教职员维持生计的需求迫切，必须依靠政府拨款才能生存，遂将寻求生存的考虑放在第一位。1942 年 8 月，"私立南洋大学"校长张廷金鉴于经费困难，主动呈文汪伪政府教育部申请注册，成为接受汪伪政府资助的"国立交通大学"。[②] 上海商学院院长裴复恒接受汪伪政府"江苏省财政厅厅长"的职务，主动将商学院注册立案，重新挂出"国立上海商学院"的招牌。上海医学院主体已经在院长朱恒璧的带领下于 1939 年内迁，仅有少数师生留沪，为保存附属医院和维持员工生计，亦主动申请注册。[③]

　　汪伪政府统治力虚弱，主要觊觎国立大学，也需要扶持一批国立大

---

① 叶孝理主编《上海财经大学校史（1917—1949）》第 1 卷，第 106 页。
② 《上海交通大学纪事（1896—2005）》上卷，第 319 页。
③ 《汪伪教育部为报送"国立"上海医学院请求接收及经费概算事致汪伪行政院呈》，曹必宏主编《日本侵华殖民教育史料》第 3 卷，人民教育出版社，2016，第 281 页。

学。部分国立大学纷纷"注册"或"复校"后，汪伪政府由于治理精力有限，对教会大学和私立大学已经不再如"孤岛"沦陷之初步步紧逼。教会大学的经济状况稍佳，一般也不需要汪伪政府的资助。对国立大学而言，向汪伪注册将来可以用"为国家保存校产"作为借口；对教会大学和私立大学而言，向汪伪注册则意味着真正的附逆（抗战胜利后，一直未向国民政府立案的圣约翰大学校长沈嗣良便因向汪伪政府注册并担任伪职，被判处八年有期徒刑）。因此，教会大学在注册立案一事上异常谨慎，与汪伪政府维持着一种暧昧周旋、虚与委蛇的关系。其中，沪江大学改为沪江书院，对汪伪政府立案的要求采取拖延的手段。① 震旦大学教务长才尔孟（法国人）与汪伪政权颇有关系，曾邀请汪精卫来校演讲。② 不过，该校在注册立案上亦采取拖延态度，"伪政府亦知难而退，移其目标于战前未立案各校"。③

　　如光华大学这种国人自办的私立大学，选择则更为坚定。国人自办的私立大学中，仅有并未内迁的大同大学向汪伪政府"立案"，校长胡敦复出任伪职。④ 复旦大学沪校在太平洋战争爆发后一度改名为笃正书院，其后以"上海补习部"名义开学，同样回避注册。大夏大学沪校负责人鲁继曾在太平洋战争爆发后前往香港办理大夏大学港校，沪校近似于整体解散，一些主要教授在家中开设"私塾"，以继续培养学生。⑤ 同德医学院、东南医学院虽然继续办理，但迟迟拖延注册。光华大学的两个学社以学社自称，系说明是补习班性质，而非正式的学校，一方面可以避免汪伪政府的压迫，另一方面可以使处在沦陷区的教员通过教书维持最低限度的生计。在政治立场方面，在民族大义面前，他们严守界限，

---

① 王立诚：《美国文化渗透与近代中国教育——沪江大学的历史》，复旦大学出版社，2001，第331页。

② 《领袖亲临震旦大学，对青年团剀切训话，广播全市民众开机恭听》，《中国商报》1943年11月13日，第2版。

③ 才尔孟：《抗战期间之震旦——对后方同学之简略报告》（1945年），《震旦大学档案》，档案号：Q244/1/16/4。

④ 《私立大同大学历史事实考证书》（1952年10月），上海市档案馆藏，《大同大学档案》，档案号：Q244/1/1/11。

⑤ 大夏大学学运史征集小组：《上海大夏大学学生运动简史（1924—1945年）》，项伯龙主编《青春的步伐——解放前上海大中学校学生运动史专辑》，同济大学出版社，1999，第50页。

不越雷池一步。

汪伪方面对于光华大学，经常查问。蒋维乔称："敌人宪兵司令部，和老闸警察局，横一张调查表，竖一张调查表，逼令我们填写。我们阳奉阴违，逼到无可如何，就胡乱填一张与他，决无半句只字的公文，和他们往来。"对于汪伪方面"立案"的要求，他总是以"本社是私塾性质，不过维持学生及教职员生活而已"为由回绝。[1]对此，蒋维乔有细致的回忆：

> 在三十二年的某月某日，有姚明辉领了伪教育部驻沪办事处专员严恩柞，并不通报，闯入我家。我恰恰坐在客室，无法走开，姚就替严介绍。严开口就说：'我（严自称）是袁希洛的女婿，和您先生，也算世交。此番来沪，访问各大学校长，并非用部员身份，是以私人资格，交换意见。复旦、大夏，我已去过了。今日来见见先生，讨教讨教，请问光华大学，为什么要改名？"率直的说："若要问改名的缘故，应该去问张校长，我可不知道。我经办的诚正文学社不过维持学生学业和教职员生活，比方一个小摊，并不是什么学校，倘若外界要来干涉，我立刻可以收摊。"严说："我早已一再声明，是私人交换意见决不敢干涉。我们总要彼此商量一妥协的方法，才好。"我说："绝对没有妥协的方法。你要明白，我国的历史，向来有正统有偏安，国民的心理，总是归向正统的。如今重庆正式政府，虽然和沦陷区人民隔离，然民心总归向重庆的。南京政府，似乎连偏（安）两字，都说不上，那里能取得民心？所以你不必汲汲，姑且等待着罢？"我把他教训一顿，他无话可讲，就悯悯而去。隔了三天，姚明辉忽然手拿伪办事处空白表一纸，来请我以私人交谊，填写光华大学调查表。我不觉矢口痛骂道："您向来自命天字第一号的布衣，不做民国的官，凡是做过民国官的人，都是个贼，你不是一向有这话的吗？如今你却甘心做汉奸的走狗！你这个东西，

---

① 蒋维乔：《文学院概况》，光华大学编印《光华大学廿二周六三纪念特刊》，1947，第20页。

连贼都不如！"戴指指着他面孔，一直骂出大门，彼乃踉跄遁去。①

　　直到 1944 年 7 月，汪伪政府教育部仍饬令伪上海市教育局称："查上海未立案私立专科以上学校为数尚多，其办理完善与否，关系学生学业前途……令仰该局切实查明各校情形，凡办理完善者，着即督促遵照修正私立学校规程规定办理立案手续，不良者应则予以取缔。"② 然而，汪伪政府对专科以上学校的具体立案措施，如校舍、经费设备、行政组织、科系设置等都未规定标准，致使伪上海市教育局迟迟无从执行。由于各校的进一步拖延，直至 1945 年 3 月，伪上海市教育局才收到 13 所学校的填表信息，其中仅有震旦大学、沪江书院、同德医学院、东南医学院等四校系抗战前主办的学校。至于光华大学等其他学校，"校长均不在校，无法填报"。③ 随着抗战局势彻底逆转，汪伪政权统治日薄西山，所谓督促立案事，遂不了了之。

小　结

　　抗战爆发后，一般大学均迁往内地。然而，上海存在日军无法干预的租界，对上海高校而言，内迁并非唯一选项，亦可以选择留守租界。由于光华大学行政班底偏弱，亦缺乏财力，内迁比较困难，加之学校事实上与政府关系不够紧密，最后选择留守上海。然而，光华大学的校舍在战争中遭到彻底炸毁，多年的辛苦经营毁于一旦，只能暂时栖居于租界的高楼陋室之内，生存与发展面临着前所未有的危机，留守上海之路可谓异常艰难。而此时的国民政府教育部虽然已经内迁重庆，但在大学治理方面却不厌其烦地对留守上海高校进行管理和监督，不遗余力地将各种新政贯彻于"孤岛"高校，导致光华大学这类留守的高校很难应

---

① 《本校文学院院长蒋维乔先生八年来敌伪诱胁实况》，《私立光华大学成都十年记》，第 16—17 页。

② 《（汪伪）教育部关于上海未立案私立专科以上学校情形分别督促立案及取缔的训令》（1944 年 7 月 21 日），上海市档案馆藏，《日伪上海市教育局档案》，档案号：R48/1/844/1。

③ 《为签具私立专科以上学校填报概况调查表办理经过情形》（1945 年 3 月 3 日），《日伪上海市教育局档案》，档案号：R/48/1/844/17。

付。教育部对留守上海高校的困境却常常视而不见，尤其是对私立大学多有歧视，更多持一种消极应付、漠不关心的态度。

面对教育部的歧视，光华大学校长张寿镛努力编织人脉资源网络，在政府中寻求孔祥熙、朱家骅、翁文灏等个人的支持，希望借此获得办学经费，并由此形成一种对政界要人的依附。为了积极表现，张寿镛还积极投入抢救沦陷区内古籍文献的事业中，最后贡献给国家，以表忠诚，希望获得教育部部长陈立夫的认可，在经济上对光华大学加以照顾。不过，尽管教育部对各私立大学"早存歧视"，在经济上百般苛刻，如光华大学这类私立大学对待教育部仍谨小慎微，以免动辄得咎，授人以柄。在太平洋战争爆发后，日军占领租界，国立大学多半附逆的情况下，光华大学仍本着宁为玉碎不为瓦全的态度，将学校关闭，化整为零，以补习班或学社的方式暗中维持，向重庆表明其立场。私立光华大学这种坚持，与部分国立大学的选择形成对比，相较有些国立大学更具有"国立"的精神。

第六章　在中央与地方之间：抗战时期
成都分部的地方化

抗日战争全面爆发后，各大学纷纷播迁西南大后方，光华大学亦在四川成都设立分部，形成上海、成都两地办学的局面。光华大学成都分部由商学院原院长谢霖主持，经过谢霖本人的辛苦经营，加之四川地方当局的大力协助，一时间成为战时大后方校舍建设较为完备、办学条件比较优良的大学。然而，1943年，光华大学成都分部爆发学潮，谢霖本人被迫去职，校务由四川地方士绅向传义代理。抗战胜利后，光华大学成都分部更名为成华大学，由上海光华大学的驻川机构演变为完全意义上的四川地方大学，也是上海内迁高校中唯一留在后方未能复员的大学。光华大学成都分部数年的辛苦经营以失败告终，对留守上海的本部而言，实为一种沉重的打击。

抗战时期的光华大学成都分部校政当局如何和中央、地方两级政府相处？与地方社会的关系如何？光华大学成都分部的办学存在哪些困境？为何会出现这些困境？为什么光华大学成都分部未能回迁上海或以光华大学名义继续在成都办理？此种结局的主客观原因是什么？本章拟通过对1937—1946年私立光华大学成都分部史事的研究，揭示抗战时期内迁高校"地方化"的现象，以重新思考抗战时期校政基础薄弱的私立大学内迁之后的波折命运。

第一节　成都建校：谋求中央与地方支持的努力

光华大学成都分部的肇建

光华大学的大西路校址被焚毁后，张寿镛忧心如焚，在继续赁屋办学的同时，意识到在大后方建校已势在必行。1937年11月23日，张寿镛在上海召开校董会，决定在成都设立分部，聘请先期入川主持正则会计师事务所的商学院原院长谢霖为筹备主任，委托其全权在成都筹备分部建校事宜。①

　　谢霖（1885—1969），字霖甫，江苏武进人，日本明治大学商学士。谢霖拥有中国第一号注册会计师证书，是中国现代会计事业的奠基人，北洋政府时期担任中国银行、交通银行总会计师。南京国民政府时期，担任中央银行总秘书。1935年，奉财政部部长、中央银行总裁孔祥熙之命前往重庆整理中央银行渝行及地钞，恰逢此时财政部四川财政特派员陈绍妫涉嫌舞弊被蒋介石严令召回，谢霖遂就近暂代四川财政特派员，②会同四川省财政厅厅长刘航琛整理四川财政。③不过，谢霖并非蒋介石中意的人选。6月，蒋介石指派关吉玉担任四川财政特派员，令谢霖回行担任原职。④然而，此时谢霖的总秘书原职已被他人代替，谢霖从此正式脱离中央银行。⑤谢霖同时任教于复旦、光华、上海商学院三校。⑥1936年9月，谢霖接替杨荫溥担任光华大学商学院院长。⑦谢霖在做官与任教之余，同时经营会计师事务所。他是中国第一家会计师事务所——正则会计师事务所的创办人，该所规模颇为庞大，到1938年，已拥有上海、南京、镇江、扬州、杭州、芜湖、天津、南昌、衡阳、长沙、湘潭、常德、沅陵、汉口、沙市、广州、重庆、成都、乐山、青岛、济南、开封、太原等20多个分所，业务遍布全国。⑧张寿镛选择谢霖筹建光华大学成都分部，无疑也是看到了谢霖在政界、工商银行界和学界都拥有一定的人脉资源和动员能力。谢霖是急公好义之人，对筹备分校事宜其认为责无旁贷。1937年11月25日，建校筹备处在成都成立，借用正则会计师事务所为办公地点，由正则职员王镜蓉、苏祖南、祝正因、

①《成都分部十二年大事记》，《私立光华大学分设成都始末记》，光华大学，1949，第51页。

②《孔祥熙电蒋中正关于陈绍妫案非任内之事及请示可否以谢霖暂为处置中央银行重庆分行与地钞事件并请加以审查枉法谋利者等》（1935年6月9日），《蒋中正总统文物档案》，档案号：002/080200/00228/082。

③《谢霖刘航琛会商整理四川财政》，《申报》1935年4月28日，第11版。

④《蒋中正电请孔祥熙正式加委关吉玉代理四川财政特派员及令谢霖回部》（1935年6月17日），《蒋中正总统文物档案》，档案号：002/010200/00141/044。

⑤《谢霖谭光递嬗之内幕》，《时代日报》1935年8月20日，第4版。

⑥《谢霖招待光华复旦商学院三学院会计生》，《新闻报》1936年5月5日，第13版。

⑦《谢霖继任光华商学院长》，《申报》1936年9月18日，第15版。

⑧《正则会计事务所广告》，《光华大学戊寅纪念册》，光华大学，1938，第1页。

刘佑卿以及光华大学毕业生郭基荣、林树湘、黄德清义务负责此事。

与此同时，谢霖邀请时任省立重庆大学教授的光华创校元老薛迪靖来蓉参加筹备工作，邀请周有光（1923 级）、唐庆永（1924 级）、郭子雄（1925 级）、谢元范（1925 级）、柳陞祺（1926 级）、胡毓杰（1927级）、伍丹戈（1929 级）、林树湘（1929 级）、赵善诒（1932 级）等一批光华培养出来的学生担任教职。① 张寿镛也从上海派遣容启兆、李恩廉（1923 级）、陆寿长（1926 级）经香港来蓉，分别担任教务长、注册主任、总务主任。据统计，在建校初期的 52 位教职员中，有参与圣约翰离校的"六三同志" 2 人，上海本校教职员 6 人，毕业生 18 人。② 从这个行政班底的构成上可以看到私立大学的某种特色，即学校背后没有强大的国家力量支撑，只能以校友群体为核心，利用校友对学校的感情和身份认同，维持凝聚力，推动学校的正常运作。在一班校友的筹划下，新校定名为光华大学成都分部，租赁新南门内王家坝街房产为临时校舍，

---

① 周有光（1906—2017），江苏常州人，民盟盟员，著名语言学家。1927 年毕业于光华大学商科，历任光华大学、复旦大学、上海财经学院、中国社会科学院研究生院等校教授，中国文字改革委员会、国家语言文字工作委员会研究员，著有《汉字改革概论》《中国语文的现代化》。唐庆永（1906—1993），江苏太仓人，1928 年毕业于光华大学商科，俄亥俄州立大学经济学硕士，美国哥伦比亚大学经济学博士肄业，主要活跃于银行界，历任上海商业储蓄银行苏州、成都、昆明、北平等分行经理，并任交通大学、光华大学等校教授，著有《现代货币银行及商业问题》等书。郭子雄（1906—1944），四川资中人，作家。1929 年毕业于光华大学外文系，英国牛津大学肄业，历任四川大学、光华大学等校教授，著有《口供》《春夏秋冬》《中国与世界文化合作》等。谢元范（1906—?），江西吉水人，1929 年毕业于光华大学历史系，历任光华大学、重庆大学、西南民族学院等校教授，译有《1914 年后之世界》《史学与史学问题》等。柳陞祺（1908—2003），浙江兰溪人，民盟盟员，著名藏学家。1930 年毕业于光华大学外文系，历任光华大学、中央民族学院、中国社会科学院研究生院等校教授，著有《西藏历史概要》《西藏喇嘛教的寺院和僧侣组织》《西藏喇嘛寺庙与国外关系述略》。胡毓杰（1908—?），浙江萧山人。1931 年毕业于光华大学政治系，美国纽约大学法学博士，历任光华大学、燕京大学等校教授，著有《法学纲要》《民法概论》，1949 年后去台。伍丹戈（1912—1984），江苏常州人，民建会员，著名经济学家。1933 年毕业于光华大学政治系，历任光华大学、圣约翰大学、大同大学、上海财经学院、复旦大学等校教授，著有《论国家财政》《明代土地制度和赋役制度的发展》等。林树湘（1907—1976），湖南湘潭人，1933 年毕业于光华大学会计系，历任光华大学、四川大学、成华大学、湖南大学、中南财经学院等校教授，著有《实用政府会计》。赵善诒（1911—1988），江苏苏州人，民盟盟员。1936 年毕业于光华大学国文系，历任光华大学、成华大学、华东师范大学教授，著有《韩诗外传补正》《说苑疏证》。

② 谢霖：《本校移川重要情形》，《光华通信》第 1 期，1938 年 4 月，第 6 页。

于 1938 年 3 月 1 日开课。①

　　光华大学成都分部筹备时，有张仲铭兄弟捐赠杜甫草堂以西土地 50 亩作为永久校址。其后，成都分部又自行筹款在张仲铭兄弟捐地旁购置 50 余亩土地以兴建校园。校园建成后，学校即迁入新址。校园设有办公场所与教室（甫澄堂、富铭堂、富荣堂、祥熙堂、寿长堂）、图书馆（季琴图书馆）、大礼堂（丰寿堂）、学生食堂（冠能堂），并有科学馆、体育场、网球场以及学生宿舍（康斋、鸣斋、绩斋、治斋、灏斋）、教职工宿舍（六三别墅）等。另外，建有牌楼两座、桥梁十二座及钟楼、水塔各一座。② 黄炎培参观校园后记录道："颇有相当规模，劫后得之，殊非易易。"③ 教育部的文献中也记载："战时内迁各校校舍皆甚简陋，独该校最称完美。"④

　　光华大学成都分部的行政人员队伍比较精简，主要职务多由光华校友担任。在副校长谢霖之下，以容启兆、薛迪靖为正副教务长；秘书处主任赵中，职员 6 人；注册处主任李恩廉，职员 5 人；事务处主任陆寿长，职员 8 人；训育处主任江鹏，职员 4 人；会计处主任郭基荣，职员 2 人；体育处主任钱耀彬，无职员；军事训练队正副队长谢霖、江鹏，教官、助教 5 人。⑤ 各院院长都是兼任，文理学院院长由教务长容启兆兼任，商学院院长、会计系主任都由谢霖兼任。各系设系主任 1 人，没有行政人员。为节省经费，附中不设行政机构，职员全部由大学部职员兼任。

　　至于院系设置也一切从简，完全以适合川省及实用为目的，最初设置文、理、商三院六系一附中，其后缩减为文理、商两院六系一附中。其中文理学院设政治经济系、化学系、土木工程系，商学院设工商管理、会计、银行三系，并无"冷门"系科。⑥ 其中文理学院中的化学系师生

① 《成都分部十年大事记》，《私立光华大学成都十年记》，第 57—58 页。
② 谢霖：《本校来成都后之第二次六三节》，《六三纪念特刊》，成都光华大学，1939，第 2—3 页。
③ 《黄炎培日记》第 6 卷，第 156 页。
④ 《第二次中国教育年鉴》，第 661 页。
⑤ 《蓉校教职员一览》，《光华己卯年刊》，第 99—101 页。
⑥ 《校务会议第一次记录》（1938 年 2 月 26 日），《光华通信》第 1 期，1938 年 4 月，第 20 页。

多数是从上海迁来，教育部要求这批学生毕业后即取消化学系；土木工程系不久便被教育部饬令停办，学生转入重庆大学。[1] 一年后学校拟设教育系与农学系，教育部不予批准。[2] 其后，奉教育部部令另办理会计专修科，名额 50 人，专门招收投考各校未能录取或因故未能入学的青年。由此，光华大学成都分部成为一所以商科为主体的学校。不过，由于学校来川"系属迁移性质"，从开办初便四个年级齐设，以便上海本校学子愿意来川者继续就读。[3]

就师资力量而言，成都分部显然与上海本部有较大差距，表现为教员知名度不高、资历不深，多为应聘国立大学教职的落选者。比如，有国立长沙临时大学（西南联大前身）附中教员汪伯烈，听闻四川大学有四个钟点的国文课，托吴虞为其说洽未成，成功应聘成为光华大学的国文教员。[4] 再以 1939 年上半年的师资名单为例，如徐照、郑勉、史丽源、何燕航、刘殿卿、陈学奇、杨聚义、徐春霆、洪殷朴、曾宪楷、左景嫒、沙凤岐、张锡煆、刘雅声、甘明蜀等皆为近代中国学术史上名不见经传的地方性学者。[5] 师资力量欠佳，无疑会影响教育的品质。

由于师资力量一般，学校方面便利用一切机会，从其他高校"捡漏"。1939 年，国立四川大学将迁峨眉，理工科教授顾葆常不愿前往，其又因学潮事件得罪校长程天放，遂被光华方面聘任。[6] 学校还邀请客居成都的知名学者来校任教，并尽可能帮助他们在校内安顿，使他们对学校产生认同感，安心在校任教。1939 年 9 月，萧公权受薛迪靖邀请来校。薛迪靖为其在光华附近的铁门坎租赁农家房屋居住，其后又协助他搬入新建的六三别墅第十、十一号两所小型住宅。萧公权"在光华（包括后继者成华大学）任教整整八年"，在铁门坎租住的前两年，完成了

---

① 《私立光华大学成都分部各院系科注册学生人数统计表》（1941 年），《教育部档案》，档案号：五 1998/69。

② 《校务会议第六次记录》（1938 年 10 月 14 日），《光华通信》第 6 期，1938 年 11 月，第 35 页。

③ 谢霖：《本校移川重要情形》，《光华通信》第 1 期，1938 年 4 月，第 5 页。

④ 中国革命博物馆整理，荣孟源审校《吴虞日记》下册，四川人民出版社，1986，第 757—764 页。

⑤ 《蓉校教职员一览》，《光华己卯年刊》，第 99—101 页。

⑥ 《谢霖就张寿镛对成都分部人事意见的复函》，汤涛主编《张寿镛校长与光华大学》，第 240 页。

《中国政治思想史》的撰写。① 1941 年 8 月，薛迪靖获悉叶圣陶脱离浙江大学任职于四川省科学教育馆，便通过朱自清的关系，邀请叶圣陶来校任教。由于薛迪靖"语颇殷切"，其"遂允焉"。② 1942 年夏，薛迪靖得知齐鲁大学发生学潮，拟聘的英文教授杨宪益从黔来蓉却未能入职，遂邀请其来校任教，并请其搬入六三别墅居住。③ 光华正是通过这些方式抢聘教授，才为程度不高的师资力量增添了几抹亮色。

不过，由于经济实力不济，光华教授的待遇极其低微。1940 年教育部的调查报告称，全校有教师 45 人，专任教授薪水每月仅 120 元。④ 此种情况在档案中也能得到印证。比如，1941 年，光华聘请一位名叫张立的年轻教员担任大学部讲师，讲授"公路建筑"3 小时、"铁路养路学"3 小时，每小时 4 元，每月收入不足 100 元。⑤ 叶圣陶系兼任教授，每周 4 小时课程，每小时报酬 8 元，月收入亦不足 150 元。而 1940 年 8 月教育部颁布的《大学及独立学院教员聘任待遇暂行规程》规定，教授薪水分 9 级，最低 320 元，最高 600 元；讲师分 7 级，最低 140 元，最高 260 元。⑥ 显然，光华大学教授的薪水与一般国立大学最低级的讲师差不多。

由于待遇极低，校方只能默许教授在他校兼课。比如，萧公权虽然担任专任教授，但同时兼任川大、燕大两校的课程，奔走于华西坝、望江楼与光华村之间。⑦ 至于无课可兼者，只有辞职一途。杨宪益鉴于"那所大学的教授薪水相当低，比教会学校要少"，虽然学校当局"待我们很亲切"，仍决定只教一学期书便另谋他职。⑧ 由此，教育部视察员在报告书中认为，"因待遇较薄，所谓专任教授亦多兼校外职务……除有特殊关系者外，多存三日京兆之心"。不过，"少数与该校关系较深之主要

① 萧公权：《问学谏往录》，黄山书社，2008，第 120 页。
② 叶志善等编《叶圣陶集》第 19 卷，江苏教育出版社，2004，第 392、404 页。
③ 杨宪益：《漏船载酒忆当年》，薛鸿时译，北京十月文艺出版社，2001，第 120 页。
④ 《视察私立光华大学成都分部报告》（1940 年 12 月 24 日），《教育部档案》，档案号：五 1998/98。
⑤ 《成都光华大学、国立西康技艺专科学校发给张立的聘书》（1941 年 3 月 1 日），重庆市档案馆藏，《重庆市警察局档案》，档案号：0061001500139000029000。
⑥ 《第二次中国教育年鉴》，第 516 页。
⑦ 萧公权：《问学谏往录》，第 123 页。
⑧ 杨宪益：《漏船载酒忆当年》，第 121 页。

教授，尚热心从事。职员负责，效率亦好"。① 然而，实际情况也未必如此。周有光在成都分部建校初期便被谢霖邀请来校任教。他"在成都教书不安心"，开学一两个月后便脱离学校，到重庆国民政府农本局任职，理由是"农本局是当时的国家机构，它后面有强大的经济力量，可以为抗日战争发挥后勤作用"。②

由于经费不足，不免出现多纳学生，招生不够严格的情况。学生中靠关系入学的富家子弟居多，非但上课常无故缺席，水平也普遍不高，较之上海时期实不可同日而语。正如谢霖对张寿镛所言："本校全赖社会辅助，学生半由关系方面而来。"③ 因此，当时教授基本国文的叶圣陶便对该校学生评价极低："晨到光华上两课。学生不大肯用心，问以问题，茫然不知所对，与中学生小学生并无两样，实使教者感觉无聊。"三星期仅教授《魏其武安侯列传》一篇古文，要求学生取词造句、翻译成白话并略抒己见，结果"文字皆似是而非"，颇为后悔当初答应薛迪靖来校任教。④

由于经费缺乏，校园出版物仅有《光华通信》月刊一种，主要刊登校闻。但该刊出版频率慢，创刊于 1938 年 4 月 1 日，至 1939 年 12 月 1 日仅出 12 期而停刊。⑤ 1940 年 5 月，又创办《青年之声》，是三青团主办的刊物，主要刊登论述性文章，并附团务消息。此刊出版连续性较强，至 1944 年第 5 卷第 9 期停刊。⑥ 至于学术刊物，建校初本计划出版《光华期刊》一种，每年两期，以刊登学术论文，其后因故未能实现。⑦ 所以，学校"研究空气不佳"，仅有"学生组织之政治经济、化学、商三学会，时请校内外专家演讲，或举行座谈会，借以增进学识"。⑧ 总之，

---

① 《视察私立光华大学成都分部报告》（1940 年 12 月 24 日），《教育部档案》，档案号：五 1998/96—102。

② 周有光口述《逝年如水——周有光百年口述》，第 127—129 页。

③ 《关于成都分部容启兆任职情况的报告》，汤涛主编《张寿镛校长与光华大学》，第 229 页。

④ 叶志善等编《叶圣陶集》第 19 卷，第 405—420 页。

⑤ 王绿萍编著《四川报刊五十年集成（1897—1949）》，四川大学出版社，2011，第 423 页。

⑥ 四川省、重庆市、四川大学图书馆编辑《四川省各图书馆馆藏中文旧期刊联合目录初稿（1884—1949）》第 2 卷，四川大学图书馆，1959，第 581 页。

⑦ 《校务会议第一次记录》，《光华通信》第 1 期，1938 年 4 月，第 18 页。

⑧ 《视察私立光华大学成都分部报告》（1940 年 12 月 24 日），《教育部档案》，档案号：五 1998/99。

此时的光华大学成都分部，并不是一所很健全的大学。

谋求中央和地方的支持

光华大学成都分部白手起家，经费一直是严重困扰校方的问题。1938 年 4 月 15 日，张寿镛委托谢霖在重庆设立了一种变相的校董会——光华大学移川复兴建设委员会，邀请孔祥熙充任名誉会长，朱家骅为会长，陈其采（国民政府主计处主计长）、陈布雷（委员长侍从室第二处主任）、章益（教育部总务司司长，曾任光华兼职教授）、周宜甫（中国银行重庆分行经理）、潘昌猷（重庆银行董事长）、宁芷邨（重庆"水泥大王"）、周季悔（川康银行协理）等担任挂名的委员，并以光华特届毕业生徐可飘为总干事，希望动员这些名流来支援光华大学。①

不久，孔祥熙以贫困学生就学基金名义资助光华大学成都分部 3 万元。为报答孔祥熙的资助，光华大学成都分部将附中校舍命名为"祥熙堂"。如前章所述，教育部第一次补助光华大学临时经费 8 万元，亦有孔祥熙在行政院促成之功。然而，孔祥熙作为"财神爷"，深得商人精髓，注重利益之道，处事圆滑，与各界人士都维持一种良好关系。② 他同时担任很多私立大学的校董，相助不过是顺势而为，也谈不上特殊照顾。

光华大学成都分部方面在中央积极活动的同时，亦十分注意争取地方实力派的支持。此前，校方先后聘请了邓汉祥（代理四川省省长）、甘绩镛（四川省政府委员兼民政厅、财政厅厅长）、康宝志（四川省粮食局局长，美丰商业银行董事长康心如三弟）、缪秋杰（四川省盐务管理局局长）、邓锡侯（川康绥靖公署主任）、杨培英（聚兴诚银行董事长）、张仲铭（退役川军师长、实业家）担任校董。③ 1938 年 6 月，张寿镛入川视事，口头承诺光华"永久留川"，又加聘李肇甫（四川省政府秘书长）、向传义（四川省临时参议会议长）、刘航琛（川康平民商业银行董事长）等人为校董（见表 6-1）。

---

① 《成都分部纪事本末》，《私立光华大学成都十年记》，第 23 页。
② 汪朝光：《蒋介石的亲缘关系网络研究——以战时蒋介石与孔祥熙的关系为例》，廖大伟主编《近代人物研究：社会网络与日常生活》，上海人民出版社，2012，第 4 页。
③ 《成都分部十年大事记》，《私立光华大学成都十年记》，第 57—58 页。

表 6-1　1937—1942 年光华大学校董一览

姓名	身份	备注	姓名	身份	备注
王费佩翠	已故董事长王省三夫人	留沪	朱经农	湖南省教育厅厅长	在湘
陈光甫	上海银行总经理	在美	张寿镛	光华大学校长	留沪
钱永铭	交通银行董事长	在渝	颜任光	光华大学前副校长	在渝
朱吟江	嘉定银行董事长	留沪	薛迪靖	光华大学副教务长	在川
林康侯	上海银行公会秘书长	留沪	谢霖	光华大学副校长	在川
吴蕴斋	金城银行总经理	留沪	向传义	四川省临时参议会议长	川籍
施肇曾	退职外交官	留沪	李肇甫	四川省政府秘书长	川籍
徐寄顾	浙江兴业银行常务董事	留沪	徐堪	财政部次长、粮食部部长	川籍
徐可熛	中英庚款董事会干事	在渝	康宝志	四川省粮食局局长	川籍
胡笔江	中南银行总经理	去世	缪秋杰	四川省盐务管理局局长	川籍
徐新六	兴业银行总经理	去世	杨培英	四川聚兴诚银行董事长	川籍
许秋帆	退职外交官	留沪	邓锡侯	川康绥靖公署主任	川籍
赵晋卿	工部局华董	留沪	邓汉祥	代理四川省省长	川籍
虞洽卿	三北公司董事长	在渝	刘航琛	四川省财政厅厅长	川籍
朱家骅	国民党中央组织部部长	在渝	张仲铭	退役军官、实业家	川籍
翁文灏	行政院秘书长	在渝	甘绩镛	四川省政府委员	川籍

说明："备注"一栏系通过各种传记资料统计得出。

资料来源：《校董题名》，《私立光华大学暨附属中、小学职员录》，光华大学成都分部，1941，第3—4页。

建校之初，这些川籍校董确实对学校多方相助。1937年12月，四川省政府准许办校用地免征田税，并拨款5万元用于学校迁建；张仲铭兄弟捐赠杜甫草堂以西土地50亩作为永久校址，其后又捐赠学生宿舍1座；刘湘、邓汉祥、甘绩镛各捐教室1座；康宝志与其兄康心如捐款1万元，用于建造图书馆；缪秋杰以四川盐务管理局名义，向自流井富荣盐场全体商人募集建筑费2万元。光华大学将教室、礼堂、图书馆、宿舍都冠以捐助者姓名，以示回报。①

为光华大学成都分部捐款捐物的川籍校董，大多数是四川政商两界的实力派。这些人允诺担任光华校董并帮助建校，与张寿镛关系不大，更多因谢霖颇得四川政商两界的信任。1935年4月，作为中央银行秘书

---

① 《成都分部十年大事记》，《私立光华大学成都十年记》，第61页。

长的谢霖被财政部临时任命为代四川财政特派员，负有整理四川金融财政，回收四川地方各银行发行的所有钞票，改发统一的中央银行渝币的责任。① 在任上，谢霖与四川省主席刘湘相知有素，与时任四川省财政厅厅长刘航琛合作相当紧密。甚至有传言，谢霖被财政部召回并离开中央银行，正是因为和四川当局关系过于密切，引起中央警惕。② 刘湘对教育颇为热心，曾创办省立重庆大学。在谢霖"为川省再办一所大学"的游说下，光华大学成都分部的创办事宜立即获得了刘湘的支持。③ 1938年1月，刘湘病逝于汉口，其亲信邓汉祥、甘绩镛、刘航琛接替刘湘继续支持光华大学在川建校。

由于谢霖曾充任四川财政特派员，并获得刘湘、邓汉祥、甘绩镛、刘航琛等四川军政大员的支持，四川各银行显然要对这位前任"财政钦差"另眼相看，努力调整好与谢霖的关系。当然，对四川银行界而言，谢霖还有一些实用价值。谢霖是中国第一位会计师，在北洋政府、南京国民政府的国家银行担任总会计师或秘书长，是中国会计界最权威的专家之一。由此，康心如的美丰商业银行、刘航琛的川康平民商业银行、杨氏家族的聚兴诚商业银行等著名四川地方银行，都乐于聘请谢霖担任顾问。其中川康平民商业银行聘请谢霖为会计师顾问，负责决算稽核证明、账目审核、会计章程制定、商业文件审核以及纳税问题咨询等事，每年送国币1000元酬金。④ 美丰商业银行则聘请谢霖担任银行常年会计师，每年送车马费300元。⑤ 聚兴诚商业银行亦聘请谢霖为顾问，负责处理其下属分行对新

① 《谢霖刘航琛调查四川地方银行钞票发行及准备情形致财政部呈》，《中华民国史档案资料汇编》第5辑第1编《财政经济》（4），第619—610页；财政部财政科学研究所、中国第二历史档案馆编《国民政府财政金融税收档案史料（1927—1937年）》，中国财政经济出版社，1997，第637—642页。
② 《谢霖谭光递嬗之内幕》，《时代日报》1935年8月20日，第4版。
③ 《成都分部纪事本末》，《私立光华大学成都十年记》，第23页。
④ 《关于川康平民商业银行聘请谢霖为常年会计顾问的合同》（1942年1月），重庆市档案馆藏，《川康平民商业银行档案》，档案号：0298001005160000016。
⑤ 《关于聘任谢霖甫为美丰商业银行常年会计师的聘书》（1937年12月24日），重庆市档案馆藏，《美丰商业银行档案》，档案号：0296000100004400000147000；《关于聘任谢霖甫为美丰商业银行常年会计师并核定车马费的函》（1938年12月27日），《美丰商业银行档案》，档案号：0296000100044000000040000。

公司的验资事宜。① 由于此种互惠互利的关系，这三家银行的主要负责人（或直系亲属）皆被谢霖聘为光华大学校董。其中川康平民商业银行还同意在校内设置办事处，允许光华透支款项。② 以上所谓四川财团的头面人物，在一定程度上支持了光华成都分部的初建。

四川银行工商界人士愿意捐助学校或担任校董，还有更直接的原因。一是便利了子弟的入学，二是可以从大学毕业生中获得高质量的员工。当时高等学校奇缺，国立大学需教育部统一招生，录取颇为严格，富家子弟不易考取。私立大学由各校自主招生，虽然收费昂贵，但入学门槛不高，是富家子弟的首选。因此，谢霖获得自流井盐商募捐时，便许诺准许四川盐务管理局在自流井保送"大学、高中、初中学生各十名，免收学费"。③ 对于捐地的张仲铭，校方也承诺张氏三房兄弟嫡系子侄，若来光华读书则均免收学费，将来孙辈以下每房免一人学费。④ 目前从档案中还可看到一则记录。校董康宝志之兄、曾捐助光华的美丰商业银行董事长康心如曾致信谢霖，推荐其友人子弟李英俊投考光华，称此人"品学优良、思想纯正，有志考入光华大学以资深造"，但恐怕人多名额不足，难以考中，遂直接向谢霖保荐，请其"从先收容"。⑤ 李英俊是否被录取暂且不去考察，但可知此类推荐之事不少，作为"拿钱手短"的谢霖，应该会给这些校董颜面。从档案中还可以看到，这些银行固定吸收光华的优秀毕业生。⑥ 这些银行过去多招收只有高小或同等学力的练习生，需要通过多年的银行实践训练使之足以承担业务，相比之下，大学毕业生显然具有更高的专业素质。⑦

总之，在战时的内迁大学中，国立大学有教育部的常规拨款资助，

---

① 《关于催请谢霖甫顾问从速办理新公司验资事宜致聚兴诚银行上海分行的函》（1937 年 5 月 5 日），重庆市档案馆藏，《聚兴诚商业银行档案》，档案号：0295000101239000021300。
② 《校务会议第七次记录》，《光华通信》第 7、8 期合刊，1939 年 1 月，第 42 页。
③ 《四川盐务管理局与本校来往公函》，《光华通信》第 7、8 期合刊，1939 年 1 月，第 103—106 页。
④ 《校务会议第四次记录》，《光华通信》第 3 期，1938 年 6 月，第 30 页。
⑤ 《关于李英俊投考光华大学的函》（1943 年 2 月 14 日），《美丰商业银行档案》，02960 01400257000024000。
⑥ 《关于告知光华大学毕业生邓益赴美丰商业银行办理入行手续的函》（1942 年 1 月 13 日），《美丰商业银行档案》，档案号：0296001300212000037900。
⑦ 刘志英、张朝晖等：《抗战大后方金融研究》，重庆出版社，2014，第 200 页。

与地方社会关系不大。随着中央政府内迁重庆，还不断侵蚀地方教育界的领地，原本由地方政府实质管辖的高校逐渐改为真正意义上的国立大学，四川大学便是其中的典型。私立大学如复旦、大夏者，校董、校长和校友多是时下的政界要人，与国民党渊源很深，并且配合政府的教育部署，能够得到政府的额外帮助。尽管两校内迁也少量聘请当地政商要人担任校董，并接受地方政府一定补助，但对地方势力的依赖不深。相比之下，抗战前光华大学的政界校董基本只有翁文灏，校长张寿镛也已致仕，内迁成都只能有意识地寻求朱家骅、孔祥熙等党政要人的支持，尤其注重争取四川政商两界实力派的深度支持。光华大学成都分部自身缺乏根基，只能依附于中央要人和地方势力办学，此种局面，便为以后的矛盾与斗争埋下隐患。

第二节　财政危机之下：停办风波与"驱谢"学潮

艰难的筹款努力

作为光华大学成都分部主事者的谢霖，从开办当日起便一直努力替学校谋划经费。按照《光华大学董事会章程》，筹款事宜应该由学校的各位校董负责。[①] 然而，如前文所言，近代中国私立大学的最大问题在于校董会虚化，与学校的主事者断为两截，和学校的日常事务也不发生关系。[②] 此种情况到成都分部亦未改观，新任川籍校董都是主事者邀请挂名的一批人。因此，他们对学校的资助仅限于建设校舍，对后续办学经费再无直接资助。所以，光华成都分部的后续筹款，常常是谢霖以个人名义向社会担保进行。如资料记载，1939 年暑假，学校借贷无门，"不得已由霖个人出名立据，挪借济用，籍渡难关"。其后，谢霖又个人担保向四川省会疏散区临时住宅管理委员会借款 1.26 万元用于兴建教工住宅，向美丰商业银行借款 1.3 万元，在百亩校基之外又为学校购买了

---

①　《光华大学董事会章程》（1926 年），《北洋政府教育部档案》，档案号：019/020100/0064。

②　欧元怀：《大夏大学校史纪要》，中国人民政治协商会议上海市委员会文史资料工作委员会编《上海文史资料选辑》第 59 辑，上海人民出版社，1988，第 151 页。

38 亩良田。①

　　1939 年 8 月 5 日，谢霖赴重庆造访光华大学移川复兴建设委员会名誉委员长孔祥熙及各位校董，申述困难情形。孔祥熙遂召集委员商讨补助光华大学案，决定由张寿镛、谢霖两人联名致函行政院申请，再以校董会名义致函教育部申请补助。同时，朱家骅致信行政院参事端木恺，言明补助光华大学事宜已经由孔祥熙口头允准，不久将提交行政院讨论，希望行政院按照光华校方的要求如数拨发。② 经过多方努力，行政院决议，如数拨发光华大学临时补助费 8 万元。③ 由于补助的拨发严重滞后，学校用款又十万火急，已经等不及拨款到账，只能以此未到手的 8 万元作为抵押进行借款。

　　1939 年 10 月末，张寿镛和谢霖联名致函中国中央交通农民银行四联总处成都分处，请求以行政院拟补助的 8 万元作为抵押，向四联总处以一定的利息借款 7.5 万元，待 8 万元补助到达后直接由教育部拨发给四联总处。与此同时，谢霖致函担任光华校董的财政部次长、暂代四联总处秘书长的徐堪，称"本学期学生人数骤增……因之教室宿舍及教职员住宅均感不敷……春季招生之期又届，深恐发款较迟，工程难来得及"，请求借款 7.5 万元并利息从优。④ 11 月，谢霖又致函四联总处副秘书长徐柏园，告知担保借款事已蒙徐堪允许，"务请鼎力维持，早予拨付"，语气卑微。⑤

　　然而，负责四联总处实际事务的副秘书长徐柏园，必须按照烦琐的行政手续办事，不能只因秘书长徐堪的口头允诺便予以拨款，必须慎重确认此项贷款是否有足够的财源担保。收函后，四联总处致函行政院秘书处，询问是否确有给光华拨款 8 万元之事。行政院秘书处查询后，告

①　《蓉校第十四次校务会议纪录》（1939 年 10 月 27 日），《光华通信》第 12 期，1939 年 12 月，第 49—50 页。

②　《朱家骅致端木恺函》（1938 年 10 月 16 日），《朱家骅档案》，档案号：301/01/09/198/99。

③　李学通、刘萍、翁心钧整理《翁文灏日记》（上），第 374、398 页。

④　《谢霖致徐堪函》（1939 年 10 月 31 日），重庆市档案馆藏，《四联总处档案》，档案号：0285000100566000003000/5—7。

⑤　《谢霖致徐柏园函》（1939 年 11 月 18 日），《四联总处档案》，档案号：0285000100566 0000003000/15—16。

知确有其事，但目前还在呈请国防最高委员会核定中，仍不能算是正式决议。① 由此，四联总处仍不同意借款。11 月 28 日，张寿镛与谢霖获知 8 万元补助款已于 27 日由国防最高委员会通过时，马上致电四联总处请求借款。② 四联总处再次致函行政院秘书处确认，不久获得对方的肯定答复。③ 光华方面索款甚急，但准备合约尚需时日，经过反复恳请，四联总处最终允诺成都分处先借 4 万元，待合约正式签订后再拨余款。④ 其后，成都分处拟订合约草稿，交总处审核。12 月 19 日，四联总处在重庆召开第十三次会议，将拨发全款的前提改为财政、教育两部核准备案后才能发放，并要求"保证人一项，应觅具妥保"。⑤ 就贷款利息问题，谢霖以私立大学属社会事业，希望利息从廉，以 5 厘计算。然而，四联总处方面不同意减息，将合同的利息定为 8 厘，借款期限定为两个月。若两个月后，教育部仍未拨款，光华方面必须筹款偿还对方。若届时无力偿还，由担保人、上海商业储蓄银行成都分行经理唐庆永负责偿还。⑥ 光华方面则继续以"事关教育"为由强烈请求减息，最后徐柏园决定减息 1 厘，定为 7 厘并重新与之签订合同。⑦ 12 月 27 日，四联总处正式拨款。实际上，按照 8 厘计算，两个月的利息是 1200 元，而按照 5 厘计算，两个月的利息是 750 元，相差仅 450 元。但是，对于资金极度匮乏的光华而言，只能极力争取更少的利息。为区区 450 元，张寿镛、谢霖反复去函恳请，与对方协商，而对方仅同意减去 120 元。

---

① 《行政院秘书处函复私立光华大学请补助经费前经本院议决一次补助八万元并请国防最高委员会核定中尚未核准到院请查照由》（1939 年 11 月 22 日），《四联总处档案》，档案号：028500010056600000012000/1—2。

② 《光华大学为本校补助费已由国防最高会议通过函达查照由》（1939 年 11 月 28 日），《四联总处档案》，档案号：028500010056600000012000/5—7。

③ 《行政院秘书处函复补助私立光华大学八万元一案业经国防最高会议通过函复查照》（1939 年 11 月 30 日），《四联总处档案》，档案号：028500010056600000012000/8—9。

④ 《中央中国交通农民银行联合办事处函荟分处光大透支准先用四万元余俟合约欠妥支用》（1939 年 12 月 16 日），《四联总处档案》，档案号：028500010056600000003000/24—25。

⑤ 中国第二历史档案馆编《四联总处会议录》第 1 卷，广西师范大学出版社，2003，第 336 页。

⑥ 《四联总处成都分处函陈光华大学借款案已遵示拟定合同草约陈请鉴核电示由》（1939 年 12 月 7 日），《四联总处档案》，档案号：028500010056600000003000/29—31。

⑦ 《四联总处成都分处为陈光华大学借款合同一份请备案由》（1939 年 12 月 31 日），《四联总处档案》，档案号：028500010056600000003000/48—51。

私立大学难办，与战时通货膨胀亦关系甚大。抗战时期，军费开支如同天文数字，政府的税收来源不足，只能大量发行纸币，致使法币严重贬值，物价疯狂上涨。以成都地区的物价为例，如果以 1937 年 6 月物价指数为 100，到 1938 年 12 月升为 135.5，1939 年 6 月升为 155.3，1939 年 12 月升为 282.2。1940 年以后，更呈现跳跃式上涨的趋势，1 月为 301.6，2 月为 321.4，3 月为 369.5，4 月为 431.5，5 月为 492.7，6 月为 522，3 年之内上涨了 4 倍多。① 物价数日一变甚至一日一变，对一年两次收取学费的私立大学而言，无异雪上加霜。

1940 年上半年学期结束，在教授待遇已经极低的情况下，光华大学成都分部的亏损数额达 6 万元。谢霖考虑到各处挪借已经穷尽，无法周转，下半年的亏损必将更多，遂致函教育部，恳请从 1940 年度起，每年单独补助光华大学成都分部 18 万元。然而，教育部并未回复。1940 年秋季开学，成都的物价指数达到 703，较之 3 月谢霖呈文教育部时上涨了近一倍。光华大学成都分部当时有大学、附中学生 1000 余人，教职员 100 余人，由于未能成功申请到教育部的补助，陷入困窘之境。1940 年 11 月，谢霖鉴于"成都全体中学教职员由于经费无着，均已罢教停课"，上书教育部重提申请补助 18 万元事，并请求教育部同意提前拨款 5 万—6 万元以解除倒悬。同时，谢霖呈文朱家骅，请求朱家骅向行政院和教育部关说，同意申请。② 此次朱家骅在致陈立夫函中，转述光华的现状颇为恳切。③ 然而，陈立夫不同意为光华增加经常费，只允许在原 4.5 万元的基础上，加拨临时补助费 8 万元，并续拨会计专修科经费 2.28 万元及战区学生贷金 1 万余元。④ 这些补助须由沪蓉两校均分，与谢霖单独申请 18 万元经常费的愿望显然有一定距离。

教育部只允诺拨发临时补助费，而不允增加经常费，这意味着光华

---

① 中国农民银行经济研究处编印《中国各重要城市零售物价指数专刊（民国二十六年七月至三十年六月）》，1941，第 20—21 页。

② 《照抄上教育部电》（1940 年 11 月 7 日），《朱家骅档案》，档案号：301/01/09/198/18—19。

③ 《朱家骅致陈立夫函》（1940 年 11 月 27 日），《教育部档案》，档案号：五/4012/58—59。

④ 《陈立夫致朱家骅函》，（1940 年 12 月 11 日），《朱家骅档案》，档案号：301/01/09/198/23—24。

必须每年重新申请补助，而是否拨款救助全视教育部的决定。由此，光华将希望投向四川省政府，希望能够像省立大学那样获得省款的固定资助。然而，四川地方政局的变化，使此种努力归于失败。

成都分部建立初期，由于谢霖与刘湘有交，光华筹备时得到了四川省主席、川康绥靖公署主任刘湘的资助。谢霖对刘湘系也颇为信赖，将其视为光华在川的政治依靠。然而，成都分部未及正式建校，刘湘便于1938年1月病死于抗日前线。这对于成都分部而言无疑是一个沉重的打击。刘湘死后，部下邓汉祥、王瓒绪先后代理四川省主席，在一定程度上仍能支持光华。1938年6月，成都分部召开第一次校董会，邓汉祥亲临现场，说明他对学校颇为关心。[1] 1939年9月，成都分部校方向王瓒绪申请省款补助，此次本来有望申请成功，但恰逢王瓒绪受蒋介石排挤黯然下台，只能以个人名义捐助学校1万元。[2] 刘湘系失势的另一面，是国民政府对四川的加紧控制。1939年9月，蒋介石亲任四川省主席，其后又将职务委以亲信张群。从此以后，邓汉祥在重庆行营、川康经济委员会、川康兴业总公司等处任职，[3] 对省政府事务已无权干涉。四川政坛发生了权势转移，继任川康绥靖公署主任邓锡侯成为成都地区最大的实力派。[4] 光华大学成都分部与四川省政府的关系不复存在，向地方政府求助的努力必然受阻。

1940年12月，光华大学成都分部致函四川省政府主席张群，历数光华在川办学的历史，表达了战后永久留川的决心，并列举了光华在培养川籍学生，造福西南学子方面的成就，恳请从1940年7月起，每年由省政府补助经常费5.5万元。张群显然不愿为一所无关于己的私立大学增加额外负担，以"本省财政极度拮据"为由呈文教育部，将救济的责任转嫁给中央政府。[5] 教育部当然同样也不会承担这笔费用。

---

① 《校董会议记录》（1938年6月21日），《光华通信》第4期，1938年7月，第36页。
② 《蓉校第十五次校务会议纪录》（1939年11月24日），《光华通信》第12期，1939年12月，第52—53页。
③ 叶德芬：《我所知道的邓汉祥先生》，贵州省政协文史与学习委员会编《文史资料存稿选编》第2卷，贵州人民出版社，2006，第277页。
④ 匡珊吉、杨光彦主编《四川军阀史》，四川人民出版社，1991，第555—560页。
⑤ 《四川省政府据呈私立光华大学为陈明该校永久留川已有根基呈请给予补助费五万五千元一案咨请查照设法救济由》（1940年12月17日），《教育部档案》，档案号：五/4012/42—46。

　　实际上，战时私立大学摆脱经济困境最佳的办法便是改制国立。迁移到后方的复旦、大夏两校便一直在为改为国立一事而努力。1939 年夏，复旦在渝校董于右任、孙科、叶楚伧、程天放、邵力子、余井塘、章益等鉴于"学生什九无力缴费，收入锐减……舍国立别无生路"，向教育部提出改国立的申请。经过反复博弈，到 1942 年初成功改制国立，每年获得经常费 120 万元、临时费 30 万元补助。① 大夏大学则从 1939 年 1 月便申请改制国立，先后凡四次，虽然均未改成，但每次博弈后均能获得一定数额的补助。1942 年初，大夏最终决定不改国立，但获得年补助 72 万余元。② 两所学校如愿改为国立或虽维持私立但获得高额补助，盖因在中央拥有强势且真正愿意帮助学校的校董和校友。至于光华大学，则始终没有考虑申请改国立的问题。首先，即使光华大学申请改为国立，也很难获得教育部的同意，或很可能要如大夏大学般被要求改名并转为地方国立大学。其次，光华大学校方对改为国立大学似乎并不热衷，或存在难处。如果改为国立大学，相当于将学校的全部校产交付政府，政府拥有任命校长、改组行政、解散学校的权力。而光华大学的上海大西路校产主要由王省三捐赠，成都分部校产主要由张仲铭家族捐赠，若改为国立，化私为公，恐非捐地者的初衷。若改为国立，张寿镛、谢霖等能否再担任校长也是未知数。所以，光华校方对此顾虑重重，在学校层面几乎从未讨论过改国立事宜，只是选择依靠诸如朱家骅、翁文灏等中央党政要人的个人力量来维持学校。

　　1940 年 12 月，谢霖致函朱家骅，请求他转达陈立夫，以"复旦补助 30 万元、大夏补助 25 万元"为例，希望教育部考虑从 1941 年起增加对光华的补助，并请求从 1 月起按月发放，以免继续借贷。朱家骅显然觉得此事非常为难，不愿从中接洽，嘱秘书回复："请其径与教育部先行交涉，容当再为进一言。"③由谢霖交涉，显然人微言轻，结果当然以失败告终。

---

①　复旦大学档案馆选编《抗战时期复旦大学校史史料选编》，复旦大学出版社，2008，第 1—2 页。

②　韩成：《抗战时期的部校之争与政学关系——以私立大夏大学改国立风波为中心的研究》，《近代史研究》2016 年第 1 期，第 124—137 页。

③　《谢霖甫乞转商教育部增加明年补助费并自一月起逐月发付》（1940 年 12 月 31 日），《朱家骅档案》，档案号：301/01/09/198/35。

党团组织与停办风波

然而，让张寿镛和谢霖始料未及的是，1941 年春，学校意外收到教育部的命令，称蒋介石对教育部发下手令，要求成都分部立即停办。其原因是光华大学的三青团向蒋介石报告，称共产党员在校内"活动猖獗"；又有人报告宋美龄，称成都分部的保育院学生行为不正。此保育院是宋美龄主办的战时儿童保育会委托成都分部收纳难童建立的机构，因此宋美龄非常重视。①

抗战前，只有少数大学内部设置国民党党部组织，学校行政系统中没有专门的党务干部，学生参与组织生活一般在校外的党部。1939 年以后，蒋介石命令在各大学普设党团组织，教育部部长陈立夫、中央组织部部长朱家骅遵命办理，开始大力推进教授集体入党、学生入团的工作。经过一番工作，1940 年光华大学成都分部的国民党党员数量达到 70 人（其中教职员 30 人），三青团团员达到 87 人（其中职员 8—9 人）。② 从资料来看，由于陈立夫的势力素来未及光华大学，成都分部中"党"的势力其实很弱，党部主任一职便由谢霖直接担任。目前仅知，四川省党部主委黄季陆于 1941 年秋强迫谢霖解聘在成都从事民主运动的政治经济系主任潘大逵，③ 除此之外很少看到党方影响学校的案例。真正在校内占主要地位的是三青团势力。

成都分部的三青团组织，成立于 1939 年 11 月 12 日。④ 该团是三青团中央直属第十九分团，主任谢乐康，书记刘履新。⑤ 谢乐康，湖北黄冈人，日本长崎商业高等学校、京都帝国大学肄业。⑥ 谢乐康是复兴社

---

① 李学通、刘萍、翁心钧整理《翁文灏日记》（下），第 632—633 页。
② 《视察私立光华大学成都分部报告》（1940 年 12 月 24 日），《教育部档案》，档案号：五 1998/101。
③ 潘大逵：《从事抗日民主活动的回忆》，中国人民政治协商会议云南省委员会文史资料研究委员会编《云南文史资料选辑》第 50 辑，云南人民出版社，1997，第 32 页。
④ 《三民主义青年团华西金陵光华朝阳四大学直属分团成立宣言》，《光华通信》第 12 期，1939 年 12 月，第 8—9 页。
⑤ 贾维：《三民主义青年团史稿》上卷，社会科学文献出版社，2012，第 125 页。
⑥ 《蓉校教职员一览》，《光华己卯年刊》，第 99—101 页；高桥君平编《留日学生名簿》，东京，太田印刷所，1933，第 103 页。

成员，抗战前曾在有复兴社背景的杂志上发表文章多篇，鼓吹法西斯主义。[①] 抗战爆发后复兴社解散，并入三青团之内，谢乐康随即成为三青团的地方骨干。1939 年以后，三青团中央要求专科以上学校成立三青团直属分团。随后，中央直属第十九分团在光华大学成都分部成立，以谢乐康为主任。虽然朱家骅曾担任三青团中央干事长，但任期较短（1938 年 9 月—1939 年 8 月），其间他推动了西南联大三青团组织的建立，势力却不及成都地区。三青团的实际权力掌握于组织处处长康泽之手。康泽是四川人，四川支团基本是复兴社骨干，四川的团势力基本是康泽系。[②]

大后方校园中的三青团，主要的任务是引导校园宣传，组织学生活动，监督学生生活，控制学生思想。在谢乐康的主导下，三青团组织逐步控制了学校的训导大权，假如他认为校内某团体不合法，可随时令其解散，各团体发表壁报，必须经过他审阅后方可发布。同时，谢乐康主导创办了三青团团刊《青年之声》并担任主编，到第 2 卷出版，谢乐康改任社长，党义教师何名忠继任主编。[③]

谢乐康等在成都分部颇类似于太上皇的角色，对于打压左倾学生不遗余力。实际上，由于光华这种私立大学的学生家庭出身普遍较好，左倾学生在光华并不多见。据一份中共方面的调查资料称，1939 年以前，光华大学成都分部仅有党员 1 人，无靠拢中共的"基本群众"，相对于川大（党员 72 人，基本群众 220 人）、华西坝五大学（党员 30 人，基本群众 100 人），实有天壤之别，是成都各大学党员最少者。[④] 成都分部的共产党员在 1941 年以后才略活跃。当年共产党员傅伯雍考入光华，在校内组织"诗歌生活社"，借诗刊《心之歌》批评国民党。同时，傅伯雍等在校内组织壁报《原道》，与三青团的壁报《青光》针锋相对，又在校

---

①　谢乐康：《德国希特纳的政治论》，《警醒》第 2 卷第 1 期，1934 年 7 月，第 37—42 页。

②　贾维：《三民主义青年团史稿》上卷，第 125 页。

③　《青年之声》第 1 卷第 1 期，1940 年 5 月，第 1 页；《青年之声》第 2 卷第 1 期，1941 年 3 月 15 日，第 1 页。

④　《川康特青委给南方局青委的报告——关于川康青年的现状及本时期的工作》，中央档案馆、四川省档案馆编《四川革命历史文件汇集（省工委、特委文件）1937 年 6 月—1939 年》，1986，第 394 页。

外开设心知书店，秘密出售《新华日报》等。① 然而，此时谢乐康便向三青团中央、蒋介石直接汇报，既有消灭左倾势力于无形的企图，也有给谢霖难堪之意。

谢乐康向三青团中央汇报的契机，应与两名校内中共党员学生被捕有关。1940年春，成都爆发饥民抢米的风潮，据传为中共策划，四川的特务机关决定借此集中逮捕共产党员，光华大学学生施畏三、欧阳棠在20余人的黑名单上挂名，被特务诱捕。② 难童保育院负责人陈炳奎据传也榜上有名，其后在谢霖的保护下得以逃脱。③ 由此，谢霖斥责谢乐康："你放着书不好好教，要去开黑名单，抓学生，弄得人心惶惶。学生有什么罪？你是在害人，想搞垮学校，想亡国！"④ 谢乐康向三青团中央告发，当然也没有遗漏谢霖"纵容"欧阳棠、施畏三，及保护陈炳奎事。

从蒋介石直接饬令成都分部停办的情况来看，可知三青团告密所用的措辞非常严重，以致蒋介石丝毫未顾及此校系张寿镛这位昔日理财干将所办。停办手令下发正值春季招生之时，成都分部于1940年底便已在成都、重庆各报刊登招生广告，此举对光华而言无疑是晴天霹雳，使招生一再拖延。招生拖延便无法如期收取学费，更加重了经济负担。谢霖亲赴教育部解释，陈立夫却未予接见。由此，他只能请朱家骅向蒋介石关说。⑤ 同时，人在上海的张寿镛通过此事意识到，欲使学校稳定，避免特务干扰，必须在中央有更坚实的基础，遂致电翁文灏，请他"长光华大学"。然而，翁文灏身居中央要职，即使是遥领学校显然也不现实。翁文灏经询问，得知成都分部在教育部已经获得谅解，暂时不必停办，"暂缓招生，切实整理"，并将消息通知学校。⑥

---

① 《光华、成华大学"民协"组织开展革命斗争的情况》（1984年11月8日），出版方不详，第1页。

② 刘崇朴：《在镇压"春荒暴动"的掩盖下》，中国人民政治协商会议全国委员会文史资料研究委员会《文史资料选辑》编辑部编《文史资料选辑》总第110辑，中国文史出版社，1987，第141页。

③ 陈炳奎：《教师的楷模——记陈炳奎的老师谢霖先生》，刘蓬、吴晓梅主编《师生情深》，知识出版社，1994，第103页。

④ 雷瑶芝：《忆谢霖老师》，西南财经大学志编写组编《西南财经大学志》第1卷，西南财经大学出版社，1992，第48页。

⑤ 《谢霖致朱家骅函》（1941年2月1日），《朱家骅档案》，档案号：301/01/09/198/45。

⑥ 李学通、刘萍、翁心钧整理《翁文灏日记》（下），第632—633页。

　　此次停办风波对光华大学影响颇大。1940 年冬，谢霖致函教育部，请求增加补助并按月发放。风波过后，教育部以补助金额早已确定，并请财政部安排发放，不便更改等理由加以拒绝。1941 年 2 月，孔祥熙、朱家骅出面与教育部协商，从临时追加私立专科以上高校 100 万元救济费中拿出 7 万元拨给光华大学成都分部，以解其燃眉之急。①

　　当然，教育部也意识到物价不断上涨，会斟酌调整补助费，但多属权宜之举，而且涨落随机，极不稳定。1941 年 3 月，教育部最终确定 1941 年光华大学补助费总额为沪校 10.8 万元、蓉校 12.25 万元。② 不过，调整后的增幅仍然无法追赶上物价的增幅。1941 年 4 月，张寿镛、谢霖委托徐堪致函陈立夫，称："该沪校现有大中学生二千余人，每年亏耗十五万元之巨……又蓉校现有大学生七百余人，中学生四百余人，小学生一百五十余人，较上学期为多……念该校孤岛奋斗，硕果仅存，而蓉校成绩优良，声誉渐著，现在情势急待维护，非蒙鼎力特加垂助，殊难维持，特为专函奉达，敬悉衡察办理……"③ 从结果来看，在 1941 年 12 月爆发太平洋战争、上海物价猛涨的前提下，光华大学 1942 年的补助并未增加，只有国币 10 万元，甚至比上一年更少。④ 然而，同年教育部对大夏大学的补助已经增加为 71.62 万元。⑤ 此时，教育部对各国立大学的补助数额更大，其中中央大学 401 万元，中山大学 367 万元，西南联合大学 371 万元，浙江大学 206 万元，暨南大学 105 万元。除此之外，还有一定数额的临时费。对私立大学而言，国立大学所获得的补助近似于"天文数字"（见表 6-2）。

---

① 《孔祥熙致朱家骅函》（1941 年 2 月），《朱家骅档案》，档案号：301/01/09/198/50—51。

② 《陈立夫致朱家骅函》（1941 年 3 月 8 日），《朱家骅档案》，档案号：301/01/09/198/53。

③ 《徐堪致陈立夫函》（1941 年 4 月 7 日），《教育部档案》，档案号：五/4012（1）/228—229。

④ 《教育部函复该校上海方面姑准改设诚正文学社及格致理商学社并核给本年度补助费壹拾万元拨交该校成都分部转代领转汇》（1942 年 6 月 19 日），《教育部档案》，档案号：五/4012（1）/249。

⑤ 《陈立夫函复大夏大学校长王伯群该校补助费数额由》（1942 年 5 月 26 日），《教育部档案》，档案号：五/4020/89—90。

表 6-2　1942 年教育部补助各国立大学经常费

单位：万元

校名	金额
国立中央大学	401
国立西南联合大学	371
国立中山大学	367
国立浙江大学	206
国立四川大学	187
国立武汉大学	183
国立广西大学	168
国立云南大学	145
国立同济大学	141
国立西北工学院	128
国立复旦大学	120
国立交通大学（沪）	119
国立暨南大学	105
国立西北农学院	104
国立湖南大学	103
国立中正大学	100
国立厦门大学	99
国立师范学院	89
国立东北大学	73
国立交通大学（渝）	67

说明：数据经过四舍五入。

资料来源：《国立专科以上学校三十一年度经常费数额一览表》（1942 年），《教育部档案》，档案号：五（2）/678。

1941 年 12 月太平洋战争爆发后，大后方受到巨大冲击。在日军的封锁政策之下，外援物资无法到达，对外交通亦基本断绝。大后方一直缓慢增长的物价开始一路飞涨，大有不可遏制之势。在历史研究中，米价最能反映物价的增长程度。1940 年 11 月、1943 年上半年、1943 年 8 月，成都市场上每石平价米的价格分别为 200 元、340 元、680 元。市场上普通货物，在 1943 年年中比上半年普遍增长了 3 倍左右。由此，学校学费亦相应调整。在教育部仍然不予补助的情况下，光华大学成都分部亦按照物价的上涨比例提高了学费。1943 年 8 月 21 日，校务会议议决，学费从 1943 年上半年的 850 元调整到 1900 元。① 此次涨价，是 1943 年秋学潮的引线。

学潮的酝酿与发动

光华官方刊物记载，1943 年 8 月 31 日，莫健等 5 名光华学生拜访川籍校董张仲铭、向传义，认为学校本学期收费太贵，实难承受，学校师资不良亟待改进，要求谢霖辞职，另立校长重新整顿学校。② 此记载与当时中统的调查报告颇有出入。中统在呈交国民政府军事委员会委员长侍从室的报告中称："有学生莫健等五十余人，应同学王成之秘密宴会，决议倒谢。校董张仲铭、家长王蜀东等，曾亦参加，当经选出工作人员二十人，其进行方式拟上呈有关机关并散发宣言，请求主持正义，减收学费，加聘校董及宣布谢霖罪状。最要者，以陈炳奎等业经青年团同志检举，确为共产，谢有包庇之嫌，闻倒谢酝酿，蓉地党团要人等参与内幕云。"③ 这份资料透露出一些信息，反对谢霖的学生不止 5 人，而是有相当规模，说明此事有一定的民意基础。此事还获得了捐地者张仲铭和个别学生家长的支持，愿意作为支持学生的后盾。

从"蓉地党团要人等参与内幕"，并拟定谢霖"包庇共产"之罪一事来看，此事至少还有成都分部三青团推波助澜，但处于从属地位。1941 年春，光华大学成都分部的三青团向中央控告，导致蒋介石亲自下手令停办学校。此举引发了张寿镛和谢霖的警惕，为避免党团分子继续干涉校政迫害学生，校方采取解除党团骨干教职、剥夺党团骨干权力的举措。1941 年 3 月，光华大学成都分部校政当局密报中央组织部部长朱家骅，谓党义教师、三青团团刊《青年之声》负责人何名忠"以要求专任教授不遂，乃多方联络，与该校当局为难，并对于青年不恳切指导，反以团员学生夏宗杰稍违其意，拟将其监禁"。最后，中央组织部以官方

---

① 《成都分部三十二年秋学潮之始终》，《私立光华大学成都十年记》，第 27—29 页。
② 《成都分部三十二年秋学潮之始终》，《私立光华大学成都十年记》，第 30 页。
③ 《光华大学将起学潮，八月三十一日成都讯》（1943 年 9 月 16 日），《教育部档案》，档案号：五（2）/1631/6。

名义知会教育部令光华大学核实，继而由学校予以解聘。① 谢乐康本人在四川地方三青团根深蒂固，一时难以扳倒，谢霖遂以"经费困难"为名不予拨发《青年之声》经费，并于 1941 年春夏之交对该刊物进行改组，主编一职改由光华校友谢元范担任。在谢元范的主导下，光华三青团做了一些有利于学生的事务，如创办阅报室、筹办民众义务学校、建立食品供应部等。② 谢霖的种种举措已然进一步结怨于三青团，谢乐康等人重提陈炳奎旧事，亦希望借助此次机会推波助澜，促成谢霖去职。

从各方资料来看，光华大学成都分部学费确实颇高。不过，据谢霖称，当时成都各中学的学费也普遍上涨，1900 元之数仅比当时的一般中学涨后多出百元。成都分部学生多出身于富贵之家，并非不能负担学费。这一点或从资料中可以得到证实，以 1939 年春季学期为例，全校仅有 24 人向教育部申请贷款，在大后方各校中可谓奇少。③ 调查报告亦称，"该校学生多属富裕之家，对于学费之多寡原不加意，此系借题发挥，人人共知"。④ 学生所不满者，还有校务荒废的状况。这一点上，学生并非毫无缘由。谢霖虽然对学生颇为尽责，但在校内外兼职过多，计校外经营者有：正则会计师事务所及附设补习学校负责人、粮食部民食供应处会计主任、商营蜀和公司会计主任、成都各商号及银行会计事务等。兼职如此之多，显然会让人怀疑他究竟能拿出多少精力来治理学校。至于在校内，谢霖兼职的情况比以往更为严重，此时兼任总务长、训导长、文学院院长、商学院院长、会计系主任等职，"为国内大学校长所未有"。

谢霖兼职之多，也与核心行政人员的星散有关。如 1939 年谢霖对张寿镛言，成都分部的核心人员有谢霖（副校长兼文学院院长）、容启兆（教务长兼理学院院长）、薛迪靖（副教务长兼商学院院长）、江鹏（训导主任兼教授）、陆寿长（事务主任）、李恩廉（注册主任），前三位是光华沪校旧教职员，后三位是光华毕业生。当年张寿镛入川视察时，希

①　《中国国民党中央执行委员会组织部为光华大学党义教师何名忠滥用职权致教育部函》（1941 年 3 月 23 日），《教育部档案》，档案号：五（2）/1631/5。

②　《团部消息》，《青年之声》第 3 卷第 1 期，1941 年 11 月，第 63 页。

③　《纪念周第三十八次记录》（1939 年 1 月 9 日），《光华通信》第 9 期，1939 年 3 月，第 28 页。

④　《调查光华大学成都分部学潮真相报告书》（1943 年 11 月 1 日），《教育部档案》，档案号：五/5543/27。

望谢霖、容启兆、薛迪靖三人精诚合作。但是，谢霖与容启兆的合作很不愉快。据谢霖向张寿镛控诉："启兆兄不愿与外间往还，故请不到教师……启兆兄为教务长，与各教师少有往还……启兆兄为化学专家……自授英文及家庭化学（非主要课程），每晚使英文班之女生至其住室内温习英文，至有男学生言系在房间内打外国纸牌者，因此大家传为笑话……房屋不敷分配，在当局者理应将就。启兄则必须要独住一间，甚至因此与陆上之（寿长）兄不欢，要赌气搬出学校。"① 1939 年夏，容启兆回沪后一去不返。② 不久，事务主任陆寿长也返回上海。③ 副教务长薛迪靖本与谢霖关系颇佳，但突然双目失明不堪重负，病后也辞去职务，与谢霖"情感恶化"，有离校之念。④ 接替薛迪靖的李恩廉，则于 1943 年 7 月 1 日因"自有经营离校，挽留不获"。⑤ 甚至担任政治经济系主任的校友郭子雄不知何故也"对于本校感情欠佳……曾经说明誓不再来"。⑥ 光华成都分部的运作本来靠光华校友作为核心行政力量，如今内部矛盾丛生，离心离德，谢霖几乎成为孤家寡人，治校乏术，独木难支。

不过，所谓谢霖治校乏术，仅是一间接原因。从资料来看，闹事者虽有民意支持，却非多数。有学生回忆称，1943 年秋的学潮，多数学生并不赞同。因为学生认为，谢霖两袖清风，还不时接济经济困难的教职员和学生。1943 年冬，有几百名师生在成都东胜利街沙利文礼堂为谢霖庆祝六十寿辰，许多师生在会上发言，称颂谢霖的办学功绩，便足见谢霖在师生中的人望。⑦ 新中国成立后学生回忆谢霖时表示感激的文章较多。这说明，谢霖在学生中尚有一定威信，多受学生欢迎和爱戴。又有回忆称："谢先生时年已 50 多岁，身兼数职，然而办事井井有条。进简

① 《关于成都分部办学一年半以来整体情况的报告》，汤涛主编《张寿镛校长与光华大学》，第 131—132 页。
② 《关于 1939 年秋季学期成都分部人事安排计划的报告》，汤涛主编《张寿镛校长与光华大学》，第 237 页。
③ 《光华大学成都分部全体同学为校政腐败征费奇重告各界人士书》（1943 年 9 月），《教育部档案》，档案号：五/5543/44。
④ 《调查光华大学成都分部学潮真相报告书》（1943 年 11 月 1 日），《教育部档案》，档案号：五/5543/33。
⑤ 张钦楠、朱宗正编著《张寿镛与光华大学》，第 234 页。
⑥ 《关于 1939 年秋季学期成都分部人事安排计划的报告》，汤涛主编《张寿镛校长与光华大学》，第 239 页。
⑦ 雷瑶芝：《忆谢霖老师》，《西南财经大学志》第 1 卷，第 48 页。

便的早餐之后，即乘人力车去光大，开始紧张地办公，诸如扩建校舍、人事安排、制定和检查教学计划，学生的读书、生活情况等，他都要操心过问。每天下午 3 点，谢先生又得从城外光华村回到城中春熙路南段办公。"① 这说明，谢霖也能条理分明地处理好校内和校外事务。

学生之所以起来反对谢霖，尚有一闹事者不愿道明的原因。在学潮之前，四年级学生莫健与一女生校园恋爱，遭到女方家长反对，莫健颇受挫折。② 1943 年夏期末考试时，莫健有两门课程不及格。按照校章要求，"一学期成绩不及格者，下学期作为留校察看"。③ 莫健本来 1943 年夏天可以毕业，由此毕业将迁延一年，只能留级，遂借学校增加学费时煽动风潮。④ 不过，莫健对此事则讳莫如深，他说，此次学潮由他和贾仲仙、袁鸿英、李官林等 7 人组织，除了反对光华提高学费，更反对校内国民党和三青团滥抓学生。⑤ 从莫健后来的履历来看，他曾竞选成为国大代表，并非共产党人。⑥

9 月 2 日，光华大学校内出现"欢送谢霖先生离开光华以娱晚年""拥护校董会允许谢霖辞职"等大字报。9 月 6 日下午 4 时，闹事学生在荣乐园召开发布会，以招待新闻记者，请各报帮助讨伐谢霖，希望借此壮大声势。⑦ 此外，学生又到川籍国民参政会议员张澜、但懋辛等处寻求支援，请他们要求教育部惩办谢霖。同时，闹事学生怂恿更多学生加入，并阻止假满返校学生注册缴费上课。此举受到一些支持谢霖的学生反对。9 月 8 日，校中贴出"护校同学会"的启事，认为物价高涨，学

---

① 戴文鼎、喻诚然：《会计学家谢霖教授》，成都市政协文史学习委员会编《成都文史资料选编·教科文卫卷下·人物荟萃》，四川人民出版社，2007，第 279 页。
② 《成都分部三十二年秋学潮之始终·摘录卅二年秋学潮文件》，《私立光华大学成都十年记》，第 31 页。
③ 《第五十五次纪念周记录》（1939 年 6 月 19 日），《光华通信》第 12 期，1939 年 12 月，第 19 页。
④ 《光华大学成都分部最近风潮据报真象为次》（1943 年 10 月 29 日），《教育部档案》，档案号：五/5543/33。
⑤ 莫健：《上海光华大学内迁成都》，中国人民政治协商会议西南地区文史资料协作会议编《抗战时期内迁西南的高等院校》，贵州民族出版社，1988，第 303 页。
⑥ 莫健：《我在独山县参加"国大代表"竞选的经过》，中国人民政治协商会议贵阳市委员会文史资料委员会编印《贵阳文史资料选辑》第 34 辑，1992，第 165—173 页。
⑦ 《光华大学学生暑假留校学生代表，定今日下午四时，在荣乐园招待新闻界》，《新民报》1943 年 9 月 6 日，第 4 版。

费并不过高乃有目共睹之事。若学生对校务有意见，可以事前向学校反映。如此贸然发动学潮，反对校长，万一酿成不测之局，学校因此关门，必将造成"皮之不存，毛将焉附"的后果。因此，启事呼吁闹事学生尽早上课。① 不过，此举显然被闹事学生视为谢霖授意，坚拒上课。

1943 年 9 月 11 日，谢霖等召集校董邓锡侯、向传义、李肇甫、张仲铭、康宝志等人商议，推定向传义、李肇甫、张仲铭三人来校查阅经费收支情况，并征询全体教员意见，开导闹事学生。不过，闹事学生拒绝出席。9 月 14 日，校董会决定，学费由 1900 元减为 1700 元，亏空款项由校董会电请教育部予以特殊救济。② 然而，闹事学生仍然不能接受，并继续阻止已经缴费的学生上课。当日下午，教授胡毓杰撕去学生张贴在校内反对谢霖的标语。晚 8 时，学生前往办公室质问胡毓杰，谢霖亦在场并痛责学生。学生退往宿舍，谢霖随即追至宿舍，但无法遏制闹事学生议论。校警赵春藩被迫鸣枪警示，学生将其包围。赵春藩将手枪交给谢霖，学生复向谢霖索要。在三青团书记长谢乐康的干涉下，谢霖被迫将手枪交予学生。当晚 9 时，莫健失踪。③

事后证明，莫健失踪系自行隐匿，用意在于使事情激化，以诬陷谢霖迫害。9 月 23 日，闹事学生以"光华大学全体学生"之名上书蒋介石称："我校校政窳败，学费奇重，早为主座所洞悉。乃事迭出，不幸谢副校长霖枪击学生，以致代表莫健失踪，群情愤慨，莫所归依，不得不有渎职，请饬教部迅予接办并惩治凶顽，用维教育大业，而张法纪。"④ 之后，学生代表张敏、骆长德、王一苇、黎晖、夏吉元等五人前往重庆中央组织部，要求面见朱家骅并呈文，请求接见并"根本救治"。⑤ 朱家骅仅令属员告诫学生安心读书，未允接见。

---

① 《成都分部三十二年秋学潮之始终·摘录卅二年秋学潮文件》，《私立光华大学成都十年记》，第 32—33 页。
② 《光华大学校董会致朱家骅函》（1943 年 9 月 25 日），《朱家骅档案》，档案号：301/01/09/198/74。
③ 《调查光华大学成都分部学潮真相报告书》（1943 年 11 月 1 日），《教育部档案》，档案号：五/5543/28。
④ 《光华大学学生控副校长谢霖枪击学生代表莫健失踪》（1943 年 9 月 23 日），台北，"国史馆"藏，《国民政府档案》，档案号：001/090341/00001/008。
⑤ 《光华学生代表上朱家骅书》（1943 年 10 月 2 日），《朱家骅档案》，档案号：301/01/09/198/66。

作为主管部门的教育部，对待光华学潮的态度非常微妙。实际上，由于国民党对学生运动采取严密监视的态度，在学潮酝酿之时，国民党在成都的中统机构已经获得情报，并迅速呈交军事委员会委员长侍从室，侍从室认为此事重要，将情报抄送给教育部。① 然而，教育部并未将这份情报通知光华大学成都分部，告知谢霖预防以规避风险。是否教育部和光华大学成都分部之间并无情报互通的惯例？当然不是。从档案中可以证明，对于那些真正可能颠覆政府或威胁政府的风险，教育部会第一时间命令校方预防。在此仅举一例。1942 年 1 月，西南联大等校在昆明发起讨伐孔祥熙贪腐的"倒孔运动"，光华大学成都分部部分学生紧随其后，以"成都光华大学全体同学"名义印制了"讨孔"传单，历数孔祥熙"私贩黄金、偷运外汇、操纵物价、囤积民粮"等罪行，表示要"驱除祸国奸贼，澄清抗战阵营"，誓死追随西南联大同学，做驱除"奸贼"的后盾。光华学生的电报尚在印制，便已经被特务侦知，于 2 月 16 日秘密呈报军事委员会委员长侍从室。报告称："成都各大学学生反孔风潮渐近，仍在暗中酝酿。光华大学主动份子为教授姜蕴刚（青年党），学生施畏三、欧阳棠（均奸伪份子），连日正奔走各校联络，刻已印就快邮代电，因华西坝各大学尚未发动，故未发出，谨附抄呈该项快邮代电一份"，请中央高度重视。侍从室遂立即致电教育部，请其马上通知光华大学成都分部当局。随后，教育部致电谢霖，要求"严加防范，绝对不许有此非法举动"，且令"员生并应查明呈报"，以便予以惩处。② 由于通报及时，光华大学成都分部的"反孔运动"未能成功发动。

教育部对可能危害政府的学潮高度重视，迅速要求学校预防，对这样一场危害仅限于一校，且该校不属于陈立夫势力范围的学潮酝酿，却予以漠视，采取既不提醒也不受理的态度，其中的不同相当微妙。而且，当教育部收到光华大学校董会的函电以及学生的控诉后，饬令光华仍旧按照 1943 年上半年 850 元的标准征收学费，素来以"铁腕"整顿学校著称的教育部部长陈立夫，此时却异常"尊重"私立大学的主权，认为此

---

① 《光华大学将起学潮，八月三十一日成都讯》（1943 年 9 月 16 日），《教育部档案》，档案号：五（2）/1631/6。

② 《成都各大学反孔运动情报》（1942 年 2 月 16 日），台北，中国国民党党史馆藏，《特种档案》，档案号：3/29.49。

事应该由学校内部解决，态度更加微妙。然而，如谢霖陈述，当时学校教员月收入仅 2500 元左右，清苦异常，即使按照 1900 元的标准收取学费，预算也将亏损 16 万元，若按照 850 元的标准收取，则必将亏损 100 万元以上。[①] 教育部的饬令，无法实际执行。

1943 年 9 月 25 日，校董会致函朱家骅，请其向陈立夫代为解释学校的经济情况，说明只能按照 1700 元的标准收取学费。次日，谢霖亦致信朱家骅，详细罗列了按照物价上调学费的合理性，请求朱家骅向陈立夫说洽，同意按照 1700 元的标准征收。谢霖亦向朱家骅报告了自己办理不善，已经向校董会辞职之事。[②] 从各方将注意力集中于学费究竟应该以何种标准来收取可见，此时成都分部风潮的核心矛盾已经不是简单的驱赶谢霖的问题，而是如此巨额的亏空谁来解决的问题。谢霖面对学生反对与经济匮乏的双重压力，向校董会提请易人办理。从表面看，校董会不予应允。

此时成都分部的校董会中，在学潮中负起实际事务的是哪些人？真正参加校董会决议者不过邓锡侯、向传义、李肇甫、张仲铭、康宝志、谢霖六人而已。[③] 由此可知，早年以邓汉祥为代表的刘湘系完全淡出校董会，不再过问学校事务，虽曾名列校董却几乎从未资助学校的邓锡侯，作为目前四川地方最重要的实力派，开始参与校董会的实际决策。而目前校董会负责的六人中，有五位皆是四川地方人士，唯有谢霖真正代表光华大学。此种局面凸显出一个大问题，那就是真正能决定学校何去何从的权力，几乎全部掌握于外人之手。不过，校董会的四川地方势力并非铁板一块，而是颇有貌合神离、"同床异梦"之感。邓锡侯系川康绥靖公署主任，当然无暇屈尊亲自掌管学校，只是因声望和地位被推举成为校董，"并非有意于斯校"。[④] 李肇甫系四川省政府秘书长，也无暇分

① 《光华大学校董会致朱家骅函》（1943 年 9 月 25 日），《朱家骅档案》，档案号：301/01/09/198/76。

② 《谢霖致朱家骅函》（1943 年 9 月 26 日），《朱家骅档案》，档案号：301/01/09/198/72—73。

③ 《光华大学校董会决议录（第六次）》（1943 年 10 月 7 日），《朱家骅档案》，档案号：301/01/09/198/85—86。

④ 《谢霖关于成华大学学潮情形汇报及请本校布告并上报教育部请准成华借读学生另觅他校借读的函》，汤涛主编《朱经农校长与光华大学》，上海人民出版社，2020，第154 页。

顾。康宝志是银行家，对行政事务不感兴趣。张仲铭是捐地的富商，不懂教育。其中只有担任四川省临时参议会议长的向传义，"颇思染指"。①

反对张登寿

向传义（1888—1950），字育仁，四川仁寿人。早年加入同盟会。辛亥革命后任川军第三师师长。北伐后，向在南昌谒见蒋介石，被任命为四川党务特派员，在成都主持党务工作，在"清党"方面甚为积极。1931 年担任四川省政府委员兼建设厅厅长。1933 年，重任军职，担任第24 军副军长。② 抗战时期，向传义任四川省临时参议会议长，从地方军阀转变为地方政客，在四川军政两界游刃有余。

据记载，1943 年 9 月 1 日，莫健等发动学潮之前，即因此事拜访向传义，对方表示对学生的主张"并不反对"。③ 所谓并不反对，实际上是一种默许。不过，向传义与学生之间也颇有分歧。向传义"并不反对"的是撤换谢霖，而非减少学费。他代表校董会在成都分部查账之后，也意识到，就学校的经济状况而言，收费 1900 元可谓合情合理。他代替谢霖掌校则可，却不愿顺应学生要求，将学费降至 850 元，因为他亦无力填补减收学费后 100 万元以上的亏空。由此，向传义对此事并未公开表态，亦同意学生赴重庆方面寻求解决之道。就谢霖而言，当然不愿意将校政交给向传义等地方人士，利用校董会貌合神离、决策机制不健全的情况，他推荐现任国立四川大学新生院院长的光华大学 1929 届教育系校友张登寿接任。④ 1943 年 10 月 7 日，在谢霖的力主下，光华大学成都分部第六次校董会议决由张登寿接替谢霖。⑤ 10 月 8 日，光华大学校董会致函朱家骅，向其说明成都分部校政由张登寿接任，并请其向教育部说

---

① 《调查光华大学成都分部学潮真相报告书》（1943 年 11 月 1 日），《教育部档案》，档案号：五/5543/30。

② 《向传义传》，《蜀风集：文守仁先生遗著》，新津县文史资料委员会，1998，第 157—158 页。

③ 《成都分部三十二年秋学潮之始终》，《私立光华大学成都十年记》，第 30 页。

④ 《调查光华大学成都分部学潮真相报告书》（1943 年 11 月 1 日），《教育部档案》，档案号：五/5543/29。

⑤ 《光华大学校董会决议录（第六次）》（1943 年 10 月 7 日），《朱家骅档案》，档案号：301/01/09/198/85—86。

洽，解决学费问题。① 然而，朱家骅的秘书、光华校友徐可燸在收到来信时颇觉为难，大概认为以当下朱家骅与陈立夫的微妙关系，似乎朱家骅已经不便再出面协调光华大学相关事宜。徐可燸考虑到重庆校友会方面已经托翁文灏向陈立夫说洽，函复光华方面隐晦告知朱陈实际存在矛盾。

按理说，当年张寿镛曾对川省人士有抗战胜利后"永久留川"的承诺，光华大学成都分部迟早应交付川人之手。谢霖为何不愿向传义接管学校，而是力举张登寿接替自己？其中主要有两个原因。

首先，张寿镛当年入川视察时的口头承诺，现在已无文字记载，最早的出处是刘湘系校董甘绩镛在光华演讲时的叙述，原话是："光华决定以后永久一校设在上海，造就东南学子；一面设在四川，造就西南学子。"② 此语的意思应该是，将来光华要设立上海、四川两校，但这两校均由光华校方办理，并未言明要永久"赠川"，交由川省人士接办。而且，当初有此承诺的内迁高校不在少数。抗战初期迁移到重庆的复旦大学副校长吴南轩称："母校之迁移入川，并非临时性质，拟有永久计划，将在此地建校。即他日战平，亦不即舍今址而回海上。此点与他校之迁入内地者不同，盖他校皆视为暂局，战事结束后将仍各回原址。"③ 然而，抗战胜利后，复旦大学立即迁回上海。由此可知，类似话语实际上是安抚地方人士的权宜之语。私立大学非常重视学统和名号的传承，真正将一所光华当局苦心经营的学校拱手送人，实非主事者心甘情愿。另外，1942 年 1 月，张寿镛为避免光华大学沪校向汪伪登记，成为"敌伪学校"，忍痛关闭学校，化为诚正文学社和格致理商学社继续办学。④ 光华大学成都分部作为战时延续学校血脉最重要的机构，必须不出差错。由此，谢霖提出让校友张登寿掌校，以保证学校仍旧控制在"自己人"的手里。

其次，张登寿的身份比较特殊。张登寿从光华大学教育系毕业后，

---

① 《光华大学校董会致朱家骅函》（1943 年 10 月 8 日），《朱家骅档案》，档案号：301/01/09/198/81—83。
② 《甘常务校董训话》，《光华通信》第 9 期，1939 年 3 月，第 42 页。
③ 《吴南轩副校长在复旦同学会上的报告》，《抗战时期复旦大学校史史料选编》，第 32 页。
④ 张钦楠、朱宗正编著《张寿镛与光华大学》，第 123 页。

一度失业，后参加了国民政府组织的第一届行政人员考试，录取后被分配至安徽省教育厅任职。抗战全面爆发后，通过上下活动成为教育部社教工作团团务委员。1941 年，经安徽省教育厅原厅长、四川大学校长程天放（CC 系）推荐，在川大担任行政职务。不久，中央训练团抽调张登寿为第一期高级党政训练班团员，分配在教育组。陈立夫系教育组指导员，由此，张登寿一步登天，成为陈立夫的门生。当时程天放已经辞职，川大改由黄季陆（CC 系）掌校。在陈立夫的推荐下，仅有本科学历的张登寿成为川大新生院院长。按照要求，此职务只能由留过洋的教授担任。① 显然，谢霖在此时已经两害相权取其轻，宁愿具有 CC 系背景的张登寿掌校，亦不愿将学校交给向传义。一方面，张登寿是光华校友，至少不会出卖学校；另一方面，他是陈立夫门生，执掌学校便等于使光华可直接搭上教育部的关系，学校必将获得陈立夫的青睐，解决经济难题。

不过，由张登寿来掌校，无异于一把双刃剑。他在获知受邀执掌光华大学成都分部时，并未予以肯定答复，但私下觉得"义不容辞，已作就聘准备"。对于此事，川大校长黄季陆也表示同意。由此，张登寿立即致信陈立夫，向其说明成都分部经费困难的情况，请求教育部同意校董会制定的 1700 元收费标准，并说明他个人的进退只能以收费的多少和经费的有无决定。当然，张登寿也已经做好撤换旧人、将 CC 系势力引入学校的打算。张登寿在给陈立夫的信中称，中央训练团高级党政训练班的几位同学李天民、余浩、乔诚等都怂恿他接管学校，他也打算今后请这些人担任训导长、总务长等要职。在他看来，这"无异于以高级班同学接管该校"，② 将 CC 系势力大力援引至光华校内。

显然，张登寿掌校绝非向传义所乐见。由此，张登寿掌校的消息传出后，事态变得极其复杂，闹事学生立刻反对，呼吁抵制张登寿，从闹事学生与谢霖的单方面矛盾演变为多方矛盾共存的复杂局面。光华大学成都分部教授胡毓杰、伍丹戈等校友则拥护张登寿就职，并希望调解矛盾，受到闹事学生的包围质问，并被学生用武力强行驱赶离开学校。③

---

① 张登寿：《八旬回首》，《文史资料选编》第 1 卷《教育编》，第 557—566 页。

② 《张登寿致陈立夫函》（1943 年 11 月 3 日），《教育部档案》，档案号：五/5543/21。

③ 《成都分部三十二年秋学潮之始终》，《私立光华大学成都十年记》，第 36 页。

莫健回忆称，"大家认为张登寿是四川省党部主任委员的亲信，派他来是为了进一步加强国民党对光华大学的控制"。① 此语未必完全可信。从莫健等发动学潮并向中央告状一事来看，闹事学生显然并不惧怕国民党的控制。那么，学生究竟因何反对？从资料来看，应该是学生与"颇思染指"的向传义达成了某种共识。

10 月 6 日，闹事学生谒见向传义，向传义表示坚决同意收取 1700 元学费，但对校务"殊难全权负责"，"同学如欲彻底改革，向先生并不否认"。② 此次商谈时间长达 5 个小时，若非向传义与学生激烈磋商后达成掌校协议，颇让人费解。然而，10 月 7 日的校董会上，由于谢霖的努力，议决由张登寿掌校。向传义"颇思染指"的愿望落空。因此，很快有学生起而反对。此事在日后谢霖致部下林树湘的信中得到证实。他说："策动 1943 年光大蓉校学潮的向匪传义，解放后已逮捕，闻已死在狱中了。"③ 谢霖又在给朱经农的信中称："溯三十二年大学潮，亦系出于向氏之蓄意夺取。"④ 张登寿日后的回忆也证明了这一点。他说："自称代表学生者也来了，表示挡驾，劝我不要就该校校长之职。我感到，事情并不如始料那么简单。经进一步了解，我才弄清楚，当地有个地霸型的实力人物在力争此席。这个职务本来就非我自己要干，我于是退还聘书。"⑤ 所谓"地霸型的实力人物"，显然指向传义。

至于张登寿，在校内教授中也有反对者，主要是萧公权等非光华大学嫡系的教授。最主要的原因当然是张登寿不学无术，完全靠 CC 系的势力崛起，在川大任上经常压迫教授和学生，名声极差，其掌校对学校而言无疑是一场灾难。10 月 9 日，萧公权、卢美意、苏良弼三位教授主持召开教职员会议，并请一部分学生代表参加，希望推教务长薛迪靖重新主持校务。萧公权等三位教授同登邓锡侯之门，请邓锡侯同意，然而

---

① 莫健：《上海光华大学内迁成都》，《抗战时期内迁西南的高等院校》，第 304 页。

② 《成都分部三十二年秋学潮之始终》，《私立光华大学成都十年记》，第 34 页。

③ 《谢霖致林树湘函》（1956 年 11 月 2 日），林幼章私人收藏，第 5 页。

④ 《谢霖关于成华大学学潮情形汇报及请本校布告并上报教育部请准成华借读学生另觅他校借读的函》，汤涛主编《朱经农校长与光华大学》，第 154 页。

⑤ 张登寿：《八旬回首》，《文史资料选编》第 1 卷《教育编》，第 566 页。

"即受严厉驳斥，三人扫兴而归"。① 由于向传义以及部分学生、教员的激烈反对，张登寿不能到校已成定局。校政大计无人主持，此事遂陷入僵局。面对此种僵局，教育部一方面责令学生必须马上开课，否则本学期学业成绩将不予承认；另一方面派督学陈宗英来校了解学潮情况，并试图调解矛盾。②

第三节　永久留川：光华大学成都分部的地方化

教育部的微妙态度

一般认为，抗战时期的教育部部长陈立夫积极谋划扩张势力，在各大学普建党部，并设法向教育部门和各大学派遣 CC 系的亲信担任骨干职务。正如时人所论，陈立夫接掌教育部后，"蓄意统制教育界，非其私人，必加以困厄，逼其脱离；属其私人，则无论如何办得坏，亦与维持。五年以来，一个个大学收为己有，助桀为虐者张北海、吴俊升也。所未侵者，中央大学、西南联大、武汉大学、浙江大学四校而已"。桑兵对此加以补充道："至于达成统制的办法手段，就学校而言，一是鼓动风潮，二是经济封锁。"③ 而有学者则为陈立夫辩护，认为类似判断多属于戴有色眼镜看陈立夫，陈立夫整顿教育界手腕固然强硬，但主要目的在于使各校更加配合教育部的施政，"至于是否自己派系人马出任校长实为次要考量"。同时，陈立夫虽然也利用种种手段整顿高校，但基本是为了巩固教育领导权，过程中并非一意蛮干，非常重视技巧与弹性。④ 这两种说法皆有一定道理，也都有一些问题。下面以光华大学为例，对以上成说予以检验。

抗战全面爆发后校长张寿镛、谢霖在主动寻求依附朱家骅的同时，也希望努力与陈立夫所执掌的教育部处理好关系，希望在不受其控制的

① 《调查光华大学成都分部学潮真相报告书》（1943 年 11 月 1 日），《教育部档案》，档案号：五/5543/28。
② 《成都分部十年大事记》，《私立光华大学成都十年记》，第 63 页。
③ 桑兵：《国民党在大学校园的派系争斗》，《史学月刊》2010 年第 12 期，第 61 页。
④ 汪伯轩：《陈立夫与战时中国高等教育》，硕士学位论文，台湾师范大学，2012，第 324 页。

前提下，使光华大学能够获得照顾。然而，随着抗战中后期陈立夫与朱家骅关系逐步恶化，光华校方依附朱家骅的取向更为明显，逐步被归为"朱系"。因此，同是规模相当的私立大学，相对于接近陈立夫的复旦大学，陈立夫显然区别对待光华大学。陈立夫对光华大学委托朱家骅的索款行为多取表面敷衍的态度，在经费与待遇上处处降格。更有甚者，教育部明明已经获得光华大学成都分部将起学潮的情报，却并未将情报传达给谢霖，此举实足说明，陈立夫对光华大学，颇有一种任其自乱的态度。因此，光华大学校方对陈立夫实际也比较厌恶甚至愤恨，事后尽量在公开资料中回避与陈立夫的关系。比如，1939 年 10 月 17 日，陈立夫视察学校并做了《今后学校训育之方针》的演讲。[①] 抗战胜利后，光华大学官方编订的大事年表竟然对教育部部长视察学校这种大事只字未提，显然不是疏忽遗漏所致。从这个细节上也能看出一些微妙之处。

　　不过，陈立夫所执掌的教育部所能掌握的教育经费实际也比较有限。陈立夫曾经自述："在抗战时期财政收入减少，而军费浩繁，教育与文化在短见者看来，比较为不急之务，国家不应为此耗费巨量金钱。"[②] 抗战爆发以后，政府移拨大量经费用于对日作战，教育支出亦严重缩水。据胡国台统计，1937 年底，教育经费与抗战前相比削减 60%。从 1936 年至 1945 年，高等教育经费支出在国民政府的总岁出中，所占比例从 3.9% 下降到 0.52%。[③] 对于如此有限的教育经费，陈立夫必须谨慎筹划，力求国立大学维持一定的数量，保证在同一区域内，避免大学院系重复设置，同时在各校经常费上能省则省，不敢随意支出。

　　而且，在教育经费的使用上，蒋介石往往比陈立夫更为谨慎，陈立夫的诸多做法实际都在贯彻蒋介石的意志。在此仅举一例。1942 年，私立大夏大学拒绝教育部要求其改为国立贵州大学的训令，陈立夫只能另设国立贵州大学。蒋介石随即斥责陈立夫："贵州大学本定由大夏大学改名所以批准国立，今闻大夏大学仍未改组，而贵州大学又新行

①　陈立夫：《今后学校训育之方针》，《光华通信》第 12 期，1939 年 12 月，第 10—13 页。
②　《成败之鉴——陈立夫回忆录》，第 241 页。
③　胡国台：《抗战时期教育经费与高等教育品质：1937—1945》，《中央研究院近代史研究所集刊》第 19 期，1990 年，第 450—451 页。

成立，此种不经济不负责而且毫无设备有名无实之大学，任意设立，是真以国家教育为儿戏，何以办事如此官僚敷衍？应将此事照原定方针归并，否则该两大学经费一律停止。"① 蒋介石还经常致电陈立夫，饬令他在抗战时期的教育行政经费上必须厉行节约，不得有任何浪费之举。②

这也使得随着抗战中后期教育经费愈加紧张，陈立夫实际已经无力全面控制一所私立大学，亦不愿因此增加经费负担。所以，当 1943 年 2 月谢霖赴重庆谒见陈立夫，请陈立夫任命开缺的训导长时，陈立夫认为无相当人选，请谢霖自兼。③ 陈立夫的"门生"张登寿请求传授接管成都分部的机宜，并表示将援引 CC 系分子担任学校重要职务时，陈立夫不置可否，并未真正给张登寿指示。由此可知，此时的光华大学成都分部对陈立夫而言不如"鸡肋"，若要介入则非常棘手，最佳的处理方式是不闻不问。

实际上，如果这样一所私立大学被教育部接管，也未必都是负面作用。以往的大学史研究，对于大学的"国立化"多注重权力斗争的一面，将之视为中央对地方教育权的争夺。④ 但是，从经济方面讲，"国立化"至少可使学校经济无虞，使教学与研究走上正轨。抗战时期如西南联大等校之所以在战乱中仍然弦歌不辍，主要归功于教育部的财政支持。如果私立大学不能"国立化"，则可能面临更糟糕的命运。目前对光华大学成都分部而言，翁文灏在重庆担任要职，不可能接管学校。张寿镛远在上海，年事已高，已经无能为力。谢霖已被排挤无法继续任职。"六三同志"已经星散。所谓由校董会来处理，实际等于将这样一所学校的命运完全交与四川地方人士之手。

---

① 《陈立夫呈复陈处理大夏大学改组问题及设置国立贵州大学之经过以及对于本案之意见当否祈核示》（1943 年 2 月 5 日），《国民政府档案》，档案号：001/0901000/0010/70a/60。

② 《蒋介石关于一九四三年教育经费概算需要节省开支的代电》（1943 年 2 月 16 日），《教育部档案》，档案号：五（2）/378/6—9。

③ 《成都分部三十二年秋学潮之始终·摘录卅二年秋学潮文件》，《私立光华大学成都十年记》，第 39 页。

④ 王春林：《中央与地方的角力：西安事变后东北大学的国立改组》，《史林》2012 年第 4 期，第 136—145 页。

向传义掌校

由于教育部不予干涉，1943 年 10 月 25 日，光华大学校董会第七次会议在邓锡侯的组织下于邓宅召开，到者邓锡侯、向传义、李肇甫、张仲铭、康宝志、谢霖和薛迪靖。薛迪靖之前本已离校，谢霖看到张登寿上任受阻，"急以大义"召其回校。然而，薛迪靖已经双目失明，可谓有心无力。① 此次会议决定，坚持收取 1700 元学费。若教育部要求必须减少，只能降为 1500 元，请教育部额外补助。目前学校无人主持，张登寿迟迟不来校，请向传义暂时代理校务。同时，由邓锡侯、康宝志向邮政汇业储金局担保借款 20 万元，由谢霖向川盐银行担保借款 12 万元作为 10 月份教师的薪金。②

10 月 28 日晚，光华大学校董会召开第八次校董会议，为了彻底说服教育部同意 1700 元的学费标准，邓锡侯邀请四川省主席张群及省党部主委、国立四川大学校长黄季陆列席会议。教育部督查陈宗英亦在场旁听。陈宗英记录道："会场情况有表示，党政一致，形成川人治川之情。"这说明，邓锡侯、向传义等完全以"川人治川"的心态，把光华大学成都分部当成四川人的事业来处理。会场上，张群认为，教育部要求按照 850 元标准收费的命令或出自"随便二人"的电报，由他亲自对教育部说明情况，教育部"谅无不可，何必坚持？"陈宗英则认为教育部命令已发，若收回必将损害教育部威信。讨论至午夜仍无结果。10 月 30 日，学校发出通告，宣布按照 1700 元的标准征收学费并克日开学，由向传义正式代理校务。③

邓锡侯、向传义等规定的学费标准，仅比谢霖规定的标准少 200 元。（由于物价不断上涨，目前实际应收学费已不止 1900 元）不过，闹事学

---

① 《成都分部三十二年秋学潮之始终·摘录卅二年秋学潮文件》，《私立光华大学成都十年记》，第 38 页。
② 《光华大学校董会记录（第七次）》（1943 年 10 月 25 日），《朱家骅档案》，档案号：301/01/09/198/94—96。
③ 《调查光华大学成都分部学潮真相报告书》（1943 年 11 月 1 日），《教育部档案》，档案号：五/5543/28。

生"俱愿遵从"。① 闹事学生态度的迅速转变，在一些亲历者看来，显然非常微妙。如孙恭回忆，"此次学潮，是排挤谢霖的一幕闹剧"，只是"不知幕后主使者，未便妄议"。② 谢霖在光华大学官方编订的资料中也暗示："此外究有如何背景，今可不问……余见学潮多矣，无一次不是学生受愚，而身蒙其损。"③ 种种迹象，更可证明此种"俱愿遵从"的微妙性。

不过，更多支持谢霖的学生不甚同意向传义掌校。他们认为，向传义行伍出身，不懂教育，若他掌管学校，前途如何实在难料。由此，11月6日，光华大学成都分部540名学生钤印签名，集体上书教育部，"恳请派员主持，以解目前危困并祈改归国立，以固根本"。④ 又有学生代表夏吉元，原本反对谢霖，如今也致电教育部高等教育司司长吴俊升，提出"向育仁先生又非办学之人……来日大难，不堪设想，恳请钧座转呈部长，正本清源，一劳永逸，将生校改为国立，使生等永享荫于无替也"。⑤ 然而，如前所述，陈立夫对该校本无好感，而且大学改国立事绝非儿戏，这显然是不可能实现的。

1943年11月8日，成都分部举行开学典礼。典礼由向传义主持，谢霖仅以普通教授的身份参加。在典礼上，谢霖广泛印发《告肄业同学书》。在这份传单中，谢霖回顾了1943年下半年物价疯狂上涨的情形，详细列举了学校的各项收支，证明在教育部不予补助、物价突然猛涨3倍的前提下，校方增加学费实为合理举措。对于学生"师资不良"的指责，谢霖亦从师资、训育、管理等各方面来证明，光华大学成都分部虽然一直身处困境，却仍做出巨大成绩。谢霖认为，学生受人愚弄、受人利用，"疏愚无识、悖谬妄行"，以种种无理借口发动学潮并驱赶张登

---

①　《成都分部三十二年秋学潮之始终·摘录卅二年秋学潮文件》，《私立光华大学成都十年记》，第30页。

②　孙恭：《光华大学成都分部简史》，中国人民政治协商会议成都市金牛区委员会文史资料工作组编印《金牛文史资料选辑》第1辑，1984，第64页。

③　《成都分部三十二年秋学潮之始终·摘录卅二年秋学潮文件》，《私立光华大学成都十年记》，第31页。

④　《光华大学全体学生呈为执令缴费长校无人本期学业荒废恳速派员主持上课并祈改归国立彻底救济以安教育根本事》（1943年11月6日），《教育部档案》，档案号：五/5543/33。

⑤　《夏吉元致吴俊升函》（1943年11月4日），《教育部档案》，档案号：五（2）/1631/11。

寿、胡毓杰、伍丹戈等，实为"光华之大耻辱"。谢霖以不满亦不甘的口吻评价向传义："育仁先生，经济力量，比较本人，何啻天渊，相信必能另有筹款方法，此为学校及诸生之福。"①

谢霖所不甘者，乃抗战未胜利，这样一所受张寿镛委托、自己亲手缔造、辛苦筹划经营的学校便已经被一场莫名其妙的学潮冲击，最终被川省人士控制。而且，此种控制并非赠送与转交，而是由幕后人士推动。明确言之，此次学潮可能单纯因学生反对收费而起，但向传义"颇思染指"，导致问题逐步走向复杂化。张寿镛将主持光华大学成都分部的重任全权委托给谢霖，而此时光华大学沪校在名义上又已经关闭，若再失去成都分部，多年的心血将毁于一旦。

那么，为什么四川地方势力会对这样一所学校感兴趣？为什么向传义愿意接管学校？这样一所学校对他们来说意味着什么？王东杰在研究四川大学"国立化"的著作中认为，四川是一个省籍观念极重的省份，一直有所谓"川人治川"的说法，即四川的政治、经济、文教机构首脑要由四川人担任。抗战爆发后，国民政府播迁重庆，四分五裂的四川地方势力决定一致对外，抵制国民政府在川扩张权力。尤其是刘湘死后，面对蒋介石逐步削弱川康实力派的举动，地方实力派邓锡侯、刘文辉、潘文华等人更是意识到"一损俱损、一荣俱荣"，故捐弃前嫌，结成攻守同盟以求自保，抵制中央势力的入侵。② 在教育领域，一般认为，四川的大学，校长亦应是四川人。因此，1938 年国立四川大学发生激烈的易长风潮，地方势力和成都保守士绅坚决反对教育部任命的 CC 系骨干程天放（江西人）出掌川大。光华校董李肇甫便是反对程天放的积极分子之一，此举亦得到了邓锡侯等地方实力派的"暗中同情"。③ 1943 年初，中央派四川人黄季陆掌校，才在一定程度上平息了之前的争端。省立重庆大学原本控制于刘湘之手。刘湘死后，教育部积极酝酿将省立重庆大学改制国立，其中便充满了陈立夫的 CC 系与四川省主席张群的政

---

① 《成都分部三十二年秋学潮之始终·摘录卅二年秋学潮文件》，《私立光华大学成都十年记》，第 38 页。

② 邓汉祥：《蒋介石派张群图川的经过》，全国政协文史资料委员会编《蒋介石与各派系军阀争斗内幕》，中国文史出版社，2012，第 122—124 页。

③ 王东杰：《国家与学术的地方互动：四川大学国立化进程（1925—1939）》，第 265—268 页。

学系之争。最终，该校以四川人张洪沅为校长，才获得陈立夫和张群的共同认可。① 面对中央不断争夺地方原本稀缺的高等教育资源，如何尽可能掌握教育资源，维护四川的资源，直接或间接与强大的中央角力，可以说一直是四川地方势力的焦虑所在。

光华大学成都分部最初的建校基地与校舍主要由地方势力捐赠，但校政却由江苏武进人谢霖主持，地方势力无法染指。按照常理，这样一所学校理应掌握于四川人之手。而且，由于教育部对此校兴趣不大，无力或不愿为这样一所学校增加财政负担，对川省人士而言，更是难得的机会。而且，私立大学与国立大学不同。无论国立大学由何人掌校，名义上都属于国家，教育部有迁移、改组、合并与解散学校的权力。私立大学名义上归校董会管理，实际上主要由少数治校者控制，如果能够掌握一所私立大学，既可以解决麾下的人事安排，又可以培养忠于个人的"子弟兵"，利用学校源源不断地为自己的"统治事业"输送人才，按照自己所需订单式培养人才，进而在"文化竞争"上不下于人。所以，从这些心理出发，四川地方势力并未真正站在谢霖一边，而是审时度势、因势利导，逐步让学潮向着有利于自己的方向发展，以最终实现对学校的控制。

不过，真正的四川地方实力派对学校未必有太大的兴趣，或者说一般不会主动去争夺学校。比如，谢霖也承认当时四川最有实力的邓锡侯最初"并非有意于斯校"。不过，对于学生发动学潮，以及向传义其后意欲接管学校，邓锡侯还是选择站在向传义一边。但邓锡侯也清楚，向传义虽然是四川地方实力派的一分子，但此时并不担任军职，只是一个政客，他的学识能力和经济实力都不足以办好这所大学。因此，向传义只能是一个过渡性角色。抗战胜利后，光华大学成都分部正式交由川人主办，向传义打算自己担任校长，但"川人群觉向不合宜，又有川人谓不能用武人为校长者，致未成事实"。② 因此，抗战胜利后向传义将学校交给邓锡侯。③ 其后，邓锡侯开始将学校当成个人产业，不愿他人染指。

---

① 汪伯轩：《陈立夫与战时中国高等教育》，第 170 页。

② 《谢霖关于成华大学学潮情形汇报及请本校布告并上报教育部请准成华借读学生另觅他校借读的函》，汤涛主编《朱经农校长与光华大学》，第 154 页。

③ 萧公权：《问学谏往录》，第 135 页。

比如 1947 年 9 月，三青团在校内发动学潮，试图排挤四川势力。邓锡侯称："他们不喜欢我们办大学嘛，这是意料中事。"[1] 从类似细节可知，邓锡侯等当然将这样一所学校当成"我们"的产业。

从光华到成华

光华大学成都分部校政易主后，谢霖、薛迪靖仍然留在学校，仍以普通校董的身份在学校发挥作用。其后便出现谢霖与向传义及地方势力之间继续博弈的情况。换言之，光华旧人和四川地方势力之间很难和睦相处。1943 年 12 月，向传义主张加聘更多四川人士加入校董会。谢霖分别致函在成都的原校董会成员，"声明校董无缺额，不能加聘"。[2] 谢霖反对加聘校董，显然是不希望向传义将更多的亲信安插至学校中，进而影响学校发展。

然而，光华大学成都分部易主之后，由于学校基本属于四川，更无法得到教育部的额外补助，经济再次陷入困境。1944 年上半年，学校的亏损已经达到 80 余万元。7 月 21 日，因向传义筹措资金乏力，谢霖得以增补为常务校董。经过预算，由于通货膨胀，1944 年下年度学校将至少亏损 600 万元。向传义主张向社会筹募基金。谢霖则认为，光华拥有 19 年的历史，毕业校友近万人，需要校董会全面发动校友捐赠才算妥善，"不宜造次从事"。其语似仍有分清"你们"和"我们"之意，颇有不愿再借助四川力量建设学校之意。由于经费无着，向传义亦致信陈立夫请求辞职。陈立夫只允辞职，但让向传义保荐其他人继任，未提解决经费问题。[3] 由此，1944 年 12 月 9 日，校董会推举邓锡侯为学校董事长。[4] 不久，校董会议决，以 4000 万元为数额全面发动四川商界募捐，作为维持光华大学成都分部后续运作的"乙酉基金"。得益于邓锡侯的声望，至 1946 年，共计收到募捐国币 2609 万元，后续又募集到自流井盐商、

---

① 吕振修：《私立成华大学创办及发生学潮的回忆》，政协成都市委员会文史资料委员会编《成都文史资料》第 29 辑，成都出版社，1996，第 287 页。

② 《成都分部三十二年秋学潮之始终·摘录卅二年秋学潮文件》，《私立光华大学成都十年记》，第 40 页。

③ 《光华大学校董向传义请辞执行成都分部校务情形节略》（1944 年 8 月 12 日），《教育部档案》，档案号：五/5543/14。

④ 《成都分部十年大事记》，《私立光华大学成都十年记》，第 64 页。

成都金融界捐款 970 万元，皆成为学校后续的基金。① "乙酉基金"的筹募，可谓完全确立了以邓锡侯为首的四川地方势力掌管学校的正当性。

由于经费缺少，而且学校完全被四川地方势力掌控，谢霖亦力图在有限的经费使用上与向传义划清界限。1944 年，教育部补助光华大学沪校的经费只有 10 万元。谢霖为防止向传义截留，致函陈立夫声明蓉校已经易人，"向育仁校董主持对于沪地情形不甚明了"，补助经费请直接汇至谢霖个人处，由谢霖转交上海方面。② 1945 年 2 月，由于"经费困难"，向传义决定停办附属光华小学。光华小学由谢霖创办，是一所为挽救附近工农子弟免于失学的公益学校。谢霖认为，私立大学的精神在于服务社会，若停办公益小学，与其精神传统相悖。由此，私立光华小学从成都分部中脱离而出，费用由谢霖自行承担。③

1944 年末，朱家骅接替陈立夫担任教育部部长，朱经农被任命为教育部政务次长，光华大学诸人颇有拨云见日之感。不料，1945 年 7 月 15 日，张寿镛未及目睹抗战胜利而在沪辞世，全校震动。9 月初，山河重光，光华大学校友在渝举行追悼会，谢霖前往参加，并与校友决定重组校董会。9 月 12 日，会议议决：（1）取消在上海设置的诚正文学社、格致理商学社；（2）聘请前副校长、现任教育部政务次长朱经农担任校长；（3）按照教育部要求，大学在非战时不可设置分校，对光华大学成都分部的归属提出"交川省人士接办"和"并入国立四川大学"两种办法；（4）呈请国民政府褒扬张寿镛。④ 9 月 17 日，光华大学校董翁文灏、徐堪、邓汉祥、颜任光、朱经农、缪秋杰、陈光甫、谢霖、徐可嫖联名上书教育部，议决成都分部改由川省接办，另组校董会，更名为"私立成都光华大学"。10 月 11 日，光华校方在重庆再次召开校董会，当场向朱经农颁发聘书，决定解散旧校董会，推王费佩翠（原董事长王省三妻）、许秋帆（建校发起人，原董事）、赵晋卿（建校发起人，原董事）、钱永铭（建校发起人，原董事）、翁文灏（原董事）、朱经农（原副校

---

①　《乙酉基金之募集与用途》，《私立光华大学成都十年记》，第 40 页。

②　《谢霖致陈立夫函》（1944 年 7 月 3 日），《教育部档案》，档案号：五/41032/210。

③　《附属小学之改组独立》，《私立光华大学成都十年记》，第 56 页。

④　《私立光华大学校董会记录（抄本）》（1945 年 9 月 12 日），《光华大学档案》，档案号：K82/1/47/22—37。

长）、颜任光（原副校长）、廖世承（原副校长）、朱公谨（原副校长）、谢霖（原副校长）、徐可燡（光华校友）、张星联（张寿镛之子）以及康宝志、邓汉祥两位与谢霖交好的川人担任校董，并聘请朱家骅为名誉校董，翁文灏为董事长。光华诸人开始在重庆、成都两地募集基金，以5000万元为目标，谋求上海复校。① 光华大学成都分部暂时以向传义为主任，报教育部备案。10 月 30 日，四川地方势力正式决定接办学校。新校以邓锡侯、刘文辉为正副董事长，由邓锡侯、刘文辉、向传义、李肇甫、康宝志五人组成常务董事会，正式确定校名为"私立成华大学"。②

对于更名，学生可谓彻底反对。他们认为学校"设立业经八载，备历艰辛，际此日寇投诚，河山光复，全体同学方庆复校有日，不意校董会将学校赠予地方人士接办，兹事体大，与学业有关"，随即学生罢课并组织请愿团，推选 40 余人去重庆教育部请愿。③ 显然，学生更看好上海光华大学的招牌，不信任地方人士的治校水平，拒绝承认成华大学。经教育部次长杭立武来蓉协调，与邓锡侯商定，成都分部现有学生可自由择校。统计结果，有 36 人愿意赴上海光华大学肄业，79 人愿作为成华大学正式学生，1035 人在成华大学借读，仍颁发上海光华大学毕业证书。

光华大学成都分部的土地、校舍、仪器、图书等全部校产，战后估价 1.5 亿元，全部"赠予"私立成华大学。随后，私立成华大学正副董事长邓锡侯、刘文辉致函光华大学校董会，对光华在川办学的义举表示感谢："贵校在川所设分部，有贵会暨张故校长寿镛先生主持于前，谢霖副校长实行入川创办于后，在此抗战八年之中，不特有益于战区避难学子，且于后方青年，造就亦至宏大，证以八年内毕业之大中两部学生一千四百余人之中，川籍学生，约占十分之六，而目下在校之大中学生一千九百余人之中，川籍学生，又约占十分之九，足见斯校关于川省高等教育，颇为重大，曷胜钦感。现在贵会既已议决移由川省地方人士接办，同人等为国家造才，为桑梓兴学，理应接受，并应逐渐扩充，成为川中一个完全大学，作为永久纪念；等语，旋即另设校董会，遵照教育部示，

---

① 《成都分部十二年大事记》，《私立光华大学分设成都始末记》，第 61—62 页。
② 《校董题名》，成华大学编《私立成华大学学生须知》，1946，第 7 页。
③ 《成都光华学生反对更名成华大学，推选代表向教部请愿》，《申报》1945 年 12 月 18 日，第 4 版。

更名改组，议定改称'私立成华大学'。所有贵校成都分部全部校产，双方会同估价国币一亿五千万元，祗领使用，以三十五年二月一日为接办之期，荷承贵会同意，现在交接期届，所有惠赐校产，已由贵会代表，与敝会常务校董，全部交接完毕。敝校即于二月一日成立，嗣后仍当萧规曹随，与贵校分立于扬子江上下游，成为兄弟学校，效力邦国，还祈赐教，以匡不逮。"① 从此，光华大学成都分部正式成为历史。

小　结

抗战爆发后，各大学纷纷迁移内地。国立大学的办学经费由教育部拨发，基本无须依靠地方社会。抗战胜利后，这些国立大学大多整体复员，并未留在大后方。私立复旦、大夏两所大学，向来与政府关系密切，或接近教育部部长陈立夫，最终或改为国立大学，或有实力与陈立夫博弈，得以从教育部获得高额补助。这两所私立大学也不必逢迎地方势力，抗战胜利后整体回到上海。而光华大学与教育部关系疏远，在内地亦缺乏资源，只能委托谢霖筹备成都分部，至于建校所需的土地和资金多依靠四川地方势力。此种情况决定光华大学成都分部自始至终都和地方社会密切相关。相对于四川地方社会，以谢霖为代表的光华大学成都分部校政当局权势较弱。

抗战时期，国民政府教育部一直试图与地方势力争夺教育资源，将地方大学收归国立，并积极安插 CC 系势力入校。四川地方势力省籍意识颇强，对他们而言，办大学既能培养"子弟兵"，又能在文化竞争上不落后于人。四川地方势力无力正面抵抗中央侵夺地方教育资源，也希望掌握其他教育资源。若能完全掌握光华这样一所颇有规模、声望和影响的大学，既可以成为某种象征性的文化资本，亦可以视为"川人治川"在教育领域的某种实现。不过，所谓四川地方势力并非铁板一块。光华大学成都分部是在刘湘的大力支持下建立，在刘湘、王瓒绪等主政四川时期，光华大学成都分部与省政府的关系良好。然而，随着抗战中期刘湘系在四川的失势，四川省政府被中央控制，光华大学在四川地方

---

① 《抄录私立成华大学来函》，《私立光华大学成都十年记》，第 41—42 页。

从此失去依靠。四川军阀邓锡侯、向传义等以学潮为契机，逐步介入校政，轻易实现了对光华大学成都分部的实质性掌控。由此可知，光华大学成都分部在四川的命运，实际与四川政局变动产生了吊诡的关联。

光华大学成都分部校政的易手与国民政府教育部的忽视和漠视也有重要关系。光华大学依附朱家骅，导致陈立夫对光华大学缺乏好感，对学校一直消极资助或不予资助。然而，光华大学与朱家骅也并非互惠关系，而是单方面的依附。对掌握权力和资源众多的朱家骅而言，光华大学实际近似于一种可有可无的存在。至于光华大学成都分部则缺乏一个稳定有力的行政班底。校长张寿镛远在上海，无法真正掌握学校的动向。谢霖作为成都分部的主事者，身兼多职，非但不能团结同人，甚至形同孤家寡人，导致成都分部始终没有形成坚实的行政班底。所以，当学校遭遇危机时，谢霖作为主事者，竟然马上失去对局面的控制，完全由其他人掌控了学校的命运。

光华大学"赠送校产"，当然符合当年张寿镛"永久留川"的美意。但即使真正"永久留川"，实际初衷在于光华上海、成都两校并存，并未言明是将校产、经费归属全部赠予川人接办，成为另外一所学校。至少光华大学当局在处置方面应该占有很大的主动权。然而，从结果来看，校史资料上看似慷慨的所谓"赠送校产"，却是早已被川籍地方势力夺取的"仓皇辞庙"。光华最终"永久留川"，并非出于慷慨支援四川教育的"深厚友谊"，而是一种难以明言、无可奈何的被迫之举。其中微妙，只有深入挖掘史料、破译档案中深藏的密码才可洞悉。

当然，教育的宗旨在于造福社会，只要发挥教书育人的作用便已达到目的。面对光华大学的变故，张寿镛的评价非常达观："教育事业，学问为先，吾辈自觉已尽能事，学生确有所得，即告无罪于天下，况战争未息，人民尚在流离颠沛之中，对于流亡学校，尚能求全责备乎？"① 话虽如此，但光华大学成都分部作为抗战时期上海内迁高校中唯一留在大后方的学校，校方的多年经营最终"为人作嫁"，重新回到"白手起家"的状态，增加了抗战胜利后光华大学在上海复校的难度。

① 《成都分部三十二年秋学潮之始终·摘录卅二年秋学潮文件》，《私立光华大学成都十年记》，第 32 页。

第七章　内战阴云之下：光华大学的
复校与危机

抗战胜利后，光华大学在上海复校，由朱经农担任校长，翁文灏为董事长。朱经农从国民政府教育部次长任上辞职，担任私立光华大学校长，说明其在山河重光后，有心实现光华大学的重新振兴。翁文灏作为行政院副院长、院长，成为光华大学在国民政府内的最大依靠。光华大学利用翁文灏的政治地位和朱经农的社会关系向工商界筹款，保障了学校在复校初期的顺利运行。然而，由于光华大学失去了成都分部，抗战时期各种争取资源的努力都付诸东流，在上海复校近似于"白手起家"，基础异常空虚。加之复校后身处国共内战的背景之下，中国的经济、社会濒临崩溃，要办好私立大学更是举步维艰，阻力重重。其后又面临江山鼎革之局，私立大学在大时代中如何自处，也颇为考验校政当局。

本章主要研究 1946—1949 年光华大学的相关史事，探讨的具体内容主要有：抗战胜利后，光华大学如何利用政治要人调动各方面的资源，以促进学校的恢复？重建之后的光华大学，自身在发展上存在哪些危机？朱经农作为光华大学校长，为什么无法解决这些危机，以辞职告终？随着国共内战即将尘埃落定，光华大学将何去何从？

第一节　艰难的重建：复员上海与困顿的继续

复员与重组

抗战胜利后，教育部要求战时内迁大后方的各校仍在原地上课，待政府部署迁校方案后，于 1946 年 5 月起全面启动复员工作。[①] 光华大学成都分部由于 1943 年秋爆发学潮，最终"永久留川"，所有仪器、设备、

---

① 贺金林：《抗战胜利后国民政府教育复员研究》，社会科学文献出版社，2010，第 53 页。

图书悉数归川人所有，其后改名为成华大学。绝大多数学生亦选择留川，借读于成华大学，毕业领光华大学文凭。因此，光华大学的复员工作相对于他校而言十分简单，并无仪器设备、图书资料的搬运，主要是部分教职工自行回迁。对于内迁大学复员工作，教育部仍旧继续奉行国立大学与私立大学双重标准、不同对待的政策。教育部规定，国立大学的复员由教育部拨给经费，私立大学则由各校董会自筹经费进行复员，政府不予资助。不过，虽然教育部声明对私立大学复员不予补助，但光华大学还是通过内部关系获得大量支持和补助。

此时，新任光华大学校长朱经农尚担任教育部政务次长，此种关系改变了抗战时期光华大学受教育部歧视的情况。1946 年 5 月 15 日，教育部拨给光华大学复员费 1.5 亿元，由国库直接拨给上海本校用于复校，其中的 2700 万元用于成都分部，作为继续在成华大学借读的 1035 名光华学生的津贴。这 1.5 亿元相当于光华大学因"永久留川"而损失的校产，数额巨大，对学校而言可谓雪中送炭。1946 年 6 月，谢霖又通过教育部常务次长杭立武得到美国援华联合会的 2700 万元资助，专门用于教职工回迁。谢霖将这笔资金分赠 61 位成都分部及附中外省籍教职员，其中正教授每人分配 48.6 万元，副教授每人分配 46.1 万元，大学讲师与中学教员每人分配 43.7 万元，一般职员每人分得 38.8 万元。[1] 同一时期，从贵州赤水复员的大夏大学由于未得教育部补助，仅能分配给教职工每人 10 万元复员经费。[2] 光华大学与大夏大学在教育部的地位转换，无疑与国民党元老、大夏大学校长王伯群逝世，以及 1944 年末教育部主事者从陈立夫换为朱家骅有关。光华大学拥有较为充足的复员经费，保障了教职工复员的顺利进行。不过，由于光华大学成都分部已被四川地方势力接管改组为成华大学，复员工作并无欢送仪式，更无西南联合大学、大夏大学等校树碑纪念之举，境况颇为惨淡。

与此同时，光华大学上海方面早已积极准备复校。1945 年 8 月 19 日，日本投降的第四天，光华校方即考虑在上海复校。当日，光华大学留沪教职工在上海愚园路张寿镛故宅召开校务委员会，到场者有朱公谨、

① 《成都分部十年大事记》，《私立光华大学成都十年记》，第 67 页。
② 娄岙菲主编《大夏大学编年事辑》（下），第 642 页。

容启兆、罗孝威、陈楚善、蒋维乔、唐庆增、薛迪符、张星联、张芝联等人，决定推举陈楚善、薛迪符、张芝联为清理校产委员会委员，即日取消抗战时期光华大学化整为零的两个机构——诚正文学社、格致理商学社建制，恢复光华大学名义，继续借三马路证券大楼八楼办学。① 21日，校务委员会继续开会，讨论决定大学与附中的主要职员，并登报宣布复校，正式对外招生。② 由于证券大楼拥挤，首批招收的学生人数不多，计大学部350人，中学部280人。"山河重光"，精神面貌也不同以往。正如蒋维乔记录道："光华自复校后，气象不同，此番招考来学颇多。"③

复员后的光华大学，遵照张寿镛的遗愿，继续采取抗战时期依附政界要人以扶助学校发展的策略。张寿镛临终时，希望翁文灏、朱经农两人扶助光华大学。时任行政院副院长的翁文灏遵从其遗愿，允诺担任光华大学董事长。据翁文灏自述，他之所以接受董事长的职务，系因感动于张寿镛将20年的心血都奉献给教育事业，未及目睹抗战胜利便溘然长逝，教育理想未能实现，而张寿镛的遗志是复兴光华，他决心帮助张寿镛实现这个遗愿。④ 翁文灏履职后对光华大学校务颇尽心力，给光华大学提供了诸多实质性帮助。

首先，翁文灏继续联合朱家骅，并为光华大学争取校舍。

抗战胜利后，已经担任教育部部长的朱家骅致函光华大学校董会，要求卸任校董。翁文灏随即于1945年12月致信朱家骅表示挽留："光华创立至今已历廿载，向承俯任校董，鼎力维护，正深公感，值兹胜利届临，复校工作极为繁重，端赖耆硕俊彦同力扶植。吾兄培育学子夙具热忱，对于光华尤爱护修正，仍祈垂念该校缔造艰难，惠予协助，时赐指导，则光华前途实深利赖。"⑤ 目前在朱家骅档案中并未看到其如何回复翁文灏的挽留。不过，按照一般原则，教育部行政长官不宜担任私立大学校董，翁文灏的挽留或许并未成功。然而，朱家骅卸任校董不代表不

①　《蒋维乔日记》第25册，第165页。
②　《蒋维乔日记》第25册，第168页。
③　《蒋维乔日记》第25册，第180页。
④　翁文灏：《中华与光华》，《民主》第7期，1945年11月，第156页。
⑤　《翁文灏祈对光华惠予协助，时赐指导》（1945年12月28日），《朱家骅档案》，档案号：301/01/09/198/99—100。

能再起作用。由于光华大学与朱家骅的渊源，加之翁文灏从中沟通，光华大学仍然能够得到教育部的优待。

光华大学大西路校产在抗战初期被日军炸毁，所余火砖木石皆被附近乡民盗卖，仅剩三拱牌楼一座和断瓦残垣，根本无法使用。若全面修复大西路校园，需花费 25 亿元之巨。因此，翁文灏向教育部申请，划拨大西路 3 号德国学校和胶州路 601 号日本第三小学两处敌产给光华大学及附中使用。① 其后，翁文灏又会晤上海市教育局局长顾毓琇、副局长李熙谋、教育部京沪特派员兼华东五省教育辅导委员会主任委员蒋复璁三人，大致获得默许，而且蒋复璁透露，有欧阳路 221 号、222 号前日本高级女子中学和女子商业学校毗邻，更适合办学。② 不过，朱家骅告知，敌产处理由中央统筹，未便由教育部直接拨给校舍。③ 其后，翁文灏与负责处理上海敌产的僚属彭学沛沟通，光华大学顺利获得欧阳路 222 号前日本女子商业学校作为临时校舍。不过，该校产已经被军医署第五战俘医院占用，主事者林可胜仅同意拨一间办公室给光华临时办公用。1946 年 1 月，教育部明令光华正式接管校舍，战俘医院仍借故不迁，经上海市教育局协助才迁入一部分。5 月，张芝联进京面见翁文灏，请求设法解决。翁文灏与教育部、敌伪产业处理局等各方沟通，获得意外收获，原本计划拨给上海市立务本女中的欧阳路 221 号改拨给光华大学作为永久校舍，欧阳路 222 号暂借光华附中作为临时校舍。1946 年 7 月，军医署第五战俘医院正式移交校产。④ 两处校产共有教室 80 余间，基本解决了光华校舍紧缺难题。⑤ 当然，人事关系是一方面，在行政事务上亦要公事公办。私立大学系相对于国家的私法人，理论上讲校产归属校董会，国家原则上不能将公产送给私立大学。按照战后政府处理敌产的规则，只有使用者出一笔钱将敌产买下，方算真正获得产权，否则只能

---

① 《翁文灏致朱家骅函》（1945 年 10 月 5 日），《光华大学档案》，档案号：K82/2/320/5—6。

② 《关于请拨敌产校舍事及请辞校长一职致朱公谨的函》，汤涛主编《朱经农校长与光华大学》，第 45 页。

③ 《教育部关于所请指拨校舍各节目前未便办理的指令》，汤涛主编《朱经农校长与光华大学》，第 44 页。

④ 汪译来：《接收本校校舍之回顾》，《光华附中简讯》第 1 期，1947 年 5 月，第 4—5 页。

⑤ 《教育部拨给校舍两所》，《光华通讯》第 1 期，1946 年 5 月，第 1 页。

算是租借。光华作为私立大学，无力支付这一笔资金，复请 1929 级政治系校友沈昌焕（时任蒋介石侍从室英文秘书）与敌伪产业处理局商洽，对方同意光华大学长期使用，但每年仍须支付一定租金。①

其次，翁文灏不惜以行政院副院长的身份亲自为光华筹款。

1946 年 3 月，翁文灏在重庆组织了光华大学复兴基金筹募委员会，亲任主任委员，拟请钱永铭（重庆主持）、杜月笙（上海主持）、谢霖（成都主持）、徐寄顾、李祖永、何德奎、朱经农、廖世承、朱公谨、薛迪符、张星联、张悦联、陈亮东、李祖敏、杨管北、沈振夏为委员，以张星联为总干事，并各发聘书。② 4 月 4 日，翁文灏在上海小沙渡路张悦联（翁文灏女婿）寓所召集各在沪委员以及上海各界领袖举行光华复兴茶话会，出席者有何德奎（上海市副市长、光华大学前商科主任）、顾毓琇（上海市教育局局长）、徐寄顾（上海市参议会议长、光华校董），以及刘鸿生、唐星海、郭棣活、梅兰芳等实业、文化界人士 50 余人。翁文灏在席间发言，希望各界人士共同支持光华的发展。会议议决，各界分别推选主任委员一人，负责向各同业公会劝募光华复兴基金，目标定为 5 亿元。③ 由于杜月笙并未到会，翁文灏希望他能够说服光华大学租借的证券大楼业主免收租赁迁移等费用，遂亲自写信给杜月笙称："月笙吾兄足下：光华大学自敌寇侵沪，仓卒移至证券大楼八楼，俾弦歌不辍，惟房屋不敷应用，不得已乃分隔板壁约十余间并增建筑九楼。明知处境不宜教育，然亦权时之计耳，今山河重光，光华正在积极恢复原有范围，自不能久居于斯，为学校发展计，灏坚主迁离证券大楼，另觅校舍以期改换环境，兹已觅得适当房屋，拟作迁计。惟租赁迁移以及修理诸费为数约需四五千万元，一时无从筹措，倘蒙证券大楼业主捐助复校基金以充迁之用，自可即行迁出，将现租之八楼及增筑之九楼全部归还证券大楼，业主斯两美之事，素仰台端热心教育，于本校复校尤具热忱，用敢

① 芝联：《答校友问》，《光华通讯》第 3 期，1947 年 6 月，第 3 页。
② 《私立光华大学复兴基金筹募委员会》（1946 年 3 月 2 日），《光华大学档案》，档案号：K82/2/317/10。
③ 《翁董事长招待各界领袖，基金募集前途乐观》，《光华通讯》第 1 期，1946 年 5 月，第 1 页。

函商，倘荷鼎力玉成，不胜感祷，专此，即请大安。弟翁文灏鞠躬。"①

1946 年 4 月 22 日，光华大学同学会在八仙桥青年会宴请翁文灏以表示感谢。翁文灏在会上做了《中华与光华》的演讲，认为光华的复兴应该与中华的复兴同步。他再次强调，深受张寿镛的精神感召，愿意帮助光华校友实现复兴光华。得益于翁文灏的号召力，光华大学确实募集到不少资金。目前并无战后光华募捐的全面统计数字，只能用零散的资料加以拼凑，部分接近真实情况。目前所知，到 1946 年 6 月，各界人士从各大工厂、银行、钱庄募集资金达 1696.8 万元。② 1946 年 9 月，上海第六区棉纺织工业同业公会唐星海受翁文灏委托，向企业家奚玉书募款 5000 万元，奚玉书先拨款 2000 万元。③ 不过，由于开学在即，用款孔急，翁文灏又致函奚玉书，请其"将余款三千万元惠掷以应急需"。④ 由此说明，翁文灏对光华的筹款活动的确尽心竭力。

不过，从翁文灏以行政院副院长之尊动员工商界人士为私立大学捐助一事，可见其中的吊诡之处。私立大学系私人或社会团体办理，主要为工商界培养人才，按理来讲应该具有深厚的社会基础。然而，工商界对捐助教育并不积极，一定要在党政要人的干预和动员下，才援助私立大学。工商界对私立大学施以援手，首先考虑的是维护与大学背后党政要人的关系，而与私立大学本身无关。由此更能确认，近代中国私立大学虽然名为私立，但依靠的基础实际并不是社会工商界，而是国家和政府。

另一个重要人物是朱经农。1944 年末朱家骅担任教育部部长后，朱经农成为教育部政务次长，从渊源上属于朱家骅系。张寿镛去世时，曾有遗愿将建校初期的首任副校长朱经农作为大学校长的第一人选。朱经农当即退还聘书，并提出四点理由："（一）校址未定，校舍未建，在沪上复校问题尚多，有非经农能力所能解决者；（二）物价动荡，法币贬

---

① 《翁董事长致杜校董月笙》（1946 年 4 月 24 日），《光华大学档案》，档案号：K82/2/317/23—24。
② 《光华大学暨附中复兴基金捐款报告》，《光华通讯》第 2 期，1946 年 6 月，第 7—8 页。
③ 《唐星海请尽先提付光华大学捐款由》（1946 年 9 月 27 日），上海市档案馆藏，《上海市棉纺织工业同业公会档案》，档案号：S30/1/344/76。
④ 《光华大学董事长翁文灏函为需款孔亟恳将余款三千万惠掷以应急需由》（1946 年 10 月 5 日），《上海市棉纺织工业同业公会档案》，档案号：S30/1/344/79。

值……经农对光华经济状况太不明了，自觉全无把握；（三）私立大学校长有一必须具备之条件，即自身生活问题，不致累及学校，且有能力为学校筹款。经农经济能力去此太远，实不宜担任私立大学校长；（四）法令规定，大学校长不准兼职。经农若辞现职，则衣食住行，事事发生问题。未为学校服务，即增学校重累，于公于私，均有妨碍，实不相宜。"① 此时恰逢上海商务印书馆总经理王云五辞职，其向商务印书馆董事会推荐朱经农来沪主持商务印书馆。朱经农多方考虑，在教育部次长和光华大学校长、商务印书馆总经理兼总编辑之间，选择了后者。教育部次长与商务印书馆总经理兼总编辑、私立大学校长之间的政治地位差距明显，朱经农的选择，看似不可理解。对此，朱经农有自己的考虑。当时《中央日报》记者采访朱经农，朱经农认为，自己从事教育行政工作20年，阅览晚清民国时期的教育档案，深感教育部人事更动频繁，大多数人已被后世忘记，很多教育行政兴革，最后也成为历史陈迹，无人关注。由此，他希望脱离行政界，转而从事著述及教育工作，以期能将教育思想留诸后世。② 无疑，在"宦名"和"诗名"之间，朱经农选择了后者。实际上，更重要的原因是，此时朱经农已经年近六旬，在国民政府成立初期便代理过教育部次长，宦海沉浮多年仍然原地踏步，终有一日将退出官场，那么教育界和出版界无疑是晚年较为理想的安身立命之所。其担任商务印书馆总经理兼总编辑，薪酬和待遇绝非教育部政务次长的固定薪俸可比。这些因素都对朱经农晚年的事业选择有影响。最终，朱经农接受了聘书。

不过，朱经农的教育部职务一时间无法脱离，校务只能由朱公谨暂代。朱经农在教育部任上，则积极为光华大学争取利益。他曾协助翁文灏向顾毓琇、李熙谋、蒋复璁等争取欧阳路的校舍分配。③ 朱经农在任上还努力帮助光华大学扩大办学规模，增加院系。当时，光华大学校方希望将文学院改为文法学院，或建立独立的法学院，将理学院改为理工

---

① 《关于请校董复议校长人选的函》，汤涛主编《朱经农校长与光华大学》，第225页。

② 《教育部两次长易人，政次杭立武常次田培林，朱经农已赴沪就职商务》，《中央日报》1946年10月16日，第5版。

③ 《朱经农致顾一樵、振吾、慰堂函》（1945年12月），《光华大学档案》，档案号：K82/2/320/7—8。

学院，朱经农认为上述要求不难办到，可通过正常手续报部，由他积极协调。不过，朱经农颇为担心光华大学尚无建立工科的基础，希望校方与翁文灏协商，从经济部接收的小型工厂中选择一座拨给光华大学。[①] 当然，这只是朱经农一厢情愿的美好畅想。

1946 年 1 月 23 日，朱经农利用假期由渝飞沪，在张寿镛故宅觉园接受光华大学校务委员会的宴请。[②] 在此期间，朱经农又会见历届校友。据记载："次又个别召见历届毕业生，详询一切，对于学业与职业，多所指导。昔年我校创立，朱校长与张故校长同任其艰巨；今日弃官办学，视全校师生如同家人，又正与张故校长之精神一贯相承。"[③] 蒋维乔在日记中还记录道："今日朱经农君邀集光华各院长及系主任商讨本学期充实各科及募集经费、揽聘有名教授各节。"[④] 1946 年 6 月，朱经农又短暂回沪，在觉园邀集朱公谨、容启兆、蒋维乔、薛迪符、张星联等商议光华大学下学期事务。[⑤] 1946 年 9 月 27 日，朱经农才正式到校视事。与此同时，廖世承交卸国立师范学院院长职务，于 1947 年秋从湖南回到上海，担任光华大学副校长并重掌附中。

重建后的校政兴革与困境

光华大学重建后，开始进行大幅度的兴革。

在校园设施方面，校政当局积极修复校舍。欧阳路新校址作为伤兵医院，校舍受损严重，基础设施所剩无几。光华迁入后，对旧址加以修复，修建男生临时宿舍 2 座，教职员住宅 1 座，并增加食堂、盥洗室、校门等设施，所费资金高达 2 亿元。[⑥] 大学作为研究高深学问之机关，不可无图书馆。八一三事变之后，光华大西路校舍惨遭焚毁，图书资料虽大半得以抢救，却因战时混乱损失甚重。复员以后，图书馆主任郭心晖

① 《关于院系改组呈部事宜致朱公谨等的函》，汤涛主编《朱经农校长与光华大学》，第50 页。

② 《蒋维乔日记》第 25 册，第 320 页。

③ 姚璋：《本校简史》，《光华大学廿二周六三纪念特刊》，光华大学，1947，第 6 页。

④ 《蒋维乔日记》第 25 册，第 325 页。

⑤ 《蒋维乔日记》第 25 册，第 456 页。

⑥ 朱经农：《复员后之光华》，《光华大学廿二周六三纪念特刊》，第 1 页。

竭力整顿，占用教室三间，收藏中西图书 2 万余册，可容 150 人阅览。[①]
1947 年，校董李祖永捐献美金储蓄券 2 万元，为光华大学建立了一座高
标准的图书馆，定名为"清永图书馆"，从此解决了建校以来缺乏图书
馆的难题。不过，光华大学的欧阳路校舍虽然能够满足基本的办学要求，
但由于其校舍基础是中学，用于办理大学只能是"螺蛳壳里做道场"，
空间十分局促。相对于丽娃河畔的大夏大学，光华大学的办学条件和办
学环境可谓简陋。

在院系建制方面，光华大学开始谋求理工科的发展。复校不久，校
方呈请教育部设立电机、机械、化工、数理、生物五系。不过，教育部
虽然在划拨房舍等方面有所照顾，在院系设置方面却并未完全通融。部
长朱家骅认为，光华大学刚刚复校，理工科实验设备并不完善，只准恢
复数理、生物二系，机械、电机、化工三系暂不准开设，已招收学生须
转入其他私立大学（其中有 16 人拟转入大同大学，经大同审查，仅有 7
人符合转学标准）。[②] 由此，光华大学理学院只有数理、生物、化学三
系。[③] 不久，光华大学又重建土木工程系。[④] 在文科方面，除了继续保有
过去的文科院系阵容，主要添设法律系。[⑤] 其后，申请增设法学院，未
获教育部批准。[⑥] 社会系一般只有著名国立大学和教会大学开设，光华
大学开设社会系，在当时国人自办私立大学中比较少见。[⑦] 总之，到 1947
年春季学期，光华大学共有三院（文学院、理学院、商学院）十五系（中
文系、外文系、教育系、历史系、政治系、法律系、社会系、生物系、数
理系、化学系、土木工程系、经济系、会计系、银行系、工商管理系），
学生 949 人，在私立大学中规模居于中等。[⑧] 不过，由于光华大学战后复
校实际相当于新建，各院系规模虽具，发展多不充分。1947 年春季，光

---

① 《校闻摘要：图书馆粗模具》，《光华大学廿二周六三纪念特刊》，第 28 页。
② 《私立光华大学充实理学院》，《教育通讯》复刊第 1 卷第 11 期，1946 年 8 月，第 21 页。
③ 姚舜钦：《一年来的回顾与前瞻》，《光华通讯》第 3 期，1948 年 6 月，第 2—3 页。
④ 娄岙菲主编《大夏大学编年事辑》（下），第 304 页。
⑤ 《法律系概况》，《光华大学廿二周六三纪念特刊》，第 22 页。
⑥ 《关于呈请教育部允准设置法学院的报告》，汤涛主编《朱经农校长与光华大学》，第
    63—64 页。
⑦ 《社会系概况》，《光华大学廿二周六三纪念特刊》，第 23 页。
⑧ 《本校三十五年度第二学期教授一览表》，《光华大学廿二周六三纪念特刊》，第 16 页。

华大学社会系仅有"一年级学生若干人";① 历史系"仅有一年级学生，一切未能按照预定计划进行，所开学程亦仅为基本必修之课";② 外文系虽然有学生 50 余人，但"其中泰半为一年级新生，以是高级课程开班者寥寥";③ 数理系"仅一年级一级，选读学生亦不及二十人"。④

重建的光华大学在聘请教师方面也遭遇困难，尤其是聘请专任教师方面。抗战胜利后，国民政府教育部规定，大学教授只准在一校专任，在其他学校任职只能算兼任。⑤ 因此，一般学者多选择专任国立大学，将私立大学的教职作为兼任。1946 年 6 月，朱经农亲自登门拜访叶圣陶，请其来光华任教，并希望拉周予同、施蛰存来校任教，请后者担任中文系主任。不过，此时叶圣陶已经不愿担任大学教师，遂辞却。7 月，施蛰存决定接受国立暨南大学的聘书，婉拒了朱经农的聘请，原因是暨南大学可以提供给他两个房间，解决他的居住问题。⑥ 此时的私立大学聘请名师，一般靠情面和历史渊源。同月，蒋维乔受朱经农委托，访问抗战前担任光华大学政治系主任的耿淡如，请求其辞去复旦大学政治系主任，专任光华。⑦ 耿淡如颇念旧情，同意辞去复旦大学政治系主任职务，专任光华的政治系主任，并很快与之接洽，准备下学期排课事宜。⑧ 吕思勉在光华任教十余年，以光华教职为专任，复旦教职为兼任。然而，这仍不能改变光华大学兼任教师过多的现实。1947 年春季，全校共有教授、副教授、讲师 85 人，其中兼任教师 57 人，兼任比例高达 67%。⑨ 由此可知，相对于国立大学，硬件设施和待遇始终是私立大学的软肋。私立大学没有"大楼"，便难有"大师"，缺乏好的办学条件，非但难以选聘到名师，连选聘到专任教师都是难事。

---

① 《社会系概况》，《光华大学廿二周六三纪念特刊》，第 23 页。

② 吕思勉：《历史系概况》，《光华大学廿二周六三纪念特刊》第 22 页。

③ 周煦良：《外国语文系概况》，《光华大学廿二周六三纪念特刊》第 20 页。

④ 朱公谨：《数理系概况》，《光华大学廿二周六三纪念特刊》第 25 页。

⑤ 《教育部训令：令国立暨南大学》，《国立暨南大学校刊》复刊第 4 期，1947 年 12 月，第 3 页。

⑥ 刘凌、刘效礼编《施蛰存全集》第 2 卷，华东师范大学出版社，2011，第 368 页。

⑦ 《蒋维乔日记》第 25 册，第 466 页。

⑧ 《蒋维乔日记》第 25 册，第 467 页。

⑨ 《本校三十五年度第二学期教授一览表》，《光华大学廿二周六三纪念特刊》，第 16—30 页。此处统计不包含助教。

财政危机的持续

对战后的私立大学而言，经济问题仍是一种严重的困扰。1945 年秋
季开学，校方统计收支，预计该学期将短缺经费 100 万元以上。由此，
1945 年 10 月 11 日，光华大学校董会在重庆开会，决定增聘王晓籁、杜
月笙担任校董。① 杜月笙作为上海青洪帮的领袖，虽然地位颇高，势力
可达黑白两界，但实际被文化人歧视。抗战前，大夏大学聘请杜月笙为
校董，创校元老王裕凯悲愤写道："透顶悲观求董事，支持大夏靠流
氓。"② 不过，悲愤背后更多的是无奈，因为杜月笙这种社会闻人确实能
给私立大学带来物质资助。1930 年 8 月，杜月笙捐献给大夏大学 10 万
元。③ 杜月笙还担任复旦大学校董，1932 年捐助给复旦大学 2 万元建筑
费。④ 张寿镛与杜月笙并非没有渊源，抗战前作为上海地方社会精英，
两人经常一起参与地方事务。然而，张寿镛的办学思想中似乎有一底线，
那就是认为校董代表着学校的声望，不宜聘请"流氓"担任校董。其更
担忧聘请"流氓"担任校董后，便有可能将"流氓"的势力引入学校。
抗战胜利后迫于形势，此种传统被朱经农打破。朱经农不再顾忌所谓声
誉问题，只考虑实际的经济需要。

光华大学新聘的校董中，还有荣氏家族的荣尔仁。荣氏家族一直乐
于捐助教育，曾将丽娃河捐赠给大夏大学作为校河。⑤ 而荣氏家族与光
华大学并无渊源，反而子弟多是圣约翰校友，因此并未捐资光华。抗战
胜利后，荣氏家族人士肯担任光华大学校董，应当与董事长翁文灏在国
民政府的地位有关。光华校方聘荣尔仁为校董，从荣尔仁处募得 6 亿元，
指定建设男生宿舍一座，可容纳 400 人居住，命名为"德生堂"，以纪念
其父荣德生。为回报荣尔仁，1947 年 6 月 29 日，在光华大学 22 周年校
庆典礼上，由朱经农亲自授予荣尔仁光华大学法学荣誉博士学位。实际

---

① 《朱经农翁文灏钱永铭谢霖致杜月笙、王晓籁函》（1945 年 10 月 11 日），《光华大学档
　案》，档案号：K82/1/47/65。
② 参见倪文亚《大夏大学的诞生与复校》，《私立大夏大学》，台北，南京出版有限公司，
　1982，第 13 页。
③ 《校务概况：杜月笙慨捐巨款》，《大夏周报》第 7 卷第 1 号，1930 年 9 月，第 6 页。
④ 《教部褒奖捐资兴学人员》，《申报》1932 年 7 月 2 日，第 13 版。
⑤ 娄岙菲主编《大夏大学编年事辑》（上），第 143 页。

上，光华大学未设研究院，根本无权授予博士学位。光华大学为筹款授予资本家荣誉博士头衔，在上海各大学中非常少见，在当时被传为私立"野鸡大学"拼命巴结商人的笑谈。[①] 与荣尔仁同时被授予荣誉学位的尚有"上海小开"蔡显敏，他是沪上著名的新雅粤菜馆老板，曾是圣约翰大学离校的积极分子，就读于光华大学预科，但并未毕业。由于蔡显敏为母校捐赠了 3800 万元，光华校方补发给蔡显敏商学士学位。[②] 学位可以不经过读书补发，可见此时光华校方采取一种务实的策略。此种策略，朱经农曾在学校的教育问题座谈会上通过，那就是："大学学位可分部方给予之学位及校方给予之学位两种，前者须经国家之考试达到某种标准时始准给予学位，至校方给予之学位则可将标准极宽，或将校方之学位分为普通与荣誉两种，就考试标准之高低而定。"[③] 这实际意味着，光华大学依靠资本家，通过利益交换的方式换取他们的财力支持，成为一种确定的政策。1947 年 9 月，校方又向蔡显敏索捐 1000 万元。[④]

由于光华大学以翁文灏为董事长，1947 年以后的许多筹款函件，都是由光华校方草拟、加盖翁文灏钤印，以翁文灏名义发出，颇有"拉大旗扯虎皮"的意味。从光华档案中可知，1947 年 7 月 5 日，光华大学以翁文灏的名义致信四行二局联合办事总处，提出"本校毕业生为贵处服务不无劳绩"，请其下达所属各行局，募捐国币 2 亿元以兴建校舍。[⑤] 其后，中央银行捐款 5000 万元，足见翁文灏的信函具有一定力度。[⑥] 不过，以翁文灏名义的筹款活动也并非完全顺利。比如朱经农以翁文灏名义致函中国、交通两行，称中央银行已经捐款 5000 万元，请两行也给予捐助，各自捐款 1000 万元。[⑦] 但中国银行并未捐款，交通银行仅捐款 500

---

① 俞莱山：《张寿镛与上海的渊源》，《上海文史资料存稿汇编》（4），第 13 页。
② 《光华大学昨校庆，并举行廿二届毕业礼，赠给荣尔仁荣誉博士》，《申报》1947 年 6 月 30 日，第 5 版。
③ 《教育问题座谈会》（1947 年 10 月 17 日），《光华大学档案》，档案号：K82/1—49、67—68。
④ 《蔡显敏致沈延国函》（1947 年 9 月 2 日），《光华大学档案》，档案号：K82/2/318/7。
⑤ 《翁文灏致四行二局联合办事总处函》（1947 年 7 月 5 日），《光华大学档案》，档案号：K82/2/317/2。
⑥ 《中央银行承捐五千万具函请并致谢》（1947 年 9 月 15 日），《光华大学档案》，档案号：K82/2/315/1—2。
⑦ 《光华大学函谢中国银行捐助建筑费由》（1947 年 11 月 28 日），《光华大学档案》，档案号：K82/2/315/8—9。

万元。① 光华大学方面请求中国石油公司捐款，对方则表示："本公司创设伊始，向遵会令不准捐款，格于规章歉难应命。"② 这说明，并非所有的工商界人士都重视光华大学背后的政治背景，也有一些大企业选择不予理睬。

就中央政府的补助而言，此时朱家骅主政教育部，加之朱经农曾任教育部政务次长，光华大学基本不会再如陈立夫时期，受到教育部的歧视。目前无论从中国第二历史档案馆还是华东师范大学档案馆，都未看到此时教育部每年补助私立光华大学的具体数额，但从一些细节可知，光华可以从教育部获得一定补助。如张芝联叙述，1947 年下半年，教育部补助光华大学 5 亿元。不过，在国共内战时期，物价飞涨，军费开支庞大，国立大学尚且陷入严重贫困，私立大学更不例外。1947 年下半年，光华大学亏损 4 亿多元。由于中央政府财政吃紧，1948 年上半年，教育部对光华的补助缩减到 3 亿元。因此，这一时段，光华大学的亏损将有 10 余亿元。③ 亏损严重，便自然导致教职员待遇极低。1948 年 7月，光华大学校董会开会，从记录中可知，专任教授月薪由 1000 万元增至 2000 万元，但尚不及国立大学的 1/3。该学期，学校收支相抵不敷共计 36 亿元。④

朱经农由于曾担任教育部次长，似乎知晓中央教育经费原本短少不易增加，也曾考虑向其他方面申请援助。当时，校方常以资助清寒学生的名义，向上海市政府申请助学金。如 1947 年 10 月，光华大学有 259 名学生获得助学金。甚至，朱经农一度希望向美国方面争取贷款。1947 年 10 月，美国原驻苏大使蒲立特访问中国以后，在《生活》杂志发表了万言访华报告。他在报告中主要讲了如何反苏防苏的问题，认为目前对美国而言，苏联是最大的威胁势力，其意欲支持中共夺取政权，将中国变成附庸，他建议美国政府对国民政府进行全盘援助，

---

① 《承交通银行再增捐五百万元函复致谢》（1947 年 12 月 2 日），《光华大学档案》，档案号：K82/2/315/21—23。

② 《中国石油公司函复确认建筑费遵会令不准捐款格于规章歉难应命由》（1947 年 10 月16 日），《光华大学档案》，档案号：K82/2/315/15—16。

③ 芝联：《答校友问》，《光华通讯》第 3 期，1948 年 6 月，第 3 页。

④ 《光华大学复校后第二次校董会议》（1948 年 7 月 20 日），《光华大学档案》，档案号：K82/2/7/16。

给予军事支持和贷款。这个援华报告被光华大学校友、《观察》周刊主编储安平批判为"偏私的不健康的"报告，中间知识分子亦对此大加挞伐。① 然而，教育界却非常重视美国的动向。朱经农当即发表谈话认为，如果私立大学真正可以向美国申请教育贷款，便能订购大量仪器，聘请一流师资来校任教，必将极大促进中国的教育事业。② 不过，此法案并未真正实施，朱经农的期盼由此落空。

当时，尽管有商人李祖永捐献图书馆一座，就基础设施而言，还有女生宿舍、教职员宿舍、体育馆、饭厅、大礼堂等需要建设。由此，光华方面将筹款的目标转向校友。1947 年 5 月，翁文灏、朱经农、廖世承联名邀请光华各级校友在南京路新雅粤菜馆聚餐，拟筹募校舍建设经费 10 亿元，由董事会和同学会各筹募 4 亿元，在校同学筹募 2 亿元。当时，校友张星联、薛迪靖等 9 人各认募捐 1000 万元，詹文浒、陆寿长、薛迪符等人各认募捐 500 万元。③ 6 月，谢霖率成都校友捐助母校基金 1000 万元。9 月，光华旅台校友主持的台糖公司捐助 1000 万元。④ 同时，光华方面还经常动员学生为学校捐款。据现有资料可知，1947 年 2 月，光华大学助学委员会从学生处募得捐款 700 余万元。⑤ 类似此种情况当不少见。

在光华大学陷入经济困境的同时，有关方面仍未忘记向光华大学方面索要欧阳路校舍使用费。不过，在光华方面巧妙应对下，以较小的代价真正获得了校舍产权。1948 年 7 月，中央信托局苏浙皖区敌伪产业清理处通知光华大学，从 1945 年 9 月 1 日到 1948 年 3 月 31 日，光华大学应缴纳欧阳路 221 号、222 号校产使用费国币 4.8 亿元。尽管当时法币贬值已达极点，但光华大学校方仍认为数额巨大，无力缴纳。由此，光华大学呈文行政院，希望将使用费核减到最低限度，未获回复。1948 年 7 月 23 日，朱经农再次呈文行政院，希望将全部校舍以最低价格核定，用

---

① 储安平：《评蒲立特的偏私的、不健康的访华报告》，张新颖编《储安平文集》（下），第 172—179 页。
② 张耕华主编《光华大学编年事辑》，第 337—338 页。
③ 《校舍筹募经费运动积极展开》，《光华大学廿二周六三纪念特刊》，第 31 页。
④ 《光华大学函上海福州路三七号五楼台糖公司为承慨捐一千万派员洽领》（1947 年 9 月 15 日），《光华大学档案》，档案号：K82/2/315/4—5。
⑤ 张耕华主编《光华大学编年事辑》，第 328 页。

现金承购。1948 年 8 月，行政院以公函回复，同意准许光华按照时价以现金缴纳承购。① 行政院的指令看似大公无私，但在通货膨胀的大背景下，实际对光华有利。此事恰好发生在国民政府 "8·19" 金融改革的前后，政府发行金圆券以取代法币，300 万元法币兑换 1 金圆券。10 月，经苏浙皖区敌伪产业清理处估价，光华的两处校舍共估价为 91.8 万金圆券。② 10 月 26 日，苏浙皖区敌伪产业清理处同意，由光华大学支付现金。然而，此时金圆券已经近似于废纸，以金圆券归还，对光华大学有利。而且，光华校方要求先在两星期内缴纳一半，另一半六个月分期交清，并无利息，由此利用货币贬值的时间差，以较小的代价，获得巨大的优惠。③

不过，获得优惠却不意味着可以完全豁免。对于这笔债务，校方拟将大西路校产出售用以支付。当时大西路尚有 100 余亩校产，被日军轰炸后已经是断瓦残垣，很难利用。但任其荒芜，又颇为可惜。1948 年 10 月，校董会方面正式决定出卖大西路地产 40 亩，以支付欧阳路校产购买费用。④ 经赵晋卿、王华照、张芝联、张华联等接洽，将土地 40 亩出售给中央银行等机构，得 172 万金圆券，完全偿付了欧阳路校产债务，还有若干盈余。⑤

第二节　 "爱的教育"：朱经农的治校努力及挫败

提倡 "爱的教育"

朱经农是同盟会、国民党的第一批党员，两度出任教育部次长，担

---

① 《行政院批据呈为本校欧阳路校舍请准核定最低价格承购一案准按时值估价仍交该校缴现承购由》（1948 年 8 月 4 日），《光华大学档案》，档案号：K82/2/319/4—6。

② 《中央信托局函请示知承购手续由》（1948 年 10 月 13 日），《光华大学档案》，档案号：K82/2/319/7—8。

③ 《南京行政院准中央信托局苏浙皖区敌伪产业清理处函嘱依时值估价承购校舍一案呈明困难请准先缴价款半数其余分期缴清并恳特伤知照由》（1948 年 10 月 29 日），《光华大学档案》，档案号：K82/2/319/10—12。

④ 《光华大学校董会复校后第三次会议》（1948 年 10 月 17 日），《光华大学档案》，档案号：K82/2/7/14—15。

⑤ 《光华大学土地登记清单（中国银行信托部代办）》（1948 年 11 月），《光华大学档案》，档案号：K82/2/320/13—15。

任地方教育大员十余年。然而，朱经农作为"胡适的朋友"，始终未能脱离学人从政的本色，在国民党内更多是以一个技术性官僚的身份出现在政治舞台，并非意识形态色彩浓厚的国民党"党棍"。因此，朱经农接任光华大学校长以后，在维护国民党统治地位的前提下，在办学方针上大体能够做到兼收并蓄。1946年，他在接受记者采访时曾说："办学与从政不同，治学在求真理。各派各方理论，溶于一炉，着眼于好恶之外，以科学客观态度，仔细研究，寻求真理，并非如从政之党同伐异相互攻斥，当以养成学术气氛为首要。"① 朱经农在教育理念上，还极力提倡所谓"爱的教育"。

1948年，朱经农在参加一次代表光华大学对中学生的招生宣传演讲中，阐述了"爱的教育"之理念，并认为光华大学奉行的便是"爱的教育"。"现在的教育有两条路：一个是恨，一个是爱。有许多人说：现在的社会非常黑暗，政治是黑暗的，世界也是黑暗的，你恨这些罪恶赶紧起来去革命。这是种下仇恨的思想。还有一种人认为，人类的世界所以能维持下去，全靠亲爱精诚互相合作。……光华大学是爱的教育，不是恨的教育，如果心里怀着恨的心理，要革命，要流血，要斗争，要清算，那么不必来。"朱经农还说，光华大学的教育目的是培养学生具备理性的精神，用冷静客观的头脑对待外界的事物，避免一时偏激或流于激进："我们学校里要养成客观的态度，科学的方法，凡是一件事都要用很冷静的头脑去分析，他的好处在那里，他的坏处在那里，用客观的态度分析清楚之后再去做。不要因为一时的感情冲动，不加思索的胡闹。"朱经农列举了五四运动之后学生运动频繁发生，最终却无所作为的情况说："从五四运动起一直到现在，闹了好少〔多〕次，国家大事还是没有闹好。我们要真正的救国家，要有很深切的思想，对于每个问题要澈底的研究，把症结的所在正确的认识清楚，对症下药，才能挽救过来。单靠一时的冲动，想把国家救过来，那是不可能的。"同时，朱经农希望学生有民主的头脑和容忍的精神，尊重他人的不同意见："人的思想不能完全一样，所谓'人心不同各如其面'，天下人都成为一个思想那是不可能的，兄弟姊妹的思想也不能一样，统一思想是不可能的。但是个人的思想虽然

---

① 《朱经农主持光华，谈办学方针》，《文汇报》1946年10月20日，第2版。

不同，而彼此要互相尊重。所谓民主政治第一要紧的是什么？就是要能容纳不同的意见。所谓容纳就是容忍不同的意见，让他提出来，我们可以同他讨论辩论，决不因意见的不同而发生仇视，我们要尊重对方的人格，然后才能有结果。"①

朱经农提倡爱的教育，显然系有感而发，实际包含对学生的两个希望。其一，朱经农希望学生能爱护学校，体谅学校，师生之间紧密合作，亲爱精诚。民国以来学潮频仍，很大程度上由于学生和学校之间存在矛盾，学生动辄干涉校政、驱赶教授，给学校造成困扰。朱经农不希望光华复校后，此类事件再度出现。其二，朱经农希望学生之间能团结友爱、理性宽容，具有民主精神，不要卷入政治斗争的旋涡中。抗战胜利后，在各界的压力下，国民党党团组织退出学校。这一时期中共在高等教育系统中开辟了重要的"第二条战线"，"三年多的时间里，在党中央正确路线和方针、政策的指引下，在中共中央上海局和上海市委的直接领导下，上海学生系统的党组织，放手发动群众，与全国学生和各界人民革命运动结合在一起，同美蒋反动派进行了针锋相对的斗争，在国民党统治的心脏地区，接连不断地掀起了波澜壮阔的反美反蒋爱国民主运动，有力地配合了人民解放战争，成为第二条战线中的一个重要方面军"。②不过，虽然国民党党团组织退出学校，但"幽灵"犹在，对中共在教育系统中发展的力量进行防范与打击。在此种党派斗争的背景下，学生之间的政治分歧更加严重，各种校内的激烈摩擦频繁发生。由此，朱经农希望将学校隔绝于党派斗争之外，大力提倡"爱的教育"。

那么，朱经农如何实现此种教育理念？首先是将办学宗旨和教育理念化为格言。在1947年修葺的大礼堂丰寿堂前，朱经农写下一副楹联："着眼于利害恩怨以外，用科学方法，客观态度，寻求真理；致力乎德业学行之中，以和平中正，亲爱精诚，维系人群。"③朱经农将此种信条口号悬置于学校最显眼之处，希望学生在耳濡目染中得以领会，时时不忘。

---

①　朱经农：《施行爱的教育的光华大学》，《上海教育》第5卷第11、12期合刊，1948年6月，第8—9页。

②　中共上海市委党史资料征集委员会主编《解放战争时期上海学生运动史》，上海翻译出版公司，1991，第2页。

③　姚璋：《本校简史》，《光华大学廿二周六三纪念特刊》，第6页。

其次是促进师生合作，给学生种种优惠，以体现学校关爱学生、体恤学生的宗旨。光华大学创建了教职员生消费合作社，由副训导长沈延国担任经理，开辟文具、图书、饮食、日用品等部门，以最低价格采购商品供应师生，以减轻学生的经济压力。光华大学还创立了经济食堂，由师生合作办理，只允许清寒学生加入，限定名额，每餐定量供应食物，收费低廉。另一个惠及学生的是各种奖学金制度。在这一时期，朱经农设置大量奖学金奖励优秀学生，其中的约园奖学金意在纪念张寿镛培植优秀学生之功德。1948 年春季学期，光华大学向凯利公司、大中华火柴厂、中国国货银行、新华公司、崇德公司等共筹募经费 8500 万元，连同利息共 1.34 亿元用于资助 15 名品学兼优的学生。[①] 在朱经农的鼓励下，法律系主任郭云观、生物系名誉教授秉志与系主任王志稼、商学院院长杨荫溥等亦各自设置奖学金，奖励该院系优秀学生。对于清寒的优秀学生，学校除了给予奖学金，还允许其在学校半工半读，获得酬金以补贴日常用度。[②]

　　当然，朱经农提倡所谓"爱的教育"，设想虽然并无问题，但他亦知仅靠诉诸说教劝解，并辅以各种奖励优待亦未必有效，而且学生也未必会理解他的苦心。从实际来看，朱经农同时采用"大棒政策"，对学生实行严格管制，并认为此种管制，可以使学生循规蹈矩、安心学习，免于党派斗争，实际是对学生最大的保护。有小报称："上海光华大学对寄宿学生管制特严，尤以女同学为甚，每晚由校方强迫至图书馆自修，男同学则可免此一幕。"[③] 小报的报道多不足信，但《益世报》也称："男生宿舍每晚都由王训导员按铺点名，学生若无故外宿，本学期并不予以处罚，只是下学期不准再入校寄宿了，此种制裁，乃校方特殊作风之一。"[④] 同样受光华大学管辖的附中实行"保甲制度"，也可以从侧面反映管教的严厉。据《文汇报》中一篇《宿舍也实行保甲，校门变成了牢门》的文章讽刺称："光华大学附中宿舍，校方为'管理'便利起见，

---

① 《校友来鸿》，《光华通讯》第 3 期，1948 年 6 月，第 7 页。
② 姚舜钦：《一年来的回顾与前瞻》，《光华通讯》第 3 期，1948 年 6 月，第 2 页。
③ 《新闻缩写》，《一四七画报》第 7 卷第 9 期，1946 年 11 月，第 8 页。
④ 《民主墙上标语撕不得，偷拍照片挟酬来领取》，《益世报》（上海）1948 年 4 月 18日，第 3 版。

实行保甲制。十床为一甲，十甲为一保，与沪市实施之保甲前后媲美，维其无警管区耳。校方可谓对于'管理'两字之研究，甚有心得也。"①

　　朱经农采取严格管制的方式治校，当然还有其他原因。首先，朱经农作为教育部前政务次长，其政治立场显然必须与政府一致。他虽然在学术思想上主张兼容并包，在训育学生方面则持一种保守的立场，严格执行教育部的训育政策，禁止学生参加政治活动或有出格举动。其次，光华大学以行政院副院长、院长翁文灏为董事长，并在经济来源上严重依靠翁文灏，对受委托管理光华大学的朱经农而言，更要严格管制光华大学。如果其在政治立场和态度方面不与政府保持一致，则会失去政府的支持。由此，这一时期上海的私立大学便呈现出一种吊诡的现象，如光华这种名义上属于私人或社会团体的私立大学，由于需要政界要员庇护，而且在办学资金上对政界要员有依赖，在管束学生方面异常严格。而国立大学隶属于国家，经费也来源于政府，但政府一般不可能停办国立大学，也不可能停发补助，因此，国立大学学生反而更为积极参加进步活动。比如，交通大学出现了著名的"护校斗争"，同济大学爆发了著名的"一二·九"斗争等载入史册的重大学生运动。相对而言，光华由于校方管理严格，校内一直比较安静。正如光华大学文学院院长蒋维乔在 1947 年 5 月评论道："沪上国立私立大学已卷入漩涡，惟光华较为安静……我之专书选读班系三四年级生，比较稳健。"② 不过，蒋维乔的评论显然有些天真，光华大学的平静之下实际一直暗潮涌动。

抗议"五二〇"惨案

　　1946 年 1 月，光华大学学生联谊会参加上海各界公祭昆明"一二·一"惨案烈士的大会，打出"为民主死，死而无怨，失自由生，生也有愧"的条幅。③ 1946 年 12 月，北平发生"沈崇事件"，全国学生掀起罢课风潮，上海暨南大学学生首先行动，成立委员会，宣布全校总罢课。光华学生投书《文汇报》，表示愤慨和谴责。④ 1947 年 1 月 1 日，光华学

①　愚夫等：《宿舍也实行保甲，校门变成了牢门》，《文汇报》1946 年 10 月 11 日，第 2 版。
②　《蒋维乔日记》第 26 册，第 149—150 页。
③　《解放战争时期上海学生运动史》，第 27 页。
④　张耕华主编《光华大学编年事辑》，第 324—325 页。

生参与了上海学生抗议北平美军强暴女大学生沈崇事件的游行。1947年5月4日，有光华大学学生在北四川路一带张贴"违反国策"的标语，被虹口巡警抢去学生证。50余名学生集体前往四马路警察总局请愿抗议，最终将学生证索回。①

1947年3月，学生界发起了反对苏联外长莫洛托夫干涉中国内政的"护权运动"。上海各校亦积极响应，以国立复旦大学为领导，采取游行示威、罢课、发表宣言等方式对苏联进行抗议。光华大学学生组织爱国护权运动筹备委员会，积极参与全市学生的罢课游行，发表宣言批判苏联。② 此次学生"护权运动"，背后实为国民党推动。

光华大学学生在战后初期的学运参与方面总体上表现平平，国共学生势力总体上势均力敌。但在抗议"五二〇"惨案的运动中，国民党学生相对于中共学生则表现出劣势。1947年5月20日，京沪等16所专科以上学校的学生在南京进行大游行，向国民政府请愿，高呼反对饥饿、反对内战等口号，遭到国民党军警殴打，重伤学生19人，被殴伤流血者104人，被捕者28人，遭袭击者500余人，是为"五二〇"惨案。由此，上海学生在中共的秘密组织下，成立"上海市学生抗议五二〇惨案后援会"，决定在23—24日进行总罢课。③ 此次，光华学生在地下党的领导下，开始积极响应。1947年5月21日，光华的中共党员和积极分子展开讨论，决定次日在全校召开学生大会，组织罢课。罢课组织者兵分三路，部署计划。首先，为避免目标暴露，大会主席由积极分子俞礼仁担任，如果积极分子俞礼仁被国民党学生拉下台，则有正式的中共党员学生继续主持大会。同时，加强纠察力量负责会场保护工作，让身强力壮的党员学生和积极分子提供护卫工作，保障会场的安全。关于大会上哪位同学发言，哪位同学负责与国民党同学辩论等，亦安排妥当。另外两路同学，主要负责准备标语、传单、横幅等宣传物品，并且动员熟悉的同学参加大会。

5月22日晨，罢课学生在学校各处张贴抗议"五二〇"惨案以及反

① 《学生所贴违反国策标语被警局扣留上课证，光华学生昨向总局请愿》，《中华时报》1947年5月7日，第4版。
② 《响应各校护权运动，光华大学发表宣言》，《益世报》（上海）1947年3月8日，第5版。
③ 《解放战争时期上海学生运动史》，第111页。

饥饿、反迫害、反内战的标语，在 104 教室召开大会，参加者达 200 人。会议被国民党右派学生干涉，国民党学生张丹秋质疑俞礼仁作为大会主席的合法性。由此，左右派学生大打出手，相持半小时左右，场面十分激烈。副训导长沈延国带领校警前来干涉，但畏惧学生的声势，无可奈何。俞礼仁继续主持会议，学生投票成立"光华大学五二〇惨案后援会"。由于左派学生占一定优势，而且有充分的动员准备，大会以 76 票选举俞礼仁为后援会主席，国民党右派学生领袖张丹秋只得到 7 票。后援会成立后，通过四项决议，通电要求政府释放"五二〇"被捕同学、裁减军费、增加教育经费、停止内战，并决议全体罢课。23 日，学生将准备好的宣传标语张贴在校内，把一个巨大的罢课标语从五楼楼顶挂到地面，同时在学校各教室宣传，呼吁学生参与抗议活动。据称，在全校900 余名学生中，坚持上课者仅百余人，教授仅 4 人，大部分学生同意罢课。①

对抗议"五二〇"惨案的运动，学校高度重视，连续召开紧急会议。据蒋维乔日记记载，5 月 23 日，朱经农召开紧急校务会议；25 日，朱经农再次在宅邸召开校务会议，至晚上九时方毕。② 在朱经农、容启兆、沈延国等人的主导下，校方采取非常严厉的态度，对涉事者坚决开除。8 月，校方将呼吁罢课以及成绩低劣的学生开除，总数高达 130 人，居全沪各大学之首。如此大规模开除学生，在上海各校中少见，也反映了朱经农对学校的高压管制。③ 被开除的学生中，包括诸蘅、王大生、任民鉴、钱渭、曹衍诚、朱惠良、吴雪璇、蔡秀枝、徐莲珍、黄如意等10 余名中共党员。④ 其后，校方继续采取高压政策，学生中凡是有政治问题者断然开除。1948 年春季学期，包启馨等 4 名中共党员被开除。校方频繁开除学生，中共学生在光华的力量被削弱。然而，一波未平一波又起，财政危机再度成为学生运动的导火线，引发 1948 年夏的改国立风波。

---

① 《光华成半罢课状态，学生对立益趋尖锐》，《大公报》（上海）1947 年 5 月 24 日，第 5 版。
② 《蒋维乔日记》第 26 册，第 151—152 页。
③ 《五院校退学学生昨招待中外记者》，《申报》1947 年 8 月 21 日，第 6 版。
④ 《中共光华大学地下党组织及党员情况》，光华大学暨附中校友会编《光华精神、光华人——光华大学暨附中建校 80 周年纪念集》，2005，第 98 页。

改国立风波

光华大学实行留额金制度是改国立风波的远因之一。1947 年秋季学期结束，学校规定，下学期仍在校就读的学生，须缴纳所谓留额金 50 万元，以向学校表示保留学额，缴纳日期为 1948 年 1 月 12—19 日，逾期不缴者，下学期将不能进校上课。此种规定，实际上是在通货膨胀、物价一日数涨的情况下，预算将有多少同学继续就读，这样可以使校方对下学期的情况有通盘计划，根据实际情况合理分配教授、安排课程。当然，在经济拮据的前提下，这也成为学校当局寅吃卯粮的一种方式，即先征收学生一部分费用以填补亏空。由于留额金制度在国内各私立大学都无明文规定，引起光华学生一致反对。

1948 年 1 月 7 日，学生谒见朱经农，请求取消此规定，但未获同意。1 月 8 日，学生开会讨论，呼吁沪上各校师生予以同情。[①] 数日后，校方仍坚持收取留额金，规定若真属于清寒学生，则须在保证人或家长来函证明之后，才能免缴或缓缴。[②] 据光华大学校方所言，光华大学的学费在上海各校中并不算高。1948 年 2 月，上海专科以上学校校长开会，确立各校收费标准，其中光华、大夏等一般私立大学学杂费 640 万元，大同以及教会大学学杂费 700 万元，一般独立学院学杂费 640 万元。如此对比，光华的学杂费处于中档水平。而且，朱经农作为大学校长，也积极为学生争取权益。比如，在 1948 年 2 月的上海专科以上学校联合会议上，朱经农报告，接到上海清寒学生联合会的信函，希望向市政府请求增加奖学金 20%，但参会者普遍认为这属于非分要求，不予讨论。[③] 不过，对学生而言，他们原本就对学校的各种情况严重不满，征收留额金无疑加剧了不满。

此时，相邻的大夏大学爆发的改国立运动，成为光华大学爆发学生运动的近因。1948 年 6 月 19 日，大夏大学学生突然集会要求缓考，以便进行改国立事宜。6 月 20 日，学校举行第二十三届毕业典礼，散会时学生召开全体大会，要求校方同意将大夏改为国立大学，并由此罢课罢考。

---

① 《光华大学学生反对留额金》，《申报》1948 年 1 月 8 日，第 6 版。
② 《光华大学留额金，清寒学生可缓缴》，《申报》1948 年 1 月 15 日，第 6 版。
③ 《本市各级学校决定收费标准》，《申报》1948 年 2 月 17 日，第 6 版。

光华学生鉴于大夏请改国立，立即紧随其后效仿。6 月 20 日，光华大学学生集会议决罢考三天，从事改国立运动的请愿，并告知校方如不同意，将无限期罢考。

对于学生要求改国立的行为，朱经农认为是借题发挥。朱经农在对记者谈话时声明，学校经济虽然困难，但在可行的范围内一直努力提高，尽力改善。而且，学校经济全面公开，教职员都能理解学校的困难。至于改国立事，他并不反对改为国立，但认为此事并非一日能够达成，应该遵循合法合理的步骤，不能以罢考为要挟。学生此次发动运动之前从未与校方接洽，在大考前夕突然罢考，实属别有用心，意图逃避考试。朱经农称，学校已经决定将考试延后两天，届时学生若不参加考试，以 0 分计算。然而，学生继续罢考，决定致电教育部请求改为国立，并向校董会和校友呼吁，又推代表 7 人，当晚进京请愿。学生为筹措改国立运动经费，将上海市社会局配给"青年食堂"的 5 月份平价米 20 石变卖，作为运动经费。①

1948 年 6 月 23 日，部分光华学生前往南京，上书教育部部长朱家骅，请求将光华改为国立大学。其呈文首先回溯了光华脱离圣约翰的光荣历史，希望引起教育部的同情："本校于民十四为争取民族光荣离约翰而成立，迄今二十三载，初创建于沪上大西路，建筑巍峨鳞次栉比，乃以中日战争毁于兵祸。"之后，学生指出战后光华经营的困难："三年来，因校董会筹措困难，校方经费至感拮据，修葺已不支，遑论新建设。教室不敷，宿舍奇轧，竟有一寝室容百余人，若集中营者。际此炎夏，实碍卫生，偶遇疫厉，悉成他乡之鬼。"请愿同学将造成这种现状的矛头指向学校，指出朱经农等对学生活动的压制："校方多废少兴，力图保守，不以改善为怀，反采高压手段，同学多负笈来自异地，安分守己战兢学业，敢怒而不敢言。所谓蓄之以久，发之以暴，诚哉斯言。去岁命缴留额金，群论哗然，即种今日之因。"因此，学生认为，光华大学必须改为国立，其主要原因有：（1）宪政实施，教育经费提高，国家有能力将私立大学改为国立；（2）下学期学费负担太重，学生均将失学；（3）国共内

---

① 《光华大学函请社会局民食调委会请将青年食堂六月份食暂予停发》（1948 年 7 月 3 日），《光华大学档案》，档案号：K82/1/37/145。

战时期，东北有大批流亡学生，如改国立，有助于解决流亡学生的问题；（4）据说教育部有将光华改为国立晋元大学事，被朱经农阻止；（5）校方经费支绌，学生已纷纷退学，可能会降低水准造成教育落伍；（6）经费缺乏，教职员不能安心教书。与此同时，学生代表季尧、王钢、赵世沛等数人要求晋见教育部次长杭立武，但未获接见。①

实际上，学生要求改国立，未必不是正当之举。如光华这种私立大学，此时完全依靠政界要人充当董事长，并借助其地位向工商银行界募捐。因此，其真正的支持基础是中央政府和政界要人，而非工商界。所以，与其继续充当有名无实的"私立大学"，不如彻底改为国立。然而，此时系国共内战时期，教育经费极端困难，国立大学尚且无法维持，政府根本无力将私立大学改为国立。因此，光华大学学生要求改国立，属于不切实际。教育部次长杭立武于6月22日就光华改国立事发表谈话，认为复员以后，由于人力、物力的局限，政府决定短时期内不增加国立大学。中国土地广阔，若大学全部由国家办理，无法实现教育文化发达的目的。因此，教育部一向采取扶植、奖励私立大学的政策。而且，私立大学各自有其历史传统，更应该让其自由发展。即使私立大学改为国立，学生亦不能取得公费。现在教育部已经实行奖学金制度，以前没有获得公费的学生，以后仍不能获得公费。② 对于杭立武的讲话，光华学生非常不满，表示不达目的决不罢休。由于学生态度强硬，校方决定，将考试时间推迟到6月28日。与此同时，校方决定废除留额金制度，以减轻争议。6月24日晚，学校发现有徐结意、汪浩、程文俊三人藏有与改国立学生委员会募捐有关的文件，学校当局知会家长处理，三学生由家长领回，自动退学。26日，学生仍坚持主张缓考，校中贴满标语，在屋顶升起"国立光华大学"的标语。③ 28日，学校举行考试，学生拒绝考试，学校只能宣布即日起放暑假，所有学生全部离校。29日，教育部

---

① 《为挽救失学危机谋容流亡同学呈请鉴准改为国立由》（1948年6月23日），《教育部档案》，档案号：五/2245/22。

② 《私校改国立绝对不可能，对大夏光华改国立事，教次杭立武发表谈话》，《中央日报》1948年6月23日，第2版。

③ 《国立光华大学校旗昨高悬光华屋顶，大夏昨日大考无一人参加》，《新闻报》1948年6月26日，第5版。

中等教育司司长吴兆棠就光华改国立事宜发表谈话，认为绝对没有可能。[1] 7月，朱经农到南京面见董事长翁文灏、教育部部长朱家骅，请示处理学潮事宜。教育部要求光华校方严厉查处。1948年秋季学期，杨鸿源、杨保球、季尧、何正钟、陈思诚、周爱国、吴艺平、张造等8名学生被光华开除。校方并将开除名单抄送他校，以防被他校录取。[2] 同时，3名学生受到停学一年的处分，11名同学停学一学期，7名同学记大过2次。最终，光华大学的改国立风波，被朱经农使用强硬的手段予以平息。

如果说抗议"五二〇"惨案的运动背后是中共学生对国民党的斗争，改国立风波背后则很少看见党派的身影，具有比较广泛的民意基础，触及的是光华作为私立大学的无解困局。就光华大学的财政状况而言，如果不改国立，则绝难生存，但改国立又是不可能之事。在学生运动与财政危机的双重夹击之下，从教育部辞职的朱经农已经没有了最初的雄心，屡有退意。

政权鼎革之际的光华大学

朱经农任职期间，在正副训导长容启兆、沈延国的协助下，大量参与学生运动的学生被开除，学校获得短暂的安定。新中国成立后一份调查表记载："六二三，五二〇，参加的同学并不多，因为光华一向是特务堡垒、国民党反动统治中心，学运是很难开展的。"[3] 又如一位地下党员回忆说："学校训导长执行国民党反动当局的旨意，对学生进行镇压。继六月'反美扶日'运动后开除了一大批党员和积极分子。开学后，又对新生加以儆诫，如开除我地下党员和进步同学5名，派女舍舍监监视女生的进步活动等。在学生中，有国民党、三青团、中统、军统等反动组织，还有一些由反动学生控制的群众组织。学生中少数特务分子还公开带枪在校内活动，殴打进步同学。进步力量遭到很大削弱。1948年暑

---

①　《光华大夏两校改国立不可能》，《大公报》（上海）1948年6月30日，第3版。

②　《光华大学除名学生名册》（1948年8月17日），上海市档案馆藏，《诚明文学院档案》，档案号：Q255/1/13/11/6。

③　《学生会登记表》（1949年），《私立光华大学填报的学生会登记表》，上海市档案馆藏，《上海市学生联合会档案》，档案号：C22/2/4/4/1。

假，许多党员、积极分子被开除或撤退，只留下 3 名党员和少数积极分子。"① 不过，"野火烧不尽，春风吹又生"，校园内的中共党组织很快又重新建立。

1948 年秋，朱宗正等 11 名中共地下党员受组织安排，考入光华大学。朱宗正有一个特殊身份，他是张寿镛的外孙。抗战前，其父朱士嘉曾长期在校负责行政工作，现任光华大学总务长张星联、附中副校长张芝联均是朱宗正的舅父。由于朱宗正有此特殊身份，他非但不可能被校方开除，还有利于中共党组织在光华校内的发展。② 此时，中共党组织在光华发展壮大的一个契机是，对学生运动持严厉压制态度的朱经农离校。1948 年 11 月 14 日，朱经农受蒋介石委派，作为中华民国出席联合国教育科学文化组织第三届大会首席代表，赴黎巴嫩参会。③ 朱经农出国前，委托廖世承、朱公谨、容启兆作为校政会议常务委员主持校务。④ 12 月 11 日大会结束之际，正是国共内战的关键期，朱经农认为国内的政治前途极不明朗，回国已非明智之举，遂游历欧、非后前往美国西雅图投奔长子。其后，朱经农向校董会屡次函请辞职。1949 年 2 月，廖世承正式代理校长职务。⑤ 由于继任校长廖世承的性格比较柔和，不具备强力的治理手腕，加之国共内战的局势日益明朗，对学生的地下活动亦只能听之任之。

在中共上海私立大学区委委员杨佩景的支持下，光华大学成立了秘密党支部，由陈咸鸿担任党总支书记，朱宗正担任组织委员兼文学院分支部书记，陈一飞担任宣传委员兼理学院分支部书记，范祖德担任学生会党团负责人，高淑珍担任女同学工作负责人，戚允章担任商学院分支部书记。⑥ 由于国民党在失败前对中共领导的大规模学生运动采取极为

① 陈咸鸿、朱宗正、陈一飞、范祖德：《扎根群众，迎接解放——光华大学地下党活动简述》，项伯龙主编《青春的步伐——解放前上海大中学校学生运动史专辑》，第 433 页。
② 朱宗正：《情系光华》，《光华精神、光华人——光华大学暨附中建校 80 周年纪念集》，第 13 页。
③ 《人物新闻·朱经农》，《外交部周报》第 100 期，1948 年 11 月，第 2 页。
④ 《关于请朱公谨继任校政会议常务委员的函》，汤涛主编《廖世承校长与光华大学》，上海人民出版社，2018，第 248 页。
⑤ 《光华大学校长由廖世承代理》，《公教学校通讯》第 5 期，1949 年 3 月，第 14 页。
⑥ 《中共光华大学地下党组织及党员情况》，《光华精神、光华人——光华大学暨附中建校 80 周年纪念集》，第 99 页。

严厉的镇压措施，以及中共在战场上节节胜利，其后学生运动的斗争策略也发生变化，那便是不再采取公开的对抗活动，而是坚持十六字方针，"利用合法、利用矛盾、积聚力量、以待时机"。由此，光华党组织转变策略，不再与校政当局和校内的国民党学生直接对抗，而是开始了一系列隐蔽的活动。

其一，对同学的思想政治情况进行摸底，列出 1948 年以前在思想上左倾、积极参加学生运动的学生名单，争取重新建立组织联系，将其团结在组织周围。其后，以读书小组、团契、合唱团等活动的开展，关心同学的生活，以广交朋友的方式争取同情者。同时，以关心同学学习的方式传播进步书刊，宣传中共的理论。对于渴望向中共党组织靠拢的学生，则反复与之谈心，提高其政治觉悟直至发展入党。光华附中学生尉健行就是在这一时期成为中共党员。到 1949 年国民党失败前夕，光华大学文理商三个学院，已经拥有学生党员 43 名，积极分子 160 多名。

其二，通过合法渠道改选成员的方式争取校内各种组织的领导权，以团结多数。在中共的主导下，各系都成立了同学组织——系学会。中共党员和积极分子在筹建各系学会的过程中发挥了组织作用，在教育、法律、历史、经济、土木等系均取得了领导权。到 1949 年 3 月，党组织设立了系学会的联合机构系科联合会，在校内大拉选票，利用校内复员的青年军学生与国民党学生之间的矛盾，团结青年军学生，孤立国民党学生，最终获得了多数选票。党组织以研究学术的名义，通过出版墙报及举行时事座谈会、学术讨论等活动来传播中共的思想。校内设有"青年食堂"，由上海市社会局每月配给平价米，加入者达 550 多人。① 当时，国民党学生利用"青年食堂"中饱私囊，欺骗同学。在米价高涨、生活困难的情况下，1948 年底，光华中共党组织利用"青年食堂"改选的时机，与国民党学生展开激烈的选举斗争，最后夺取了"青年食堂"的领导权。

其三，从事一系列校内外的宣传和策反活动，迎接解放。光华大学的党小组通过对教授政治立场的了解，将教授按左中右归类，对于同情

---

① 《朱经农函请社会局吴局长速拨青年食堂物资以维膳食》（1947 年 10 月 24 日），《光华大学档案》，档案号：K82/1/37/43—44。

学生、同情中共的教授，通过各种方式接近，进行思想统战的工作。朱宗正在其中扮演了重要角色，他利用舅父张芝联的关系，做上层的思想工作，争取他们倾向中共。1949 年春，为迎接新中国成立，光华学生成立了解放社，主要任务是组织党员和积极分子学习中共的政策，并出版印刷品和小册子，在左倾学生中间传阅，以宣传中共胜利的大好形势。同时，印发各种警告信件，寄发给校内亲国民党的师生和国民党员，促使他们"弃暗投明、立功赎罪"。甚至，学生还到校外的国民党军队驻地进行侦察工作，对光华周围的军事据点、弹药库和武装机关以及官员宅邸进行详细调查，绘制驻防图。① 还有学生利用社会关系，策反国民党上层军官，私刻"人民解放军淞沪挺进队印"加以威慑。解放社更印制各种横幅标语，一旦中共解放上海，可以第一时间用来欢迎。

　　其四，组织成立学生应变会，反对迁校。1949 年 4 月，国民党失败在即，一般大学都面临或跟随国民党政府南迁，或留在原地等待中共接收的选择。由此，各大学成立官方的"应变会"，以应对时局。4 月 20 日，廖世承在银行公会召集教授茶话会，到者 50 余人，会上决定组织"应变会"，每院推举两人为筹备员。② 此时翁文灏已经不愿再追随国民党，他卸任行政院院长职务，并辞去校董事长之职。光华大学作为私立大学，教育部早已无暇顾及。由此，光华大学与国民党之间的渊源已经不复存在，不愿亦不可能离开上海。廖世承、张芝联、姚舜钦、吕思勉、周煦良、祝永年、张祖培等教授，都颇为同情学生，倾向中共，更不愿南迁。只有训导长容启兆一人主张迁徙、疏散，跟随国民党逃难。由中共党组织控制的系科联合会于 4 月 23 日召开学生大会，公开宣布成立学生应变会，以保护学校和同学为名，表示拒绝跟随国民党南迁。4 月 26 日，国民党在逃亡之前，在各校进行最后的抓捕。然而，此消息早被中共侦知，及时通知学生隐蔽，最终国民党军警在光华仅逮捕 14 人，其中无一名中共党员，只有几名积极分子。③

---

①　侯忠洛：《难忘的岁月》，《光华精神、光华人——光华大学暨附中建校 80 周年纪念集》，第 38 页。

②　《蒋维乔日记》第 27 册，第 124 页。

③　陈咸鸿、朱宗正、陈一飞、范祖德：《扎根群众，迎接解放——光华大学地下党活动简述》，项伯龙主编《青春的步伐——解放前上海大中学校学生运动史专辑》，第 438 页。

1949 年 4 月 28 日，国民党方面以战事接近、避免无谓牺牲为由，下令光华大学等上海 15 所学校紧急疏散，师生必须迁出校园，学生各自回家，无家可归者由校方选定地点集中住宿。其后，光华大学校园被国民党军队占领。廖世承将图书、仪器、燃料等暂存他处，将无家可归的学生安置于万竹小学，但学校设施基本完整保存下来，等待战争结束。

小　结

抗战胜利以后，光华大学复员上海，由原教育部次长朱经农担任校长，行政院副院长、院长翁文灏担任董事长。此时的光华大学终于摆脱了陈立夫主政教育部时期被歧视和排斥的局面。翁文灏也确实利用自己的地位，调动起政商两界的关系，为光华大学争取了校址和大量物质资助，保障了光华大学在国共内战时期继续开办。不过，此时的光华大学面临着两个问题。首先，光华大学一方面需要依靠政界要人从政府获得大量经费，另一方面需要依靠政界要人的地位和威望从工商界获得捐助，这是中国私立大学独有的特殊现象，更说明其社会基础之薄弱。其次，由于光华大学成都分部被四川地方势力夺取，光华沪校又一度转化为补习班，抗战结束后相当于在上海重新办理，抗战前存在的问题一直没有得到解决。比如，在学科设置上仍然只能局限于基础文理科和商科领域，无力发展工科、医科。抗战前如国文等学科尚有优势，抗战结束后由于学科重建，以往的优势也不复存在。相比于抗战前，私立大学聘请专任师资更加困难，只能依靠绝大多数兼职教师维持基本的教学。就学生来源而言，招收的也基本是国立大学的落榜生，无法吸纳优秀的学生前来就读。以上种种状况说明，私立大学存在的意义，实际已经大大削弱。

此时影响光华大学办学的另一个因素是学生运动。抗战胜利后学生运动风起云涌，成为配合中共取得内战胜利的"第二条战线"，光华大学受时代潮流影响，也发生了抗议"五二○"惨案运动。当然，由于学生来源的非精英化，相对于扮演领导角色的交通大学、同济大学等国立大学，光华大学的学生运动更多是一种附和的配角。这也说明了从 20 世纪 20 年代末 30 年代初到 40 年代末，国立大学、私立大学的地位和作用发生了巨大转变。由于学生不满于学校自身的办学条件和经济情况，厌弃自身的私立身份，也爆发了要求改为国立大学的风波。光华大学校长朱经农面对各种问题，显然已经心力交瘁，失去了办学兴趣，最终辞去校长职务，滞留国外不归。继任代理校长廖世承无力回天，只能在尽可能保护学校的前提下等待解放军的到来，和学校一起面对新政权之下未知的命运。

第八章　到华东师大之路：光华大学的终结与"重生"

1949 年后，中国无论政治环境、经济环境还是社会环境都发生了翻天覆地的变化。私立大学面临前所未有的新局面。最触及私立大学生存根本的是 20 世纪 50 年代的院系调整。经过院系调整，国人自办的私立大学或被拆分、取缔，或并入公立大学，开始新的历史使命。

在新中国成立后的政治、经济和社会环境之下，私立光华大学如何应对新形势？20 世纪 50 年代的院系调整，对私立光华大学而言，究竟意味着什么？私立大学由"私"到"公"的转变，对自身而言究竟是终结还是"重生"？本章将讨论 1949 年后光华大学的历史，借以展示私立大学在新中国的命运，讨论其走向终结的历史必然性。

第一节　迎来新生：新政权之下的光华大学

管理体制的改组

1949 年 5 月 27 日，解放军进入上海。上海市军管会文管会成立，下设高等教育处，作为主管上海高等教育的机关。（1949 年 10 月，改为上海市人民政府高等教育处；1950 年 3 月并入华东军政委员会教育部高等教育处）文管会高等教育处要求各大学马上复课。这一复课要求赢得知识界的普遍称赞。1949 年 5 月 30 日，光华大学召开校务会议，议决从本星期开始正常上课。对此，文学院院长蒋维乔赞叹新政府爱护教育："国民军在各校正在上课时，勒令解散，解放军一到，即令各校复课，即此一端，相较一暴一仁，已有天渊之别矣。"[①] 为表感谢，廖世承领衔全体教职员向毛泽东发去贺电称："作新主义，领袖群伦，本救焚拯溺之怀，

---

① 《蒋维乔日记》第 27 册，第 149 页。

收旋乾坤之效，海隅丕冒，欣载何如！谨电抒诚，伏惟垂鉴。"①

不过，廖世承、蒋维乔可能不太清楚，在有关文件中，对光华的评价比较负面，光华被认为"有规模而一向反动"，且朱经农"畏罪逃亡"，廖世承因曾经担任国立师范学院院长而"与反动派有密切勾结"。由于私立大学"与反动派勾结"，有的人"为了房屋问题，决定搞垮光华"。幸运的是，一些激进对待私立大学的计划，被上海市市长陈毅得知，最终予以叫停。② 由此，文管会高等教育处决定按照如下方针对待教会大学和私立大学："首先，政府方面要严格贯彻人民政府的教育法令，在政治上给群众造成进行斗争的有利条件；第二，经过群众组织从内部里来反对它的各种反动落后措施，首先争取群众在校政上的领导权，第二步再争取经济权。"③ 其后，政府对于光华这种私立大学的改造，正是按照这个步骤进行。最初，政府并不直接介入私立大学的管理，而是制定一些基本原则，将私立大学的行政、人事置于监管之下。私立大学必须将学校的各种情况定期如实上报，获得教育主管部门允许后才可正式实行。面对国家权力的监督与改造，私立光华大学完全接受，立即重选董事会并对校政会议进行改组。

原董事会中，董事长翁文灏已于 1949 年 4 月辞职。董事颜任光前往海南，担任国统区私立海南大学校长。董事徐堪、徐可熛前往台湾，李祖永前往香港经商。旧的校董会可谓无形瓦解，需要选举新的校董会以应对时局。1949 年 8 月，董事会重新改选，前往港台的董事被撤销资格，推选王费佩翠、许秋帆、赵晋卿、廖世承、朱公谨、容启兆、秉志、张星联、荣尔仁、孙瑞璜、吕思勉、沈昭文、王守恒等 13 人担任校董。④

"校政会议"被改组为"校务会议"。此种改组，并非仅仅名称上的修改，还是一种权限上的变动。过去的校政会议主要由校长、副校长、总务长、训导长以及各院院长组成，以职位高低为选人标准，普通教职工不得与闻校政方针。改组之后，变成以团体推举代表参与校务会议的

---

① 《致北平毛泽东主席的贺电》，汤涛主编《廖世承校长与光华大学》，第 80 页。
② 《高等教育处三个月工作综合报告及今后四个月工作计划》（1949 年 8 月），上海市档案馆藏，《华东高等教育处档案》，档案号：B1/2/782/47。
③ 《高等教育处三个月工作综合报告及今后四个月工作计划》（1949 年 8 月），《华东高等教育处档案》，档案号：B1/2/782/37—48。
④ 张耕华主编《光华大学编年事辑》，第 370 页。

新方式。学校先按照要求组成教授会、讲师助教会、职员会和学生自治会，再由各会推举出二三人，组成新的校务会议。[①] 将低级教职员工和学生纳入学校的校务会议，实为创新之举，体现了新政策蕴含的民主精神。1949 年 7 月，光华大学校方将新的校务委员名单呈报给文管会高等教育处，其中包括：廖世承（校长），蒋维乔、杨荫溥、王志稼、陈青士、姚舜钦、祝永年、张芝联、吕思勉、郭绍虞、曹未风、薛迪符（以上为教授），李志申、潘家来（以上为助教），陈楚善（职员），范祖德、寿祖康（以上为学生）。[②] 然而，这个名单并不被政府认可。其中的职员陈楚善，便被教育部门在名字上画×，认为不能参加校务会议。[③] 陈楚善系光华大学毕业生，在学校工作有年，被排除在校务会议之外，应与其曾于 1949 年 3 月担任训导处管理组主任有关。[④] 这说明，只有政治上可靠，才能进入学校的核心管理机构。光华大学元老、理学院院长容启兆，由于在国共内战时期担任训导长，极力协助朱经农压制学生，也未能入选校务会议，亦不准继续在光华任职。1949 年 9 月，光华的部分学生采取斗争的方式，将容启兆清除出校。[⑤] 同时被清除者，还有容启兆的副手沈延国。沈延国本身是一名学者，国共内战时期曾协助其父创办长江商行，为新四军秘密采购武器，说明其并非国民党顽固分子。[⑥] 不过，由于沈延国有担任副训导长的经历，不能为学生所容，遂被驱逐。其后，沈延国又被调整到中学担任图书馆管理员。[⑦]

对于学生驱逐容启兆、沈延国，文学院院长蒋维乔（也是沈延国的老师）表示十分不满："此次利用学生斗争逼容启兆、沈延国辞职，内幕中有贯彻清一色计划，余甚看不惯，君子见机而作，我拟辞文学院及

---

① 《通知讲师助教会职员会学生自治会》（1949 年 6 月 21 日），《光华大学档案》，档案号：K82/3/27/16—17。

② 《私立光华大学函送校委名单》（1949 年 7 月 22 日），《华东高等教育处档案》，档案号：B1/1/2165/6。

③ 《校务委员名单除陈楚善不能参加外余公准》（1949 年 11 月 3 日），《华东高等教育处档案》，档案号：B1/1/2165/17。

④ 《关于聘任陈楚善为训导处管理组主任的函》（1949 年 3 月 21 日），汤涛主编《廖世承校长与光华大学》，第 254 页。

⑤ 《蒋维乔日记》第 27 册，第 216 页。

⑥ 《文献学家沈延国》，汤涛主编《光华大学：90 年 90 人》，华东师范大学出版社，2015，第 158 页。

⑦ 《历史激流中的动荡和曲折——杨宽自传》，第 110 页。

中国文学系主任之职。"① 由此，蒋维乔向廖世承递上辞呈，并告知"毋庸面谈"。不过，蒋维乔作为中文系主任，任味知、赵善诒、叶百丰等教师皆由蒋维乔招聘而来，与其有连带关系，蒋维乔唯恐个人辞职会影响三人的出路。然而，这三位亦同样表示"看不惯"，都赞同蒋维乔辞职。② 其后，廖世承登门劝解，蒋维乔才暂时留任。③ 不过，半年之后，蒋维乔仍坚决辞去职务，离开已经任教 20 余年的光华大学。实际上，廖世承也只是执行者，有自己的无奈之处。早在 1949 年 6 月，廖世承便觉之后大学校长难做，打算辞去职务。④ 然而，无论主观还是客观方面，都不允其辞职。

校务会议中的共产党员则具有重要作用。比如，光华大学校务会议成员曹未风，过去只是教授会候补理事，⑤ 新中国成立后中共党员身份公开，被选为校务委员。不久，曹未风出任华东军政委员会教育部高等教育处副处长。学生范祖德、寿祖康都是 1949 年前光华学生会中共党团的负责人。这些成员进入光华校务会议决策层，可以使学校完全贯彻新政权的政策和精神。

建立学习制度与日常革命化

新中国成立后，为了使从旧社会走过来的知识分子能够了解新的政策，高等教育管理部门要求各校建立学习小组，学习新民主主义理论。1949 年末，光华大学有教职工学习小组 12 个，互助学习小组 1个，各小组每周至少举行 1 次学习，亦有举行 2—3 次者，重点学习"三大宪章""社会发展史"等。每周六，举行各小组组长联席会议，报告学习成果，交流学习经验，撰写学习报告。⑥ 从文学院院长蒋维乔的日记中可知，当时小组学习任务比较繁重。蒋维乔在 11 月 13 日记录："约光华大学中国文学系教授钟泰、任味知、赵善诒、叶百丰四君来讨论

---

① 《蒋维乔日记》第 27 册，第 216 页。
② 《蒋维乔日记》第 27 册，第 216 页。
③ 《蒋维乔日记》第 27 册，第 218 页。
④ 《蒋维乔日记》第 27 册，第 167 页。
⑤ 张耕华主编《光华大学编年事辑》，第 367 页。
⑥ 《光华大学校务委员会第五次会议录》（12 月 3 日），《华东高等教育处档案》，档案号：B1/1/2165/48。

小组学习问题。"① 从此，学习小组频繁开会。蒋维乔在 11 月 26 日记录：
"上午至光华，参加小组会议。"② 29 日记录："讨论校中学习小组各项
报告。"③ 蒋维乔作为文学院小组组长，还要参加学校级别的小组会议。
12 月 3 日记录："参加学习小组组长会议。"12 月 17 日记录："至光华参
加学习小组。"24 日记录："至光华参加学习小组联席会议。"1950 年 1
月 14 日记录："参加学习小组会议。"每周一次的小组会议，按规定教职
工必须参加，不准缺席。1949 年前，大学教师除上课之外很少来校，与
学校的关系比较疏离，通过小组学习制度，教师与学校的关系日益紧密。

　　1949 年 11 月 2 日，光华大学成立团支部，首批学生 41 人入团。团
支部的主要职责是组织学生建立学习小组，学习团章和团的文件，召开
小组讨论会，进行批评和自我批评，以纯洁净化思想。团支部发展十分
迅速，一个月以后，便发展团员 87 人。④ 在团支部的组织下，学生学习
小组成立。学生学习小组一般以系为单位，系科人数多者则以年级为单
位，主要由学生自行组织，邀请教授随时负责指导。⑤ 比如，1950 年 6
月 14 日，学校发布学习小组讨论提纲，要求各院讨论"中国人民革命胜
利的原因"。对于讨论，除了四年级毕业生之外，学生必须全部参加。学
校发布的讨论提纲，其内容包括："中国人民革命产生于什么社会矛盾？
五四以后产生了什么新条件助长中国革命的发展？新民主主义革命和五
四以前的旧民主主义革命有什么不同？中国共产党领导人民革命胜利的原
因何在？"同时，各院学生学习小组也发布自己的讨论提纲，主要是一些
具体的问题。比如，文商学院小组讨论的题目是"新民主主义的学习与过
去的旧学习有什么区别？为什么搞好学习是作为自己光荣的职责？"理学
院小组讨论的是"政治对于学自然科学的人的关系与重要性是怎样的？"⑥
学生学习小组讨论的结果，由学校汇报给地方教育主管部门。

① 《蒋维乔日记》第 27 册，第 266 页。
② 《蒋维乔日记》第 27 册，第 273 页。
③ 《蒋维乔日记》第 27 册，第 276 页。
④ 张耕华主编《光华大学编年事辑》，第 375—377 页。
⑤ 《光华大学校务委员会第六次会议录》（1949 年 12 月 30 日），《华东高等教育处档案》，档案号：B1/1/2165/51。
⑥ 《中国人民革命胜利的原因讨论提纲》《本星期五理学院小组讨论提纲》《本星期五文商学院小组讨论提纲》（1950 年 6 月），《光华大学档案》，档案号：K82/3/12/24—27。

　　1950 年以后，时事学习委员会成立，由行政人员推举 2 人，文、理、商三院各推举 2 人，工会推举 2 人，学生推举 2 人组成委员会，代替过去的小组学习制度，领导全体师生进行时事学习。[①] 时事学习属于政治要求，专业学习有时要配合时事学习。比如华东军政委员会教育部曾经给光华大学一份命令称："时事学习作为全校今天的中心工作，故应在学校负责人的亲自主持和领导之下，取得学校有关各方的配合，有计划有步骤地大力进行。若各校适于此时有期中考试，应将考期作适当之推延，务使不妨碍时事学习之进行。"[②] 比如，抗美援朝战争爆发后，学校迅速成立抗美援朝卫国保家运动委员会，组织学习关于抗美援朝的时事。1950 年 11 月 17 日，光华大学抗美援朝卫国保家运动委员会召开第二次筹备会，议决各科将课程学习与抗美援朝的时事学习结合起来，举行抗美援朝文艺晚会，并对附近居民进行广泛宣传。[③]

　　1951 年，国家开始镇压反革命运动。由此，学校成立冬防筹备委员会，展开全校范围内的肃清反革命分子的活动。校方召开各种反特座谈会，在校内张贴反特标语，敦促曾经参加过国民党、三青团的同学赶紧登记悔过。1951 年 4 月，光华大学成立全校肃清反革命委员会，逮捕了 4 名"反革命分子"。在会上，廖世承号召全校师生继续协助政府进行镇压反革命工作。镇压反革命运动接近尾声，校方举行了控诉会、学习会。

政治课程体系的确立

　　从 1949 年秋季学期开始，光华大学按要求设置政治课，该学期开设"新民主主义论""新哲学""政治经济学"三门课程，请叶以群、姚舜钦、张一凡、杨荫溥讲授。[④] 1950 年的春季，全体学生必修的政治课按规定改为"新民主主义论""社会发展史""政治经济学"，每门课程每

① 《光华大学校务委员会第十二次会议录》（1950 年 5 月 12 日），《华东高等教育处档案》，档案号：B1/1/2165/66。

② 《华东军政委员会教育部关于高等学校目前应以时事学习为中心工作并严格执行中央课改决定的通知》，汤涛主编《廖世承校长与光华大学》，第 138 页。

③ 张耕华主编《光华大学编年事辑》，第 375—377 页。

④ 《关于向上海市高教处报送拟开新学程等的报告》，汤涛主编《廖世承校长与光华大学》，第 259 页。

周授课3小时。其中"新民主主义论"采用的教材是《新民主主义论教程纲要》，"社会发展史"采用的教材是艾思奇的《社会发展史》《历史唯物论》，"政治经济学"采用的教材是列宁的《政治经济学》和王思华的《政治经济学教程》。[①] 法律系还主动增加了"中国革命史""世界革命史"等课程。为减轻学生负担，增加学生学习政治课程的时间，光华大学对专业课程做了调整。[②]

教育主管部门对开设政治课尤为重视。由于1950届夏季毕业生已经于1949年秋修读过"新哲学"，校方请示高等教育处，可否以"新哲学"代替"社会发展史"，被要求必须补修后才能毕业。[③] 1950年9月，廖世承向华东军政委员会教育部汇报，冬季毕业生尚有一学年的"政治经济学"课程漏修，申请予以通融，准许以一学期修完，遭到批评："政治课之开设，目的在改造思想，在新民主教育中占重要地位，你校上学期毕业生中亦曾发生同样情事，希今后能加纠正，并督促各生按照规定年限及早补修未修习政治课。"[④]

光华大学的政治课一般采用大班教学的方式，文理两院合并于白天进行，商学院则于夜间单独进行。由于政治课上课人数众多，学生无法随时提问质疑，若有疑问，只能书面提出，由课堂的主席请主讲者解答。[⑤] 由于新中国成立初期政治课的师资力量缺乏，党政干部中又缺乏理论人才，一些大学的政治教员只能由普通教员经过一定的培训之后改任。比如，1951年春季学期，光华大学有曾乐山、姚舜钦、杨荫溥、张一凡、程应镠等6位政治教员，多是其他科系的教员改任。3位助教中，其中一位只读了7个学期的大学，便被选拔留校提前从事政治教育工作，可见师资力量的缺乏程度（见表8-1）。不过，校方亦不能自行聘任政治

---

① 《华东区私立光华大学校政治教育概况调查表》（1951年4月），上海市档案馆藏，《上海市教育局档案》，档案号：B105/5/429/43。

② 《高等教育处二周工作报告》（1949年12月），《华东高等教育处档案》，档案号：B1/2/782/29。

③ 《关于向上海市高教处拟新哲代替社会发展史学程的报告》，汤涛主编《廖世承校长与光华大学》，第101页。

④ 《关于请华东教育部核示文商学院毕业生处理办法的报告》，汤涛主编《廖世承校长与光华大学》，第123页。

⑤ 《计划委员会第一次会议录》（1950年5月13日），《光华大学档案》，档案号：K82/3/269/3—4。

课教员，必须先请示教育主管部门，并呈报教员个人简历，经审核通过后才能担任。① 1951 年 6 月，廖世承又提出请示，添聘罗昌淑、唐馥梅 2 位毕业生留校担任政治助教，华东高教部批示"俟统一分配工作时予以考虑"。②

表 8-1　光华大学政治课教员概况（1951 年 4 月）

职务	姓名	性别	年龄	学历	任职经历	性质	时数	介绍人
教授	曾乐山	男	30	西南联合大学学士	复旦大学政治教员	专任	15 小时	李昌
	姚舜钦	男	49	光华大学文学士	光华大学副教务长、教授	专任	7 小时	周而复
	杨荫溥	男	52	美国西北大学硕士	上海商学院、重庆大学教授	兼任	3 小时	原在本校
	张一凡	男	37	日本早稻田大学毕业	大同大学、沪江大学教授	兼任	3 小时	同上
	伍纯武	男	45	法国巴黎大学博士	上海商学院、云南大学教授	兼任	6 小时	同上
	程应镠	男	34	西南联合大学文学士	云南大学、上海法政学院教授	兼任	3 小时	同上
助教	张志骞	男	27	国立南京大学毕业	交通大学政治助教	专任		
	陈育华	男	25	私立光华大学毕业		专任		
	张立耀	男	23	光华大学七学期提前工作		专任		

资料来源：《华东区私立光华大学校政治教育概况调查表》（1951 年 4 月），《上海市教育局档案》，档案号：B105/5/429/43。

由于政治课教员多系改行而来，很长一段时间内教学效果都不够理想，甚至比较混乱。最主要的原因是，少数学生将政治课程当作过去国民党时期的党义、公民课程，有抵触情绪。有的同学对政治

① 《关于向上海市高教处报送拟聘政治课教授名单的报告》，汤涛主编《廖世承校长与光华大学》，第 279 页。
② 《关于请华东教育部核准应届毕业生留校任政治助教的报告》，汤涛主编《廖世承校长与光华大学》，第 309 页。

课持无所谓的态度，有的同学则存在不得已而学习的思想。① 加之政治课采取大班教学的方式，每个班上课者多达300余人，课堂秩序比较混乱。据学生会向上级反映："其中有少数反动分子利用落后同学的特点，在上课时乱叫乱吵，开玩笑而使大家不能好好学习，最严重时发展到在上课时打击政教——叶以群（言共产党人还要坐汽车，又讲得不好……）。"面对此种情况，光华大学校方采取的对策是，将大班授课分散成小班，分成6个班上课，秩序稍微转好。②

对政治课的内容，学生也存有疑问。讲授"新民主主义论"时，在关于中国革命领导权的问题上，有学生"怀疑工人能领导革命，不相信工人阶级的革命性、彻底性、大公无私性，怀疑五四、北伐、抗战是工人阶级领导的"。在涉及中美关系时，"部分同学仍存在着幻想，恐惧的思想，引不起仇视、蔑视、鄙视（美国的）心理"。涉及中苏关系时，"怀疑苏联对中国的友谊是否真诚、可靠"。对于这些问题，校方也提出了解决的方针和对策，"逐步提高学生的觉悟程度"，"端正学生的学习观点与学习态度"，"尽量启发学生暴露与分析思想，然后针对其主要思想，有的放矢地以系统理论知识有重点地加以解决"。③ 其后，学校又开设"政治学习研究室"，陈列各种关于政治学习的参考书，供师生进一步学习研究。④ 经过不断的学习和调整，政治课逐渐在光华大学被接受，成为日常教学的重要组成部分。

第二节　由私到公：从光华大学到华东师大

私校重要性的进一步减弱

私立光华大学在五卅惨案后从圣约翰大学独立而出，历经北洋政府和国民政府、汪伪政府的统治，即使在留守"孤岛"极端困难的情况

---

① 《关于向中央教育部呈送政治思想教育进行情况的报告》，汤涛主编《廖世承校长与光华大学》，第205页。

② 《学生会登记表》（1949年），《上海市学生联合会档案》，档案号：C22/2/4/4/1。

③ 《关于向中央教育部呈送政治思想教育进行情况的报告》，汤涛主编《廖世承校长与光华大学》，第205页。

④ 《简史》（约1951年），《上海市教育局档案》，档案号：B105/5/429/35。

下，仍然坚持办学，弦歌不辍。因此，新中国成立后对私立大学所进行的各种改造，学校当局虽然适应起来比较困难，但也能迅速融入新的角色，努力争取发展的空间。1949年前，私立大学在政府有政界要人的庇护，在民间有工商界人士的捐助，中产阶级子弟也有获取大学文凭的需要，私立大学有其存在的空间和必要性。1949年后的新中国与过去以往所有历史阶段都截然不同。在政府对光华大学这类私立大学进行彻底改组之前，内部便已经呈现出严重的生存危机。

首先，光华作为私立大学，在招生方面日益困难，求学人数逐年减少。

抗战爆发以后，私立大学受战争影响逐渐破产，其办学水准、社会地位已经远逊于国立大学。因此，国共内战时期光华大学学生便曾有声势浩大的改国立之运动。新中国成立后，学生多认为，光华大学是私立学校，不如公立学校可靠。① 因此，在报考时，学生的首要选择是公立大学，落榜后才会考虑私立大学。如光华大学土木工程系学生，基本是报考同济大学、交通大学等著名大学的落榜生。② 光华大学自身亦认同本校相对公立大学处于附属地位，规定考入本校的学生，如果再考入公立大学，照准全额退费。③

光华大学的存在，则由于当时国家的公立大学无法接收所有的学生。廖世承称："政府维持原有之国立院校，负担已经相当重，暑期招生尚不预备增班，还有余力将私校改为国立吗？"④ 由此可知，校方亦默认，一旦将来政府设立更多的公立大学，如光华大学这种私立学校恐怕会失去存在的意义。然而略为尴尬的是，由于新中国建设急需大量人才，知识青年大有用武之地，公立大学的学生亦纷纷投身到继续革命和新中国建设的事业中。1949年夏，复旦大学便有1200名学生离校参加知识青年随

---

① 《在光华大学师生员工代表大会开幕式上的讲词》，汤涛主编《廖世承校长与光华大学》，第102页。

② 钱绍武：《我这样想：我们的学校是不是有前途》，《光华大学25周年纪念特刊》，光华大学，1950，第24页。

③ 《光华大学校务委员会第三次会议录》（1949年10月7日），《华东高等教育处档案》，档案号：B1/1/2165/44。

④ 《在光华大学师生员工代表大会开幕式上的讲词》，汤涛主编《廖世承校长与光华大学》，第102页。

军南下服务团和西南服务团，占该校学生总数的 70%。① 与此同时，华东人民革命大学、华东军政大学、上海市青年干部训练班等培养新中国建设速成人才的新式教育机构设立，很多青年接受培训后便能直接进入工作岗位。还有多少学生愿意投考私立大学、接受漫长的四年学院教育便可想而知。所以，1948 年秋，光华大学有 1742 名学生，1949 年已经减到 976 名，1950 年则减到 780 名。② 此外，校内频繁有"学校将改国立""学校迁移""私大合并"之类的传言，学生学习情绪低落。③

其次，光华大学在争取师资方面与公立大学相比，劣势进一步加大。

新中国成立之初，单位体制虽然并未正式在高校确立，但大学教师由单位进行管理，给予他们身份和福利保障，成为一种趋势。一个典型的表现是，公立大学对教师逐渐具有深度的管理权，只有经过学校的允许才能兼任教职，经过组织的允许才能调动。在这种情况下，一贯依靠兼任教师授课的私立大学便面临严重的师资短缺问题。光华大学由于财政紧张，教授薪水非但比公立大学低，与沪江、大夏、大同等学校的待遇相比也差，难免出现人才流失的情况。④

光华大学生物系主任、专任教授王志稼是战后手创生物系的元老。然而，新中国成立后王志稼改任复旦大学教授，廖世承以理学院院长职位挽留，并请求复旦大学允许王志稼在两校专任，复旦大学未予答复。廖世承又致书华东教育部高等教育处，称"素仰人民政府对于私立学校与国立学校，期望进步，同属深切"，希望政府念及私立学校"延聘人才之困难"，允许王志稼在两校专任。高教处并未同意。最后，廖世承只能聘王志稼为兼任教授，请周蔚成代理生物系主任。教授耿淡如、应成一、胡继纯亦被复旦大学延揽，廖世承致信复旦大学，请求允许三位教授仍在光华继续兼职。⑤ 教育系教授谢循初在光华任教 10 余年，亦决定

① 蒋纯焦：《上海教育史》第 3 卷，上海教育出版社，2019，第 30 页。
② 尤敦明：《纪念六三校庆贯彻学代会精神》，《光华大学 25 周年纪念特刊》，第 22 页。
③ 《光华大学一九五〇年五月份专题报告——师生员工代表大会的前前后后》，汤涛主编《廖世承校长与光华大学》，第 107 页。
④ 《关于向华东教育部呈送学期预算及申请补助的报告》，汤涛主编《廖世承校长与光华大学》，第 180 页。
⑤ 《关于请上海市高教处核准王志稼为兼任教授的函》，汤涛主编《廖世承校长与光华大学》，第 267—269 页。

专任复旦大学教授，向光华提出辞职，最终经廖世承向复旦大学方面恳求，希望谢循初能每周在光华大学任课 6 小时。复旦大学向高教处请示之后，允许谢循初兼任教授，但规定上课钟头应该减少为每周 4 小时。① 1951 年 3 月 29 日，廖世承希望聘请沪江大学徐中玉兼任 3 小时文艺学课程，被沪江大学拒绝。廖世承再度致信称，拟将徐中玉的 3 小时课程安排在星期六下午一次授完，且徐中玉在沪江亦教授同名课程，星期六下午一般亦不办公，希望"惠念我校具体困难，暂准同意聘兼，以免课业中断"。此种请求仍被沪江大学断然拒绝。② 此时已经是 4 月，沪江大学拒绝徐中玉兼任，显然必会造成光华同一课程中断。

由于光华大学教授多系公立大学兼任，无法正常参加政府所要求的培训活动。比如，1951 年，华东教育部为培养新法学师资队伍，拟选派讲师以上教员前往北京中国新法学研究院进行为期 5 个月的带薪脱产学习，分配给光华大学名额 1 人。然而，法律系几位教师都是其他大学教授在光华兼课，如前往北京学习，势必放弃在他校的职务，所以实际上无法办到。③ 在类似事情上，光华大学作为私校的尴尬，可想而知。

经济恶化陷入绝境

如廖世承所言，"本校校董会并无基金，在以往学校经费极度困难时，曾由校董私人捐助，惟所捐助的，为数甚微，因所有校董，均系学校挽请担任，其中有经济能力者极少，不能真正负起对学校筹措经费的责任"。④ 廖世承所言属实，但至少在 1949 年以前，校董会中政商两界人士尤其是党政要员尚能发挥一定作用。新中国成立前夕，一部分校董前往台湾，改选的新校董包括王费佩翠（1949 年 11 月去世）、许秋帆、赵晋卿、廖世承、朱公谨、容启兆（后被驱逐）、秉志、张星联、荣尔

① 《关于请复旦大学惠允谢循初继续在校任教的函》，汤涛主编《廖世承校长与光华大学》，第 263 页。
② 《关于请徐中玉担任文艺学课程的函》，汤涛主编《廖世承校长与光华大学》，第 302—303 页。
③ 《关于请华东教育部核准参加新法学研究会学习的报告》，汤涛主编《廖世承校长与光华大学》，第 305 页。
④ 《关于向华东教育部呈送办学经费情况的报告》，汤涛主编《廖世承校长与光华大学》，第 154 页。

仁（1950 年离开中国）、孙瑞璜、吕思勉、沈昭文、王守恒等。在新政权之下，光华显然已经没有任何政界要人可以依靠，校董会中少数几位工商界人士或老迈，或破产，或只是名义上担任，其余如吕思勉等学校员工固然对学校有热情，但毫无经济能力。因此，此时一般私立大学的校董会已经彻底虚化。

1949 年秋季学期，学校经济遭遇严重困难，只能请校友会筹款补助清寒学生助学金 4000 余单位。[①] 1950 年 7 月，廖世承在新艺建筑公司总经理王子扬处获得经纬仪、水平仪、求积仪等建筑仪器，以供土木工程系实验之用。[②] 其后，又向校友王守恒索捐化学仪器药品若干。[③] 此种捐赠只能是小修小补。学校的日常维持经费，几乎全部依靠学费。由于求学者锐减，光华大学难以获得更多的生源，便无法收到足额的学费。而且，此时私立大学的学生构成与 1949 年前相比也有所变化，在校者"贫苦学生过多"，乃至学校常常要动员发起催缴欠费运动，向学生征缴学费。[④] 新政权成立后百废待兴，政府一时无暇顾及私立大学，无法给予援助。因此，私立大学的处境尤为艰难。面对这种情况，廖世承利用参加华东区高教会议的机会提出了《拟请补助私校助学金以救济失学青年案》，希望政府能在助学金和图书资料方面对私立大学予以补助。[⑤] 1950 年 12 月，光华大学向华东教育部申请补助设备费、图书医药费、教授进修费等 21092 单位，华东教育部准许补助 8000 单位，数额为申请的 1/3 强，远不足学校之用。[⑥]

由于经费不敷，理工科所需要的器材或标本，光华大学无力购买，只能向其他公立学校求借，但基本遭到对方拒绝。1950 年 2 月，廖世承

---

① 《关于向华东教育部呈送办学经费情况的报告》，汤涛主编《廖世承校长与光华大学》，第 146—154 页。

② 《关于请王子扬捐赠土木工程仪器的函》，汤涛主编《廖世承校长与光华大学》，第 430 页。

③ 《关于请王守恒捐赠化学实验仪器的函》，汤涛主编《廖世承校长与光华大学》，第 432 页。

④ 《光华大学一九五〇年五月份专题报告——师生员工代表大会的前前后后》，汤涛主编《廖世承校长与光华大学》，第 111 页。

⑤ 《关于呈送华东高教会提案建议的报告》，汤涛主编《廖世承校长与光华大学》，第 124 页。

⑥ 《关于向华东教育部呈送秋季学期预算及申请补助的报告》，汤涛主编《廖世承校长与光华大学》，第 141—145 页。

因学校经费枯竭，无力购买理工科学生必需的"材料、电工、水利"三项实验设备，希望向交通大学借用，被交通大学以"本校学生人数较前增多，所有各项学生实验设备尚感不敷应用"为由拒绝。① 此年，廖世承又转向上海市立工业专科学校，希望借用实验设备，并请土木工程系主任祝永年前去协商，对方予以婉拒，称原则上可以考虑，但目前设备尚新，本校尚未启用整理，本学期暂难借用，具体办法尚待研究。廖世承不甘心，再度提出申请，希望在新机器整理完毕后再带领学生前去做实验，又被该校拒绝。② 1951 年 5 月，廖世承致函同济大学医学院称："新设寄生虫课程实验所需标本，虽经多方搜集，尚未齐备。近悉你校医学院关于此类标本蔚为丰富，倘蒙惠让若干，则于我校教学之进行，裨益极多。你校热心为人民服务，夙著声誉，特函奉恳，定蒙应允。"其后，同济大学出于热心，赠送光华教学用图 1 册、标本 21 种。③

　　由于求借无门，廖世承更寄希望于申请政府补助。此时的政府也稍有余力补助私立大学。1951 年 3 月，廖世承向华东教育部申请补助，希望给予学校 81.7 个政府补助公费的名额，以便使更多的学生可以减免学费，此议获得政府同意，给予 75 个由政府补助的公费名额。④ 1951 年 4 月 23 日，廖世承因学校财政严重入不敷出，按照现有财政情况，教员只能发六折薪水，为了稳定人心，目前按七折薪水发放，由此向华东教育部申请补助 44000 单位。华东教育部并未回复。6 月，廖世承再度致函称，目前 6、7 两月学校行政开支筹措困难，7 月薪资无法按照七折发放，暑假期间教职工不发工资生活困难，希望教育部"核赐补助……以减轻生活上之顾虑"。其后，华东教育部仅给予 2—7 月补助金 17824 单位，并附有严格的经费补助审核意见书。⑤

---

① 《关于向交通大学借用材料电工水力试验的函》（1950 年 2 月 25 日），汤涛主编《廖世承校长与光华大学》，第 425 页。
② 《关于向上海工业专科学校借用材料试验设备的函》，汤涛主编《廖世承校长与光华大学》，第 443 页。
③ 《关于商请同济大学惠让生物课程教材标本等的函》，汤涛主编《廖世承校长与光华大学》，第 451 页。
④ 《关于向华东教育部申请扩大减免费名额补助的报告》，汤涛主编《廖世承校长与光华大学》，第 172 页。
⑤ 《关于向华东教育部呈送学期预算及申请补助的报告》，汤涛主编《廖世承校长与光华大学》，第 180—184 页。

总之，私立大学经济窘迫，举步维艰，莫此为甚。在 1949 年前尚且存在一定筹款渠道，可以寅吃卯粮，如今则几乎无从筹措，毫无出路。

科系扩张的努力与阻碍

即使面对重重困难，光华大学在 1949 年后仍然试图谋求自身的发展，尤其是希望通过自我调整实现学校的整体转型，进行自救。1949 年秋季，上海高校基本重新复课。利用政权鼎革的真空期，光华大学开始积极谋划创设新的系科。1949 年 7 月，廖世承向上海市军管会文管会高等教育处申请，称："为造就营造建筑及农村合作等项专门人才"，在光华大学理（工）学院和商学院分别增设营造建筑系、农业经济系；"为青年学子增加就业与深造机会起见"，增设两年制国文、土木专修科。显然，廖世承已经认识到新中国成立以后必将需要大量建筑人才，又考虑到中共未来的一部分工作重心在农村，遂申请成立相关系科，希望私立大学在人才培养方面能更符合时代的需要。然而，对于此种申请，文管会高等教育处批示"缓议"。[①] 究其原因，一方面光华大学自认为的国家急需未必是主管部门认为的急需，另一方面此时政府已经开始考虑未来上海高校的学科布局问题，开始对一些高校进行初步的院系调整，对学科重复设置、水准不高的科系和学校，将不再鼓励。

1949 年 8 月，当局停办暨南大学。9 月，取消同济大学的文、法学院，并入复旦大学，同济大学恢复为以医工为主的学校。两所综合性大学顷刻之间被拆分瓦解，光华大学主动申请增设科系，显然不符合时代的精神。目睹暨南大学、同济大学的基础学科都遭到裁撤，光华大学校方亦开始重新思考科系整合问题，尤其是那些偏重于理论、学生人数较少的文理基础学科。

新中国成立前夕，光华大学已经发展为三院［文学院、理（工）学院、商学院］十七系科（中文系、外文系、历史系、教育系、政治系、法律系、社会系、生物系、数理系、化学系、土木系、经济系、会计系、

---

① 《关于向上海市军管会等呈送拟增设系科的报告》，汤涛主编《廖世承校长与光华大学》，第 84 页。

银行系、工商管理系、国际贸易系、会计专修科）。① 如前所述，很多系科的师资力量不足，学生人数也比较少。由于光华大学在 1949 年后出现严重的经济危机，停办这些学科也可以节省办学经费。1949 年 9 月，光华大学举行第七次临时校务会议，决议裁并学生人数较少的科系，学生人数较少的班级合并上课。由此，文学院政治、法律、历史、社会四系一年级停止招生，英文系、国文系二年级课程裁撤，文学院二、三、四年级课程尽量合并开办。理学院数理系课程一律停开，将原有学生介绍转入他校就读。理学院、商学院部分选修课暂缓开设。② 文学院院长蒋维乔对此种裁撤非常不满："余意裁系太多，数理、历史（系）应保留，专开一、二年级，三、四年级人数过少另行设法。"③至于历史系主任吕思勉、社会系主任应成一等，由于所主持的科系遭到撤销，只能留校担任公共课程教师。④

在裁撤系科之后，光华大学按照华东教育部高等教育处的要求精简课程，缩短正规学习的时间。高教处总的指导原则是：文、法、商各学院学生每周上课时间不得超过 24 小时，理、工、农各学院学生每周上课时间不得超过 21 小时，各院系学生每周学习时间（上课加自习）不得超过 60 小时。⑤ 1950 年 2 月，光华大学被精简的课程达 106 门，每周课程减少 280 小时。光华大学大刀阔斧地削减课程，在上海高校中本属领先，但之后大夏大学每周精简课程 445 小时，光华又提出了"向大夏看齐"的口号。⑥

从私立大学裁并系科、精简课程来看，国家对私立大学的定位比较明确，那便是打破 1949 年前高等教育培养"通才"的传统，从理论教育转向技术教育，要求教育与社会实际需要挂钩。正如教育部部长马叙伦

---

① 张耕华主编《光华大学编年事辑》，第 363—364 页。新中国成立前夕，理学院改为理工学院，不久后又改为理学院。
② 《解放后光华大学第一学期工作总结报告》，《光华大学 25 周年纪念特刊》，第 6 页。
③ 《蒋维乔日记》第 27 册，第 218 页。
④ 《关于社会系停办后请应成一继续任教的函》，汤涛主编《廖世承校长与光华大学》，第 261 页。
⑤ 《高等教育处二月份工作报告》（1950 年 2 月），《华东高等教育处档案》，档案号：B1/2/782/33。
⑥ 《在光华大学师生员工代表大会开幕式上的讲词》，汤涛主编《廖世承校长与光华大学》，第 104 页。

在 1950 年第一次高等教育工作会议上的报告指出，新中国的教育必须无条件配合国家的政治、经济、文化和国防建设的需要。经济建设是整个国家建设之本，新中国的大学必须进行系统的理论与实践相结合的教育，才能为经济建设服务。新中国的大学，不准重蹈过去"为学术而学术"的覆辙，与国家和人民的需要脱节。① 光华教授郭绍虞（中共党员）亦响应中央号召，告诫光华应该注意到"大众的面向"。他认为，新中国成立前的光华大学过于正规，制度严格，管理有序，教学与研究并重，但是新中国成立后"可能不需要以前这般正规化地发展，也就不妨发展到专科性的与职业性的方面，一方面缩短了本科的学习年限，一方面与附中取得一贯的联系"。② 由此，新中国成立以后，私立大学转变为技术性质的学校，成为普遍的趋势。

光华大学对这一点并非没有认识，在裁撤文科的同时，拟继续大量增加实用学科、缩短学制、开设短期训练班，以符合时代发展的需要。1950 年 5 月，光华大学召开校务会议，廖世承宣布，拟开办师范专修科，其中设置幼稚教育、生物教学二组，以培养急需的师范人才；土木工程系中增加测量员、绘图员、监工员、土木工程、水利工程等各种训练班；商学院增加合作、会计、保险、统计等一年短训班。另外，开设各类五年一贯制专修科，招收初中毕业生。③ 1950 年 7 月，廖世承正式向华东教育部申请添设五年制财经、土木专修科，两年制铁路工程、合作、保险专修科。华东教育部同意开设两年制专修科以培养急需人才，五年制专修科根据计划最终决定是否设立。④ 总之，光华大学的科系设置总体上未增反减，到 1951 年春发布招生简章时，仅有文、商二院八系，以及若干两年制、五年制专修科。⑤ 由于光华大学在大西路仍有 60 余亩土地校产，校友会已经在其上建立了光华农场。校方以"适应新民

---

① 《马叙伦部长在第一次全国高等教育会议上的开幕词》（1950 年 6 月 1 日），高等教育部办公厅编印《高等教育文献法令汇编（1949—1952）》，1958，第 13 页。
② 郭绍虞：《光华的前途》，《光华大学 25 周年纪念特刊》，第 3 页。
③ 《第二次计划委员会会议录》（1950 年 5 月 27 日），《光华大学档案》，档案号：K82/3/269/8—9。
④ 《关于请华东教育部核准添设财经等专修科的报告》，汤涛主编《廖世承校长与光华大学》，第 116 页。
⑤ 《关于向华东教育部呈送一九五一年春招生简章的报告》，汤涛主编《廖世承校长与光华大学》，第 158 页。

主主义经济建设具体需要，培养农业技术人才"为名，申请增设农业专修科，教育主管部门以"该专修科所定任务过多，而且专任教师很少，其他设备等条件亦较差"为由予以拒绝。[①] 至此，光华大学不再期待增设任何科系，扩充计划彻底宣告失败。廖世承应该已经基本认识到，虽然光华大学从根本上调整办学方向，努力"救亡图存"，但未来高等教育的发展，应该是由政府来通盘考虑，有目的、有系统地进行全盘规划。

从 1950 年夏开始，私立大学的毕业生由国家统一分配工作。分配工作，可以避免民国以来一直存在的"毕业即失业"的问题。不过，统一分配工作，也使个人失去了选择权利，完全服从于国家需要。光华大学在贯彻毕业分配政策方面反复做思想工作，最后"大部放弃了个人利益，服从组织分配，愉快地走上工作岗位"。参加土改则是走向工作岗位的必要条件，当年服从国家分配工作的同学也绝大多数参加了土改。以经济系为例，27 名同学中只有 2 名同学还犹豫考虑，其他全部参加土改工作。除了参加土改之外，另一个出路是参加军干校。1950 年 12 月，学生正式报名参加军干校的有 105 人，占全校人数的 10%。[②] 1951 年夏，私立大学又被纳入华东区高等学校统一招生的序列。私立大学的招生与就业工作，已经完全被纳入国家序列，私立大学与公立大学已经相差无几，其最终归宿是并入公立大学。

1949 年前上海各大学虽然设有多家教育学院（系）或师范专修科，但并无一所高水平的师范大学培养中学师资。1951 年，教育部要求，以各大学现有的师范学院、教育学院、教育系以及文理学院为基础，对师资力量加以整合，以实现每一个行政区均有一所师范学院，每一个省或两三个省均有一所师范专科学校，以便有计划地培养中学师资。根据这个精神指示，华东地区拟成立华东师范大学，负起为华东地区培养中等师资的责任。1951 年，华东教育部命令以光华大学、大夏大学两所私立大学为基础，合并成立华东师范大学并裁撤、调整院系。两所大学的文理科并入华东师大，土木学科并入同济大学，政治、财经、法律等学科并入复旦大学、上海财经学院、华东政法学院等校。光华大学有教授 13

① 《关于向华东教育部呈请增设农业专修科的报告》，汤涛主编《廖世承校长与光华大学》，第 165 页。

② 张耕华主编《光华大学编年事辑》，第 395 页。

名、副教授 4 名、讲师 1 名、助教 10 名并入华东师范大学（见表 8-2）。图书、仪器、档案文件、房地产等均归华东师范大学所有，大西路所遗60 余亩农场土地经政府协调无偿转让给华东纺织工学院使用。由此，一所创办 26 年的私立大学成为公立大学的一部分，开始新的历史使命。

表 8-2　1951 年 10 月底华东师范大学教职工组成

单位：人

	光华	大夏	同济	沪江	复旦	体专	新聘	合计
教授	13	15	4	1	8	3	16	60
副教授	4	2	1		1	2		10
讲师	1	4	2			2	5	14
助教	10	5	4	1	3	1	23	47
职员	19	30	3			8	22	82
工友	37	59				6	13	115
合计	84	115	14	2	12	22	79	328

资料来源：张耕华主编《光华大学编年事辑》，第 408 页。

小　结

1949 年前，光华大学存在科系总量大、科系规模小、师资力量弱、人才培养水平低、财政危机严重等诸多问题，办学步履维艰。就教育内容而言，1949 年前的光华大学与国立大学差异不大，都秉承大学应该培养"通才"的传统，坚守理论教育，与实际的社会需要严重不符。然而，由于私立大学本身的局限，光华大学的理论教育又无法转化为学术研究，这便造成了私立大学的"高不成低不就"。因此，1949 年前光华大学内部便已经孕育了"衰落的种子"。1949 年国民党败退台湾以后，光华大学在各方面都面临挑战。

最初，新政府并未直接接管光华大学，而是通过改组管理体制、建立学习制度、确立政治课程体系等方式，逐步将光华大学这类私立大学纳入管理之下。光华大学亦努力顺应新时代和新形势，希望能够在新中国获得重生。光华大学在经济上陷入困境，无以为继，在政治上不占优势，在教育上师资被公立大学"碾压"，在校学生数量逐年锐减。光华大学虽然努力调整人才培养的方向，以满足国家和社会的需要，甚至决定向高等职业教育学校转变，但由于积重难返，最终只能宣告失败。此时对光华大学这类私立大学而言，唯一的出路是接受改造，并入公立大学。光华大学全体教职工也愿意接受由"私"到"公"的转变，因为这虽然终结了学校名号，但无论对学校还是对个人而言，走上的是一条重生之路。

结　语

　　近代中国的私立大学多数并非资本家热心兴学、长期酝酿、投资创办的产物，而是民族主义思潮澎湃激昂的催生品，诞生于偶然爆发的政治运动或突发事件。比如，复旦大学是从天主教学校震旦公学独立而出，中国公学是一群留日学生反对日本政府压迫回国创建，大同大学因一批清华学堂教员不满于该校的西化教育而创立，大夏大学由厦门大学学潮催生，持志大学是上海大学国民党右派师生脱离该校建立，上海法科大学从上海法政大学中分裂而出。至于本书的研究对象光华大学则诞生于五卅运动，系圣约翰大学学生抗议美籍校长卜舫济压制学生爱国运动、侮辱五色国旗愤而出走之后创立，是收回教育权运动最重要的收获之一。

　　北洋政府统治时期是光华大学发展的黄金时代。由于北洋政府内部政治斗争激烈，政潮常常波及教育，加之政府常年拖欠教育经费，国家主办的国立大学普遍衰弱不振。相比之下，私立大学则被社会寄予厚望。正如光华大学创校副校长朱经农所说："今后教育事业恐须从华人自办私立学校方面入手。官立学校多半乌烟瘴气，不为此派所把持，即为他派所占有。"① 在这样的时代背景之下，光华大学的治校者在建校初期依靠工商界和民间社会的捐助和支持，在尊重北洋政府统治权的前提下与之保持相安无事，在内部努力将政治势力隔离于学校之外，大体保持学校的稳定。

　　国民政府成立之后，光华大学与政府的关系发生本质性变化。国民政府教育部努力将私立大学纳入国家的教育管理体系，相关的教育政策和措施也日益正规化、严格化。尤其是国民党推行训政和党化教育，力图用意识形态控制高等教育。此时光华大学聚集了一批当时中国最具有代表性的自由主义知识分子，他们在校外抨击党治，又把批判党治的炮

---

　　① 《朱经农致胡适》（4月27日），中国社会科学院近代史研究所中华民国史组编《胡适来往书信选》上册，中华书局，1979，第325页。

火引入校内，使光华大学带有明显的政治抗争色彩。此种表现代表着中国私立大学的抗争传统，也使像光华大学这样的私立大学一时间在声誉方面超过国立大学。当然，此种批判精神，必然会引起国民党的压制。光华大学校方身处自由主义者和国民党两种势如水火的力量之间，最终放弃自由主义者而屈服于党治，代表着近代中国私立大学内部"政学分途"的趋势。此种斗争、冲突与妥协，亦展现了在政治转型时期，私立大学与国家政权之间艰难调适、彼此重新确立界限的过程。

虽然如此，国民党仍然不能实际控制光华大学。首先，近代中国的私立大学具有特殊背景，其主事者也常常是高级官员或曾经担任高级官员，尽管光华大学校长张寿镛在国民政府中的地位逐渐边缘化，却可以在一定程度上保护国民党尤其是地方党部势力对光华大学的植入。其次，私立大学费用浩繁，并非营利性机构，反而是一个烫手的山芋，光华大学校长张寿镛经常苦恼如何为大学筹措经费。控制私立大学则意味着需要为其承担经费，国民党地方党部若要将其收入囊中便要对其经费负责，实际上无力将其据为己有。最后，国民政府成立后相当一段时间内，政府无力补贴私立大学，如光华大学者免于"拿钱手短"，在一定程度上保持了其相对的独立性。因此，在一些重要的政治事件中，光华大学仍然可能越出国民党控制的轨道。九一八事变后，光华大学学生参与并领导南京请愿活动，且在校内出版《抗日旬刊》抨击国民党，甚至在请愿失败之后将学校变成上海学生运动的大本营，便是明证。光华大学文学院院长王造时、教授彭文应等以《主张与批评》《自由言论》为阵地继续抨击国民党，也证明了国民党对私立大学的控制有限。不过，学运频起和政治批判使国民党进一步意识到整肃私立大学的重要性，已经辞去国民政府财政部次长职务的光华大学校长张寿镛也努力让光华大学从政治的旋涡中抽身，努力回归学术本位。此种从政治向学术转变的过程中，光华大学与政府的关系也经历着从相对独立到依附的变化，最主要的影响是经济因素。

近代中国私立大学多是政潮或学潮的产物，即使模仿西方私立大学设置了校董会之类的机构，也仅仅是形式上的模仿，而从未得其实，最终成为应付政府立案和装点门面的虚化摆设。一般西方私立大学创立时都拥有一定的办学基金，或来自大资本家的遗产捐赠，或来自某些基金会的大宗捐助，成为学校持续办理的基础。然而，近代中国的私立大学绝大多数都没有固定的办学基金，初期主要以民族主义为号召向社会筹募，其后则主要依靠学生缴纳的学费，或向工商银行界求告式的募捐和借贷。由于近代中国的民营工业、企业起步较晚，加之频繁的战乱，真正意义上财力雄厚的大资本家可谓少之又少。由于近代一般工商资本家普遍公益观念淡薄，很少具有捐助文化教育事业的意识。尤其在 20 世纪 30 年代以后，世界性的经济危机导致工商业进一步衰落，加之蒋介石和国民党政权对上海工商界竭泽而渔式的勒索，间接导致私立大学的资金来源受到严重的影响。私立大学向工商银行界募捐或借贷则越来越难，逐步陷入朝不保夕的窘境。对光华大学这类私立大学来说，如何拥有稳定的财源，日益成为校方的重要考量。

20 世纪 30 年代以后，国民政府开始重视高等教育的发展，较少拖欠教育经费，国立大学获得充足的经济支持，获得快速的发展。由于这一时期社会秩序相对稳定，政府扶植的国立大学在学术上也相应取得一定的进步。私立大学主事者更为明确地意识到，在国家控制日益增强、民间社会不断萎缩的前提之下，政府成为影响私立大学发展的举足轻重的力量。光华大学开始积极寻求政府的帮助。当时担任校长张寿镛秘书并在教育系授课的朱有瓛认为："私立大学在国家建设上有重大的贡献，今后的生命，必待政府予以大量的补助，严密的监督，一直到逐年变为国立为止。……个人主张教育是国家的事业，不应由私人经营，中国的私立大学应逐渐予以补助、发展、纠正，而最后收归国有。如果拿三百万来办一个新的大学，或一个独立的学院，则反不如集中经费来补助有成绩的私立大学，使他走上健全的道路，在民族的发展上尽最大的努力。"①

然而，国民政府教育部素来不重视私立大学，一直未能与私立大学建立起畅通的沟通渠道或补助机制。私立大学向政府寻求资源，只能高度依赖私人渠道。私立大学背后的政治背景如何，有何种党政要人支持，则可能决定资源获取的多少或有无。由此，20 世纪 30 年代中期以后光华大学等私立大学的主事者将大量精力用于向中央政府寻求人脉资源、

---

①　朱有瓛：《中国私立大学的前途》，《政问周刊》第 61 号，1937 年 2 月，第 13 页。

编织人际网络，最典型的表现便是放弃工商界的校董，转而拉拢党政要人担任校董，希望他们为光华大学谋取利益。如果缺乏此种渠道，未来的办学必将举步维艰。

私立大学对政府的依靠，到抗战时期更为严重。此时私立大学的财政危机进一步恶化，社会捐助已经基本中断，收入来源除了学费，基本依赖教育部的补助。如果没有教育部的补助，私立大学将无法生存。因此，此时私立大学与某些中央党政要员形成一种近似人身依附的关系。如光华大学主要依靠翁文灏、朱家骅、孔祥熙等，大夏大学主要依靠何应钦、孔祥熙等，复旦大学则依靠陈立夫以及于右任等一干校友。不过，私立大学与中央党政要员形成人身依附关系，存在两个方面的问题。一方面，政治需要利益交换，党政要员对学校而言意义重大，学校对党政要员而言更多是获得虚名，难有实利，如果学校对中央党政要员只是不断索取而无法回报，其依附效用必将不断递减。因此，如光华大学校长张寿镛在失去政治地位之后，无法再与朱家骅、孔祥熙等进行政治资源的交换，只能努力在上海"孤岛"恪守忠诚，在民族大义方面不越雷池一步，还秘密替政府收购珍贵古籍，以期引起朱家骅等人的好感。另一方面，由于国民党和国民政府内部派系纷繁复杂，此种人身依附具有巨大的风险性。比如光华大学选择依附于朱家骅，那么便可能开罪朱家骅的竞争对手——教育部部长陈立夫。由于光华大学被教育部目为朱家骅系势力，教育部提供的微弱补助常常是大打折扣，学校受到极其不平等的待遇。即使在学校濒临危殆、发生学潮将被四川地方势力夺取之时，教育部亦不予援助。因此，20 世纪 30 年代以后，原本自认为可以"政罗教网无羁绊"的私立大学，不可避免地主动或被动卷入政治纷争。国民党内部的派系斗争和人事纠纷，不仅影响国立大学，也影响私立大学，甚至在一定程度上决定了私立大学的命运。

抗战胜利后，各私立大学在上海复员，光华大学亦在上海复校。光华大学依靠的翁文灏、朱家骅等占据行政院和教育部要津，教育部原次长朱经农也担任校长，由此学校获得了政府的特殊对待，改变了抗战时期长期遭受教育部歧视的命运。此时，光华大学对政府的依附进一步加深，最重要的董事长一职，由聘请当年捐地办学的商界人士王省三夫妇，改为行政院副院长翁文灏担任。由于光华大学的董事长位居要津，可以与商界进行利益交换，院长以翁文灏名义向社会筹款的过程一度比较顺利。由此更确认一般私立大学名义上由工商界支持，实际则是由中央政府要人支持。此种特殊渊源，更使这样一所学校在政治立场上与国民政府完全保持一致。在战后要求实行民主政治的潮流中，大学生普遍起而抗争，承担起追求民主政治的社会责任。20 世纪 30 年代以前，如光华大学这类学校在类似运动中常常表现不俗，甚至能担负起领导者的重任，风头常常盖过国立大学。20 世纪 40 年代以后，那些所有权属于国家的国立大学，由于是国家的"嫡长子"，反而在战后历次学生运动中充当急先锋。私立大学由于对党政要员人身依附而形成的"庶出"地位，以及"拿人手短"的顾虑，彻底成为默默无闻、表现甚少的学校。三十年河东，三十年河西，私立大学与国立大学在学生运动的领导角色上发生吊诡式的转换。

此时以光华大学为代表的私立大学，既没有成为追求民主自由的先锋堡垒，也没有成为专心教学、潜心学术的高水平学府。20 世纪 30 年代以后的私立大学，由于经济上的困境日益严重，办学水平与国立大学的差距逐渐增大。在师资力量方面，以光华大学为代表的私立大学，主要依靠兼任师资办学，教授与大学之间的关系非常疏离，雇佣色彩明显，学校基本未能建立起一支稳定的专任教师队伍。在这种前提下，这类私立大学只能维持基本的教学活动，无法发挥研究作用，也无从真正提高学校的层次和水平。在院系建制方面，以光华大学为代表的私立大学普遍有名无实，或者只能开办不需要大量资金、设备的文法科，或者大面积开设教人如何赚钱的商科，造成学风的庸俗化和商业化。至于理科虽然存在，但只起到点缀作用，工科、农科、医科等符合国家和社会需要的学科基本无力开设。总之，光华大学等综合性私立大学，在民国时期基本未能形成属于自身的教育特色，无法走出一条与国立大学错位发展的道路。最后的结果是，这类私立大学既没有顾及教育目标的现实性，也无法真正培养出学术人才。固有的先天不足、基础薄弱，加之缺乏财源、滥收学生，使如光华这类原本"出身名门"的私立大学，教育质量日益低下，甚至有沦为"野鸡大学"之忧。

总之，1949 年以光华大学为代表的私立大学由于经济困难，逐步依赖国家和政府，将生存的希望寄托于若干党政要人。私立大学与国立大学同样需要依靠政府资助才能生存，实际上已经在某种程度上消解了自身存在的合法性。私立大学依靠政府，却又不能如国立大学般与政府具有天然的稳定关系，需要校方去努力编织政界网络以争取资源，此种尴尬处境也使其彻底丧失了早年的锐气和抗争传统，逐步沦为附庸，在中国教育版图上的地位更加边缘化。从学术上讲，由于经济困境或治校乏术，私立大学到最后很难真正实现"补国立教育之不足"，其存在的意义，不过是使那些被国立大学排除在外的学生免于失学，增加一个或几个"文凭贩卖所"而已。因此，1949 年前中国的私立大学已经孕育着失败的种子，这类学校是"私而不立"，很难发展成真正的高水平大学。

1949 年以后，新政权对私立大学的改造、合并，使私立大学获得"重生"，有了新的历史使命。尤其是 20 世纪 50 年代的院系调整，终结了私立大学自行发展、缺乏目标的状态，使其发展方向符合国家建设的需要，也有其时代合理性。

参考文献

一 档案

重庆市档案馆藏聚兴诚商业银行档案、美丰商业银行档案、四联总处档
　　案、重庆市警察局档案、川康平民商业银行档案

华东师范大学档案馆藏光华大学档案

上海市档案馆藏上海市教育局档案、沪江大学档案、上海商学院档案、
　　震旦大学档案、大同大学档案、日伪上海市教育局档案、上海市棉
　　纺织工业同业公会档案、诚明文学院档案、上海市学生联合会档案、
　　华东高等教育处档案

台北"国史馆"藏北洋政府教育部档案、蒋中正"总统"文物档案、国
　　民政府档案、军事委员会侍从室档案

台北中国国民党党史馆藏环龙路档案、会议档案、特种档案

台北"中研院"近代史研究所档案馆藏朱家骅档案

中国第二历史档案馆藏教育部档案

二 光华大学相关出版物

1. 年刊

《光华丙寅年刊》，光华大学，1926。

《光华丁卯年刊》，光华大学，1927。

《光华戊辰年刊》，光华大学，1928。

《光华庚午年刊》，光华大学，1930。

《光华癸酉年刊》，光华大学，1933。

《光华甲戌年刊》，光华大学，1934。

《光华乙亥年刊》，光华大学，1935。

《光华丙子年刊》，光华大学，1936。

《光华丁丑年刊》，光华大学，1937。

《光华己卯年刊》，光华大学，1939。

　　2. 期刊

《晨曦》，1926。

《光华半月刊》，1925—1926。

《光华周报（光华周刊）》，1927—1929。

《光华期刊》，1927—1928。

《光华大学附中周刊》，1930。

《光华大学半月刊》，1932—1935。

《光华大学同学会会刊》，1936。

《光华通信》，1938—1939。

《光华青年（青年之声）》，1940—1941。

《光华通讯》，1946—1948。

《光华附中简讯》，1947。

《教育学报》，1929。

《抗日旬刊》，1931。

《小雅》，1931。

《政治学刊》，1929。

《哲学研究》，1931。

　　3. 纪念册

《光华大学五期纪念册》，光华大学，1930。

《光华大学十周纪念册》，光华大学，1935。

《光华大学戊寅纪念册》，光华大学，1938。

《光华大学十五周纪念特刊》，光华大学，1940。

《光华大学十六周纪念特刊》，光华大学，1941。

《光华大学同学会成都分会庆祝母校廿周年纪念特刊》，光华大学，1945。

《光华大学廿二周六三纪念特刊》，光华大学，1947。

《光华大学 25 周年纪念特刊》，光华大学，1950。

《光华的足迹——光华大学建校七十周年纪念集》，华东师范大学印刷
　　厂，1995。

《光华精神、光华人——光华大学暨附中建校 80 周年纪念集》，光华大学
　　暨附中校友会，2005。

《六三血泪录》，光华大学，1928。

《六三纪念特刊》，成都光华大学，1939。

《私立光华大学成都十年记》，光华大学，1947。

《私立光华大学分设成都始末记》，光华大学，1949。

4. 章程名录

《光华大学章程（民国十五年九月）》，光华大学，1926。

《光华大学教务年报：民国十八年度》，光华大学，1929。

《光华日记：1930 Kwang Hua Diary》，上海光华大学大四级会，1930。

《私立光华大学章程》，光华大学，1936。

《私立光华大学暨附属中、小学教职员录》，光华大学成都分部，1941。

《私立成华大学学生须知》，成华大学，1946。

《修改课程特刊》，光华大学，1929。

5. 资料集等

汤涛主编《光华文萃》，华东师范大学出版社，2015。

汤涛主编《光华大学：90 年 90 人》，华东师范大学出版社，2015。

汤涛主编《张寿镛校长与光华大学》，上海人民出版社，2016。

汤涛主编《廖世承校长与光华大学》，上海人民出版社，2018。

汤涛主编《朱经农校长与光华大学》，上海人民出版社，2020。

张耕华主编《光华大学编年事辑》，华东师范大学出版社，2015。

张钦楠、朱宗正编著《张寿镛与光华大学》，华东师范大学出版社，
　　2010。

三　报刊

《大公报》（上海）、《东方杂志》、《东南风》、《大夏抗日周刊》、《大夏
　　周报》、《大夏周刊》、《大学院公报》、《福尔摩斯》、《公教学校通
　　讯》、《国立暨南大学校刊》、《华年》、《沪江年刊》、《江苏党务》、
　　《教务公报》、《教育部公报》、《教育季刊》、《教育通讯》、《教育杂
　　志》、《经济学报》、《警醒》、《立报》、《良友》、《民国日报》、《民
　　众评论》、《民主周刊》、《清华周刊》、《情的问题》、《人言周刊》、
　　《上海各大学联合会会刊》、《上海教育》、《社会新闻》、《申报》、
　　《时报》、《时代日报》、《时事新报》、《时代评论》、《时代青年》、

《外交部周报》、《文汇报》、《微言》、《新大陆报》、《夏声》、《新闻报》、《新路》、《新民报》、《新月》、《醒狮》、《一四七画报》、《益世报》（上海）、《硬的评论》、《艺友》、《政府公报》、《政问周刊》、《中国商报》、《中国摄影学会画报》、《中国学生》、《中华教育界》、《中华时报》、《中央日报》、《中央训练部部务汇刊》、《自由言论》、《传记文学》

四　回忆录、年谱、日记、文史资料、文集以及其他历史文献

1. 回忆录

《半生忧患：沈剑虹回忆录》，台北，联经出版事业公司，1989。

《成败之鉴——陈立夫回忆录》，台北，正中书局，1994。

《历史激流中的动荡和曲折——杨宽自传》，台北，时报出版公司，1993。

刘凤瀚访问，刘海若纪录《丁延楣先生访问纪录》，台北，"中研院"近代史研究所，1991。

陶百川：《困勉强狷八十年》，台北，东大图书股份有限公司，1986。

项伯龙主编《青春的步伐——解放前上海大中学校学生运动史专辑》，同济大学出版社，1999。

萧公权：《问学谏往录》，黄山书社，2008。

杨宪益：《漏船载酒忆当年》，薛鸿时译，北京十月文艺出版社，2001。

赵家璧：《编辑忆旧》，中华书局，2008。

赵家璧：《书比人长寿：编辑忆旧集外集》，中华书局，2008。

周有光口述《逝年如水——周有光百年口述》，浙江大学出版社，2015。

2. 年谱

傅宏星编著《钱基博年谱》，华中师范大学出版社，2007。

胡颂平：《朱家骅先生年谱》，台北，传记文学出版社，1969。

李永圻、张耕华编撰《吕思勉先生年谱长编》，上海古籍出版社，2012。

娄岙菲主编《大夏大学编年事辑》（上、下），华东师范大学出版社，2014。

上海交通大学校史编纂委员会编《上海交通大学纪事（1896—2005）》上卷，上海交通大学出版社，2006。

周美华编注《蒋中正总统档案：事略稿本》第2、3册，台北，"国史馆"，

2006。

3. 日记

曹伯言整理《胡适日记全编》第 5 册,安徽教育出版社,2001。

《蒋维乔日记》,中华书局,2014。

李学通、刘萍、翁心钧整理《翁文灏日记》,中华书局,2014。

林美莉编辑校订《王世杰日记》上册,台北,"中研院"近代史研究所,
  2012。

卢金、李华龙编《郑振铎日记》,山西教育出版社,1998。

上海市档案馆编《陈光甫日记》,上海书店出版社,2002。

《夏鼐日记》,华东师范大学出版社,2011。

郑振铎著,陈福康整理《为国家保存文化——郑振铎抢救珍稀文献书信
  日记辑录》,中华书局,2016。

中国革命博物馆整理《吴虞日记》,四川人民出版社,1984。

中国社会科学院近代史研究所整理《黄炎培日记》第 3 卷,华文出版社,
  2008。

4. 文史资料

成都市政协文史学习委员会编《成都文史资料选编·教科文卫卷下·人
  物荟萃》,四川人民出版社,2007。

福建省政协文史资料委员会编《文史资料选编》第 1 卷《教育编》,福
  建人民出版社,2000。

《光华、成华大学"民协"组织开展革命斗争的情况》,出版方不详,
  1984。

贵州省政协文史与学习委员会编《贵州省政协文史资料存稿选编》第 2
  卷,贵州人民出版社,2006。

贵州省政协文史资料委员会、黔西南州政协文史资料委员会编《兴义刘、
  王、何三大家族》,中国文史出版社,1990。

全国政协文史资料委员会编《蒋介石与各派系军阀争斗内幕》,中国文
  史出版社,2012。

上海市政协文史资料委员会编《上海文史资料存稿汇编》(4),上海古
  籍出版社,2001。

政协成都市金牛区委员会文史资料工作组编印《金牛文史资料选辑》第

1 辑，1984。

政协成都市委员会文史资料委员会编《成都文史资料》第 29 辑，成都出版社，1996。

政协贵阳市委员会文史资料委员会编印《贵阳文史资料选辑》第 34 辑，1992。

政协黄冈市委员会文史资料委员会编印《黄冈文史资料》第 6 辑，2003。

政协九江市委员会文史资料研究委员会编印《九江文史资料选辑》第 6 辑，1992。

政协全国委员会文史资料研究委员会《文史资料选辑》编辑部编《文史资料选辑》第 10 辑，中国文史出版社，1987。

政协上海市委员会文史资料工作委员会编《上海文史资料选辑》第 59 辑，上海人民出版社，1988。

政协铜陵县委员会编印《铜陵文史资料选编》第 2 辑，1985。

政协西南地区文史资料协作会议编《抗战时期内迁西南的高等院校》，贵州民族出版社，1988。

政协浙江省委员会文史资料研究委员会编《浙江文史资料选辑》第 21 辑，浙江人民出版社，1982。

中国人民政治协商会议云南省委员会文史资料研究委员会编《云南文史资料选辑》第 50 辑，云南人民出版社，1997。

5. 文集

储安平编《中日问题与各家论见》，新月书店，1931。

蔡观明：《孤桐馆诗文：蔡观明诗文选》，南通市文学艺术界联合会，2008。

韩石山编《徐志摩全集》，天津人民出版社，2005。

刘凌、刘效礼编《施蛰存全集》第 2 卷，华东师范大学出版社，2011。

刘寅生、房鑫亮编《何炳松文集》，商务印书馆，1996。

潘光旦：《自由之路》，商务印书馆，1946。

潘乃穆、潘乃和编《潘光旦文集》第 11 卷，北京大学出版社，2000。

《蜀风集：文守仁先生遗著》，新津县文史资料委员会，1998。

叶志善等编《叶圣陶集》，江苏教育出版社，2004。

叶永烈主编《王造时：我的当场答复》，中国青年出版社，1999。

严恩椿：《训政》，中国印刷厂，1928。

张新颖编《储安平文集》，东方出版中心，1998。

诸青来：《潜庐政论集》，均益利国联合印刷公司，1935。

诸青来：《三民主义商榷》，箴文书局，1930。

《竺可桢全集》，上海科技教育出版社，2005。

6. 其他历史文献

北京大学、清华大学、南开大学、云南师范大学编《国立西南联合大学
    史料》，云南教育出版社，1998。

财政部财政科学研究所、中国第二历史档案馆编《国民政府财政金融税
    收档案史料（1927—1937 年）》，中国财政经济出版社，1997。

曹必宏主编《日本侵华殖民教育史料》第 3 卷，人民教育出版社，2016。

《大夏大学一览》，大夏大学，1927。

《大夏大学一览》，大夏大学，1928。

《第四次申报年鉴》，申报年鉴社，1936。

复旦大学档案馆选编《抗战时期复旦大学校史史料选编》，复旦大学出
    版社，2008。

《复旦大学百年纪事》编纂委员会编《复旦大学百年纪事（1905—2005）》，
    复旦大学出版社，2005。

高等教育部办公厅编印《高等教育文献法令汇编（1949—1952）》，1958。

高桥君平编《留日学生名簿》，（日本）太田印刷所，1933。

顾炳权编著《上海洋场竹枝词》，上海书店出版社，1996。

管道中：《二程研究》，中华书局，1937。

管理中英庚款董事会编印《管理中英庚款董事会职员录》，1936。

《寰球中国学生会特刊》，寰球中国学生会，1926。

黄季陆主编《革命文献》第 55 辑，台北，中央文物供应社，1971。

李言璋编著《余泽鸿烈士》，长宁县天成印务有限公司，2002。

《江苏省教育会年鉴》，江苏省教育会，1925。

教育部编《第一次中国教育年鉴》，开明书店，1934。

教育部编《教育法令特辑》，正中书局，1938。

教育部教育年鉴编纂委员会编《第二次中国教育年鉴》，商务印书馆，
    1948。

教育部编《教育法令汇编》，商务印书馆，1936。

《圣约翰大学章程汇录（1919.9—1920.7）》，圣约翰大学，1919。

《私立大夏大学》，台北，南京出版有限公司，1982。

《私立大夏大学概况》，大夏大学，1941。

《私立大夏大学一览》，大夏大学，1930。

《私立大夏大学一览》，大夏大学，1931。

《私立大夏大学一览》，大夏大学，1935。

《私立无锡国学专修学校十五周年纪念册》，无锡国学专修学校，1936。

舒新城编《中国近代教育史资料》中册，人民教育出版社，1985。

四川省重庆市四川大学图书馆编辑《四川省各图书馆馆藏中文旧期刊联
　　合目录初稿（1884—1949）》第2卷，四川大学图书馆，1959。

汤涛主编《王伯群与大夏大学》，上海人民出版社，2015。

《五四后之上海学生》，上海学生联合会，1925。

王绿萍编著《四川报刊五十年集成（1897—1949）》，四川大学出版社，
　　2011。

行政院编《行政院工作报告》，1938。

张东荪、姚璋编《近世西洋哲学史纲要》，中华书局，1935。

中共沙市市委党史研究室、党史办公室编印《中国共产党沙市地区革命
　　斗争史大事记（1919—1949）》，1991。

中共上海市委党史资料征集委员会主编《解放战争时期上海学生运动
　　史》，上海翻译出版公司，1991。

中共上海市委统战部统战工作史料征集组编《统战工作史料选辑》第3
　　辑，上海人民出版社，1983。

中国第二历史档案馆编《四联总处会议录》第1卷，广西师范大学出版
　　社，2003。

中国第二历史档案馆编《中华民国史档案资料汇编》第3辑，江苏古籍
　　出版社，1991。

中国第二历史档案馆编《中华民国史档案资料汇编》第5辑，江苏古籍
　　出版社，1994。

《中国近代教育史料汇编·民国卷》第16卷，全国图书馆文献缩微复制
　　中心，2006。

中国农民银行经济研究处编印《中国各重要城市零售物价指数专刊（民

国二十六年七月至三十年六月）》，1941。

《中国青年运动历史资料（1928）》，中国共产主义青年团中央委员会办公厅，1957。

中国社会科学院近代史研究所中华民国史研究室编《中华民国史资料丛稿·译稿·民国名人传记辞典》，中华书局，1983。

中国社会科学院近代史研究所中华民国史组编《胡适来往书信选》上册，中华书局，1979。

中央档案馆、上海市档案馆编《上海革命历史文件汇集：青年团上海地委文件（1922 年 7 月—1927 年 1 月）》，1986。

中央档案馆、上海市档案馆编《上海革命历史文件汇集：上海各群众团体文件（1924 年—1927 年）》，1987。

中央档案馆、上海市档案馆编《上海革命历史文件汇集：上海区委各部委文件（1925 年—1927 年）》，1987。

中央档案馆、上海市档案馆编《上海革命历史文件汇集：上海区委会议记录（1926 年 10 月—1926 年 11 月）》，1990。

中央档案馆、上海市档案馆编《上海革命历史文件汇集：上海区委会议记录（1926 年 7 月—1926 年 9 月）》，1986。

中央档案馆、上海市档案馆编《上海革命历史文件汇集：中共江浙区第一次代表大会有关文件（1927 年 2 月）》，1990。

中央档案馆、上海市档案馆编《上海革命历史文件汇集：中共上海区委文件（1925 年—1926 年）》，1986。

中央档案馆、上海市档案馆编《上海革命历史文件汇集：中共上海区委宣传部组织部等文件（1925 年 8 月—1927 年 4 月）》，1988。

中央档案馆、四川省档案馆编《四川革命历史文件汇集：省工委、特委文件（1937 年 6 月—1939 年）》，1986。

五 论著

白华山：《上海政商互动研究（1927—1937）》，上海辞书出版社，2009。

白吉尔：《上海史：走向现代之路》，王菊、赵念国译，上海社会科学院出版社，2005。

常导之编著《增订教育行政大纲》，中华书局，1935。

陈洪捷：《观念、知识和高等教育》，安徽教育出版社，2012。

陈能治：《战前十年中国的大学教育（1927—1937）》，台北，台湾商务印书馆，1990。

复旦大学校史编写组编《复旦大学志》，复旦大学出版社，1985。

冯筱才：《政商中国：虞洽卿与他的时代》，社会科学文献出版社，2013。

何方昱：《训导与抗衡：党派、学人与浙江大学（1936—1949）》，上海书店出版社，2017。

贺金林：《抗战胜利后国民政府教育复员研究》，社会科学文献出版社，2010。

黄坚立：《难展的双翼：中国国民党面对学生运动的困境与决策：1927—1949 年》，商务印书馆，2010。

黄丽安：《朱家骅与中央研究院》，台北，"国史馆"，2010。

贾维：《三民主义青年团史稿》，社会科学文献出版社，2012。

姜义华、黄克武主编《20 世纪中国人物传记与数据库建设研究》第 3 辑，上海书店出版社，2016。

蒋宝麟：《民国时期中央大学的学术与政治（1927—1949）》，南京大学出版社，2016。

蒋纯焦：《上海教育史》第 3 卷，上海教育出版社，2019。

蒋立场：《上海银行业与国民政府内债研究（1927—1937）》，上海远东出版社，2012。

金安平：《合肥四姊妹》，凌云岚、杨早译，生活·读书·新知三联书店，2007。

金国：《权力让渡与资源获取：变革时代的南开大学、政府与社会（1919—1946）》，天津人民出版社，2021。

匡珊吉、杨光彦主编《四川军阀史》，四川人民出版社，1991。

李峰主编《苏州通史·人物卷》（下），苏州大学出版社，2019。

廖大伟主编《近代人物研究：社会网络与日常生活》，上海人民出版社，2012。

刘超：《学府与政府——清华大学与国民政府的冲突及合作（1928—1935）》，天津人民出版社，2015。

刘梦溪：《学术与传统》中卷，北京时代华文书局，2017。

刘蓬、吴晓梅主编《师生情深》，知识出版社，1994。

刘志英、张朝晖等：《抗战大后方金融研究》，重庆出版社，2014。

罗廷光：《教育行政》（下），福建教育出版社，2010。

吕芳上：《从学生运动到运动学生（民国八年至十八年）》，台北，"中研院"近代史研究所，1994。

牛力：《罗家伦与国立中央大学》，南京大学出版社，2015。

裴宜理：《上海罢工：中国工人政治研究》，刘平译，江苏人民出版社，2001。

宋秋蓉：《近代中国私立大学研究》，天津人民出版社，2003。

苏云峰：《近代中国高等教育研究：私立海南大学（1947—1950）》，台北，"中研院"近代史研究所，1990。

王春林：《地域与使命：民国时期东北大学的创办与流亡》，社会科学文献出版社，2019。

王东杰：《国家与学术的地方互动：四川大学国立化进程（1925—1939）》，生活·读书·新知三联书店，2005。

王立诚：《美国文化渗透与近代中国教育——沪江大学的历史》，复旦大学出版社，2001。

王奇生：《党员、党权与党争——1924—1949年中国国民党的组织形态》，上海书店出版社，2009。

王奇生：《革命与反革命：社会文化视野下的民国政治》，社会科学文献出版社，2010。

王晓渔：《知识分子的"内战"——现代上海的文化场域（1927—1930)》，上海人民出版社，2007。

王绽蕊：《美国高校董事会制度：结构、功能与效率研究》，高等教育出版社，2010。

温伟耀：《成圣之道——北宋二程修养工夫论之研究》，河南大学出版社，2004。

吴锦旗：《抗战时期大学教授的政治参与研究》，南京大学出版社，2012。

西南财经大学志编写组编《西南财经大学志》第1卷，西南财经大学出版社，1992。

小科布尔：《上海资本家与国民政府（1927—1937）》，杨希孟、武莲珍译，中国社会科学出版社，1988。

小野寺史郎：《国旗·国歌·国庆——近代中国的国族主义与国家象征》，周俊宇译，社会科学文献出版社，2014。

熊月之、周武：《圣约翰大学史》，上海人民出版社，2007。

熊月之、周武主编《上海：一座现代化都市的编年史》，上海书店出版社，2007。

许小青：《政局与学府：从东南大学到中央大学（1919—1937）》，中国社会科学出版社，2009。

严海建：《变动社会中的投入与疏离：中国公学的历史（1906—1936）》，南京大学出版社，2021。

阎登科：《民国前期教育部研究（1912—1928）》，中国社会科学出版社，2020。

杨天宏：《基督教与民国知识分子——1922年—1927年中国非基督教运动研究》，人民出版社，2005。

叶文心：《民国时期大学校园文化（1919—1937）》，冯夏根、胡少诚等译，中国人民大学出版社，2012。

叶孝理主编《上海财经大学校史》第1卷，中国财政经济出版社，1987。

俞信芳：《张寿镛先生传》，北京图书馆出版社，2003。

张晓辉、夏泉主编《暨南大学史（1906—2016）》，暨南大学出版社，2016。

六　研究论文

陈福康：《郑振铎等人致旧中央图书馆的秘密报告》，《出版史料》2001年第1期。

陈建军：《〈光华文人志〉附识》，《现代中文学刊》2011年第5期。

陈育红：《民国大学教授兼课现象考察》，《民国档案》2013年第1期。

陈蕴茜：《时间、仪式维度中的"总理纪念周"》，《开放时代》2005年第4期。

傅宏星：《"另类"的亲历者——从圣约翰到光华大学》，《中国图书评论》2012年第9期。

韩戍：《从合作走向对抗：九一八事变后的上海学生团体与国民党党

部》,《社会科学辑刊》2021 年第 2 期。

韩戍:《抗战时期的部校之争与政学关系——以私立大夏大学改国立风波为中心的研究》,《近代史研究》2016 年第 1 期。

胡国台:《抗战时期教育经费与高等教育品质:1937—1945》,《中央研究院近代史研究所集刊》第 19 期,1990 年。

贾鹏涛:《蒋维乔、杨宽的师生情谊》,《文汇报》2020 年 1 月 17 日。

蒋宝麟:《从"内外"到"中西":金陵大学顶层治理结构的转变》,《史学集刊》2020 年第 3 期。

蒋宝麟:《学人社团、校董会与近代中国私立大学的治理机制——以上海大同大学为中心(1912—1949)》,《华中师范大学学报》(人文社会科学版)2015 年第 1 期。

金国:《学界派别、权力政治与近代中国私立大学的资源获取——以私立南开大学与中华教育文化基金董事会的互动为例(1924—1931)》,《高等教育研究》2017 年第 2 期。

李在全:《党国边缘的私立大学——黄尊三与北平民国大学(1928—1930)》,《中央研究院近代史研究所集刊》第 106 期,2019 年。

罗志田:《课业与救国:从老师辈的即时观察认识"五四"的丰富性》,《近代史研究》2010 年第 3 期。

钱之俊:《匆匆那年:钱锺书光华大学日记里的当年人事及其他》,《太湖》2021 年第 5 期。

桑兵:《大学与近代中国——栏目解说》,《中山大学学报》(社会科学版)2010 年第 1 期。

桑兵:《国民党在大学校园的派系争斗》,《史学月刊》2010 年第 12 期。

熊月之、周武:《"东方的哈佛"——圣约翰大学简论》,《社会科学》2007 年第 5 期。

汪伯轩:《陈立夫与战时中国高等教育》,硕士学位论文,台湾师范大学,2012。

后 记

本书在我的博士论文基础上修改而成。目前我在研究对象上，已经不限于光华大学一校，还尝试将一定数量的大学作为整体进行综合研究；在问题意识上，也不限于挖掘大学背后的政学关系，更注重大学的"教育"面相，进一步将历史学与教育学紧密结合；在研究时段上，开始尝试延展到新中国成立以后，甚至计划今后做一些当代教育问题的研究。不过，本书始终是我研究大学史的起步与学术基础所在，对我而言具有非常重要的意义。

本书主体作为博士学位论文，其选题与写作过程得益于导师许纪霖先生的指导，以及同门宋宏、瞿骏、段炼、唐小兵、成庆、裴自余、邓军、胡悦晗、张洪彬、周游、侯庆斌、于海兵，同学蔡炯昊等人的指点。在搜集资料方面，黄克武老师为我赴台查阅档案提供了宝贵机会。其间有幸遇到复旦大学历史学系博士生赵峥兄（现为华中师范大学历史文化学院副教授），进一步指点我相关史料的收藏情况，并在研究方法上对我多有启示。尤其感谢华东师范大学档案馆的汤涛、吴李国、林雨平老师。该馆收藏有光华大学档案，长期未被学界利用。在汤涛馆长的领导下，十余年来该馆整理出版了八部光华大学主题档案资料集，每次资料集出版后都第一时间寄送给我。这些档案资料集是校史工程的丰硕成果，但由于关注光华大学的学者不多，我是这些资料最主要的利用者，也是最直接的受益者。此种待遇，如何不铭记于心？还要感谢上海市档案馆的何品老师，在我写作毕业论文最关键阶段提供了及时的档案援助。博士论文答辩时，姜义华、杨国强、刘昶、周武、方平等老师都提出重要修改意见。

本书在出版之前，部分章节已经见诸相关学术期刊。《抗日战争研究》的高士华、马晓娟老师，《史林》的王敏、蒋宝麟、施恬逸老师，《安徽史学》的汪谦干老师，《华东师范大学学报（教育科学版）》的胡岩、童想文老师，《中山大学学报（社会科学版）》的赵洪艳老师，《现代中文学刊》的陈子善、黄平老师，《澳门理工学报（人文社会科学版）》的陈志雄老师，以及桑兵、左玉河、刘家峰、娄岙菲老师等都曾为论文发表提供过指导和帮助。社会科学文献出版社编辑李丽丽老师是本书的责任编辑，从组稿到出版共六年，在编辑校对方面精益求精，在事务协调方面尽职尽责，最终促成本书的顺利面世。

在此还要感谢我的家人。多年以来，我的父母替我承担了大部分物质压力，减轻了我的生活负担。晓玲十几年的风雨同行，给我提供了巨大的精神支持。尤其是 2020 年爱子象象的诞生，更为单调的学术生涯增添了莫大安慰，也给了我继续前行的动力。

本书出版之际，距离当年圣约翰离校运动与光华大学创办，已经整整一百年之久。本书问世，可谓正逢其时，似乎一切自有天意。我曾在只有四位成员却对我至关重要的"光华复旦"群组中感叹道："光华大学存在仅 26 年，我研究光华大学却长达 14 年。光华大学并非近代中国的一流大学，以一生最宝贵的时光来研究这样一所大学，是否值得？其中得失成败不敢细想。大概是'不为无聊之事，无以遣有涯之生'吧！"以上是为记。